ARNALDO BAGNASCO
MARZIO BARBAGLI
ALESSANDRO CAVALLI

Sociologia
I concetti di base

il Mulino

ISBN 978-88-15-13119-5

Indice

Introduzione. Che cos'è la sociologia? 9

1. Il senso comune sociologico 9
2. Qual è l'oggetto della sociologia? 11
3. Le origini 13
4. Temi e dilemmi teorici: ordine, mutamento, conflitto, azione e struttura 16
5. Teoria e ricerca empirica 27

PARTE PRIMA **LA FORMAZIONE DELLA SOCIETÀ MODERNA**

I. Le società premoderne 35

1. L'evoluzione delle società umane e il concetto di cultura 35
2. Le società di cacciatori e raccoglitori 37
3. Le società di coltivatori e pastori 41
4. La nascita delle società di agricoltori 46
5. Le società agrarie dell'antichità greco-romana 51
6. La società feudale 56

II. Le origini della società moderna in Occidente 63

1. L'idea di mutamento 63
2. Le trasformazioni nella sfera economica: la nascita del capitalismo 64
3. Le trasformazioni nella sfera politica: la nascita dello stato moderno 73

4. La cultura della modernità 80
5. La concettualizzazione della modernità in alcuni classici della sociologia 85

PARTE SECONDA LA TRAMA DEL TESSUTO SOCIALE

III. Forme elementari di interazione **97**
1. Le proprietà formali delle relazioni sociali 97
2. Azione, relazione, interazione sociale 99
3. I gruppi sociali e le loro proprietà 102
4. Potere e conflitto 110
5. Il comportamento collettivo 113
6. La microsociologia 116
7. Il capitale sociale 123

IV. I gruppi organizzati: associazioni e organizzazioni **127**
1. Questioni di definizione 127
2. Le associazioni 129
3. Il modello della burocrazia 132
4. Perché spesso la burocrazia è inefficiente? 134
5. Forme diverse di organizzazione 137
6. Attori e decisioni 140
7. La razionalità organizzativa e i suoi limiti 142

PARTE TERZA LA CULTURA E LE REGOLE DELLA SOCIETÀ

V. Valori, norme e istituzioni **151**
1. Che cosa sono i valori? 151
2. Orizzonte temporale e mutamento nella sfera dei valori 157
3. Dai valori alle norme 158
4. Coerenza e incoerenza dei sistemi normativi 165
5. Il concetto di istituzione 167
6. Il mutamento delle istituzioni 173

VI. Identità e socializzazione **177**
1. Socializzazione e riproduzione sociale 177
2. Il processo di socializzazione tra natura e cultura 180

3. Le fasi della socializzazione primaria e la formazione dell'identità 183
4. La socializzazione secondaria 189
5. Gli agenti della socializzazione secondaria 192
6. I conflitti di socializzazione nelle società differenziate 195

VII. Linguaggio e comunicazione **199**
1. Il problema delle origini del linguaggio 199
2. Le funzioni del linguaggio: pensare e comunicare 203
3. La variabilità dei linguaggi umani nello spazio e nel tempo 206
4. La variabilità sociale della lingua 210
5. Tipi di linguaggio: privato, pubblico, orale e scritto 213
6. Linguaggio e interazione sociale 215
7. Le comunicazioni di massa 219

VIII. Devianza e criminalità **227**
1. Il concetto di devianza 228
2. Lo studio della devianza 230
3. Le teorie della criminalità 233
4. Forme di criminalità 241
5. Gli autori dei reati e le loro caratteristiche 253
6. Devianza e sanzioni 257

IX. Scienza e tecnica **261**
1. Scienza e tecnica nelle società premoderne 261
2. Le origini della scienza moderna 262
3. Gli sviluppi successivi 265
4. La scienza come oggetto della sociologia 268
5. Scienza, tecnologia e sviluppo economico 278
6. Scienze naturali e scienze sociali 282
7. L'immagine pubblica della scienza e della tecnologia 286

X. La religione **291**
1. Una premessa di metodo 291

2. Sacro e profano 292
3. L'esperienza religiosa 295
4. Tipi di religione 298
5. Movimenti e istituzioni religiose 302
6. Religione e struttura sociale 307
7. Il processo di secolarizzazione 310
8. Le interpretazioni sociologiche della religione 313

Riferimenti bibliografici 321

Indice analitico 333

Introduzione. Che cos'è la sociologia?

In questo capitolo viene presentata la sociologia come scienza sociale che supera i limiti del sapere sociologico comune, patrimonio di ognuno per orientarsi nella vita sociale. Tratteremo dell'oggetto, delle origini, dei temi e delle principali teorie di questa disciplina.

1. IL SENSO COMUNE SOCIOLOGICO

Se non ho mai seguito una lezione e se non ho mai letto un libro di, ad esempio, biologia, posso dire di non saperne nulla e incominciare lo studio di questa disciplina partendo da zero. Posso fare l'ipotesi che, a proposito di biologia, la mia mente sia praticamente una *tabula rasa*. Questa ipotesi non è però del tutto corretta. Ognuno di noi, anche il più «ignorante», si è fatto un'idea di che cosa voglia dire nascere, crescere e morire, ha quindi un'idea per quanto ingenua e riduttiva delle cose di cui si occupa la biologia, anche se magari non ha mai sentito questa parola. Per la sociologia, e le altre scienze sociali, l'ipotesi della *tabula rasa* regge ancor meno, anzi, non regge affatto. Ognuno di noi, per il semplice fatto di vivere, e di essere vissuto, insieme ad altri esseri umani, si è fatto una serie di idee su qualcosa che nel linguaggio di tutti i giorni chiamiamo «**società**». Ognuno è quindi in un certo senso un «sociologo» senza sapere di esserlo e dispone di un sapere su come vanno le cose nel mondo dei rapporti sociali. Questo sapere ci è indispensabile per poter sopravvivere in mezzo ad altri simili a noi e ne verifichiamo in continuazione l'utilità, anche se non siamo in grado di valutarne il grado di attendibilità. L'apprendimento di questo «sapere ingenuo e quotidiano» ha avuto inizio subito dopo la nascita, quando abbiamo incominciato a comunicare il nostro stato di bisogno in modo che qualcuno si preoccupasse di alimentarci. Da allora, giorno dopo giorno, abbiamo imparato bene o male a districarci nella rete dei rapporti sociali, abbiamo imparato a nutrire aspettative relative al comportamento degli altri nei nostri confronti. Chi andrebbe a scuola se non sapesse che, salvo imprevisti, c'è un insegnante che è venuto apposta per tenere una lezione? La vita sociale sarebbe veramente impossibile se non potessimo nutrire ragionevoli aspettative, quindi se non avessimo qualche conoscenza sufficientemente affidabile, sul comportamento delle persone che incontriamo sul nostro cammino.

Questo sapere, per quanto utilissimo, ha dei limiti. È innanzitutto legato alla nostra esperienza diretta che, per quanto possa essere vasta, è comunque circoscritta. Al di là dello spazio sociale di cui abbiamo esperienza, dobbiamo fare affidamento sul «sentito dire», cioè sull'esperienza di altri. Prima di arrivare a noi la conoscenza derivata dall'esperienza altrui ha probabilmente subito deformazioni che non siamo in grado di controllare. Talvolta, possiamo fare nostre credenze e pregiudizi che ci danno un'immagine distorta della realtà. Inoltre, se la fonte del sapere è l'esperienza, questa è inevitabilmente legata al presente, mentre la società in cui viviamo esisteva prima di noi e ci auguriamo esisterà anche dopo di noi, ha cioè una dimensione temporale che trascende quella di coloro che di volta in volta ne sono gli abitanti.

La sociologia, come scienza sociale, dispone di qualche strumento in più per superare i limiti della sociologia ingenua di senso comune, ma non può prescindere dalla presenza di quest'ultima. Chi leggerà attentamente questo libro si accorgerà che in molti casi la conoscenza sociologica conferma le opinioni di senso comune, ma talvolta le smentisce e talaltra contraddice luoghi comuni e formula proposizioni che sono contro-intuitive.

Mentre il sapere sociologico comune ci offre soltanto le conoscenze minime necessarie ad affrontare in qualche modo i problemi di tutti i giorni, la sociologia come scienza sociale formula interrogativi sulla base di una riflessione teorica sedimentata e cerca risposte a questi interrogativi sulla base di informazioni raccolte sistematicamente.

La sociologia può quindi aiutarci a capire meglio il mondo in cui viviamo, ma non ci può dare certezze assolute. Chi ha bisogno di certezze, dovrà rivolgersi a qualche fede religiosa o a qualche convinzione ideologica. La sociologia (come tutte le scienze) può dare solo «ragionevoli certezze», certamente più affidabili di quelle del senso comune, ma sempre provvisorie ed esposte a critica e revisione.

2. QUAL È L'OGGETTO DELLA SOCIOLOGIA?

La risposta più ovvia a questa domanda è che la sociologia è lo studio scientifico della società e che quindi la **«società»** è l'oggetto della sociologia. Questa definizione, come peraltro quasi tutte le definizioni, non è del tutto soddisfacente, poiché rimanda ai concetti di «scienza» e di «società» che, a loro volta, richiedono di essere definiti. Il concetto di «società», in particolare, è usato in contesti molto diversi ed eterogenei. Per rendersene conto, basta fare una serie di esempi: l'unione di un gruppo di finanziatori che mettono insieme i loro capitali per dare vita a una «società per azioni», la società degli aristocratici francesi alla corte di Luigi XIV, la società milanese o lombarda durante la dominazione spagnola, la società polacca nel periodo di smembramento dello stato polacco, la società cilena al tempo della dittatura dei militari, la società contadina nell'Europa orientale, la società europea e, in un'epoca come la nostra in cui si parla molto di globalizzazione, anche la società mondiale. In realtà, la sociologia è nata nell'epoca in cui si è affermato lo stato nazionale moderno (intorno alla metà del XIX secolo), e quindi il riferimento prevalente è alla società compresa nel territorio di uno stato nazionale, ma questo riferimento non è certo esclusivo e pone dei problemi in una fase in cui si assiste al declino degli stati nazionali.

Vi è tuttavia un altro problema: di «società» si occupano anche altre scienze sociali che si sono sviluppate prima o quasi contemporaneamente alla sociologia: l'economia, la scienza della politica, l'antropologia culturale, la psicologia sociale, la demografia, per non parlare della filosofia e della storia che da sempre hanno sviluppato riflessioni sulla «società». In che modo la sociologia si differenzia dalle altre scienze sociali se i problemi di cui queste si occupano rientrano anche nel suo campo di studio? Questa sovrapposizione produce competizione e conflitto, oppure vi sono linee di demarcazione su piani diversi? Ai problemi posti da questi interrogativi sono state date varie risposte, riconducibili a tre nuclei fondamentali che chiameremo rispettivamente la **soluzione gerarchica**, la **soluzione residuale** e la **soluzione analitica o formale**.

• La **soluzione gerarchica** (che risale ad **Auguste Comte**, 1798-1857) assegna alla sociologia una posizione privilegiata in un ordine che parte dall'astronomia e dalla fisica, passando per la chimica e la biologia, per arrivare infine alle scienze sociali e alla sociologia alla quale è riservato il posto più alto. Proprio perché nata per ultima, la sociologia è destinata a completare il processo evolutivo che ha condotto la conoscenza umana ad affrontare oggetti sempre più complessi e a produrre sintesi sempre più ampie. Oggi, poco meno di due secoli dopo Comte, la sociologia non ambisce più a diventare la regina delle scienze, ma si accontenta di essere accolta nella loro famiglia.

• In una prospettiva diametralmente opposta, si colloca la **soluzione residuale**. Con una certa dose di autoironia, il sociologo inglese Runciman [1970] sostiene che rientra nel campo di studio della sociologia tutto quanto non è, o non è ancora, oggetto di un'altra scienza sociale specializzata, tutto quanto è troppo contemporaneo o troppo poco discorsivo per essere chiamato «storia», tutto quanto si riferisce a comunità troppo grandi o complesse per essere studiato dall'antropologia, tutto quanto si riferisce alla diagnosi e alla cura di mali socialmente riconosciuti. Anche la soluzione residuale risulta insoddisfacente in quanto non chiarisce il carattere problematico dei confini con le altre discipline. La sociologia studia infatti sostanzialmente lo stesso ambito di fenomeni che è oggetto anche delle altre scienze sociali. I confini tra le discipline non identificano delle categorie di oggetti concreti, ma piuttosto dei modi di guardare ai loro molteplici aspetti. Ad esempio, un'impresa industriale comporta senza dubbio aspetti politici (in quanto in essa vige qualche forma di autorità ed esercita influenza o potere sull'ambiente che la circonda), oppure aspetti sociologici (in quanto, tra l'altro, elabora regole per la distribuzione di risorse simboliche), o aspetti antropologici (celebra i suoi rituali organizzativi); tuttavia, si tratta pur sempre di una realtà in cui gli aspetti economici sono prevalenti e che quindi legittimamente rientra nel campo delle discipline economiche. Così, i partiti politici, per quanto importanti siano i loro aspetti economici (come si procurano i finanziamenti), sociologici (quali interessi rappresentano) o culturali (intorno a quali valori mobilitano i loro aderenti), sono un oggetto privilegiato di studio della scienza politica. Lo stesso vale per i sistemi di parentela in riferimento all'antropologia culturale e così via.

• Infine, la **soluzione analitica o formale** risale a **Georg Simmel** (1858-1918), ma ritorna in tutte quelle correnti che pongono al centro dell'analisi sociologica il concetto di «interazione sociale» [Simmel 1908]. In base a questa concezione la sociologia è definibile non in base ad una classe di oggetti che le sia propria (non ha, cioè, una determinazione di campo), ma piuttosto in base ad una prospettiva analitica che dall'infinita varietà dei fenomeni sociali, oggetto delle singole discipline, isoli le forme di associazione dissociandole dal loro contenuto particolare. La sociologia studierà così le forme di subordinazione e di dominio, la competizione e la concorrenza, l'imitazione, la divisione del lavoro, la formazione di alleanze e coalizioni, le forme della rappresentanza, i conflitti, ecc. La sociologia diventa così la grammatica e la geometria della società. Come la grammatica non si occupa del significato semantico del linguaggio e la geometria studia le forme degli oggetti senza curarsi della materia di cui sono costituiti, così la sociologia studia le forme pure di relazione. La soluzione formale è certo rigorosa, tuttavia risulta anch'essa insoddisfacente: gran parte delle ricerche condotte dai sociologi rientrerebbe con difficoltà nei limiti ristretti di questa definizione. La distinzione tra «forma» e «contenuto» è assai chiara sul piano analitico, ma assai difficile da applicare in concreto.

Formulare una definizione rigorosa e accettabile di che cosa sia la sociologia è quindi un'impresa quasi disperata, ed è probabilmente ragionevole accontentarsi di una definizione tautologica che indica con questo termine l'insieme delle ricerche di coloro che si riconoscono e sono riconosciuti da altri (istituzioni universitarie, specialisti di altre discipline, opinione pubblica) come sociologi (una definizione è tautologica quando contiene il termine che intende definire).

Bisogna probabilmente rassegnarsi all'idea che i confini della sociologia verso le altre discipline (storia e psicologia sociale comprese) sono inevitabilmente sfumati e per di più mutevoli nel tempo. Il sociologo si trova quasi sempre nell'imbarazzante situazione di lavorare con la sensazione di aver valicato i confini della propria disciplina proprio perché non sa bene dove stiano questi confini. La storia delle origini della disciplina sta del resto a dimostrare come fin dall'inizio la sociologia si sia sviluppata rispondendo ad interrogativi storicamente determinati ai quali le altre scienze sociali non sembravano in grado di dare risposte soddisfacenti.

3. LE ORIGINI

Si incomincia a parlare di sociologia nella cultura europea intorno alla metà del XIX secolo e nei decenni successivi cresce costantemente il numero di studiosi i quali si definiscono «sociologi». Come mai, proprio in quel periodo, nasce l'esigenza di una disciplina scientifica che studi in modo sistematico i fatti sociali, una scienza della società? Per rispondere a questa domanda è utile fare riferimento a tre «rivoluzioni» che sono alla base del mondo moderno: l'avvento della scienza moderna, la rivoluzione industriale e la rivoluzione francese.

• In primo luogo, il dominio della scienza moderna si estende ai fatti sociali. La sociologia segue l'esempio di tutte le scienze moderne che, a partire dalle scienze della natura, si sono staccate dal corpo del pensiero filosofico e hanno così acquistato una loro autonomia. Lo spettacolare sviluppo delle scienze della natura a partire dal XVII secolo, l'applicazione del metodo sperimentale fondato sull'osservazione dei «fatti» ad ambiti di indagine sempre più vasti, il succedersi di scoperte capaci di gettare nuova luce sui «segreti» della natura, i fenomeni cioè che possiamo indicare genericamente come **«rivoluzione scientifica»** non potevano non influire anche sullo studio degli esseri umani, dei loro rapporti e delle loro istituzioni. Verso la fine del XVIII secolo incomincia a diffondersi la fiducia nella possibilità di estendere allo studio dell'uomo, della società e della cultura gli stessi principi del metodo scientifico che stavano dando tanto lusinghieri risultati nello studio dei fenomeni naturali. La nascita delle scienze sociali è quindi da inserire in un più ampio movimento culturale che conduce all'affermazione della scienza come via maestra alla conoscenza e al dominio del mondo.

• In secondo luogo, le scienze sociali sono un prodotto della **«rivoluzione industriale»**. Tra le scienze sociali, la prima ad acquisire un proprio statuto autonomo dalla filosofia fu l'economia politica. Non a caso, Adam Smith (1723-1790) e gli altri economisti classici possono essere considerati, oltre che fondatori dell'economia politica, per un certo verso anche dei sociologi *ante litteram*; essi riflettono infatti sulle trasformazioni sociali che stavano avvenendo sotto i loro occhi nell'Inghilterra del XVIII secolo (la nascita della manifattura capitalistica e le anticipazioni di quella che verrà chiamata «rivoluzione industriale») e cercano di interpretarle alla luce di un modello capace di cogliere le interdipendenze tra i vari gruppi sociali coinvolti nel processo economico. Alle categorie economiche della terra, del capitale e del lavoro corrispondono infatti i gruppi o classi sociali dei proprietari terrieri, degli imprenditori capitalisti e dei lavoratori salariati, i quali percepiscono rispettivamente rendita, profitto e salario. Questi gruppi sono legati tra loro essenzialmente da rapporti di scambio, il mercato è l'elemento connettivo della società e sul mercato ogni scambista persegue il proprio interesse egoistico, cioè cerca di vendere la propria merce al prezzo più alto possibile e di comperare quella altrui al prezzo più basso possibile. Il meccanismo della concorrenza assicura tuttavia che a prevalere sia l'interesse collettivo alla massima produzione di ricchezza, una «mano invisibile» – questa è l'espressione impiegata da Smith – la quale opera al di là delle intenzioni dei singoli per realizzare il benessere di tutti. Smith è certo consapevole che lo studio della società non può essere ridotto all'analisi del funzionamento dei meccanismi di mercato, tuttavia la sua opera, e quella degli economisti successivi, è stata spesso interpretata nei termini di una teoria della società ridotta ai puri e semplici rapporti di scambio.

Questa interpretazione veniva fatta propria soprattutto da coloro che vedevano e vivevano con sgomento e apprensione l'avvento della rivoluzione industriale. La sociologia nasce infatti da un atteggiamento ambivalente nei confronti del tipo di società moderna che si stava delineando. Se infatti da un lato le rivoluzioni politiche e la rivoluzione industriale venivano viste come tappe decisive sulla strada dell'emancipazione e del progresso, un progresso che avrebbe realizzato i valori di libertà e uguaglianza, liberato l'umanità dagli incubi della fame e della miseria e sprigionato le forze creative dell'individuo, dall'altro lato erano presenti anche numerose opinioni contrastanti. Vi era chi vedeva nelle trasformazioni in atto la tumultuosa irruzione di interessi senza freno che minacciavano di travolgere un ordine sociale, politico e morale sul quale si era fino ad allora fondata la vita sociale. In particolare, apparivano minacciati i rapporti gerarchici consolidati dalla tradizione nei quali il dominio era temperato dalla solidarietà e dalla protezione dei superiori nei confronti degli inferiori e dal rispetto e dalla deferenza dei secondi nei confronti dei primi. A ciò si aggiungeva lo sradicamento di intere masse di popolazione dai loro luoghi d'origine, dalle loro abitudini di vita e dalle loro reti di relazione (conseguenza questa dei colossali processi di migrazione e di inurbamento), l'indebolimento dei rapporti tra le generazioni – dovuto allo smembramento delle famiglie e all'assenza dei genitori impegnati per gran parte della giornata nelle fabbriche –, il venir meno dei rapporti di fiducia fondati sulla conoscenza personale, la simpatia e il comune sentire. L'avvento della società industriale, nella quale dominano i rapporti impersonali di scambio, era quindi interpretato come un fattore di dissoluzione di legami sociali autentici, come sostituzione di ciò che è «naturale» e «organico» con ciò che è «artificiale» e «meccanico».

- In terzo luogo, la **rivoluzione francese**, anticipata dalle rivoluzioni inglese e americana, segna uno spartiacque decisivo nella storia delle società europee. Come abbiamo imparato a scuola, essa marca simbolicamente la caduta di un ordinamento politico fondato sul principio dinastico e il potere assoluto: lo scettro passa nelle mani del popolo dal quale i governanti devono ricevere investitura, legittimazione e consenso.

È certo comunque che la sociologia nasce per rispondere agli interrogativi posti dalla più radicale trasformazione che le società umane hanno subito dalla rivoluzione neolitica in poi, cioè da quando gli esseri umani hanno incominciato a praticare l'agricoltura; la società emerge come oggetto di studio quando i suoi fondamenti sono messi in discussione, quando i suoi ordinamenti non appaiono più stabili, quando i suoi assetti non possono più essere dati per scontati, quando cambiano i rapporti tra gruppi sociali e individui e diventano mobili i punti di riferimento e i criteri che guidano i comportamenti.

Decisivi per la nascita e l'affermazione della sociologia furono i decenni a cavallo tra XIX e XX secolo, gli anni in cui scrivono le loro opere principali gli autori «classici», coloro che verranno chiamati i «padri fondatori» della sociologia: Herbert Spencer in Inghilterra, Émile Durkheim in Francia, Ferdinand Tönnies, Max Weber e Georg Simmel in Germania, Vilfredo Pareto in Italia.

4. TEMI E DILEMMI TEORICI: ORDINE, MUTAMENTO, CONFLITTO, AZIONE E STRUTTURA

L'uomo comune rimane in genere sconcertato di fronte alle discussioni tra esperti di scienze sociali, perché assai spesso questi non sono d'accordo sui presupposti dai quali partire e, sulla base dei risultati delle loro ricerche, giungono a conclusioni anche fortemente discordanti. A dire il vero ciò non accade solo nel campo delle scienze sociali. Anche gli scienziati naturali (o addirittura i matematici) formulano a volte teorie divergenti e risolvono in modi alternativi i «rompicapo» che si presentano nel corso della ricerca; ma tra di essi tuttavia è più facile che prima o poi si arrivi ad un consenso (almeno temporaneo) su quali sono gli assunti di base, le teorie e i metodi di ricerca e quindi sulle interpretazioni da dare ai risultati ottenuti. Thomas Kuhn (1922-1996), uno storico della scienza americano, ha proposto di chiamare «**paradigmi scientifici**» quegli assunti di base di natura teorica e metodologica sui quali una comunità di scienziati in un determinato campo sviluppa un consenso storicamente accettato da tutti (o quasi) i suoi membri. Quando ciò accade vuol dire ci si trova in una fase di «scienza normale», mentre nelle fasi delle «rivoluzioni scientifiche» emerge un nuovo paradigma che, se ha successo, è destinato a sostituire quello precedente.

Nelle scienze sociali questo modello è difficilmente applicabile perché siamo sempre di fronte a una pluralità di paradigmi in competizione tra loro e, quando uno di essi tende a prevalere, la sua egemonia è sempre solo parziale e temporanea. Se ciò è vero per le scienze sociali più consolidate, come l'economia politica, lo è a maggior ragione per la sociologia.

■ IL PARADIGMA DELL'ORDINE

Vi sono alcuni temi che, con formulazioni diverse, attraversano la storia della disciplina e restano tuttora al centro della riflessione sociologica. Si tratta di temi che ruotano intorno all'interrogativo di fondo: che cosa unisce e che cosa divide la società, ovvero, che cosa fonda l'ordine (oppure, il disordine) sociale? Prima degli sconvolgimenti di natura rivoluzionaria, ai quali abbiamo accennato nel paragrafo precedente, l'ordine sociale appariva assicurato dalla credenza in una qualche entità trascendente dalla quale emanavano le leggi che governavano sia il mondo della natura sia il mondo umano, in una prospettiva quindi essenzialmente religiosa, oppure fondato in qualche dottrina del diritto naturale. Una volta infranta la credenza nella sacralità della tradizione, il fondamento dell'ordine sociale doveva essere ricercato altrove, non al di fuori, ma all'interno della società stessa. Thomas Hobbes (1588-1679) aveva risolto questo problema postulando un patto di soggezione mediante il quale gli uomini, sottoponendosi all'autorità coercitiva dello stato, erano riusciti a controllare la loro natura egoistica e violenta che altrimenti avrebbe condotto alla disgregazione della società, alla guerra di tutti contro tutti. Adam Smith aveva invece visto nel mercato e nella «mano invisibile» che regola gli scambi l'elemento connettivo capace di tenere insieme individui e gruppi che, anch'essi egoisticamente, perseguono interessi diversi. Stato e mercato appaiono come due risposte al problema dell'ordine sociale. Per i primi sociologi, tuttavia, queste due risposte non appaiono più sufficienti. Al di là della coercizione e dello scambio l'ordine sociale deve trovare fondamento in qualche meccanismo o processo che operi nella struttura interna dell'organismo sociale. Il termine «**organismo**» non è fuori luogo; infatti, i modelli organicistici di società sono una delle prime proposte di soluzione del problema dell'ordine avanzate nell'ambito della sociologia. Tali modelli saranno destinati a durare nel tempo e ricompariranno, in versioni modificate sempre più elaborate e complesse, anche nelle più moderne teorie funzionalistiche. Anche se con impostazioni notevolmente diverse, Auguste Comte e Herbert Spencer (1820-1903) svilupparono entrambi un modello organicistico di stampo evoluzionistico. Le teorie dell'evoluzione naturale di Jean-Baptiste Lamarck (1744-1829) prima e di Charles Darwin (1809-1882) poi esercitarono allora una notevole influenza sul pensiero sociologico e, in realtà, questa influenza non è venuta meno neppure ai nostri giorni. Per Spencer, come per Comte, la società è concepita come un organismo le cui parti sono connesse tra loro da una rete di relazioni di interdipendenza. L'equilibrio che si genera tra le varie parti non è mai statico bensì dinamico, sottoposto cioè ad un continuo processo di evoluzione che si muove dal semplice al complesso, dall'omogeneo all'eterogeneo. Il motore del processo è la competizione tra le specie, e all'interno di ciascuna di esse; la competizione seleziona coloro che dispongono di maggiore capacità di adattamento allo specifico ambiente in cui si trovano a vivere e alle sue trasformazioni. Gli organismi sociali rispondono alle sfide poste dalle trasformazioni dell'ambiente generando nuove funzioni, e quindi nuovi organismi, con la conseguenza di innestare processi di differenziazione e di divisione del lavoro (i due termini sono usati spesso come sinonimi).

Da Spencer in poi la divisione del lavoro è diventata uno dei temi centrali della teoria sociologica. Per **Georg Simmel**, ad esempio, la divisione del lavoro, producendo differenziazione sociale, fa in modo non solo che i vari compiti e funzioni vengano svolti da organi specializzati e all'interno di questi da singoli individui, ma che la conseguente eterogeneità tra gli appartenenti ad una società crei le basi per l'accentuata «individualizzazione» tipica della modernità. Gli esseri umani diventano così sempre più diversi l'uno dall'altro, ma proprio in virtù di questa diversità devono sempre più fare affidamento sugli altri per soddisfare le proprie esigenze, devono stabilire rapporti di interazione reciproca, diretta o – più spesso – indiretta, attraverso la mediazione del denaro, con chi è lontano nello spazio fisico e sociale; la diversità, in altre parole, estende e approfondisce le relazioni di interdipendenza. Nelle condizioni della modernità l'ordine sociale non è quindi qualcosa di imposto dall'esterno, ma cresce, per così dire, spontaneamente dall'interno; la società è possibile perché non si può fare a meno di quella rete di interdipendenze che lega insieme individui sempre più diversi l'uno dall'altro.

Anche per **Émile Durkheim** (1858-1917) il problema dell'ordine, di che cosa tiene insieme la società, è il problema centrale della sociologia ed egli lo affronta individuando un nesso profondo tra forme della divisione del lavoro e forme della solidarietà sociale. Nelle società dove la divisione del lavoro è scarsa e le unità che le compongono sono poco differenziate tra loro, ciò che unisce è un vincolo di solidarietà fondato sulla credenza in una comune origine o identità. Il vincolo di solidarietà appare originarsi in un certo senso all'esterno, in una credenza di natura fondamentalmente sacrale e religiosa. Durkheim chiama «meccanica» questa forma di solidarietà.

Nelle società moderne invece, dove prevale la divisione del lavoro, il vincolo di solidarietà è di natura interna, è fondato cioè sui nessi di interdipendenza tra le varie funzioni e professioni svolte da individui e gruppi sociali. A differenza della precedente, questa forma di solidarietà è chiamata «organica». Il problema dell'ordine si pone cioè in termini sostanzialmente diversi per le società moderne (quelle uscite dai cambiamenti del XVIII e XIX secolo) e per le società tradizionali.

Il problema del mutamento rappresenta l'altra faccia del problema dell'ordine. Anche **Ferdinand Tönnies** (1855-1936) affronta lo stesso problema con un modello dicotomico, ma mentre per Durkheim, come per Comte e Spencer, il mutamento è sostanzialmente progressivo, Tönnies guarda all'avvento della modernità con un misto di apprensione e di nostalgia per il passato. Per Tönnies i termini «organico» e «meccanico» hanno un significato diametralmente opposto a quello loro attribuito da Durkheim. Organica è la comunità, che emerge in forme embrionali in seno alla famiglia nei rapporti tra madre e bambino, tra moglie e marito, tra fratelli e sorelle, per estendersi poi ai rapporti di vicinato e di amicizia. Questi rapporti sono improntati a intimità, riconoscenza, condivisione di linguaggi, significati, abitudini, spazi, ricordi ed esperienze comuni. I vincoli di sangue (famiglia e parentela), di luogo (vicinato) e di spirito (amicizia) contribuiscono a formare delle «unità organiche», nelle quali gli esseri umani si sentono uniti in modo permanente da fattori che li rendono simili gli uni agli altri.

Nulla di tutto questo avviene nell'ambito della società. Nella società gli individui vivono isolati, oppure in tensione gli uni con gli altri, e ogni tentativo di entrare nella loro sfera privata viene percepito come un atto di intrusione. Il rapporto societario tipico è il rapporto di scambio dove i contraenti non sono mai disposti a dare qualcosa di più di quello che ricevono, e che mette in relazione non gli individui nella loro totalità, ma soltanto le loro prestazioni. La società è quindi una costruzione artificiale e convenzionale, composta da individui separati, ognuno dei quali persegue il proprio interesse personale; essa entra in gioco soltanto come garante del fatto che le obbligazioni che i contraenti si sono reciprocamente assunti verranno onorate, nulla viene fatto senza aspettarsi una contropartita, sia nei rapporti interpersonali, sia nei rapporti tra individui e istituzioni.

IL PARADIGMA DEL CONFLITTO

Le dicotomie solidarietà organica-solidarietà meccanica e comunità-società descrivono il mutamento sociale, tuttavia non servono per spiegarlo. Per trovare negli autori classici elementi di una teoria del mutamento bisogna rivolgersi ad altri filoni teorici e, in particolare, a coloro che hanno tematizzato il conflitto sociale.

Il riferimento a **Karl Marx** (1818-1883) è ovviamente d'obbligo. Per Marx in ogni società i rapporti sociali fondamentali sono quelli che si instaurano nella sfera della produzione e distribuzione dei beni e servizi che servono alla società stessa per funzionare e riprodursi. Il rapporto tra schiavo e padrone nell'antichità, tra servo della gleba e signore fondiario nell'età feudale, tra lavoratore salariato e capitalista nella fase storica caratterizzata dalla grande industria determinano la struttura portante delle rispettive società, ovvero la loro struttura di classe. Questi rapporti sono essenzialmente rapporti di dominio e sfruttamento e quindi intrinsecamente conflittuali in quanto gli interessi delle classi contrapposte sono inevitabilmente antagonistici. Le idee religiose, filosofiche e politiche, così come le istituzioni giuridiche svolgono una funzione ideologica e sono in ultima istanza riconducibili agli interessi di classe e alle esigenze di stabilizzare le strutture del dominio e dello sfruttamento: esse sono quindi viste come mere sovrastrutture. La storia – scrivono Marx ed Engels nel *Manifesto del Partito Comunista* del 1848 – è stata finora storia della lotta di classe. Il conflitto di classe è la grande forza della storia, il motore del mutamento sociale. Ogni sistema sociale (Marx parla di «modo di produzione») produce nel suo seno le forze destinate deterministicamente a negarlo e alla fine a superarlo. Il proletariato industriale è il prodotto del sistema capitalistico, ma anche il fattore che condurrà alla sua distruzione e all'instaurazione (questo è l'elemento profetico) di una società senza classi dove verranno meno anche le ragioni del conflitto.

L'altra grande teorizzazione che pone il conflitto al centro dell'analisi sociale è quella weberiana. A differenza di Marx, per **Max Weber** (1864-1920) il conflitto non si riduce alla lotta di classe. Le classi non sono l'unica (e neppure la prevalente) struttura intorno alla quale si organizzano gli interessi in conflitto. Esse nascono dalla contrapposizione di interessi economici che si scontrano laddove si formano dei mercati. In età moderna la lotta di classe si manifesta principalmente sui mercati dove si scambia forza lavoro.

La sfera economica non è l'unica nella quale si manifesta il conflitto. Accanto ad essa si collocano le sfere della politica, del diritto, della religione, dell'onore e del prestigio. Le poste in gioco intorno alle quali si mobilitano gli interessi in conflitto possono quindi essere molteplici. Le varie sfere non sono isolate l'una dall'altra, ma reciprocamente connesse, anche se ognuna mantiene una sua relativa autonomia. I conflitti che si manifestano in una sfera, ad esempio la sfera economica dei rapporti di classe, si ripercuotono e possono estendersi anche alle altre, senza però che tra le varie sfere si possano stabilire dei rapporti di determinazione unilaterali. In questa luce deve essere letta anche la tesi weberiana sulle origini protestanti dello spirito del capitalismo. Il conflitto nasce in questo caso nella sfera religiosa e su un terreno squisitamente teologico e morale; tuttavia, le nuove credenze e le nuove sette producono conseguenze sugli atteggiamenti dei credenti verso l'attività economica e mettono in moto delle dinamiche che risulteranno favorevoli allo sviluppo dell'imprenditorialità capitalistica.

Il conflitto non è per Weber una condizione patologica della società, ma la sua condizione normale. Esso non conduce alla disgregazione della società, ma alla creazione di strutture istituzionali (quelle che Weber chiama gli «ordinamenti sociali») che esprimono i rapporti di forza che si sono provvisoriamente consolidati e che quindi, fino a quando non vengono messe in discussione, svolgono la funzione di regolazione del conflitto. Ogni assetto istituzionale è solo provvisoriamente stabile; prima o poi a coloro che sono interessati al suo mantenimento si contrapporranno altri gruppi interessati invece alla sua trasformazione; nuovi conflitti, nuovi movimenti, nuove alleanze, nuovi vincitori e nuovi vinti si affacceranno sulla scena. Non c'è in Weber, come invece c'è in Marx, un esito finale dove i conflitti si placano e regna l'armonia; non c'è, in altre parole, una filosofia che assegna un fine al corso della storia. Il conflitto genera sia ordine sia mutamento. L'ordine è l'assetto delle istituzioni che regolano temporaneamente il conflitto; il mutamento trasforma le istituzioni esistenti o dà vita a nuove istituzioni. La società stessa non è altro che l'insieme delle istituzioni e dei conflitti che si intrecciano su piani e in sfere diversi. Gli attori sociali si muovono in questo spazio dovendo scegliere continuamente da che parte stare. La dimensione della scelta fa riferimento ad un altro dilemma teorico che attraversa la storia della disciplina dalle origini fino ai nostri giorni e che si esprime nella contrapposizione tra «paradigma della struttura» e «paradigma dell'azione».

IL PARADIGMA DELLA STRUTTURA

Chi si muove nella prospettiva del paradigma della struttura parte dall'assunto che per spiegare i comportamenti umani bisogna ricondurli alle coordinate sociali nelle quali si manifestano. Ogni uomo (o donna) nasce in un mondo sociale preformato, cresce in un determinato ambiente, assume i valori, le credenze, le visioni del mondo, i modi di pensare e le abitudini che vigono nella società in cui è nato e nell'ambiente specifico in cui vive, si trova a frequentare scuole adeguate alla sua condizione, entrerà in un ruolo lavorativo dove si aspettano da lui determinate prestazioni, costruirà una famiglia secondo i canoni prescritti, svilupperà preferenze, stili di vita, ma anche idee politiche, che saranno fortemente condizionate dal posto che occupa nella struttura sociale. L'intera sua esistenza seguirà un percorso largamente prevedibile, non potrà infatti fare altro che battere strade già tracciate. La struttura sociale altro non è che il reticolo di queste strade. Ciò non vuol dire che l'individuo non sia libero di compiere delle scelte, ma la sua libertà rimane tuttavia confinata nei limiti ristretti consentiti dalla struttura sociale.

Tutte le volte che imputiamo alla società le cause del comportamento di un individuo o di un gruppo, seguiamo, magari senza rendercene conto, un approccio che parte dalla struttura sociale per arrivare all'individuo. Prendiamo, ad esempio, una spiegazione frequente dell'insorgere di comportamenti devianti.

Quando un individuo commette un reato grave si va a scavare nella sua biografia per scoprire fatti o circostanze che possono averlo indotto sulla via del crimine; si scopre che i suoi genitori erano immigrati, che il padre aveva abbandonato la famiglia quando lui era piccolo, che la madre doveva lavorare tutto il giorno fuori casa per mantenere una prole numerosa, che ha abbandonato dopo pochi anni la scuola per scarso profitto, che è entrato in contatto con una banda di ragazzi di quartiere in situazioni simili alla sua, che ha compiuto piccoli furti, che ha passato alcuni mesi in un centro correzionale e così via. Si dice allora che le cause del crimine sono cause sociali; infatti, la probabilità che un individuo vissuto nelle condizioni che abbiamo appena descritto diventi criminale è molto più elevata che non nel caso di un individuo che ha avuto una biografia meno accidentata.

I modelli di spiegazione utilizzati da Marx e Durkheim sono chiaramente classificabili nell'ambito del **paradigma della struttura**. Quando Marx analizza i rapporti tra le classi e parla di sfruttamento dei lavoratori salariati da parte dei capitalisti non pensa certo che i membri delle due classi abbiano la possibilità di comportarsi in modo diverso; la posizione che occupano nella struttura sociale impone agli uni di fare tutto il possibile per accrescere i profitti e agli altri di vendere la forza lavoro a un prezzo che garantisce loro appena la sopravvivenza. Se un imprenditore, mosso da sentimenti filantropici, decidesse di aumentare i salari dei propri operai, sarebbe presto costretto ad uscire dal mercato schiacciato dalla concorrenza.

Durkheim teorizza esplicitamente che la società viene prima degli individui, che i «fatti sociali» possono essere spiegati solo da altri fatti sociali e che non si può partire dal comportamento degli individui, dalle loro motivazioni e dalla loro personalità, per arrivare alla società. La sua polemica contro le spiegazioni psicologiche dei fatti sociali raggiunge il culmine nello studio sul suicidio [Durkheim 1897]. Non vi è forse comportamento più individuale di quello messo in atto da chi decide di togliersi la vita. Eppure, sulla base della più ampia documentazione statistica disponibile al suo tempo, Durkheim mostra che nel suicidio operano cause sociali. Queste non possono certo spiegare in modo esaustivo il singolo caso di suicidio, ma possono spiegare come in certe condizioni sociali, che riducono il livello di integrazione di un individuo nelle reti di rapporti sociali, aumenti la probabilità che egli giunga alla decisione di togliersi la vita.

Le spiegazioni strutturali fanno sempre riferimento a qualche forza che agisce alle spalle degli individui (spesso, a loro insaputa) e li spinge a comportarsi in un determinato modo. La scelta del coniuge (o del partner) sembra, ad esempio, un comportamento strettamente legato alle caratteristiche più schiettamente individuali delle persone coinvolte e infatti, almeno nelle società moderne, si fonda sull'amore romantico, un sentimento fortemente soggettivo. Tuttavia, l'amore romantico ha molta più probabilità di sbocciare tra persone della stessa razza, religione, nazionalità, ceto sociale, grado di istruzione, che abitano nella stessa città e che frequentano gli stessi luoghi e le stesse amicizie.

Le **teorie funzionalistiche** operano anch'esse con un modello di spiegazione di tipo «strutturale»: le parti sono spiegate in relazione alle funzioni che svolgono per il tutto; il percorso non è dalle parti al tutto, ma dal tutto alle parti. La **teoria dei ruoli**, in quanto parte dell'apparato teorico funzionalistico, spiega il comportamento degli individui in base alla posizione (lo status) che occupano in uno dei sottosistemi che compongono il sistema sociale. I ruoli sono strutture normative che determinano le aspettative, vale a dire l'insieme dei diritti e doveri, nei confronti di chi occupa una determinata posizione sociale. Quando sono noti i ruoli che un individuo svolge, sappiamo già quali sono le costrizioni alle quali è sottoposto il suo comportamento e quindi siamo in grado di prevederlo con un notevole grado di approssimazione.

In altri termini, è la società che spiega gli individui e non viceversa. Non sono tanto gli individui che scelgono la posizione sociale che occupano e i ruoli che svolgono, ma è piuttosto la struttura sociale che seleziona e forma gli individui adatti a ricoprire quei ruoli e occupare quelle posizioni. Per questa ragione, il paradigma della struttura riflette una **concezione olistica** del sociale in quanto concepisce la società come l'unità prioritaria di analisi e gli individui come veicoli attraverso i quali la società si esprime.

IL PARADIGMA DELL'AZIONE

Se il paradigma della struttura è nato soprattutto nella tradizione della sociologia francese, il paradigma dell'azione nasce in Germania e a Max Weber è attribuito il merito di averne posto i fondamenti. Egli sostiene che per spiegare i fenomeni sociali, di qualsiasi natura essi siano, è sempre necessario ricondurli ad atteggiamenti, credenze e comportamenti individuali e di questi si deve cogliere il significato che rivestono per l'attore. I principi del paradigma dell'azione sono quindi due:

- i fenomeni macroscopici devono essere ricondotti alle loro cause microscopiche (le azioni individuali);
- per spiegare le azioni individuali è necessario tenere conto dei motivi degli attori. Questi due principi richiedono qualche chiarimento.

1) Se per il paradigma della struttura abbiamo parlato di olismo, in riferimento al paradigma dell'azione si parla di **individualismo metodologico**. Il termine

«individualismo» non deve trarre in inganno. Ad esso non è attribuito alcun significato valutativo o morale, positivo o negativo, ma soltanto un significato logico. Indica che non si possono imputare azioni a entità astratte o ad attori collettivi di cui si ipostatizza l'unità. Secondo i canoni dell'individualismo metodologico, ad esempio, non è corretto affermare che «la classe operaia nutriva sentimenti di risentimento nei confronti della classe borghese», oppure che «la Germania subì un'umiliazione a Versailles», mentre è lecito affermare che «il sindacato dei metalmeccanici proclamò uno sciopero», oppure che «il partito democratico negli Stati Uniti si schierò a favore delle leggi contro la segregazione razziale». Nei primi due casi si postula l'esistenza di attori collettivi che non sono in grado di esprimere sentimenti e volontà, nel secondo caso si tratta sempre di attori collettivi, ma questa volta dotati di organi e procedure capaci di produrre decisioni vincolanti per tutti i loro aderenti. Nella sociologia contemporanea si usa spesso sostituire il concetto di «attore collettivo» con il concetto di **«agency»**, per indicare un ente che agisce attraverso gli individui, ma è dotato di una propria volontà e capacità di azione indipendente dalla volontà e capacità degli individui che la esprimono.

2) Il secondo principio indica che per spiegare un'azione si deve tenere conto dei **motivi dell'attore** (Weber usa il termine «senso intenzionato»), vale a dire che bisogna mettere in atto un processo di «comprensione». È evidente che alla base di questo approccio vi è una concezione dell'uomo come di essere dotato della capacità di compiere delle scelte e di dare un senso alle sue azioni. Ciò non vuol dire che l'individuo non sia vincolato nelle sue scelte. L'attore si muove sempre in situazioni che comportano vincoli e condizionamenti, ma non si riduce mai ad essere un burattino mosso da forze esterne che non è in grado di controllare. Nell'ambito dei vincoli contestuali (strutturali o contingenti) egli persegue mete ed elabora strategie che possono avere più o meno successo, ma che comunque danno un «senso» alla sua azione.

Può capitare, e di fatto ciò accade abbastanza spesso, di osservare azioni che ci appaiono prive di senso. Prima di tutto è necessario chiedersi se esse sono prive di senso per noi che le osserviamo, oppure anche per colui che le compie. Gli psichiatri, ad esempio, sanno che il comportamento di un malato di mente ci può apparire insensato, non lo è invece affatto per chi lo compie, solo che in questi casi ci riesce particolarmente difficile «penetrare nella mente» dell'attore e quindi «comprendere» il senso della sua azione. Lo stesso accade quando gli antropologi cercano di «comprendere» le pratiche di qualche società ancora scarsamente conosciuta, che a prima vista appaiono insensate solo per il fatto che la familiarità dell'osservatore con la cultura di quella società è insufficiente. Inoltre, gli attori non sempre sono consapevoli del senso delle loro azioni, oppure il senso che imputano alle loro azioni è diverso da quello che appare a un osservatore esterno. Capita frequentemente, ad esempio, che due coniugi litighino per «futili motivi», mentre in realtà, senza confessarlo neppure a se stessi, stanno scaricando sull'altro motivi di tensione di altra natura, interni o anche esterni al loro rapporto. Non solo gli esseri umani non sono del tutto trasparenti a se stessi (non sanno dare ragioni plausibili dei loro comportamenti), ma spesso si autoingannano su quali sono le «vere» ragioni delle loro azioni.

Se da un lato la comprensione delle ragioni degli attori può presentare le difficoltà alle quali abbiamo fatto cenno, dall'altro vi sono alcuni tipi di azione le cui ragioni appaiono evidenti. Secondo Weber, la comprensione raggiunge il massimo grado di evidenza nel caso delle azioni razionali. Gli economisti, e in particolare gli economisti della scuola neoclassica, hanno costruito sul postulato della **razionalità** un imponente impianto teorico. Tuttavia la razionalità di cui parlano gli economisti si riferisce a una nozione ristretta del concetto, riguarda cioè soltanto la «razionalità strumentale o teleologica» che Weber distingue dalla «razionalità rispetto al valore o assiologica». Il primo tipo di razionalità si riferisce a quelle forme di comportamento che sono orientate intenzionalmente verso uno scopo (in questo caso vi è coincidenza tra senso e scopo dell'azione), il secondo tipo riguarda invece i comportamenti rigorosamente conformi a scelte valutative che l'attore ha adottato come criteri assoluti di orientamento dell'azione, a prescindere dalle conseguenze che da tali comportamenti potrebbero derivare. Tipiche azioni razionali del primo tipo sono quelle che si realizzano nello scambio di mercato in cui gli attori coinvolti perseguono un obiettivo di ottimizzazione (ad esempio, la massimizzazione dell'utilità). Altrettanto razionali in senso strumentale possono essere, ad esempio, anche i comportamenti di deferenza nei confronti di qualcuno per ingraziarsi i suoi favori, oppure le promesse del leader politico per ottenere consenso. Si tratta in ogni caso di azioni improntate a un principio utilitaristico. Razionale rispetto al valore è, invece, ad esempio, il comportamento del militante pacifista che si rifiuta di indossare le armi, anche quando si tratta di difendere la patria contro un aggressore esterno, oppure del credente disposto a subire qualsiasi sofferenza piuttosto che abiurare alla sua fede e, in genere, qualsiasi comportamento improntato al criterio per cui non si può venire meno ai propri principi e scendere a compromessi con la propria coscienza anche se ciò può provocare un danno a sé o ad altri.

L'accento posto da Weber sulla razionalità non implica una concezione dell'uomo come essere razionale. L'uomo non è un essere razionale, ma è un essere capace di agire razionalmente; ogni sua azione concreta può quindi avvicinarsi o discostarsi dal modello dell'azione razionale ed essere quindi interpretabile e spiegabile causalmente alla luce dei motivi che possono averla fatta convergere verso o deviare da tale modello.

COMPATIBILITÀ TRA I PARADIGMI

A questo punto ci possiamo porre la domanda se i **paradigmi della struttura e dell'azione** siano tra loro compatibili. Il paradigma della struttura vede nella società prevalentemente l'elemento della costrizione e gli individui come esseri che devono, volenti o nolenti, adattarsi alle circostanze che vengono loro imposte. Le metafore comunemente utilizzate in proposito sono quelle del teatro dei pupi, dove le marionette sono mosse da chi tiene i fili della situazione, oppure del teatro vero e proprio dove gli attori si limitano a recitare (più o meno bene) un copione che non hanno contribuito a scrivere. All'attore viene lasciato quindi nessuno o poco spazio. Il paradigma dell'azione, al contrario, concede spazio all'attore, non solo nel senso che questi può scegliere diversi corsi di azione, pur nell'ambito dei vincoli posti dalla struttura, ma con la sua azione pone in essere la struttura stessa. Le strutture sociali, le istituzioni, infatti, altro non sono che aggregati di azioni che si sono consolidate nel tempo, ma che così come sono state prodotte, possono anche essere modificate nel tempo da altre azioni.

Il passaggio dall'azione alla struttura, dal livello micro al livello macro, è teoricamente decisivo nel quadro del paradigma dell'azione. Il concetto di «effetto non intenzionale» è in questo contesto di grande importanza. Un tipico effetto non intenzionale è presente nell'ipotesi weberiana sul rapporto tra etica protestante e spirito del capitalismo. Secondo Weber – come vedremo meglio nel capitolo III – il dogma della predestinazione metteva i credenti in una situazione di angoscia relativa al proprio destino di salvezza, angoscia che tuttavia poteva trovare sollievo nei segnali di salvezza ricavabili dal successo terreno e in particolare dal successo nell'attività imprenditoriale. Certo Calvino non avrebbe mai pensato che i suoi insegnamenti avrebbero alla lunga avuto la conseguenza di favorire la nascita del sistema capitalistico. Molti altri esempi di effetti non intenzionali si trovano nella letteratura sociologica: Vilfredo Pareto (1848-1923) riprende da Smith l'esempio del commerciante che abbassa i prezzi per sottrarre clienti alla concorrenza, obbligando quest'ultima a fare altrettanto a tutto vantaggio del consumatore (in questo caso si tratta di un effetto non intenzionale «virtuoso») [Pareto 1916]; Robert K. Merton (1910-2002) richiama il caso della diffusione di voci infondate circa la solvibilità di una banca, che induce i clienti a ritirare i propri depositi provocando così il fallimento della banca (in questo caso l'effetto non intenzionale è un effetto «perverso») [Merton 1949]. Si tratta in effetti di una «profezia che si autoavvera», un'idea «falsa» (il bilancio della banca è solidissimo) che produce delle conseguenze «vere» (il fallimento della banca stessa). La categoria degli «effetti non intenzionali» (desiderabili o indesiderabili), chiamati anche «effetti di composizione» di «aggregazione» o «emergenti» è importante per due ragioni. Da una parte essa mette in luce come sia frequente il caso di azioni individuali che producono effetti diversi (e spesso contrari) alle intenzioni degli attori. Dall'altra essa spiega come da una molteplicità di azioni individuali si generino strutture istituzionali che nessun attore «ha voluto intenzionalmente», ma che, una volta consolidatesi, costituiscono un vincolo per gli attori stessi. L'istituzione «mercato» è il tipico esempio di una struttura che si è generata storicamente in modo spontaneo dall'intrecciarsi di una miriade di scambi tra compratori e venditori.

A questo punto possiamo rispondere alla domanda circa la compatibilità dei due paradigmi: essi sono incompatibili solo se si adotta una visione rigorosamente deterministica del condizionamento dei comportamenti umani da parte della struttura sociale, oppure se si adotta una visione altrettanto unilaterale dell'individuo come attore svincolato da ogni condizionamento esterno. Al di fuori di queste visioni unilaterali, è assai probabile che ricerche che partano da un presupposto «olistico» e ricerche improntate a un presupposto «individualistico» giungano a risultati convergenti. Di fatto nella ricerca sociale empirica i due paradigmi sono spesso utilizzati contemporaneamente.

5. TEORIA E RICERCA EMPIRICA

In pressoché tutte le discipline scientifiche si genera una sorta di divisione del lavoro tra chi si dedica alla **ricerca teorica** e chi invece è impegnato nella **ricerca empirica**. Alla divisione orizzontale del sapere tra discipline si aggiunge quindi anche una divisione verticale all'interno di ciascuna disciplina tra elaborazione teorica e ricerca sperimentale. Questo processo di divisione del lavoro scientifico è in larga misura inevitabile, ma può produrre sia effetti positivi, sia effetti negativi. Ha effetti tendenzialmente negativi quando teoria e ricerca non si arricchiscono reciprocamente, ma proseguono su strade separate; ha effetti positivi quando l'elaborazione teorica produce input (in termini di nuovi interrogativi e ipotesi) per la ricerca empirica e riceve da questa conferme o smentite in merito alla «bontà» della strada imboccata.

Le scienze sociali non fanno eccezione, ma il rapporto teoria-ricerca empirica si configura in modi diversi da disciplina a disciplina. In economia, ad esempio, dove l'elaborazione teorica si sviluppa prevalentemente partendo da assunti generali di carattere teorico attraverso un procedimento di tipo nomologico-deduttivo, chi si occupa di teoria economica ha spesso scarso interesse per i problemi concreti dell'economia reale e per la rilevazione empirica dei fenomeni economici, anche se parte dal presupposto che ogni proposizione debba in ultima analisi essere empiricamente verificabile. In antropologia culturale, al contrario, l'elaborazione teorica parte quasi sempre dall'interpretazione dei risultati della ricerca sul campo mediante un procedimento prevalentemente induttivo, anche se molto spesso la ricerca sul campo resta ad un livello sostanzialmente descrittivo.

Anche in sociologia teoria e ricerca empirica possono interagire tra loro in modo fecondo, oppure percorrere strade separate. Se ci atteniamo alla definizione di «teoria», proposta da Talcott Parsons (1902-1979) e cioè che una teoria «è un corpus di concetti generalizzati, logicamente interdipendenti, dotati di un riferimento empirico», ci rendiamo conto che il punto decisivo per chiarire il rapporto teoria-ricerca è racchiuso nella locuzione «dotati di riferimento empirico» [1954, 211]. Non c'è dubbio che molte teorie sociologiche (e probabilmente anche quella di Parsons stesso) sono formulate ad un livello di astrazione tale da rendere estremamente difficile, se non impossibile, una loro traduzione in proposizioni passibili di essere «trattate» empiricamente. Perché ciò accada, è necessario che i concetti siano trasformabili in una serie di indicatori sulla base dei quali compiere delle operazioni di osservazione e quindi di misurazione. Prendiamo l'ipotesi di Durkheim che l'anomia (anomia, per lui, significa assenza di regole) cresca in periodi di forte sviluppo economico. Il problema non si pone per la misura dell'intensità dello sviluppo economico (gli economisti hanno elaborato in proposito una serie di indicatori che possiamo ritenere attendibili), quanto piuttosto per l'osservazione e la misurazione dell'anomia. Che cosa dobbiamo osservare per decidere se in una data situazione c'è o non c'è anomia, se in una situazione ce n'è di più e in un'altra di meno? Il problema è assai delicato perché, ovviamente, l'anomia non è un fenomeno direttamente osservabile.

Si può dire che non si può sottoporre a prova empirica una teoria, soprattutto se si tratta di una teoria di portata molto generale, cioè applicabile a una vasta gamma di situazioni storico-sociali (al limite, a tutte le società del passato, del presente e del futuro), ma solo singole proposizioni da essa ricavate. Ad esempio, la teoria dei sistemi non è di per sé in alcun modo sottoponibile a test empirico. Se la applichiamo tuttavia a una situazione specifica (ad esempio allo studio di un'organizzazione collocata in un determinato contesto o ambiente) potremo ricavare dalla teoria una serie di ipotesi da sottoporre a prova empirica (ad esempio, potremo accertarci se è vero che l'organizzazione sviluppa degli organi col compito di monitorare i cambiamenti che si generano nel suo ambiente). Adottando la terminologia di Karl Popper (1902-1994), possiamo dire che una teoria è rilevante sul piano empirico se da essa possiamo ricavare delle **«congetture»** passibili di **«confutazione»**.

La difficoltà (o l'impossibilità) di sottoporre a prova empirica teorie molto generali ha indotto Merton a sostenere che la sociologia debba orientarsi verso la formulazione di **«teorie di medio raggio»**, cioè teorie il cui ambito di applicazione sia limitato a fenomeni specifici entro coordinate spazio-temporali definite.

Un nesso forte tra teoria e ricerca si ha se, e solo se, la ricerca empirica è volta a verificare (o falsificare, nel senso di Popper) un'ipotesi teorica, vale a dire una proposizione nella quale siano messi in relazione i fenomeni da spiegare (chiamati «variabili dipendenti») e i fenomeni che li spiegano (chiamati «variabili indipendenti»). In altri termini, la ricerca empirica è guidata dalla teoria se è costruita in modo da accertare l'esistenza di un nesso tra variabili (deve rispondere alla domanda: è vero che...?). La teoria è in questo senso l'a priori della ricerca empirica.

Non tutte le ricerche empiriche in sociologia, tuttavia, rispondono a una logica di tipo esplicativo. Se da un lato infatti abbiamo teorie prive di rilevanza empirica, dall'altro lato abbiamo ricerche empiriche prive di rilevanza teorica. In questi casi si parla di ricerche che hanno un intento prevalentemente esplorativo o descrittivo. A dire il vero, nessuna ricerca, per quanto descrittiva, è del tutto priva di presupposti teorici che operano spesso in modo implicito e/o inconsapevole. Innanzitutto, qualsiasi fenomeno, per diventare oggetto di ricerca, deve essere giudicato rilevante alla luce di qualche interrogativo che può essere pratico, ma anche teorico. Inoltre, anche soltanto per descrivere un fenomeno qualsiasi è necessario far uso di concetti la cui costruzione presuppone l'impiego di criteri di selezione degli aspetti rilevanti da quelli non rilevanti. Anche la semplice descrizione non può quindi essere una «riproduzione» priva di presupposti (una «fotografia» fedele della realtà), ma è in un certo senso una «costruzione» operata da un soggetto dotato di categorie a priori.

Ciò vale anche per quella particolare forma di descrizione dei fenomeni sociali che trova espressione nei «dati ufficiali» oggi messi largamente a disposizione degli studiosi da parte delle autorità pubbliche. Ci si riferisce qui allo sviluppo della statistica sociale, cioè alla raccolta sistematica di informazioni quantitative sullo stato della popolazione e le sue condizioni di vita. Si tratta di una lunga tradizione i cui inizi si possono far risalire all'assolutismo illuminato del XVIII secolo. Anche se la raccolta di dati statistici è promossa e organizzata dalle autorità pubbliche perlopiù a fini amministrativi, essa fornisce una massa crescente di informazioni di tipo sociografico di cui i sociologi fanno spesso largo uso.

La distinzione tra «ricerca descrittiva» e «ricerca esplicativa» mantiene in ogni caso una sua utilità. Molto spesso la descrizione è soltanto una prima fase del processo di ricerca che consente di esplorare il terreno raccogliendo informazioni sul segmento di realtà oggetto di studio. In questa fase l'osservazione empirica si combina con il bagaglio di conoscenze teoriche a disposizione del ricercatore e permette di mettere a fuoco i concetti ed elaborare delle ipotesi da sottoporre successivamente a procedimenti più formalizzati di validazione.

Le ricerche su opinioni e atteggiamenti, che costituiscono una parte rilevante della sociologia empirica, hanno in genere un intento prevalentemente descrittivo. Si cerca cioè di esplorare quali sono le opinioni o gli atteggiamenti prevalenti in una determinata popolazione in riferimento agli argomenti più vari (dai partiti politici, alle minoranze etniche, agli anziani, all'emancipazione femminile, ecc.). Una fase intermedia molto importante delle ricerche di questo tipo conduce alla costruzione di tipologie (facendo spesso uso delle tecniche della statistica descrittiva come la *cluster analysis* o l'analisi dei fattori). Solo in una fase successiva ci si chiede quali sono i fattori che spiegano come mai certi segmenti della popolazione studiata mostrano una propensione per alcuni tipi di atteggiamenti ed altri segmenti per altri tipi.

Se il ricercatore si lascia guidare esclusivamente da ipotesi teoriche precostituite è tuttavia probabile che egli «trovi» soltanto quello che «cerca». Soprattutto nelle fasi esplorative, invece, è consigliabile che il ricercatore adotti una disposizione che lasci spazio alla possibilità di «sorprendersi» di fronte a casi o dati anomali e inattesi per i quali non dispone al momento di una ipotesi plausibile di spiegazione. Per designare questo «effetto sorpresa» Merton ha usato il termine di *serendipity*. Si narra che i principi di Serendip, l'antico nome di Ceylon, fossero dotati di una straordinaria capacità di osservazione che consentiva loro di dedurre da particolari apparentemente insignificanti complessi stati della realtà. Merton sostiene che molte delle ipotesi sociologiche più feconde di ulteriori sviluppi teorici sono nate dall'esigenza di dar conto di osservazioni che le teorie disponibili o il semplice «senso comune» non erano in grado di spiegare in modo adeguato. In questi casi, la riflessione teorica, più che orientare la ricerca fin dalle sue prime fasi, subentra solo in una fase successiva quando si tratta di interpretare dati altrimenti inspiegabili.

Il rapporto fra teoria e ricerca empirica in sociologia si articola quindi come un rapporto a due vie di scambi reciproci in cui la teoria alimenta la ricerca ma questa, a sua volta, retroagisce sulla teoria ponendole nuovi interrogativi. In ogni caso, vale la regola per cui la teoria senza la ricerca empirica è vuota, e la ricerca senza la teoria è cieca.

PER SAPERNE DI PIÙ

BAERT P., *La teoria sociale contemporanea*, Bologna, Il Mulino, 2002; BOUDON R., *A lezione dai classici*, Bologna, Il Mulino, 2002; CAVALLI A., *Incontro con la sociologia*, Bologna, Il Mulino, 2001; ELIAS N., *Che cos'è la sociologia?*, Torino, Rosenberg & Sellier, 1990; JEDLOWSKI P., *Il mondo in questione. Introduzione alla storia del pensiero sociologico*, Roma, Carocci, 2003[7]; PROCACCI G. e SZAKOLCZAI A., *La scoperta della società. Alle origini della sociologia*, Roma, Carocci, 2003; RUTIGLIANO E., *Teorie sociologiche classiche*, Torino, Bollati Boringhieri, 2001; WALLACE R.A. e WOLF A., *La teoria sociologica contemporanea*, Bologna, Il Mulino, 2000[2].

PARTE PRIMA

La formazione della società moderna

CAPITOLO 1

Le società premoderne

In questo capitolo ci interrogheremo sull'origine delle società umane e ne seguiremo l'evoluzione, da quelle più antiche fino alle soglie dell'epoca moderna. Analizzeremo le caratteristiche organizzative, culturali e politiche delle società basate sulla caccia, la pastorizia e l'agricoltura, per poi tracciare un quadro del mondo greco-romano e del feudalesimo.

1. L'EVOLUZIONE DELLE SOCIETÀ UMANE E IL CONCETTO DI CULTURA

Questo capitolo tratta delle società umane più remote nel tempo. Gli archeologi, gli antropologi e gli storici hanno accumulato nel corso dei secoli un vasto corpo di conoscenze sulla preistoria e la storia del genere umano fino alle soglie del mondo moderno. L'insieme di questi lavori riempie gli scaffali di intere biblioteche. In poche pagine cercheremo di richiamare alcuni dei risultati più importanti delle loro ricerche affinché non si perda mai di vista il fatto che le società in cui viviamo hanno un lungo passato alle loro spalle.

La prima domanda da porsi è quando incomincia la vicenda delle società umane. Oggi, a differenza di un secolo fa, gli studiosi sono concordi nell'accettare la teoria dell'evoluzione, in base alla quale la specie umana, così come noi la conosciamo, è il risultato di un lungo e lento processo di evoluzione genetica dalle scimmie antropoidi e queste, a loro volta, derivano da altre specie animali. Gli ominidi, che hanno preceduto la nostra specie, sono comparsi sulla terra da due a tre milioni di anni fa, ma il loro aspetto doveva essere molto diverso dal nostro: avevano già acquisito la stazione eretta che consente di liberare gli arti anteriori dalle esigenze della deambulazione, avevano anche sviluppato la capacità di contrapporre il pollice alle altre dita della mano in modo da poter afferrare degli oggetti, ma probabilmente non avevano ancora sviluppato le corde vocali in modo da poter emettere suoni finemente articolati e la loro capacità cranica era ancora piuttosto ridotta (circa la metà della nostra), anche se usavano qualche attrezzo rudimentale per procacciarsi il cibo e per difendersi dalle altre specie animali.

L'**uomo di Pechino**, circa 1 milione di anni fa, era già probabilmente un esperto cacciatore, come risulta dalle numerose ossa di animali di grossa taglia ritrovate nella caverna insieme ai suoi resti. Egli aveva già imparato ad utilizzare il fuoco e comunicava probabilmente coi propri simili emettendo suoni e facendo gesti non ancora organizzati in un vero e proprio sistema simbolico, quello che noi oggi chiamiamo «linguaggio». Possiamo immaginare che gli uomini che seppellivano i morti in luoghi particolari avessero già sviluppato una certa capacità di simbolizzazione, cioè qualche forma sia pure iniziale di pensiero astratto: i primi luoghi tombali rinvenuti risalgono a circa 100-150.000 anni fa.

L'**homo sapiens sapiens**, cioè dotato di un organismo del tutto simile al nostro, è apparso in Europa, probabilmente provenendo dall'Africa, circa 42.000 anni fa, all'inizio dell'era del Paleolitico superiore.

Abbiamo accennato alla capacità di produrre e usare strumenti, di produrre e usare il fuoco, di produrre e usare il linguaggio: questi sono gli elementi che distinguono la specie umana attuale (quella appunto dell'*homo sapiens sapiens*) dalle altre specie di animali e di ominidi. La distinzione non è così netta come potrebbe sembrare a prima vista. Infatti, ad esempio, molti animali comunicano tra loro usando qualcosa di molto simile al linguaggio e sono in grado di usare qualche semplice strumento (le scimmie antropoidi, ad esempio, fanno uso di bastoni per facilitare il procacciamento del cibo); il fuoco, inoltre, era senz'altro già utilizzato dagli uomini del Paleolitico inferiore. Tuttavia, come vedremo meglio nel capitolo VII, i linguaggi umani presentano una varietà e complessità che non sembrano riscontrarsi in altre specie animali, gli strumenti prodotti dall'uomo sono via via sempre più elaborati e complessi, come più elaborati e complessi diventano i modi di produzione, uso e controllo del fuoco.

Tra gli elementi che distinguono la specie umana dagli altri animali non compare l'organizzazione sociale. Gli **etologi**, cioè coloro che studiano il comportamento degli animali, ci dicono infatti che anche molte specie animali hanno un'organizzazione sociale spesso assai complessa e, del resto, ognuno di noi si ricorda di aver visto un alveare, un formicaio o uno stormo di uccelli migratori. Anche gli animali cooperano tra loro, mediante forme di divisione del lavoro, al fine di aumentare le probabilità di sopravvivenza delle popolazioni di individui che appartengono alle singole specie. Tuttavia, le informazioni necessarie ad assicurare la riproduzione di generazione in generazione delle forme di organizzazione sociale sono trasmesse ai singoli animali mediante il loro codice genetico, quel sistema cioè che assicura la conservazione e la trasmissione delle informazioni genetiche registrate sulle molecole di Dna; la maggior parte dei modelli di comportamento degli animali non vengono «appresi», ma sono iscritti, per così dire, nei cromosomi che ogni esemplare riceve alla nascita dai suoi genitori.

Anche alcuni comportamenti sociali umani sono dettati da informazioni depositate nel patrimonio genetico (la sociobiologia studia appunto questi aspetti), tuttavia non vi è dubbio che la specie umana (giunta allo stadio di evoluzione organica dell'*homo sapiens sapiens*) ha sviluppato forme di organizzazione sociale che si fondano principalmente sulla cooperazione ottenuta attraverso la comunicazione e il linguaggio e sull'accumulazione di informazioni che vengono trasmesse mediante processi di apprendimento. L'insieme di queste informazioni costituisce la **cultura**.

«La cultura – per riprendere la definizione di Malinowski [1931] – comprende gli artefatti, i beni, i processi tecnici, le idee, le abitudini e i valori che vengono trasmessi socialmente». La cultura umana muta anche se non mutano, o mutano a ritmi infinitamente più lenti, le caratteristiche organiche della specie. L'evoluzione socioculturale umana è largamente svincolata dall'evoluzione biologica della specie anche se quest'ultima ne è il presupposto. Vediamo quindi quali sono state le tappe principali del mutamento delle società umane a partire dalle società di cacciatori e raccoglitori.

2. LE SOCIETÀ DI CACCIATORI E RACCOGLITORI

2.1. L'attività predatoria e il nomadismo

Se facciamo uguali a 24 ore i tre milioni di anni che la specie umana abita il pianeta terra, possiamo dire che per 23 ore e 55 minuti gli uomini hanno vissuto in **società di cacciatori-raccoglitori**. Alcune di queste società (nelle Americhe, in Africa, in Australia e nelle regioni artiche) sono vissute in isolamento e sono giunte fino quasi ai giorni nostri. Oggi sono praticamente estinte o in via di rapida estinzione, per effetto del contatto con popolazioni che hanno abbandonato questo stadio poco meno di 10.000 anni fa. I cacciatori-raccoglitori attuali sono quindi i testimoni viventi del passato evolutivo della specie.

Per studiare questo tipo di società possiamo ricorrere a tre tipi di fonti: la ricerca archeologica, che studia i reperti di civiltà scomparse, la ricerca antropologica, che studia quelle società che sono sopravvissute fino all'epoca moderna e i resoconti dei viaggiatori che hanno incontrato queste società per la prima volta, prima cioè che il contatto con l'esterno le modificasse profondamente.

Queste società non sono impegnate in vere e proprie attività produttive, non intervengono nei processi di produzione dei beni di cui si servono, ma attingono per sopravvivere al patrimonio di risorse offerto dalla natura: colgono i frutti che crescono spontanei e catturano animali selvatici. A questo stadio, l'attività umana risulta quindi essere essenzialmente un'attività predatoria, il lavoro umano non restituisce alla natura i beni che le ha sottratto, ma è la natura stessa che provvede a ricostituire le capacità produttive consumate dall'uomo. Le risorse consumate, infatti, sono rinnovabili senza l'intervento umano. Quando sul territorio i frutti e la selvaggina si fanno scarsi, le popolazioni di cacciatori-raccoglitori sono costrette a spostarsi in zone limitrofe alla ricerca di mezzi di sopravvivenza; ne consegue che il nomadismo è una delle caratteristiche salienti delle società di questo tipo ed è tanto più accentuato quanto meno l'ambiente presenta condizioni favorevoli. Le società di cacciatori-raccoglitori sono stanziate in ambienti molto diversi tra loro: si va dalle zone artiche e sub-artiche (gli Eschimesi), alle zone quasi desertiche, dove le risorse naturali sono scarse, alle zone temperate e alle foreste equatoriali, dove l'ambiente offre evidentemente maggiore abbondanza di risorse disponibili.

Si tratta di società in genere molto piccole, di 30-50 membri, che vivono in accampamenti temporanei; dovendosi spostare frequentemente non possono accumulare se non pochi oggetti personali (qualche arma e strumento), anche perché non dispongono di tecniche per la conservazione del cibo; ciò che viene raccolto o catturato deve essere consumato subito, pena il suo rapido deperimento. Essi vivono in una dimensione temporale del «giorno per giorno», salvo essere condizionati dai cicli stagionali della vegetazione a seconda del tipo di ambiente naturale circostante.

2.2. L'organizzazione sociale

La caccia e la raccolta sono attività che vanno quasi sempre insieme: non vi è nessuna società che vive per tutto l'anno solo di caccia (gli abitanti delle regioni artiche dipendono dalla caccia nel lungo periodo invernale) e solo pochissime di sola raccolta. L'importanza relativa delle due attività varia però moltissimo e si può dire che in genere nella dieta di queste popolazioni la maggior parte delle sostanze nutritive dipende dalla raccolta, mentre la caccia integra l'alimentazione con l'apporto di sostanze proteiche.

In tutte le società di cacciatori-raccoglitori vige una, più o meno rigida, **divisione sessuale del lavoro** nel senso che la raccolta è quasi sempre compito femminile, mentre alla caccia si dedicano quasi esclusivamente gli uomini. L'unità sociale di base è la famiglia nucleare, composta dai genitori e dalla loro prole e la sua funzione è essenzialmente riproduttiva; garantisce cioè la procreazione e l'allevamento dei bambini. Non si tratta di famiglie numerose. Da un lato l'elevata mortalità infantile e dall'altro lato i lunghi periodi di allattamento che riducono la fertilità femminile e non consentono alla donna di allevare più di un bambino ogni tre o quattro anni, fanno sì che la famiglia nucleare sia di dimensioni ridotte e oscilli tra i quattro e i sei membri.

Più famiglie nucleari, grosso modo una decina, costituiscono una **banda**; questa occupa temporaneamente un certo territorio, forma un accampamento e organizza cooperativamente la caccia. La banda è un gruppo autosufficiente dal punto di vista «produttivo», cioè in condizioni normali è in grado di far fronte alle necessità quotidiane dei suoi membri, ma non è autosufficiente dal punto di vista «riproduttivo». La banda è spesso, anche se non sempre, un **gruppo esogamico**: i matrimoni sono vietati, o almeno sconsigliati, tra i membri della banda stessa. I maschi adulti quindi, quando vogliono sposarsi, devono ricorrere alle donne di bande vicine. Le bande vicine sono spesso concorrenti per le risorse dello stesso territorio e i rapporti tendono quindi frequentemente ad essere di ostilità; questa tendenza viene però in un certo senso controbilanciata dalla necessità di stabilire legami che consentano gli scambi matrimoniali su una base pacifica.

I rapporti di parentela si estendono quindi al di là dei confini della singola banda e bande vicine finiscono per intrecciarsi e stabilire delle occasioni cerimoniali di incontro in cui, oltre alle donne, si scambiano anche beni rituali ed economici. Le bande appartengono quindi a un gruppo più vasto, la cui estensione dipende appunto dalla frequenza dei rapporti matrimoniali. L'ampiezza di tale gruppo, chiamato **tribù**, è molto variabile, ma si aggira in media intorno ai 500-600 membri; la tribù è quindi un gruppo essenzialmente endogamico (i matrimoni avvengono cioè prevalentemente, se non esclusivamente, all'interno della tribù) che occupa un territorio che comprende l'insieme dei territori delle singole bande.

Émile Durkheim, uno dei padri fondatori della sociologia moderna, in un'opera diventata classica, *Le forme elementari della vita religiosa* [1912], ha studiato le identità collettive e le credenze religiose delle tribù di aborigeni australiani. I membri di queste tribù, ma il discorso vale per tutte le società di questo tipo, si riconoscono come appartenenti allo stesso gruppo (hanno cioè un nome), vengono identificati come tali dalle tribù vicine, parlano la stessa lingua e spesso si ritengono discendenti da un capostipite comune. In questo caso la tribù corrisponde al **clan**, anche se alla stessa tribù possono appartenere membri di clan diversi. Il mito della comune origine trova rappresentazione simbolica in un oggetto (il **totem**), che può raffigurare un animale, una pianta, oppure qualsiasi altro elemento tratto dall'ambiente, che diventa il centro di una serie di pratiche rituali. Il nome del totem corrisponde quasi sempre al nome mediante il quale si riconoscono e vengono riconosciuti gli appartenenti ad una tribù.

Le società di caccia e raccolta, a parte le marcate differenze sociali tra uomini e donne, sono società fortemente egualitarie. Vi sono evidentemente delle differenze per gruppi di età: le donne diventano adulte quando sono in grado di procreare, mentre i maschi lo diventano quando dimostrano di saper catturare una preda di certe dimensioni, i vecchi non sono sempre rispettati e hanno scarso potere e prestigio in una società in cui conta più la destrezza e la forza che non l'esperienza accumulata con gli anni. Il capo banda, quando c'è, è in genere il cacciatore più coraggioso e valente, capace di catturare le prede più grosse, ma la sua posizione non è permanente e non comporta particolari privilegi.

Le tribù spesso non hanno un vero e proprio capo; l'esigenza di un capo si presenta solo quando si tratta di attaccare o di difendersi da tribù vicine che bisogna quindi fronteggiare sul piano militare. Ma si tratta perlopiù di posizioni temporanee che non danno luogo alla formazione di vere e proprie gerarchie di potere.

Una figura che gode invece di un certo prestigio e di alcuni privilegi (ad esempio, quello di ricevere doni per le sue prestazioni) è lo **sciamano**. La visione del mondo dei cacciatori-raccoglitori comporta la credenza nell'esistenza di spiriti dai quali dipende la buona o la cattiva sorte degli individui e del gruppo e di fronte ai quali il singolo è sostanzialmente impotente. Bisogna tenere presente che queste società dipendono da e vivono in balia di forze naturali sulle quali non sono in grado di esercitare controllo alcuno. Lo sciamano è un essere umano il quale è dotato delle capacità psichiche, ed è a conoscenza delle tecniche rituali, che gli consentono di entrare in contatto con il mondo degli spiriti per cercare di neutralizzarne gli influssi negativi. Guarire un malato vuol dire, ad esempio, essere in grado di allontanare lo spirito maligno che si è impossessato di lui. Lo sciamano è soprattutto un guaritore.

Le società di caccia e raccolta sono le società umane più semplici. Nonostante la loro semplicità, tuttavia, dalla breve descrizione dei loro tratti fondamentali, che abbiamo appena condotto, risultano già gli elementi con i quali si costruisce l'analisi sociologica. Per studiare una società bisogna osservare alcune «cose» fondamentali: i modi coi quali si procura i mezzi di sussistenza e come li distribuisce tra i suoi membri, i modi coi quali assicura la propria riproduzione biologica e culturale, le forme delle relazioni sociali mediante le quali prendono corpo i gruppi e le organizzazioni, la struttura delle disuguaglianze, le credenze e le pratiche religiose.

Possiamo ora proseguire nell'analisi di società ad uno stadio più avanzato di complessità.

3. LE SOCIETÀ DI COLTIVATORI E PASTORI

3.1. Dall'attività predatoria all'attività produttiva

A noi oggi sembra del tutto naturale mettere un seme nel terreno, aspettare che germogli e che cresca una pianta per poi raccoglierne i frutti, selezionare i semi e ricominciare così da capo il processo di produzione. Ma appena ci fermiamo un momento a pensare a queste operazioni, ci rendiamo subito conto che esse richiedono capacità tutt'altro che semplici e non ci stupiamo più che l'umanità abbia impiegato tanto tempo (quasi tre milioni di anni) per svilupparle.

Se col mio arco lancio una freccia, colpisco un animale, questo si accascia e cambia aspetto in modo che io possa squartarlo e ricavarne del cibo che soddisfa la mia fame: compio una serie di operazioni che si succedono tutte in un lasso di tempo relativamente breve. Tutte queste operazioni sono legate tra loro da connessioni piuttosto evidenti di causa-effetto: l'animale è stato colpito *perché* ho lanciato una freccia, l'animale è passato dalla vita alla morte (due concetti che ho gradualmente imparato a distinguere) *perché* è stato colpito, posso soddisfare la fame *perché* ho ricavato del cibo dalle sostanze del suo cadavere. È facile connettere due o più eventi mediante un nesso di causa-effetto o di mezzo-fine quando gli eventi sono temporalmente contigui.

Tra la collocazione del seme nel terreno, la sua germinazione, la crescita della pianta, la raccolta dei suoi frutti, la selezione dei semi e la loro successiva messa a dimora passa invece molto tempo. Per poter connettere queste operazioni mediante la categoria di causa-effetto l'uomo deve essere in grado di abbracciare nella sua mente in modo unitario eventi passati (che non sono più qui ed ora) ed eventi futuri (che non sono ancora qui ed ora): deve, in altri termini, disporre di una notevole capacità di astrazione, deve poter pensare ciò che non c'è più e ciò che non c'è ancora, concepire l'esistenza di qualcosa che non è percepibile con i sensi di cui il suo corpo è dotato. La specie umana ha sviluppato questa capacità, senza la quale non è possibile la coltivazione, solo molto lentamente, attraverso l'osservazione concreta dei fenomeni e in assenza di teorie capaci di spiegarne le connessioni.

Con la coltivazione il rapporto uomo-natura si configura in termini nuovi: la natura non è più soltanto un serbatoio di forze incontrollabili e di risorse di cui appropriarsi in modo predatorio, ma un grande laboratorio di processi su alcuni dei quali l'uomo è in grado di intervenire intenzionalmente al fine di produrre ciò di cui ha bisogno. L'uomo incomincia a modificare radicalmente l'ambiente in cui vive e il paesaggio diventa sempre più un paesaggio umano. Le società che si collocano a questo stadio vengono chiamate di **coltivatori-orticoltori** per distinguerle dai «coltivatori-agricoltori» che incontreremo allo stadio successivo.

È difficile sapere come questo processo abbia potuto essere innestato, poiché di quelle prime società di coltivatori ci restano soltanto pochi rudimentali attrezzi di pietra levigata. Probabilmente ci si è resi conto che i semi di particolari piante (ad esempio, cereali) in certe circostanze non si deterioravano e potevano essere conservati e consumati anche qualche tempo dopo la raccolta. Qualche seme sarà sopravvissuto al consumo e al momento opportuno sarà germogliato, qualcuno avrà notato che il germoglio caduto su un terreno adatto si sviluppava e produceva una piantina simile a quella dalla quale era stato raccolto il seme. È probabile che questo qualcuno sia stata una donna, poiché erano le donne ad occuparsi della preparazione del cibo. Tutto ciò ha richiesto millenni e certo i protagonisti di questa vicenda non sapevano che dalle loro osservazioni sarebbero sorte civiltà e imperi. Non impropriamente, il passaggio dalla caccia e raccolta alla coltivazione, che si colloca, a seconda delle aree, tra il 10000 e il 6000 a.C., viene indicato col termine «rivoluzione neolitica».

3.2. Gli insediamenti permanenti

A differenza dei loro predecessori, gli orticoltori non furono più costretti a spostarsi continuamente alla ricerca di cibo. Almeno per alcuni anni, finché il suolo era produttivo, potevano restare sullo stesso territorio che, nella maggior parte dei casi, avevano dovuto conquistare alla foresta. A questo proposito, le tecniche di produzione e controllo del fuoco erano molto importanti, non solo perché il fuoco facilitava l'opera di disboscamento, ma anche perché le ceneri rendevano più fertile il terreno. Più le tecniche di coltivazione progredivano, più gli insediamenti diventavano permanenti: le società umane incominciarono a mettere radici in un territorio.

Il risultato fu che, a parità di estensione, lo stesso territorio poteva ora fornire sostentamento a un numero molto maggiore di uomini e donne. Se le bande di cacciatori-raccoglitori comprendevano poche decine di persone, i villaggi dei coltivatori ne contenevano qualche centinaio. L'ampiezza degli insediamenti crebbe insieme alla densità della popolazione; si costruirono palificazioni e recinti per tenere lontani gli animali selvaggi, le abitazioni diventarono più solide, si svilupparono tecniche costruttive più elaborate, si incominciò a fare uso di nuovi materiali, a fabbricare oggetti per la conservazione delle derrate, a intrecciare fibre vegetali per la produzione di tessuti. Nell'arco di qualche millennio il numero delle innovazioni crebbe notevolmente.

Visto retrospettivamente, il passaggio alla coltivazione rappresentò una prima, poderosa, accelerazione nello sviluppo della cultura umana.

Tuttavia, con l'aumento dell'ampiezza degli insediamenti e della densità della popolazione, il terreno coltivato dagli abitanti di un villaggio poteva diventare insufficiente per il loro sostentamento. L'addomesticamento degli animali era ancora agli inizi e non vi erano tecniche di trasporto capaci di trasferire uomini e beni a una distanza superiore a quella che poteva esser percorsa da un uomo a piedi in una giornata. Quando si rompeva l'equilibrio tra popolazione e risorse, era necessario che una parte della popolazione del villaggio si spostasse su un altro territorio che avrebbe provveduto a disboscare e a coltivare. I villaggi tendevano così a moltiplicarsi per scissione e a collocarsi a una distanza maggiore o minore l'uno dall'altro a seconda della produttività dei suoli coltivati.

3.3. Divisione del lavoro, disuguaglianze e organizzazione sociale

È facile comprendere come la spinta all'espansione, dovuta alla pressione demografica, ponesse spesso gli abitanti di diversi villaggi in competizione per il controllo di uno stesso territorio. Appena un'area incomincia a diventare più densamente popolata, la guerra diventa un elemento permanente nella vita quotidiana ed assorbe a tal punto le energie di queste popolazioni che non è infrequente trovare tribù dove la coltivazione dei campi è lasciata quasi esclusivamente alle donne, mentre gli uomini si dedicano alle attività militari. Si trova spesso in tali società la singolare istituzione della «casa degli uomini», un luogo dove vivono i ragazzi dagli 8-10 anni in avanti, sottratti al controllo della famiglia e delle donne, per essere addestrati a diventare dei validi e coraggiosi guerrieri.

I villaggi sono il più delle volte economicamente autosufficienti e politicamente autonomi e il loro capo è generalmente un capo militare, il cui potere richiede di essere costantemente confermato dalla capacità di condurre guerre vittoriose e si riduce, invece, nei periodi di pace. Non vi è ancora un'organizzazione politica che vada al di là della dimensione del villaggio, anche se talvolta si possono stabilire delle temporanee alleanze. I rapporti tra villaggi vicini oscillano sempre tra la pace e la guerra.

Dal punto di vista economico, la terra è proprietà comune del villaggio e si danno casi in cui un villaggio sviluppi qualche forma embrionale di specializzazione produttiva, sfruttando risorse particolarmente abbondanti sul suo territorio; il villaggio può allora scambiare le sue eccedenze di un certo prodotto con le eccedenze di un villaggio vicino. Gli scambi non sono però mai soltanto economici, essi hanno anche un significato politico e rituale, consentono infatti di stabilire buoni rapporti di vicinato. In qualche caso si sviluppa un vero e proprio «circuito», come il famoso *kula* nelle isole Trobriand, studiato dal grande antropologo inglese di origine polacca Bronislaw Malinowski (1884-1942), dove due tipi di beni (braccialetti di conchiglie bianche e collane di conchiglie rosse) viaggiano di villaggio in villaggio (meglio sarebbe dire, di isola in isola) in opposte direzioni, creando una fitta rete di relazioni e di obbligazioni rituali che durano nel tempo.

Spesso sono le donne ad essere oggetto di scambio e non sempre si tratta di uno scambio pacifico. I matrimoni, tuttavia, avvengono prevalentemente tra persone che appartengono allo stesso villaggio (**endogamia**); tuttavia vige la proibizione di sposarsi tra parenti stretti (*tabù dell'incesto*), in modo tale che i vari gruppi di parentela bilaterali o, più frequentemente, unilaterali finiscono per essere variamente intrecciati, stabilendo una vasta gamma di rapporti graduati di cooperazione e assistenza reciproca.

Le società di orticoltori, rispetto a quelle di cacciatori e raccoglitori, sono molto più ampie e differenziate e presentano forme più cospicue di disuguaglianza. Tuttavia, rispetto alle società che seguiranno, tali disuguaglianze non danno generalmente luogo alla formazione di gerarchie stabili capaci di riprodursi in modo rigido di generazione in generazione. Le uniche figure di specialisti che si elevano al di sopra della collettività sono il più delle volte solo il capo villaggio e lo sciamano.

Non dobbiamo dimenticare però che tra le società che identifichiamo come «orticole» (cioè, quelle che, come vedremo, non utilizzano l'aratro nella coltivazione) compaiono anche gli imperi dell'America precolombiana (Maya, Incas, ecc.) e la Cina della dinastia Shang che svilupparono forme molto elaborate di organizzazione politica e di cultura.

Le società del Messico precolombiano, ad esempio, non solo non conoscevano l'aratro, ma neppure animali di grossa taglia da addomesticare, la ruota e i metalli come il ferro. Eppure, le condizioni climatiche, il tipo di colture e le tecniche disponibili consentirono livelli molto alti di produttività della terra e, su questa base, tali società svilupparono forme di organizzazione sociale straordinariamente avanzate. Questo breve accenno ci serve per sottolineare, da un lato, la natura assai approssimativa delle classificazioni fondate sulle tecniche della produzione dei beni e, dall'altro lato, il fatto che le tecniche produttive sono un fattore importante, ma non unico e neppure sempre decisivo per spiegare i modelli alternativi di organizzazione sociale che società diverse hanno adottato nel corso del loro sviluppo. In altri termini, tra modi di produrre e forme di organizzazione sociale vi è certo un rapporto molto stretto, ma non si può parlare di determinazione delle seconde dai primi.

3.4. Le società di pastori

Abbiamo appena accennato a un altro aspetto, anch'esso di grande importanza per gli sviluppi successivi e che testimonia di un mutato rapporto tra uomo e natura: l'addomesticamento degli animali, in particolare dei ruminanti, cioè di quegli animali poco aggressivi che si cibano di vegetali. Come la **domesticazione** delle piante ha costituito un salto qualitativo rispetto alla semplice raccolta, così la domesticazione degli animali ha rappresentato una rivoluzione rispetto alla caccia. Quando l'uomo ha incominciato a rinchiudere in recinti le proprie prede (prima le pecore e le capre, poi i bovini e dopo ancora i cavalli, i dromedari e i cammelli), ha allargato notevolmente la sua sfera d'azione nel controllo dei processi naturali.

La domesticazione delle piante e la domesticazione degli animali sono processi che si sono sviluppati parallelamente; i coltivatori sono stati quasi sempre anche degli allevatori. Gli animali sono stati messi al servizio dell'uomo: la carne e il latte per alimentarsi, le pelli per coprirsi, le ossa per fabbricare strumenti, il letame per concimare la terra. Tuttavia, vi sono state, e vi sono ancora, società che hanno trovato nell'allevamento la fonte principale della loro sussistenza. Si tratta di popolazioni che vivono in aree particolarmente inospitali e poco adatte alla coltivazione: savane, zone sub-artiche o zone semi-desertiche dell'Asia, dell'Africa o dell'America meridionale. In questi casi, l'intera organizzazione sociale ruota intorno al bestiame e alle sue esigenze di sopravvivenza. In particolare, si tratta di società caratterizzate da nomadismo, che seguono le greggi nei loro spostamenti stagionali alla ricerca di acqua e di pascoli, percorrendo spesso distanze molto elevate. Di solito, nelle stagioni calde, si sale verso zone alte, mentre si scende nelle stagioni più fredde. Una prolungata siccità può mettere a repentaglio non solo la sopravvivenza degli animali, ma delle stesse società pastorali.

Tuttavia, raramente le società pastorali trovano nell'allevamento la loro unica fonte di sussistenza. Molte praticano anche qualche forma di coltivazione, oppure stabiliscono contatti con società di coltivatori coi quali scambiano i loro prodotti o anche gli stessi animali. Tra pastori e coltivatori si sviluppa quindi un rapporto di interdipendenza. Non sempre lo scambio è pacifico: muovendosi su vasti territori, i pastori entrano in contatto e in competizione con popolazioni stanziali o con altre popolazioni nomadi che pretendono di sfruttare le risorse degli stessi territori. La guerra è spesso la conseguenza di questa competizione. Talvolta, come nel caso di alcuni regni africani, le popolazioni di pastori sono riuscite a sottomettere le popolazioni di coltivatori dando luogo alla formazione di società etnicamente stratificate. In altri casi, le popolazioni di pastori nomadi sotto la spinta della pressione di altri popoli sono state protagoniste di grandi movimenti migratori.

In queste società, i capi di bestiame non sono solo fonte di sussistenza, il loro numero diventa anche simbolo e misura della ricchezza, del potere e del prestigio di cui godono individui, famiglie o tribù. Ad esempio, negli scambi matrimoniali il «prezzo della sposa» è spesso fissato in capi di bestiame, la vittima di un delitto può essere indennizzata con la stessa «moneta» e il culto della divinità si manifesta con il sacrificio di animali.

4. LA NASCITA DELLE SOCIETÀ DI AGRICOLTORI

4.1. Innovazioni tecnologiche e produzione di surplus

Una decisiva innovazione tecnologica incominciò a diffondersi nel Medio Oriente e nell'Asia Minore poco più di 3.000 anni prima dell'era cristiana; si tratta, come è ben noto, dell'**aratro**. La coltivazione con gli strumenti di lavoro usati dagli orticoltori conduceva ad un rapido esaurimento della fertilità del suolo. Il bastone e la zappa consentivano di praticare dei buchi e di smuovere il terriccio, ma, dopo qualche stagione, il terreno in superficie risultava privo delle sostanze minerali necessarie allo sviluppo delle piante e le radici non erano in grado di raggiungere gli strati più profondi ancora ricchi di tali sostanze. L'aratro consentì di incidere molto più profondamente il terreno e di rivoltare la zolla in modo che lo strato superficiale, ricco di residui organici, venisse sotterrato e affiorassero in superficie gli strati più profondi ricchi di minerali. Naturalmente, nessuno allora aveva sentore dei processi biochimici dai quali dipende la fertilità del terreno, tuttavia i contadini dovevano aver constatato empiricamente l'efficacia del nuovo modo di coltivare.

A ciò si aggiunga che ben presto (lo testimoniano raffigurazioni egizie intorno al 2700 a.C.) ci si accorse che l'aratro poteva venire trainato da animali. La possibilità di sostituire l'energia muscolare umana con quella animale fece in modo che con lo stesso numero di ore di lavoro si potesse coltivare in modo assai più efficace una superficie molto maggiore. Inoltre, queste innovazioni vennero introdotte e si diffusero rapidamente in aree che già presentavano condizioni favorevoli all'agricoltura: le pianure alluvionali della Mesopotamia e dell'Egitto, bagnate dalle acque dei fiumi Tigri, Eufrate e Nilo.

La conseguenza di tutto ciò fu un enorme aumento della produttività agricola: la stessa estensione di terreno dava ora una quantità di prodotto fino a quaranta volte maggiore di quanto non succedesse prima utilizzando le tecniche delle società orticole. L'agricoltura incomincia a produrre un **surplus**, vale a dire una quantità di prodotti alimentari eccedenti quella necessaria per mantenere in vita e in piena efficienza i produttori diretti e le loro famiglie e per garantire la riproduzione delle risorse consumate durante il ciclo produttivo (le sementi da destinare al futuro raccolto e il foraggio per nutrire gli animali quando i pascoli sono aridi).

Nelle società precedenti erano assai pochi coloro che potevano vivere senza contribuire alla produzione dei beni per la propria sussistenza: qualche capo villaggio, qualche vecchio, qualche sciamano. Le donne e gli uomini, quando le condizioni ambientali erano favorevoli, una volta procuratisi il cibo necessario, smettevano di lavorare e passavano il loro tempo a organizzare danze, feste e cerimonie; se le condizioni erano invece sfavorevoli, lavoravano tutto il giorno e spesso dovevano lottare contro la fame.

Quando la produttività agricola cresce e vi è formazione di surplus è possibile che nella società si formino dei gruppi che non partecipano direttamente alla produzione del cibo che consumano.

Perché ciò possa avvenire è necessario tuttavia che si verifichino due presupposti: primo, che i produttori siano motivati a produrre al di là di ciò che serve per sé e per la propria famiglia e, secondo, che siano in qualche modo disposti a trasferire ad altri una parte del frutto del proprio lavoro. La realizzazione di questi presupposti è stata enormemente facilitata dal fatto che parallelamente all'agricoltura si è sviluppata in Mesopotamia e nell'antico Egitto (ma anche, sia pure in forme diverse, nel Messico precolombiano) una forma particolare di governo, chiamata **teocrazia**, cioè «governo divino». I due fenomeni sono strettamente connessi.

4.2. La nascita delle prime città intorno al tempio

Sia in Mesopotamia sia in Egitto il potere è concepito come diretta emanazione di dio (o degli dei). In Egitto il sovrano supremo, il faraone, è considerato egli stesso un dio. A dio appartiene la terra, che distribuisce ai suoi sudditi e dalla quale essi traggono il loro nutrimento ed è dio che rivendica a sé la parte di prodotto che eccede tale nutrimento. Forse per noi oggi è difficile comprendere la straordinaria potenza che su quelle popolazioni deve aver esercitato la credenza in un comando di origine soprannaturale. Siamo di fronte ad un primo esempio di come le idee religiose possano diventare una grande forza motrice della storia.

Il tempio è la casa di dio, il centro dal quale una casta di sacerdoti, i servitori della divinità, amministra le terre e provvede ai bisogni della collettività. Seguiamo le operazioni fondamentali di questa amministrazione: prima di tutto la terra deve essere divisa tra i diversi villaggi di contadini che dipendono dal tempio; bisogna poi che si provveda alla costruzione e alla manutenzione dei canali e alla regolazione dei flussi di irrigazione, decisivi per assicurare, come si direbbe oggi, un elevato rendimento della produzione per unità di superficie; devono essere stabiliti i tempi delle operazioni agricole (semina, raccolto, ecc.); il raccolto deve essere ammassato in appositi magazzini; dal raccolto devono essere prelevate e distribuite le quote che servono per il sostentamento dei contadini e di tutti coloro che nell'economia del tempio svolgono lavori non agricoli, nonché la quota di sementi da destinare al ciclo successivo.

Non è un caso che in queste società i sacerdoti siano spesso anche degli astronomi, capaci di leggere, nel movimento degli astri, i tempi opportuni per lo svolgimento delle varie operazioni connesse al ciclo agricolo. Ma anche altre decisive innovazioni culturali sono connesse a questo tipo di società.

Il grande archeologo V. Gordon Childe (1892-1957) ha elaborato una teoria suggestiva per spiegare come le esigenze dell'amministrazione del tempio siano state decisive per generare un'innovazione destinata a sconvolgere l'universo mentale e simbolico dell'umanità: la **scrittura**. Nei magazzini del tempio i vari prodotti venivano conservati in contenitori; il funzionario addetto all'immagazzinamento doveva sapere quale fosse il contenuto di ogni serbatoio, la sua provenienza, grosso modo l'epoca in cui era stato collocato nel magazzino, quando e per quale scopo erano stati effettuati i prelevamenti e, forse, altre «informazioni» ancora. Per ricordarsi tutte queste informazioni e anche per facilitare il lavoro di chi avrebbe «gestito il magazzino» dopo la sua morte, il nostro funzionario deve aver utilizzato una serie di segni/simboli da apporre sui sigilli dei vari contenitori. Fu inventata così la scrittura cuneiforme, come strumento della memoria e come modo per trasferire informazioni di generazione in generazione superando l'inaffidabile labilità della cultura orale. Nacque allora la professione dello scriba, una categoria di specialisti addetti alla produzione simbolica. L'ipotesi di Childe è, come abbiamo detto, suggestiva, ma difficilmente verificabile. Quello che è certo è che la scrittura nasce nel **tempio** e infatti un antico mito sumerico attribuisce alla scrittura un'origine divina, un dono che la dea dell'amore e della guerra, Inanna, fece agli abitanti di Urok, la città di cui era signora. I sumeri infatti, abitanti di Urok, crearono la prima forma di scrittura cuneiforme, prodotta cioè dalla combinazione delle impronte che i cunei lasciavano su una superficie levigata.

Il tempio non è quindi soltanto un luogo di culto delle divinità, un edificio o un complesso di edifici dove la popolazione si raduna periodicamente per partecipare o assistere alle cerimonie e ai riti, è anche il quartier generale di un'organizzazione economica e politica assai complessa. Per la sua costruzione e manutenzione è necessario poter disporre di lavoro non agricolo che può essere svolto dagli stessi contadini, nelle stagioni di stasi dei lavori agricoli, oppure da altri lavoratori specializzati.

Secondo Karl Wittvogel [1957], uno studioso di queste società, i lavori pubblici di irrigazione necessari per la distribuzione delle acque e il controllo delle piene richiedevano forme complesse di organizzazione che potevano essere realizzate soltanto da un governo dispotico; egli parla infatti in proposito di «società idrauliche» e di **dispotismo orientale**.

Intorno al tempio (siamo tra il III e il II millennio a.C.) si formano vere e proprie città. Da un lato abbiamo quindi i contadini, la grande massa della popolazione rurale, che vivono nei villaggi, dall'altro lato abbiamo una congerie di figure diverse (sacerdoti, burocrati, artigiani, ecc.), la popolazione urbana, accomunata dal fatto di dipendere dalla campagna per il soddisfacimento dei propri bisogni alimentari. La città può esistere se si è in grado di esigere il prelievo del surplus agricolo prodotto dalle campagne, se vi sono cioè dei contadini disposti o costretti a lavorare al di là di ciò che è necessario per il proprio mantenimento e la riproduzione. Inizia qui quel rapporto di interdipendenza tra città e campagna che accompagnerà la storia dell'umanità fino quasi ai nostri giorni.

4.3. Forti disuguaglianze e grandi imperi

Come abbiamo visto, sia le società di cacciatori e raccoglitori, sia le società di orticoltori, erano tendenzialmente egualitarie. Non vi era possibilità né di accumulare grandi ricchezze, né di trasferirle per eredità ai propri figli; le disuguaglianze, che pure si producevano, erano quindi prevalentemente di carattere personale e non davano luogo alla formazione di privilegi permanenti, vale a dire riproducibili di generazione in generazione.

Il quadro cambia radicalmente con le società fondate sull'**agricoltura**. Qui, tra la massa dei contadini da una parte e il massimo sacerdote o re e il gran numero di persone che popolano la sua corte, dall'altra parte, si crea un vero e proprio abisso sociale invalicabile. Sono due mondi tra loro interdipendenti, ma anche profondamente divisi. Governanti e governati, cittadini e contadini, letterati e illetterati: si incominciano a delineare le dimensioni che marcheranno per secoli e secoli la disuguaglianza tra gli uomini.

Il mondo delle città appare subito assai più differenziato al suo interno del mondo delle campagne. Al vertice troviamo il monarca, che ha conquistato il potere in virtù della forza o del principio dinastico, le cerchie del culto, del governo e dell'amministrazione e poi una schiera variopinta di «specialisti» che svolgono lavori manuali (tessitori, sarti, fabbri, carpentieri, falegnami, muratori, vasai, cestai, orafi, ramai, ecc.) che prestano i loro servigi dietro compenso della semplice sussistenza. Tra il lavoro intellettuale, legato alle funzioni di governo, e il lavoro manuale legato ai mestieri urbani e alla coltivazione della terra la separazione è assai netta. Nasce qui quel disprezzo per il lavoro manuale che diventerà una caratteristica delle classi dominanti di tutte le società antiche.

Ma vi sono anche tante figure intermedie o interstiziali: funzionari di basso rango, più a diretto contatto con i lavoratori manuali, commercianti che assicurano un certo grado di circolazione dei beni tra località diverse e l'approvvigionamento delle corti. Le città brulicano di gente diversa, sono il luogo della differenziazione sociale, ma, soprattutto, sono il luogo del potere.

Più una società diventa differenziata e complessa e più si rafforza l'esigenza di ordinamenti che ne regolino le attività, di organi che compongano le dispute e garantiscano il rispetto di alcune regole fondamentali, senza che si debba ricorrere alla vendetta privata ogni volta che qualcuno si sente leso nei suoi diritti.

Il primo sistema di leggi conosciuto è, non a caso, il Codice di Hammurabi, re di Babilonia, che risale all'inizio del II millennio a.C.

Le società non sono più composte di poche migliaia di individui, un regno può ora comprendere centinaia di villaggi ed estendere il suo potere su territori molto vasti. Inoltre, e questo è un punto molto importante, i regni entrano in competizione tra loro per il controllo del territorio, vale a dire della fonte della ricchezza. Ogni regno si trova permanentemente impegnato o in uno sforzo di espansione o, che è lo stesso, nello sforzo di fronteggiare l'espansione di qualche regno vicino. Ciò spiega la crescente importanza dell'organizzazione militare.

I soldati sono spesso dei contadini che vengono reclutati per le spedizioni di guerra nelle stagioni di sospensione dei lavori agricoli. Per secoli le guerre si sono combattute dopo che il raccolto era stato messo al sicuro nei magazzini. Ma spesso, accanto o al posto dell'esercito dei contadini, troviamo anche eserciti di professione, con soldati reclutati tra i figli di altri soldati. In questo caso si formano delle vere e proprie caste militari ed è richiesta una complessa organizzazione che provveda all'addestramento, all'equipaggiamento e all'approvvigionamento delle truppe.

Gli abitanti dei territori conquistati devono essere messi all'opera per aumentare la ricchezza del regno; i vinti sono spesso ridotti in **schiavitù**, diventano cioè proprietà del vincitore che su di loro esercita un diritto assoluto di vita e di morte. Gli schiavi possono essere mandati a lavorare nei campi, oppure nelle miniere, o nelle botteghe delle città, o, ancora, possono essere impiegati alle dirette dipendenze del re e della sua corte. Le forme assunte dalla schiavitù nel mondo antico sono molteplici, ma alla loro origine vi è invariabilmente un atto di conquista e di sottomissione.

5. LE SOCIETÀ AGRARIE DELL'ANTICHITÀ GRECO-ROMANA

5.1. La nascita della riflessione sistematica sulla società

Dobbiamo ora spostarci più a Occidente, per fare alcuni cenni alle società agrarie che sono fiorite sulle rive del Mediterraneo nel periodo che va, grosso modo, dall'800 a.C. fino alla metà del primo millennio dell'era cristiana. Su queste società le informazioni di cui disponiamo sono molto più numerose che non sulle società che le hanno precedute. Le fonti alle quali possiamo attingere non sono soltanto archeologiche, ma sono, anzi, prevalentemente letterarie. In questa parte del mondo si era infatti sviluppata una particolare forma di scrittura, quella fonetico-alfabetica che, rispetto a quella ideografica, si dimostrò particolarmente adatta alla composizione e alla trasmissione di testi.

Soprattutto, possiamo ricorrere alle riflessioni che sulla loro società avevano fatto i contemporanei; gli storici, i filosofi, i drammaturghi e i poeti della Grecia antica e di Roma avevano raccolto e trascritto molte narrazioni degli eventi passati che in precedenza erano state trasmesse oralmente e, oltre a ciò, erano essi stessi attenti osservatori di ciò che accadeva sotto i loro occhi. Possiamo dire che facevano un lavoro molto simile a quello che fanno ora storici e scienziati sociali.

Con i filosofi greci nasce infatti la teoria sociale, non semplicemente e non esclusivamente come disciplina che contiene precetti e ammonimenti per i potenti sull'arte di governare, ma come riflessione autonoma di una particolare categoria di persone, gli intellettuali, che si dedicavano prevalentemente all'educazione delle nuove generazioni.

5.2. La base agraria di una civiltà urbana

Come scrive lo storico dell'antichità Moses I. Finley [1973] «i Greci e i Romani non si stancarono mai di elogiare l'eccellenza morale dell'agricoltura e di insistere, contemporaneamente, sul fatto che la vita civile richiede l'esistenza delle città».

Vediamo prima di tutto come era composta per grandi linee la popolazione contadina. Vi è stata senz'altro nell'antichità una classe di contadini indipendenti, coltivatori della terra di cui avevano la proprietà. Si trattava spesso di *coloni* che avevano conquistato un territorio e vi si erano insediati; molto spesso costoro erano ex soldati che avevano ricevuto la terra in compenso del servizio militare prestato. Accanto ad essi vi erano degli *affittuari* che, pur privi della proprietà della terra, la coltivavano pagando dei tributi (in genere in natura) al proprietario del fondo, e, infine, vi erano gli *schiavi* che coltivavano, dietro la mera sussistenza, le grandi proprietà fondiarie dello stato o dei privati cittadini, i cosiddetti «latifondi». Tra queste tre figure fondamentali vi sono molte figure miste e di transizione.

La conduzione tuttavia di gran lunga prevalente in tutta l'antichità è quella che fa uso del lavoro degli schiavi. Ecco come Max Weber [1924, trad. it. 1981, 379] caratterizza, sulla base delle descrizioni fornite nei trattati latini di agronomia, l'organizzazione del lavoro nell'azienda schiavistica:

> L'alloggio per l'«inventario parlante» (*instrumentum vocale*), ossia la stalla per gli schiavi, si trova accanto a quella per le bestie (*instrumentum semivocale*). Esso comprende i dormitori, un'infermeria (*valetudinarium*), una prigione (*carcer*), un'officina per gli artigiani del fondo (*ergastulum*). [...] Quella condotta normalmente da uno schiavo è una vita da caserma. Si dorme e si consumano i pasti in comune sotto la sorveglianza del *villicus* (il fattore al quale è affidata l'amministrazione del fondo); i capi migliori di abbigliamento sono depositati «in magazzino» e affidati alla moglie del fattore (*villica*). [...] Il lavoro è soggetto a disciplina rigidamente militare: al mattino gli schiavi si dispongono in fila per squadre (*decuriae*) e si mettono in marcia scortati dai sorveglianti (*monitores*). Del resto tutto ciò era necessario: finora non si è mai riusciti ad ottenere, con manodopera non libera, una produzione stabile per il mercato senza l'uso della frusta.

L'economia schiavistica presenta, tuttavia, un grave elemento di debolezza. La popolazione schiavistica non è in grado di riprodursi biologicamente; allo schiavo non è normalmente concesso di avere moglie e figli nell'ambito di un'istituzione stabile come la famiglia. Quando uno schiavo moriva (e si può presumere che la mortalità fosse piuttosto elevata) doveva essere rimpiazzato e il suo prezzo dipendeva da quanti ne affluivano sul mercato. La guerra era la vera fabbrica degli schiavi. La schiavitù non è concepibile senza una politica di continua espansione territoriale capace di sottomettere militarmente interi popoli.

L'antichità aveva conosciuto anche un'altra forma che consentiva di ridurre in schiavitù il debitore che non avesse onorato alla scadenza l'obbligazione contratta, ma questa fonte, mentre poteva servire per procurarsi degli schiavi domestici, non era certo sufficiente per soddisfare la grande sete di schiavi di una produzione su vasta scala.

La città antica dipende dalla campagna (quindi, in ultima analisi dalla popolazione contadina), ma nello stesso tempo domina la campagna. Il rapporto non è un rapporto di scambio economico dove i contadini forniscono ai cittadini prodotti alimentari e questi, a loro volta, forniscono alla campagna i prodotti delle botteghe cittadine. Il rapporto è essenzialmente un rapporto politico: la città consuma il surplus che preleva fiscalmente dalla campagna.

Piccole città, come le città-stato greche, hanno in genere un ristretto territorio rurale circostante e spesso si assicurano parte del loro fabbisogno commerciando, via mare, con altre città. Grandi città, come Roma, dipendono invece da territori anche molto lontani ed è lo stato che assicura l'approvvigionamento di grandi quantità di grano, olio, vino dalle colonie (dalla Sicilia, dalla Spagna e anche dalle regioni orientali del Mediterraneo).

5.3. Le forme di governo

La proprietà della terra è il fondamento primo del diritto di cittadinanza. La **città antica** è prima di tutto una città di proprietari terrieri; sono essi che ad Atene si riuniscono in assemblea per dibattere e deliberare sulla gestione della cosa pubblica, sulle leggi, le imposte, la pace e la guerra; e sono sempre proprietari terrieri coloro che siedono nel Senato romano.

Nonostante questo fondamento comune, tuttavia, le società agrarie dell'antichità classica presentano una gamma molto diversificata di forme di governo.

La Grecia e Roma rappresentano due modelli per certi versi contrastanti. Il territorio dell'antica Grecia non ha mai raggiunto l'unità politica; è stato per secoli un'area popolata da una pluralità di città-stato indipendenti, tra le quali si stabilivano di tanto in tanto delle alleanze militari per fronteggiare nemici esterni e interni. Questa struttura fu senza dubbio favorita dalla configurazione del territorio dove le numerose catene montuose rendevano difficili le comunicazioni via terra. Il mare era la grande «strada» che consentiva i collegamenti tra le varie parti del territorio.

Le forme di governo delle **città-stato greche** oscillano tra la monarchia e la tirannide (il governo di uno solo) e la democrazia (il governo del popolo), passando attraverso varie forme di oligarchia (il governo di pochi). La democrazia prevale laddove tra i cittadini vi è una relativa uguaglianza e dove la forza militare è costituita da cittadini armati.

La città è inoltre il luogo dove si sviluppa un'estesa divisione del lavoro tra vari mestieri. Ecco come Senofonte (*Ciropedia*, 8, 2, 5) descrive questo fenomeno nel IV secolo a.C.:

> Nei piccoli centri lo stesso uomo fabbrica letti, porte, aratri e tavole, e spesso costruisce anche le case, ed ancora è ben felice se solo può trovare abbastanza lavoro per sostentarsi. Ed è impossibile che un uomo dai molti mestieri possa farli tutti bene. Nelle grandi città, invece, poiché sono molti a richiedere i prodotti di ogni mestiere, per vivere basta che un uomo ne conosca uno solo, e spesso anche meno di uno; per esempio, un tale fabbrica scarpe da uomo, un altro scarpe da donna, e vi sono luoghi dove uno può addirittura guadagnarsi da vivere riparando scarpe, un altro tagliando

il cuoio, un altro cucendo la tomaia, mentre un altro ancora non esegue nessuna di queste operazioni, ma mette insieme le varie parti. Di necessità chi svolge un compito molto specializzato lo farà nel modo migliore.

Nell'Atene del III secolo a.C. si calcola vi fossero circa 250.000 abitanti; di essi forse 100.000 erano schiavi, altri 100-120.000 erano metechi (artigiani, mercanti, stranieri) che non godevano della cittadinanza; i maschi adulti, che in quanto cittadini potevano partecipare alle assemblee, non erano più di 30.000. Il *quorum* per la validità delle assemblee era fissato a 6.000. Il territorio di Atene, senz'altro la più grande città-stato in quell'area e in quell'epoca, superava di poco i 2.500 km quadrati, grosso modo un cerchio di poco meno di 60 km di diametro.

Le città-stato greche erano tutte localizzate in territori angusti, non potevano espandersi sulla terraferma. Quando la popolazione cresceva e si faceva sentire la pressione sulle limitate risorse locali, una parte della popolazione prendeva la via del mare e andava a fondare colonie in Asia Minore ad Oriente, in Sicilia e in Italia a Occidente. Essi fondarono nuove città in base a piani razionali di occupazione dello spazio, diffusero la loro cultura, dissodarono nuove terre. Ben presto le colonie si resero indipendenti, pur mantenendo fitti rapporti commerciali con la terra d'origine. L'espansione avveniva quindi replicando altrove il modello della città-stato e non dava luogo alla formazione di un'organizzazione imperiale quale era stata quella delle aree a Oriente del Mediterraneo.

I romani adottarono invece un'altra strategia di espansione che, su scala enormemente maggiore, richiamava il modello imperiale. Anche **Roma** era nata come città-stato in cui il potere era nelle mani di cittadini, ad un tempo proprietari terrieri e soldati, ma, diversamente da come avevano fatto i Greci fondando colonie oltremare, la sua espansione si diresse verso la terraferma. La storia romana è una storia ininterrotta di conquiste e di dominazioni. Non sorprende quindi che l'istituzione che giocò un ruolo cruciale nella struttura sociale fu l'esercito dei legionari. Per vari secoli Roma mantenne un esercito di circa 300.000 uomini sparsi in un territorio vastissimo che, nella fase di massima espansione dell'impero, andava a nord fino alle foreste del Teotoburgo, a ovest fino alla Gran Bretagna e all'attuale Portogallo, a sud fino al deserto sahariano e a est fino alla Persia.

L'esercito non solo realizzava le conquiste territoriali, sottometteva e integrava i popoli vinti, presidiava le frontiere, ma amministrava anche le province, costruiva città attorno agli accampamenti, perimetrava i campi, assegnava le terre ai veterani, costruiva canali, ponti e acquedotti, tracciava su questo immenso territorio una rete di strade lungo le quali far viaggiare le truppe, i bottini di guerra e gli schiavi catturati, nonché i tributi delle province per l'erario romano. L'esercito era di fatto la struttura portante dello stato e la lotta politica tra le varie fazioni era sempre una lotta, da un lato, per il suo controllo e, dall'altro lato, per ottenere il suo appoggio. Questo tipo di organizzazione non era compatibile con forme democratiche di governo.

L'esercito romano fu probabilmente la più grande struttura organizzativa mai creata da una società agraria e l'impero romano fu probabilmente il più vasto che le tecnologie di comunicazione del tempo consentissero.

6. LA SOCIETÀ FEUDALE

6.1. La rottura dell'unità del mondo antico

La spiegazione della crisi e della **caduta dell'impero romano** e, con esso, della cultura antica, è uno dei problemi storiografici, ma anche sociologici, più affascinanti. Altri imperi erano o sarebbero decaduti e scomparsi (in Asia, nel Medio Oriente, nell'America precolombiana), ma nessuno aveva raggiunto l'ampiezza e la potenza dell'impero romano. Se siano prevalse le cause endogene, cioè i fattori interni di disgregazione (la caduta delle virtù pubbliche e militari, la crisi dell'economia schiavistica, la sfida della nuova religione cristiana, ecc.), oppure le cause esogene, cioè i fattori esterni costituiti dalle grandi migrazioni di popoli che si affollavano ai confini dell'impero e vi penetravano sempre più profondamente e frequentemente, resta ancora fondamentalmente un enigma. È assai probabile che sia stata l'interazione tra questi due ordini di fattori a mettere in crisi quella che era stata la più ampia e complessa organizzazione sociale dell'antichità.

Noi non possiamo certo in questa sede addentrarci nel dibattito su questo tema che ha occupato generazioni di storici e pensatori sociali. È importante però riflettere sul fatto che fenomeni di decadenza di questa portata contraddicono palesemente quelle teorie dell'evoluzione culturale che interpretano lo sviluppo come un processo unilineare e progressivo. La storia non procede per tappe, stadi o gradini che si succedono uniformemente. Talvolta sembra che la storia faccia dei «passi indietro», anche se non è facile stabilire su quale piano sia avvenuto un processo involutivo.

Si potrebbe pensare, ad esempio, che, poiché l'impero romano è stato, tra l'altro, una micidiale macchina militare di violenza e di oppressione, la sua caduta sia comunque stata un fattore che ha consentito all'umanità di fare un passo avanti verso una società meno ingiusta e più rispettosa della dignità della persona umana. Quando si parla quindi di evoluzione o di involuzione, di progresso o di regresso, bisogna sempre specificare in riferimento a che cosa si misura il processo. Non vi è dubbio che in molti campi (basti pensare al diritto) l'eredità della cultura del mondo latino antico non si è interrotta ed è diventata parte integrante della nostra cultura occidentale. L'organizzazione sociale di cui quella cultura era espressione era però entrata in crisi e si era estinta.

Se si guarda, ad esempio, all'estensione delle reti di interdipendenza delle società umane, la caduta dell'impero romano ha rappresentato di fatto la rottura di un tale sistema che bene o male aveva tenuto unita gran parte del mondo antico. Questa rottura è responsabile della nascita del feudalesimo in Europa, un tipo di configurazione in cui viene meno un polo politico ed economico di aggregazione centrale e si rafforzano invece i poli localistici e periferici. Vi è un indicatore molto evidente della rottura di un sistema di interdipendenze: l'interruzione delle linee di comunicazione. Il sistema viario romano, che – come abbiamo visto – rispondeva più a esigenze militari che commerciali, consentiva anche alle province più lontane di mantenere i collegamenti col centro. Ad ogni importante punto di incrocio stradale erano sorte, intorno al presidio militare, vere e proprie città. Tutto ciò scompare: le città si spopolano e le strade, sulle quali non marciano più le legioni, si degradano rapidamente al punto da essere impraticabili per gran parte dell'anno. La popolazione originaria si disperde nelle campagne, dove è più facile sopravvivere e far fronte alle invasioni dei popoli del Nord e Centro Europa che si spostano verso sud e verso ovest.

Anche le vie del mare (sulle quali in epoca romana navigavano migliaia di navi cariche di ogni mercanzia) diventano insicure: almeno dall'VIII al XII secolo il Mediterraneo è dominato dagli Arabi che avevano conquistato il Nord Africa, la Sicilia e quasi tutta la Spagna ed è infestato dai pirati saraceni. I fili che uniscono Oriente e Occidente diventano sempre più fragili.

La risposta a questi processi è, appunto, il **feudalesimo**, che rappresenta in un certo senso un ripiegamento della società sulla dimensione localistica.

Anche altre regioni del mondo, soprattutto in Asia (India, Cina e Giappone), hanno conosciuto forme di feudalesimo, più o meno simili a quelle che si sono affermate in Europa. Noi non potremo qui seguire i percorsi delle varie civiltà attraverso i regimi feudali, ma prenderemo in considerazione (e per di più assai schematicamente) la sola vicenda europea occidentale, pur essendo ben consapevoli dei limiti, peraltro tipici di gran parte della letteratura sociologica, di una prospettiva che privilegi esclusivamente una visione eurocentrica.

Della società feudale prenderemo in considerazione soltanto due aspetti: la struttura sociale del *feudo*, che ha prevalso nell'alto Medioevo, e la rinascita urbana che ha caratterizzato il feudalesimo europeo dall'XI secolo in avanti.

6.2. Il feudo come unità (quasi) autosufficiente

Il feudo è un'unità territoriale sulla quale governa un signore feudale, ossia un feudatario, in virtù di un'investitura ricevuta da un signore di rango più elevato. Vi è tutta una catena gerarchica di obblighi reciproci che lega il signore territoriale locale fino all'imperatore o al re. Il **feudatario** è generalmente un guerriero (un cavaliere), il quale è tenuto a prestare in caso di necessità aiuto militare al signore dal quale ha ricevuto il feudo in concessione e a proteggere con le armi le sue terre da eventuali invasori e dalle pretese di altri signori territoriali: le guerre locali sono un elemento permanente delle società feudali. Non vi è più uno stato capace di garantire condizioni di pacificazione sul suo territorio. Il frazionamento dei poteri genera ovunque instabilità.

Il feudatario ha il potere di amministrare la giustizia e di richiedere prestazioni alla popolazione servile che vive sul suo territorio. La popolazione servile si divide in due categorie: i contadini, detti anche **servi della gleba**, e i **servi domestici**.

Sul feudo vive infatti una popolazione di contadini in condizione di servitù; essi, a differenza degli schiavi che appartenevano al loro padrone, sono legati alla terra, appartengono alla terra e, se la terra viene ceduta ad un altro signore, passano con la stessa al suo servizio. Essi sono soggetti a prestazioni che possono assumere forme molto diverse: in certi casi devono consegnare al signore una parte del raccolto per i bisogni della sua corte (corvée in natura), in altri casi devono lavorare i campi della tenuta signorile per un certo numero di giorni l'anno (corvée in lavoro), in altri casi ancora devono pagare al signore un tributo in denaro. Quale che sia la forma specifica che assume, il feudatario è tenuto a ricevere una «rendita fondiaria», quindi ad appropriarsi del surplus di produzione agricola. In compenso, i contadini ottengono protezione e, talvolta, ospitalità, in caso di assedio di truppe nemiche, entro le mura del castello.

Il **castello** è un vero e proprio borgo dove lavorano decine di servi artigiani (per ferrare i cavalli, per fabbricare armi e armature, per tessere tele, ecc.) e di altri lavoranti che provvedono, dietro il compenso della sussistenza, a tutte (o quasi) le necessità della popolazione non contadina del feudo. Nonostante la prossimità fisica, la distanza sociale tra signori/guerrieri e servi è molto grande e, soprattutto, impossibile il passaggio da una condizione all'altra.

L'**economia curtense** (così viene chiamata) è un'economia chiusa, nel senso che riesce a mantenersi in modo autosufficiente, riducendo al minimo gli scambi con l'esterno. Naturalmente la chiusura non è completa; se la corte è abbastanza ricca potrà procurarsi alcuni beni di lusso dagli avventurosi mercanti di passaggio e, inoltre, se per caso non vi è qualche miniera nelle vicinanze, sarà necessario procurarsi almeno il sale e le spezie, che servono per la conservazione degli alimenti, e le materie prime per fondere i metalli.

Gli scambi commerciali sono tuttavia radi, le strade sono dissestate e infestate da briganti e non è facile far superare a un carico le lunghe distanze. I rischi del trasporto sono enormi e l'autosufficienza, più che una scelta, è una necessità.

Questa particolare struttura sociale, il feudo, assume di fatto le forme più diverse, ma resta comunque per vari secoli l'elemento portante della società feudale.

6.3. La città medievale

Gli storici fissano intorno all'anno 1000 d.C. gli inizi di un mutamento che sarà destinato ad esercitare una profonda influenza sulla società feudale prima e, in una seconda fase, sulla genesi del mondo moderno: la rinascita della vita cittadina. Gli artefici di questo processo sono, in un certo senso, degli «uomini nuovi» che si sottraggono agli obblighi servili, si contrappongono al potere dei feudatari e creano una forma di vita più libera e indipendente. La loro comparsa è strettamente connessa alle trasformazioni economiche che hanno condotto alla diffusione, prima timida e limitata poi sempre più estesa, dell'economia monetaria e del mercato.

Ecco come il grande storico Henri Pirenne (1862-1935) descrive gli inizi di questo processo:

> I mercanti, che facevano una vita errabonda, esposta a rischi di ogni genere in quell'epoca in cui la rapina costituiva uno dei mezzi di sopravvivenza per la piccola nobiltà, sentirono presto il bisogno di cercare protezione entro le mura delle città e dei borghi che incontravano lungo i fiumi o le strade percorse. Durante l'estate essi vi facevano tappa; nella cattiva stagione si fermavano a passarvi l'inverno. Ben presto nelle città e nei borghi non vi fu più spazio sufficiente per i nuovi venuti, che divenivano sempre più numerosi e occupavano luoghi sempre più vasti. Ed essi furono co-

> stretti a rimanere fuori, e ad accostare al vecchio un nuovo borgo esterno o «sobborgo» (*forisburgus*). Nacquero così, a fianco delle città ecclesiastiche o delle fortezze feudali, agglomerati commerciali i cui abitanti erano dediti a un genere di vita totalmente diverso da quello di coloro che abitavano all'interno della città [1963, trad. it. 1967, 55].

Ai mercati locali affluiscono periodicamente i contadini del contado per vendere le loro eccedenze agricole agli abitanti delle città e per comprare dagli stessi i prodotti artigianali che non possono produrre, o che non risulta conveniente produrre, nell'ambito dell'economia contadina.

I primi mercanti lucrano sulle forti differenze di prezzo tra località distanti: comprano a basso prezzo dove qualche bene è abbondante e lo rivendono a un prezzo molto maggiore dove invece è scarso. A volte basta un'avversa stagione che rovina un raccolto o un saccheggio da parte di truppe nemiche per far salire i prezzi di qualche prodotto in una certa località. Si creano così per i mercanti occasioni di lucro che essi sono immediatamente pronti a sfruttare. I loro traffici si sviluppano proprio perché il commercio è arretrato e non vi è un mercato di dimensioni «nazionali», nel senso moderno del termine, dove si forma un unico prezzo.

I mercanti mettono in collegamento mercati locali e allargano il raggio dei possibili compratori dei prodotti artigianali delle città. Per i beni di lusso, richiesti dalle corti feudali, e spesso anche per i beni di prima necessità, divenuti scarsi a causa delle frequenti carestie, organizzano traffici di lunga distanza, si associano tra loro per armare una nave e ripartire i rischi del viaggio, organizzano le prime compagnie commerciali.

A differenza della città antica o anche della corte feudale, dove mercanti e artigiani sono schiavi, servi o semi-cittadini, nella città medievale questi ceti lottano per ottenere, e spesso ottengono, una forte indipendenza. Si organizzano in **corporazioni** e in **gilde**, per non farsi concorrenza tra loro, stipulano spesso patti per difendere anche con le armi la loro libertà dai soprusi dei poteri feudali e per governare autonomamente la città.

Die Stadtluft macht frei (l'aria della città rende liberi) è il motto che simboleggia la diversità delle forme di governo e dei modi di vita cittadini rispetto alla campagna e alle grandi masse agricole che vi vivono. E, infatti, tutti coloro che vengono espulsi o che, più spesso, fuggono dai feudi, cercano nelle città protezione e nuove opportunità di vita.

Il modello della città medievale che si dota di proprie istituzioni e difende con successo le proprie libertà, sottraendosi alla rete degli obblighi feudali, non si afferma ovunque con la stessa intensità. Talvolta, la lotta tra le città e l'aristocrazia terriera si volge a favore delle prime e le città riescono a mantenere anche per lunghi periodi le loro prerogative di indipendenza e autogoverno. In altri casi, i poteri feudali riescono a restringere efficacemente le libertà cittadine, in altri casi ancora sono gli stessi aristocratici, proprietari terrieri, che abbandonano le loro residenze di campagna, si trasferiscono nelle città e lottano con i nuovi ceti emergenti per il governo cittadino.

L'esito di questa lotta avrà, come vedremo nel capitolo successivo, conseguenze rilevanti per la genesi dello stato moderno.

PER SAPERNE DI PIÙ

ANDERSON P., *Dall'antichità al feudalesimo*, Milano, Mondadori, 1978; ARIOTI M., *Produzione e riproduzione nelle società di caccia-raccolta*, Torino, Loescher, 1980; CHILDE V.G., *Preistoria della società europea*, Firenze, Sansoni, 1965; FABIETTI U. (a cura di), *Dalla tribù allo stato*, Milano, Unicopli, 1991; FINLEY M.I., *L'economia degli antichi e dei moderni*, Roma-Bari, Laterza, 1974; LIVERANI M., *L'origine delle città*, Roma, Editori Riuniti, 1986; PIRENNE H., *Storia economica e sociale del Medioevo*, Milano, Garzanti, 1967; ROSSI P. (a cura di), *Il concetto di cultura, I fondamenti teorici della scienza antropologica*, Torino, Einaudi, 1970; ID., *Cultura e antropologia*, Torino, Einaudi, 1983; SMITH J.M., *La teoria dell'evoluzione*, Roma, Newton Compton, 1976.

CAPITOLO 2

Le origini della società moderna in Occidente

In questo capitolo prenderemo in considerazione le profonde trasformazioni sociali, economiche, politiche e culturali che hanno portato alla nascita del mondo moderno, per poi analizzare le principali teorie sociologiche sull'origine e sullo sviluppo dello stato e del capitalismo occidentali e, in generale, della cultura della modernità.

1. L'IDEA DI MUTAMENTO

Vi sono nella storia epoche in cui il tempo sembra scorrere lentamente, in cui gli esseri umani si trovano a vivere in un mondo che non è molto diverso da quello in cui erano vissuti i loro padri e i loro nonni e in cui sarebbero vissuti in seguito i loro figli e nipoti. In queste fasi della storia, il mondo e la vita degli uomini possono certo venire sconvolti da eventi fortunati o funesti (vittorie o sconfitte militari, buoni raccolti o carestie, stragi o pestilenze), ma, una volta assorbito l'impatto, la vita riprende il suo corso normale e la società si riproduce di generazione in generazione conservando pressoché immutati i suoi tratti fondamentali.

Se pensiamo che nelle società agrarie la grande maggioranza della popolazione era fatta di contadini e che la vita quotidiana di una famiglia contadina europea fino a due secoli fa non era poi così diversa dalla vita di un'analoga famiglia di due o tremila anni addietro, ci rendiamo conto di che cosa volesse dire vivere in una società statica. I concetti di **società statica** e di **società dinamica** sono evidentemente concetti relativi: chi non ha esperienza del mutamento non può neppure pensare che qualche cosa possa essere statico e il mutamento stesso diventa percepibile solo se confrontato con una situazione statica o meno dinamica. Nessuna società è in sé statica o dinamica, ciò che cambia è la velocità del mutamento, che può essere molto lento, e quindi quasi impercettibile nell'arco della vita media di un uomo, oppure molto accelerato.

Ora, in un periodo che varia a seconda delle diverse aree geografiche tra il XVI e il XIX secolo, le società europee entrano in un'epoca di mutamento sociale accelerato: il corso della storia, che prima aveva proceduto lentamente, subisce un'intensa accelerazione. La caratteristica fondamentale di questo processo è la sua globalità; esso investe infatti la sfera economica, politica, giuridica, culturale delle varie società e coinvolge la vita quotidiana di milioni di uomini e donne di tutti i ceti e classi sociali. Non bisogna dimenticare che mutamenti profondi erano avvenuti anche in epoche precedenti e in civiltà diverse da quella europea occidentale e, tuttavia, la vicenda dell'Occidente resta comunque singolare non solo per il ritmo e la globalità del processo, ma anche per le ripercussioni che ebbe anche al di là dei confini del mondo occidentale. Inoltre, si può dire che la sociologia stessa sia nata per dare una risposta agli interrogativi posti dalle grandi trasformazioni sociali che questo processo ha portato nelle società europee.

Nelle pagine che seguono analizzeremo le principali trasformazioni che si verificano nella sfera economica, politica e culturale, mentre alla fine del capitolo accenneremo ad alcune delle teorie e dei concetti che sono stati proposti dai sociologi per dare un fondamento all'analisi del mutamento e spiegarne gli effetti.

2. LE TRASFORMAZIONI NELLA SFERA ECONOMICA: LA NASCITA DEL CAPITALISMO

2.1. Il concetto di capitalismo

Il concetto di «capitalismo», almeno nella sua accezione corrente, è stato formulato per la prima volta in modo compiuto da **Karl Marx**, una figura di grande rilievo nel pensiero sociale del XIX secolo, a un tempo studioso e militante rivoluzionario. Marx ha una concezione materialistica e dinamica della società. Egli sostiene che per capire una società bisogna innanzitutto rendersi conto di come in essa gli uomini provvedono a soddisfare i loro bisogni e di quali rapporti si instaurano tra di essi nella sfera della produzione. Nella storia si sono succeduti diversi sistemi economici (Marx parla di «modi di produzione»): il comunismo primitivo, il modo di produzione antico o schiavistico, il modo di produzione feudale e il modo di produzione capitalistico. Ognuno di essi è caratterizzato da una combinazione tra forme di divisione del lavoro e competenze tecniche, da un lato, e forme di proprietà e rapporti tra le classi, dall'altro. Nella terminologia di Marx si parla di «forze produttive» per indicare il primo elemento e di «rapporti sociali di produzione» per indicare il secondo. Il modo di produzione capitalistico si distingue da quelli che lo hanno preceduto per il fatto che in esso dominano i detentori del capitale (costituito da fabbriche, macchinari, materie prime, fondi per pagare i lavoratori, ecc.) che pongono al loro servizio il lavoro salariato (composto da una massa di lavoratori la cui unica ricchezza è la forza lavoro). In ogni società in un dato momento è presente in genere una pluralità di modi di produzione di cui soltanto uno risulta storicamente dominante; in tal caso si parla di «formazione sociale capitalistica» quando in una società è dominante il modo di produzione capitalistico. Vi sono periodi storici in cui un modo di produzione risulta stabilmente dominante ed altri periodi, invece, in cui i rapporti di produzione diventano un ostacolo per lo sviluppo delle forze produttive e si generano conflitti tra classi portatrici di interessi antagonistici. In queste fasi, un modo di produzione diviene instabile e si prepara la transizione al dominio del modo di produzione successivo. Il capitalismo è nato dalle contraddizioni interne al modo di produzione feudale, così come il comunismo, nelle aspettative di Marx, nascerà dalle contraddizioni del modo di produzione capitalistico. Come si vede, Marx inserisce il problema della nascita del capitalismo nell'ambito di una teoria generale del corso della storia.

La teoria di Marx resta importante, anche se è stata fortemente criticata per il carattere unilineare e deterministico dello sviluppo storico che essa postula. A noi serve soprattutto per mettere in luce il concetto di «capitalismo» e lo faremo partendo dalla definizione che ne ha dato Werner Sombart (1863-1941), un economista, sociologo e storico tedesco che, almeno sotto questo aspetto, si colloca nella scia di Marx:

> Per capitalismo intendiamo un determinato sistema economico con le seguenti caratteristiche: è un'organizzazione economica di scambio, in cui collaborano, uniti dal mercato, due diversi gruppi di popolazione, i proprietari dei mezzi di produzione, che contemporaneamente hanno la direzione [...], e i lavoratori nullatenenti e che è dominata dal principio del profitto e dal razionalismo economico [1902, trad. it. 1967, 165].

Vediamo gli elementi di questa definizione:

a) il capitalismo è un'economia di scambio e in particolare un'economia monetaria (dove cioè gli scambi non avvengono in natura, ma attraverso la mediazione del denaro);

b) sul mercato non si scambiano soltanto merci, ma anche prestazioni lavorative tra una classe di capitalisti, che hanno bisogno di lavoro per far funzionare le loro imprese, e una classe di proletari, che per vivere non hanno altro da vendere se non la loro forza lavoro;

c) l'orientamento delle mete dei capitalisti è verso l'accumulazione del profitto come fine in sé e il suo reinvestimento nell'ambito dell'impresa;

d) l'organizzazione della produzione e la gestione d'impresa sono improntate a criteri di razionalità economica, mediante le applicazioni tecnologiche della scienza e l'uso di moderne procedure contabili.

Queste caratteristiche si sono affermate rivoluzionando la struttura dell'economia feudale e la mentalità stessa degli attori economici in ogni settore di attività.

2.2. Le trasformazioni dell'agricoltura

La struttura dell'**agricoltura feudale** presenta da un lato una grande moltitudine di famiglie contadine legate alla terra che coltivano e dall'altro lato una cerchia più o meno ristretta di signori fondiari che traggono dalla rendita fondiaria, in ultima analisi quindi dal lavoro dei contadini, la fonte principale della loro ricchezza. Le forme, gli usi, le consuetudini che regolano il rapporto tra signori e servi variano moltissimo da paese a paese e da epoca a epoca. A parte la specificità delle situazioni locali, in generale si può dire che l'agricoltura feudale è un'agricoltura estensiva, a basso livello di produttività e dove sono scarse le innovazioni produttive. I signori feudali non hanno né le competenze tecniche né la volontà di occuparsi della conduzione dei fondi; il loro unico interesse consiste nello spremere il più possibile la popolazione contadina al fine di incrementare il flusso della rendita che risulta comunque sempre insufficiente rispetto alle loro esigenze onorifiche e militari. I contadini stessi non hanno alcun interesse a migliorare la resa delle coltivazioni poiché sanno che l'eventuale maggior prodotto andrebbe ad esclusivo vantaggio dei proprietari fondiari.

Non sempre e non dappertutto, tuttavia, l'intera superficie della terra utilizzabile era coltivata e regolata da rapporti di tipo feudale. Su molte terre (soprattutto, boschi e prati) i villaggi esercitavano diritti comuni di legnatico e di pascolo e questi usi contribuivano spesso in modo decisivo a mantenere il precario equilibrio tra bisogni e risorse della popolazione contadina. Inoltre, vi è sempre stata, più o meno numerosa e più o meno prospera, anche una classe di contadini indipendenti che coltivavano terre sottratte agli obblighi feudali e sulle quali esercitavano un diritto di proprietà (i cosiddetti fondi *allodiali*).

Questo quadro di staticità incomincia a infrangersi, dapprima in Inghilterra a partire dal XVII secolo e in seguito, sia pure con modalità in parte diverse, sul continente europeo. La spinta che mette in moto il processo proviene dalla crescente domanda di manufatti e derrate che si genera su un mercato in formazione di dimensioni internazionali. Per illustrare la concatenazione dei processi possiamo fare un esempio schematico. Supponiamo che si generi, per effetto delle esigenze di equipaggiamento dei grandi eserciti stanziali, una forte domanda di panni di lana che fa lievitare i prezzi della materia prima. La lana proviene dalle pecore e le greggi richiedono vaste estensioni di pascoli; se non vi sono terre libere, per aumentare la superficie a pascolo si ricorre all'abolizione degli usi civici sui pascoli comuni mediante le *recinzioni*, privatizzando quello che prima era un diritto d'uso di tutti gli abitanti del villaggio. Il movimento delle *enclosures* ha raggiunto in Inghilterra un'entità considerevole soprattutto nei secoli XVII e XVIII, ma si è verificato anche in altre aree: ad esempio, in Sardegna un paio di secoli più tardi ha preso il nome di *chiudende*. Per lo strato più povero dei contadini l'abolizione dei diritti di pascolo mina alle fondamenta l'equilibrio economico tra bisogni e risorse: non potendo più alimentare il bestiame, non sono più in grado di coltivare la terra, devono cederla al signore o ai contadini benestanti, offrirsi come salariati agricoli senza terra, oppure emigrare nelle città. Le *recinzioni* non sono l'unica causa di questo processo e neppure ovunque la più importante, ma l'esito del processo è sempre lo stesso: un'accresciuta polarizzazione delle condizioni di vita nelle campagne e una maggiore disuguaglianza all'interno delle classi rurali. Si tratta del processo, ben descritto da Marx nel *Capitale* [1867-94], dell'espulsione dei contadini dalla terra.

In Inghilterra, il paese che per primo ha messo in moto queste trasformazioni, i protagonisti di questo processo sono essenzialmente riconducibili a due classi: la piccola nobiltà terriera (la *gentry*) e i contadini benestanti (gli *yeomen*); sono costoro che si trasformano in capitalisti agrari, acquistano o affittano le terre abbandonate dai contadini poveri e trasformano una parte di questi in salariati agricoli, quelli che in Italia si chiamano *braccianti*, un termine molto efficace per indicare una classe agricola la cui unica risorsa sono le proprie braccia. I capitalisti agrari, a differenza dei signori feudali, hanno tutto l'interesse ad introdurre innovazioni nella coltivazione e nell'allevamento per aumentarne la produttività e quindi per accrescere i profitti: si migliorano i metodi di irrigazione, si selezionano le colture a seconda della natura dei suoli, si introducono nuove coltivazioni, si perfezionano le tecniche e si crea una rete di comunicazioni per fare affluire i prodotti sui mercati. Nasce, in poche parole, l'**agricoltura moderna** che, quanto più è progredita, tanto meno richiede la presenza di una vasta popolazione agricola.

2.3. Il ruolo delle attività mercantili

Sul ruolo del commercio nella transizione dal feudalesimo al capitalismo si è aperto tra storici e scienziati sociali nella prima metà del Novecento un dibattito assai acceso e interessante. Da un lato vi sono stati coloro (ad esempio, Pirenne, Sweezy, Braudel, Wallerstein) che hanno visto nella formazione di un ricco ceto di grandi mercanti e nella creazione di un mercato di dimensioni mondiali il vero fattore di dissoluzione e disgregazione dei rapporti economici feudali, dall'altro lato vi sono coloro che, rifacendosi soprattutto a Marx (ad esempio, Dobb), sostengono che di per sé le attività mercantili non sono incompatibili con un'economia feudale e, anzi, possono prosperare negli interstizi che si creano al suo interno lasciandone sostanzialmente inalterata la struttura. Per i primi il fattore dirompente che trascina con sé la crisi del modo di produzione feudale e crea le basi del capitalismo si colloca nella sfera della circolazione dei beni, per i secondi, invece, non si dà passaggio al modo di produzione capitalistico se non quando le trasformazioni avvengono nella sfera della produzione.

Queste controversie non possono essere risolte sul piano della pura teoria; solo l'analisi di concreti casi storici può portare argomenti a sostegno dell'una o dell'altra ipotesi. Non c'è dubbio che spesso il **capitalismo mercantile** ha preceduto e creato le condizioni per il capitalismo industriale, mentre in altri casi ciò non è avvenuto. Un'analisi del caso italiano, ad esempio, può risultare estremamente illuminante. La penisola italiana ha visto, come è noto, uno sviluppo mercantile molto precoce. I banchieri e i mercanti fiorentini, genovesi, lombardi e veneziani hanno dominato il commercio e la finanza in Europa fin dai secoli XIV e XV. I più importanti istituti del diritto commerciale e della contabilità razionale (le società commerciali, la cambiale, la partita doppia, ecc.), che sarebbero diventati decisivi nello sviluppo dell'impresa capitalistica, nascono tutti in Italia in epoca medievale e rinascimentale. Eppure, questo straordinario sviluppo del capitalismo mercantile non ha trascinato con sé un analogo sviluppo nell'ambito della produzione agricola e industriale. Le merci che i grandi mercanti trasportavano sulle loro navi e vendevano in terre lontane dai luoghi di produzione, ricavando ingenti fortune, venivano pur sempre prodotte con metodi tradizionali nel quadro di un'economia feudale e artigianale. I mercanti e i banchieri, che pure avevano accumulato grandi ricchezze ed erano in grado di prestare ingenti somme di denaro a principi e re, non si trasformarono in imprenditori e in capitalisti industriali.

Ben diversa fu invece, due-tre secoli più tardi, la penetrazione del capitale mercantile nelle attività industriali nelle regioni dell'Inghilterra e dell'Europa settentrionale. Il sistema del **«lavoro a domicilio»** (*putting out* in Inghilterra, *Verlag* in Germania) costituisce in proposito un'importante forma di transizione all'impresa capitalistica. Ecco come funzionava questo sistema nell'industria tessile. Il mercante girava per i villaggi di campagna dove si incominciava ad accumulare, soprattutto nei mesi di stasi delle attività agricole, una popolazione eccedente i bisogni di mano d'opera dell'agricoltura; portava con sé un carico di materia prima, ad esempio di lana, e qualche semplice attrezzo e macchinario per la filatura e tessitura. Distribuiva il tutto nelle case contadine, forniva le specificazioni tecniche su come dovesse essere svolta la lavorazione (ad esempio, lunghezza, altezza e spessore dei panni) e si impegnava a ritirare il prodotto finito a una scadenza prestabilita dietro il pagamento di un compenso in denaro. Il mercante, in altre parole, forniva il capitale di esercizio e la famiglia contadina (donne, bambini e vecchi compresi) il lavoro. Quando poi il mercante deciderà di radunare i lavoranti sparsi nei villaggi sotto uno stesso tetto, fondando una manifattura e pagando loro un salario, il passo sarà breve. Decine e decine di imprese capitalistiche sono nate così, dall'iniziativa di mercanti che si sono trasformati in imprenditori e hanno rivoluzionato il modo di produrre.

2.4. La trasformazione dell'artigianato

Il fatto che un mercante possa assoldare e mettere alle sue dipendenze delle famiglie contadine che dedicano al lavoro artigianale tutto il tempo non occupato dalle attività agricole è già un segno evidente della crisi degli ordinamenti corporativi dell'artigianato. Le corporazioni erano infatti delle organizzazioni monopolistiche il cui scopo era in primo luogo quello di assicurare l'esercizio esclusivo di un mestiere o di un'arte ai soli associati nell'intero territorio della città e del suo contado. Lo spirito dell'artigianato delle corporazioni era infatti improntato al divieto della concorrenza: nessun artigiano poteva cercare di accaparrarsi le materie prime ai prezzi più convenienti, nessuno poteva assumere un numero di apprendisti e lavoranti maggiore di quello consentito, nessuno poteva cercare di allargare il proprio giro d'affari facendo pubblicità ai propri prodotti, nessuno poteva avvantaggiarsi a scapito dei propri compagni, poiché a ciascuno doveva essere garantito un tenore di vita conforme alla dignità del ceto. I minuziosissimi regolamenti delle corporazioni, ad esempio, impedivano perfino di attirare un potenziale cliente sulla pubblica strada invogliandolo a entrare nella propria bottega. Nulla quindi di più contrario allo spirito del capitalismo.

La stabilità di questo sistema richiedeva però una condizione fondamentale: che la domanda dei singoli beni fosse limitata, prevedibile e senza forti oscillazioni. Quando la domanda di mercato si fa più vivace, quando i mercanti richiedono quantità sempre più elevate di beni e, soprattutto, beni di qualità più standardizzata è inevitabile che alcuni artigiani riescano ad accaparrarsi una quota maggiore di altri di questa domanda aggiuntiva, aggirando o infrangendo i vincoli posti dalle corporazioni. Lo **spirito del capitalismo**, che richiede intraprendenza e propensione all'innovazione in opposizione alla tradizione, che premia la concorrenza in opposizione al monopolio, incomincia a far breccia anche nel mondo tradizionale dell'artigianato. Alcuni artigiani riescono ad espandere la propria bottega, danno lavoro a un numero crescente di lavoranti senza offrire loro la prospettiva di diventare a loro volta maestri dell'arte, assicurano ai mercanti una produzione costante e abbondante, altri, invece, non riescono ad approfittare delle nuove opportunità di mercato e, alla fine, saranno costretti ad offrirsi ai primi come semplici salariati. Alcuni artigiani si sono trasformati così, mediante un processo di accumulazione, in imprenditori industriali di stampo capitalistico, molte manifatture sono nate da botteghe artigiane che ormai erano diventate troppo strette per poter ospitare una produzione crescente.

2.5. La formazione dell'imprenditorialità

Abbiamo visto come, a partire dalle isole britanniche, una strana epidemia abbia incominciato ad invadere l'Europa per diffondersi poi, in tempi e modi diversi, in quasi tutto il mondo. Nobili e ricchi agricoltori, mercanti e artigiani hanno spezzato le catene della tradizione e sono stati presi da una sorta di furore che li ha portati a fondare imprese, a conquistare mercati, ad accumulare fortune e a mettere al proprio servizio schiere di ingegneri, di impiegati e di tecnici e un immenso esercito di lavoratori salariati.

La **nascita del capitalismo** è innanzitutto l'opera di «uomini nuovi» che provengono da strati e ceti diversi e che sono accomunati da un particolare orientamento delle loro mete: non si accontentano di fare le solite cose, nel solito modo al fine di raccogliere poi il frutto della propria fatica e vivere dignitosamente, ma vogliono fare cose nuove in modi nuovi per allargare continuamente il giro d'affari ed espandere le dimensioni della propria impresa. Gli imprenditori, per riprendere una famosa definizione proposta in un'opera del 1912 dal grande economista austriaco Joseph Schumpeter (1883-1950), sono essenzialmente degli «innovatori», innovano nei prodotti, nelle tecniche di lavorazione e di gestione, nella raccolta di capitali, nei metodi di commercializzazione, nella ricerca di nuove materie prime e di nuovi mercati di sbocco. E per far questo devono affrontare e vincere l'ostilità della cultura dei ceti aristocratici ed ecclesiastici che tradizionalmente vedevano nell'attività economica volta all'accumulazione del profitto qualcosa di immorale o, quanto meno, di degradante e poco dignitoso. L'innovazione garantisce a chi l'ha introdotta un vantaggio differenziale rispetto ai propri concorrenti: chi produce beni che altri ancora non producono, oppure chi riesce a produrre gli stessi beni a costi inferiori, gode di una temporanea posizione di monopolio e quindi di un profitto maggiore almeno fino a quando i concorrenti non riusciranno ad imitarlo. Ogni innovazione è infatti destinata a diffondersi e quindi a non essere più tale, ma il processo descritto di «distruzione creativa» induce l'imprenditore a ricercare sempre nuove innovazioni, a rivoluzionare costantemente la combinazione di fattori dalla quale nasce la produzione.

Non si deve pensare però che gli imprenditori siano stati animati esclusivamente da un illimitato impulso acquisitivo. Come ha osservato Weber [1904-05, trad. it. 1982, 5-6]:

> L'impulso acquisitivo e l'aspirazione al guadagno, al guadagno monetario più grande possibile, non ha di per sé nulla a che fare con il capitalismo. Questa aspirazione è esistita ed esiste in camerieri, medici, cocchieri, artisti, *cocottes*, funzionari corruttibili, soldati, banditi, crociati, frequentatori di bische, mendicanti – si potrebbe dire – *in all sorts and conditions of men*, in tutte le epoche e in tutti i paesi della terra, laddove ne era data e ne è data la possibilità oggettiva [...] La più sfrenata bramosia di acquisizione non si identifica per nulla con il capitalismo e tanto meno con il suo «spirito». Il capitalismo può addirittura essere identico con l'imbrigliamento o almeno con il temperamento razionale di questo impulso irrazionale. Invero il capitalismo si identifica con l'aspirazione al guadagno nell'impresa capitalistica razionale, continuativa, e ad un guadagno sempre rinnovato, ossia alla redditività.

Il capitalismo speculativo, ad esempio quello dei banchieri e mercanti medievali, non è ancora capitalistico nel senso moderno del termine poiché non produce un nuovo orientamento sistematico e razionale verso l'attività economica. Del resto, la massima aspirazione dei ricchi mercanti era quella di farsi costruire sontuosi palazzi e di condurre una vita di lusso, sul modello dei ceti aristocratici. L'**imprenditore razionale**, invece, non è orientato al consumo, all'ozio e ai piaceri della vita. Al contrario, lui e la sua famiglia conducono una vita sobria e morigerata e il profitto deve essere accumulato per essere reinvestito nell'impresa. «Ricordati che il tempo è denaro», ammoniva Benjamin Franklin nel 1736 in un opuscolo di consigli per chi voleva diventare ricco. L'imprenditore è il campione delle virtù borghesi del risparmio e persegue con dedizione assidua e sistematica un fine astratto e illimitato, l'accumulazione del capitale, non un fine concreto e finito quale può essere l'accumulazione di un patrimonio di beni direttamente fruibili. Non a caso la nascita del capitalismo si accompagna ad una critica serrata e polemica contro il lusso e gli stili di vita dispendiosi e improduttivi delle classi aristocratiche. Il capitalismo non è quindi soltanto un particolare sistema economico fondato su imprese che operano sui mercati al fine di produrre beni e accumulare profitti, ma esprime anche una mentalità e un'etica economica particolari che Weber, in un celebre saggio del 1904, ha chiamato lo «spirito del capitalismo».

2.6. La tesi dell'origine religiosa dello spirito del capitalismo

Per Weber a fondamento dello spirito del capitalismo vi è un atteggiamento di tipo ascetico. Si tratta tuttavia di un'**«ascesi mondana»** che non fugge dalle cose terrene, ma opera attivamente nel mondo per dominarlo e trasformarlo. Un atteggiamento ben diverso dall'«ascesi extramondana» dei monaci e degli eremiti per i quali la salvezza dell'anima poteva essere raggiunta solo attraverso pratiche di contemplazione mistica. Weber ha formulato l'ipotesi che le origini di tale spirito siano da rintracciare nelle conseguenze, sul piano dell'agire economico, dell'etica delle sette protestanti influenzate dalle dottrine di Calvino, in particolare dal dogma della predestinazione. Questa dottrina afferma che dio, nella sua imperscrutabile volontà, ha stabilito dall'eternità chi sarà salvato e chi, invece, sarà dannato. Dio è per i calvinisti un'entità assolutamente trascendente e le azioni dell'uomo non possono influenzarne la volontà. Se ciò fosse, vorrebbe dire che l'uomo si pone sullo stesso piano della divinità e ciò sarebbe un atteggiamento sacrilego. Una dottrina di questo tipo avrebbe potuto alimentare un atteggiamento fatalistico e, invece, secondo Weber, questa credenza ha prodotto effetti diametralmente opposti. Di fronte all'angoscia derivante dall'incertezza in merito al proprio destino eterno, i credenti hanno cercato nel successo terreno un segnale di salvezza; una vita attiva, lontana dall'ozio e dal lusso, impegnata nel perseguimento assiduo di un fine astratto, diventa il mezzo per placare l'angoscia e acquisire la certezza della salvezza eterna.

Non possiamo entrare nel merito di questa tesi, che è stata a lungo dibattuta e anche criticata; quello che è certo, comunque, è che i primi imprenditori furono i portatori di uno spirito nuovo, di un nuovo modo di intendere l'agire economico e la vita in generale, e soprattutto, seppero sfidare il potere dei vecchi ceti nobiliari e vincere l'ostilità della cultura tradizionale dominante. Non è un caso, infatti, come ha sostenuto Sombart, che tra i primi imprenditori si trovi un numero consistente di appartenenti a gruppi minoritari e marginali (eretici, stranieri, ebrei) che, proprio per il fatto di non essere parte integrante dell'ordine sociale costituito, sono meglio di altri in grado di liberarsi dai vincoli della tradizione. È un dato frequentemente riscontrato dai sociologi che la marginalità sociale costituisca una condizione che favorisce la propensione all'innovazione.

Si assiste, in altre parole, all'ascesa di una nuova classe sociale, la cui ricchezza non dipende più dalle rendite di un patrimonio terriero ereditato, ma dal lavoro e dalle capacità di sfruttare le opportunità di mercato, il cui stile di vita sottolinea le virtù borghesi dell'operosità e del risparmio, piuttosto che il lusso e le raffinatezze aristocratiche, e che ben presto, come vedremo, rivendicherà il diritto di partecipare attivamente alla gestione della cosa pubblica.

Abbiamo analizzato le trasformazioni che si sono verificate in Europa tra il XVI e il XIX secolo nella sfera economica e che hanno preparato l'avvento della società moderna. Ora dovremo considerare le trasformazioni che sono avvenute nella sfera politica.

3. LE TRASFORMAZIONI NELLA SFERA POLITICA: LA NASCITA DELLO STATO MODERNO

3.1. Lo stato moderno nell'epoca dell'assolutismo

Nello **stato feudale** dominava la dimensione localistica. Nell'ambito del loro territorio, i signori feudali esercitavano una vasta gamma di poteri: riscuotevano la «rendita» dalla popolazione contadina, amministravano la giustizia, imponevano balzelli e pedaggi su coloro che attraversavano le loro terre, organizzavano e conducevano le campagne militari e assicuravano, nel limite del possibile, la protezione dei loro sudditi di fronte alle costanti minacce esterne. Avevano anche degli obblighi, prevalentemente militari, e talvolta anche fiscali, nei confronti dei poteri di ordine più elevato (il rapporto di vassallaggio), in particolare nei confronti del re e dell'imperatore. Le tendenze centralistiche erano tuttavia deboli rispetto alle tendenze localistiche. Il mondo feudale è un mondo di poteri locali. Anche quei «pezzi» di società che si erano sottratti ai vincoli dell'ordine feudale, conquistando una propria autonomia e una propria libertà, le città, non estendevano il loro potere al di là delle loro stesse mura, anche se la loro influenza si poteva far sentire in un'area più vasta per effetto dei rapporti di mercato che intrattenevano con il contado e con altri centri commerciali.

La relativa debolezza dei poteri centrali, incapaci di imporsi a una moltitudine di poteri locali fortemente autonomi, spiega come mai nel mondo feudale dominasse un'endemica situazione di guerra. Ogni signore locale era quasi inesorabilmente in conflitto coi suoi vicini, sia avanzando pretese sui loro possedimenti, sia dovendo fronteggiare le pretese altrui, in un gioco di scontri e di alleanze sempre mutevole. La guerra era l'occupazione principale dei signori feudali; il loro potere e la loro ricchezza dipendevano essenzialmente dall'ampiezza del territorio e dal lavoro delle popolazioni che riuscivano a sottomettere. Non stupisce che, in un mondo di questo tipo, le virtù guerresche, il coraggio nell'affrontare il pericolo, la forza e la spietatezza nei confronti del nemico, la destrezza nel maneggiare le armi, fossero le qualità umane più apprezzate. Ogni società ha la sua gerarchia di valori a seconda delle qualità e delle «competenze» che in essa sono necessarie per acquisire ed esercitare il potere.

Questo sistema di rapporti di potere durò in Europa per secoli, fino a quando dalle lotte, dalle guerre, ma anche dal gioco diplomatico delle alleanze e dei matrimoni tra dinastie e casate diverse non emerse come vincitore un potere capace di sottomettere, nell'ambito di territori abbastanza vasti, i poteri concorrenti. Si trattò, in altri termini, di un processo di pacificazione, nel senso che su un territorio, prima conteso e oggetto di guerre e di conflitti, si venne ad instaurare, per usare un concetto di Max Weber [1922a], un «**monopolio della violenza legittima**», vale a dire il diritto esclusivo di usare la forza (cioè, le armi) da parte del potere sovrano. L'instaurazione di tale «monopolio» è il presupposto della formazione dello stato moderno e gli stati moderni nacquero quasi sempre come regni, vale a dire come stati dove l'accesso al potere supremo era regolato dalle leggi dinastiche della successione.

Questo processo di creazione di vasti regni sottoposti al potere di un unico sovrano non avvenne ovunque e, soprattutto, non avvenne con gli stessi tempi e seguendo le stesse modalità. Se nell'antichità le linee dei traffici avevano prevalentemente percorso il Mediterraneo da Occidente a Oriente (e viceversa), nell'epoca del primo capitalismo la direzione dei traffici si sposta lungo l'asse nord-sud in un'ampia fascia centrale che va dall'Italia alla Renania, alle Fiandre fino a raggiungere le città anseatiche e i porti del mar Baltico. In questa fascia si sviluppa una fitta rete di città legate tra loro da rapporti mercantili, che acquistano sempre maggiore autonomia dai poteri feudali. Stein Rokkan [1975] parla in proposito di «Europa delle città-stato». Le istituzioni cittadine sono per molti aspetti più simili a quelle che assumerà in seguito lo stato nazionale di quanto non lo siano quelle degli stati tradizionali. Può apparire un paradosso che proprio in questa fascia si siano manifestati storicamente forti ritardi nel processo di consolidamento di stati nazionali abbastanza ampi.

La Francia, l'Inghilterra e la Spagna, a Occidente, la Prussia e la Russia, a Oriente, possono vantare una storia statuale molto più lunga di altri paesi, poiché il processo di unificazione e pacificazione si realizzò in essi molto prima che altrove. Nell'area italiana e tedesca, invece, dove più forte era la tradizione cittadina, il processo di unificazione statuale si realizzò molto tardi (dopo la metà del XIX secolo) e per lunghi periodi queste aree geografiche rimasero divise in una pluralità di piccoli stati in costante conflitto tra loro. Un fattore importante per spiegare questo ritardo è che le città potevano trovare risorse di comune difesa o vantaggi nell'organizzazione economica stabilendo tra loro coalizioni temporanee, ma, al tempo stesso, trovavano facilmente un accordo per impedire che una acquistasse il predominio sulle altre. Nelle città, all'accumulazione e concentrazione del capitale non corrispondeva un'analoga accumulazione e concentrazione di potere politico, vale a dire di mezzi di coercizione e organizzazione.

Quest'ultimo processo si svolse invece nelle due zone esterne, a Oriente e a Occidente, del corridoio delle città-stato; qui comparve presto, in varie forme, lo stato moderno, che non si affermò quindi nelle zone ricche di centri urbani, dove predominavano i mercati e gli scambi, ma laddove prevalevano l'agricoltura e la servitù della gleba. Queste sembrano essere state condizioni favorevoli alla concentrazione precoce del potere di coercizione.

Il processo di unificazione/pacificazione di vaste aree territoriali fu accompagnato da una serie di momenti decisivi. In primo luogo la creazione di **grandi eserciti** (nel caso dell'Inghilterra, grazie alla sua posizione insulare, di una potente marina) per la difesa del territorio e per il perseguimento di politiche espansionistiche nei confronti di altri stati. Tali eserciti non erano più composti, come quelli feudali, da guerrieri che provvedevano autonomamente al loro equipaggiamento, ma da soldati e da un corpo di ufficiali selezionati, reclutati, equipaggiati e stipendiati dallo stato. L'esercito rappresenta il «cuore» dello stato moderno. Fin verso la fine del XVIII secolo le spese militari assorbivano in tutti i grandi stati continentali e anche in Gran Bretagna più del 70% del bilancio dello stato [Mann 1986, 483-490].

La formazione dello stato moderno comportò pertanto un processo di «espropriazione» dei guerrieri dai loro «mezzi di guerra», così come comportò un analogo processo di espropriazione dei «funzionari pubblici dai mezzi di amministrazione». Le crescenti spese pubbliche, in particolare appunto quelle militari, imponevano un cambiamento radicale dei meccanismi di prelievo fiscale. In epoca premoderna, il prelievo fiscale avveniva essenzialmente mediante un sistema di appalti: il signore stabiliva in base alle proprie esigenze quale fosse l'ammontare delle imposte da ricavare da un dato territorio e ne affidava la riscossione a un «appaltatore»; se questi riusciva, spremendo i contribuenti (ad esempio, i contadini), a riscuotere una somma maggiore di quella fissata, tratteneva la differenza per far fronte alle spese di esazione delle imposte e ai suoi consumi. In altri termini, la retribuzione dell'appaltatore non era prefissata in anticipo, egli non veniva pagato dall'erario statale per la funzione di esazione, ma gestiva, per così dire, «in proprio» l'attività fiscale, appropriandosi dei profitti relativi.

In un certo senso lo stato premoderno era alla mercé dei suoi servitori e, per ottenere i loro indispensabili servigi, era costretto a concedere loro benefici e a non interferire con il modo arbitrario col quale questi esercitavano le funzioni loro assegnate. Con la formazione dello stato moderno, il ruolo del funzionario cambia radicalmente: prima di tutto, la sua retribuzione è posta a carico dell'erario e non dipende più dall'ammontare delle somme che l'esattore riesce a spremere dai contribuenti del territorio sotto la sua giurisdizione; in secondo luogo, il suo operato viene sottratto all'arbitrio dei rapporti di natura personale per essere sottoposto alla regolamentazione di norme astratte che, almeno in linea di principio, si applicano indifferentemente a tutti coloro che vivono sul territorio stesso. Le origini delle moderne burocrazie pubbliche sono uno degli aspetti più rilevanti della formazione dello stato moderno.

Parallelamente al **monopolio militare e fiscale** si instaura anche un terzo monopolio, quello **monetario**. In epoca premoderna circolava in Europa una grande quantità di monete diverse poiché ogni signore territoriale, ogni città commerciale, ma anche banche e corporazioni, esercitavano il potere di battere moneta. Quando nel 1606 il parlamento olandese, che rappresentava soprattutto gli interessi dei grandi mercanti di Amsterdam, pubblicò un manuale per cambiavalute, elencò ben 341 monete d'argento e 505 d'oro. Ciò non facilitava certo gli scambi e neppure la regolarità delle entrate statali poiché era difficile controllare le contraffazioni e «pesare» l'effettivo contenuto metallico di un numero così elevato di mezzi di circolazione [Galbraith 1975, trad. it. 1976, 25]. Lo stato avocò così a sé il diritto di battere moneta e il monopolio del conio della moneta (e, successivamente, della stampa della moneta cartacea) diventò una delle sue prerogative più importanti. Del resto, lo stato assoluto non si limita in campo economico al monopolio fiscale e monetario, spesso esercita in proprio delle vere attività produttive soprattutto nel settore minerario e della produzione di beni di lusso; accanto alle manifatture create da artigiani e mercanti, si trovano spesso anche le «manifatture reali» dove si sperimentano forme avanzate di organizzazione del lavoro.

Insieme a questi poteri bisogna infine ricordarne un altro che, anche se non specifico dello stato moderno, trova in esso la sua massima realizzazione: il monopolio dell'amministrazione della giustizia. Nell'ambito dello stato moderno, e non solo di esso, non è legittimo farsi giustizia da sé quando si ritiene di aver subito un torto, è lo stato a garantire la protezione giuridica. La vendetta privata e la vendetta del clan cedono il passo al potere giudiziario che distribuisce ragioni e torti, premi e punizioni.

I poteri di decidere sulla pace e sulla guerra, di reclutare un esercito, di riscuotere imposte e di battere moneta, aggiunti a quello di emanare leggi vincolanti per tutti e di amministrare la giustizia su un territorio delimitato, costituiscono il nucleo centrale del concetto moderno di **sovranità**. La prima forma di stato moderno si afferma così nell'epoca dell'assolutismo: il «sovrano» concentra nelle sue mani questi poteri e li esercita «legittimamente» nei confronti dei propri «sudditi» in virtù del principio dinastico. Il fondamento di legittimità del potere riposa, per dirla con Max Weber, sulla «tradizione».

Il concetto di **legittimità** è un concetto importante, basti notare che non tutte le forme di potere sono legittime. Vi è potere in ogni situazione nella quale vi è qualcuno che comanda e qualcuno che ubbidisce. Si può comandare con la forza e la coercizione e si può obbedire per paura, perché si teme di subire la violenza di chi detiene il potere. In questo caso il potere non è legittimo. Lo diventa quando chi ubbidisce lo fa perché ritiene che chi comanda abbia il titolo per farlo. La tradizione è appunto il fondamento di legittimità del potere esercitato in base al principio dinastico. Vedremo ora come sia proprio questo fondamento a mutare con l'avvento di una nuova forma di stato moderno: lo stato costituzionale, ovvero lo stato di diritto.

3.2. Il concetto di cittadinanza e la nascita del moderno stato di diritto

L'ascesa della borghesia nella sfera delle attività economiche, la crescita di un apparato di funzionari pubblici dotati di competenze tecniche e giuridiche, la diffusione delle idee portate dalla Riforma e dalle filosofie dell'Illuminismo sono tutti fattori che minano alle fondamenta il potere assoluto del sovrano. Le grandi rivoluzioni del XVII e XVIII secolo (le rivoluzioni inglese, americana e francese) segnano l'avvento di una nuova concezione dello stato che vede nell'insieme dei cittadini e non più solamente nel monarca la fonte della «sovranità».

L'idea che nel rapporto tra governanti e governati questi ultimi non siano esclusivamente dei sudditi, ma siano titolari di diritti non è in sé un'idea moderna. L'antichità, si pensi alla democrazia ateniese, ha conosciuto il concetto di «diritti di cittadinanza», sia pure limitati ad una parte ristretta della popolazione: in particolare, il diritto di partecipare al processo di presa delle decisioni concernenti la gestione della cosa pubblica. Anche nelle città medievali che lottavano per affermare la loro libertà e sottrarsi al potere dei signori feudali, assistiamo alla rivendicazione, spesso efficace, di diritti di cittadinanza. I cittadini si armano per conquistare e difendere la libertà di autogoverno e di regolare i loro rapporti in modo autonomo rispetto al diritto feudale. E, inoltre, nello «**stato basato sui ceti**» (in tedesco, *Ständestaat*), che precede in molte parti d'Europa la formazione dello stato moderno, abbiamo il riconoscimento da parte di re e principi dei diritti di autogoverno di diversi «corpi» (ceti): l'assemblea dei nobili, ma anche le comunità cittadine, le associazioni di mestiere di mercanti e artigiani e di altre figure professionali (come giudici, notai, medici, avvocati, ecc.), le corporazioni ecclesiastiche e le università. Il signore era tenuto a convocare periodicamente in assemblea i ceti di una certa regione e questi, nel loro insieme, erano considerati, come scrive Poggi [1978, 81], «l'incarnazione politica del "popolo" o del "territorio" o di entrambi, e, in quanto tali, venivano a confronto col principe e pattuivano con lui la propria collaborazione». L'affermazione dello stato assoluto, con la concentrazione di tutto il potere nelle mani dello stato e quindi del sovrano, porterà a un drastico ridimensionamento dei diritti dei ceti e tuttavia è proprio in riferimento a tali diritti che incomincia a formarsi il moderno concetto di «cittadinanza».

I **diritti di cittadinanza** che si affermano con le rivoluzioni inglese, americana e francese presentano dei caratteri sostanzialmente nuovi. Nell'antichità la cittadinanza era una condizione goduta dagli individui in quanto membri di una famiglia (e legata in genere alla proprietà della terra), nel Medioevo era legata all'appartenenza ad uno «stato» o ad una corporazione, ora invece diventa prerogativa degli individui in quanto membri del popolo che è il depositario della sovranità dello stato. Ciò appare con tutta evidenza negli stati che adottano una forma di governo repubblicana, ma anche negli stati che mantengono una forma di governo monarchica, il re non è più il sovrano assoluto, il suo potere risulta regolato e limitato da una costituzione che accanto a quello del re sancisce il potere del tutto autonomo del parlamento nel quale si esprime la volontà popolare.

Fondamento del potere autonomo del parlamento, cioè dell'organo nel quale si esprime la sovranità popolare, è il **principio della separazione dei poteri**: come si legge nella *Déclaration des droits de l'homme et du citoyen* del 1789 (art. 16): «Ogni società nella quale non sia assicurata la garanzia dei diritti e determinata la separazione dei poteri non ha costituzione». Il rapporto tra governanti e governati viene sottoposto all'imperio di una «legge suprema», la costituzione appunto, che vincola entrambe in un gioco reciproco di diritti e di doveri. In questo modo i diritti dei cittadini costituiscono un limite del potere dei governanti i quali possono perseguire i loro fini solo nelle forme e nei limiti della legge. Nasce così l'idea dello **«stato di diritto»**, vale a dire di una forma di organizzazione politica in cui tutti gli organi dello stato, ed ogni loro atto, sono vincolati al rispetto della legge.

Pur non potendo qui discutere, neppure per sommi capi, le vicende complesse e tutt'altro che lineari che hanno portato nella storia costituzionale europea all'affermazione, comunque sempre parziale, di questi principi, va riscontrato che le forme di realizzazione variano grandemente in paesi ed epoche diverse. Quello che è importante sottolineare, tuttavia, è che, mutando in linea di principio il rapporto tra l'individuo e lo stato, muta il fondamento di legittimità del potere. Anche nello stato di diritto il cittadino è chiamato ad ubbidire (ad esempio, a prestare servizio militare, a pagare le tasse, a compiere tutte quelle azioni che rientrano nel concetto di «obbligo politico»), ma lo fa perché, e nella misura in cui, ritiene che chi gli comanda di fare queste cose ha il titolo per farlo in virtù delle procedure (delle leggi) con le quali ha avuto accesso alla posizione di potere che occupa e in virtù del fatto che le sue azioni avvengono nel rispetto della legge fondamentale. Max Weber parla in proposito di «potere legale-razionale».

4. LA CULTURA DELLA MODERNITÀ

Abbiamo visto le trasformazioni di ordine economico e politico che segnano le origini della società moderna. Tali trasformazioni sono nello stesso tempo causa e conseguenza di altre trasformazioni che avvengono nella sfera della cultura, vale a dire nelle concezioni del mondo, nei valori, nelle idee fondamentali riguardanti l'uomo e la società. L'individualismo e il razionalismo sono le correnti culturali più strettamente connesse alla formazione della società moderna.

4.1. L'individualismo

Nei paragrafi precedenti abbiamo visto l'emergere, nel processo di genesi della società moderna, di due figure in larga misura nuove rispetto alle società precedenti: l'imprenditore e il cittadino. Si tratta, evidentemente, di figure che si possono distinguere solo analiticamente, poiché l'una riguarda la sfera economica e l'altra la sfera politica: un imprenditore è in genere anche un cittadino, mentre non è necessariamente vero l'inverso. La comparsa in primo piano di queste figure è il segnale di una trasformazione profonda nei modi di concepire il posto dell'uomo nel mondo e il suo rapporto con la società; essa esprime un radicale mutamento che pone ora l'individuo e la sua libertà al vertice della scala dei valori sociali. Anche se la storia dell'individualismo ha radici lontane nel pensiero occidentale, nell'antichità e nel Rinascimento, è soltanto con l'avvento della società moderna che il riconoscimento della libertà di **autorealizzazione dell'individuo** assurge a valore dominante. Non è un caso, ad esempio, che nella pittura il genere del «ritratto», che rappresenta una figura singola e isolata sottolineandone i tratti personali inconfondibili, compaia solo nel Rinascimento per poi diffondersi al massimo grado nei secoli XVII, XVIII e XIX.

Quello che incomincia ad essere apprezzato in un essere umano non sono più, o non sono più soltanto, le caratteristiche che lo rendono uguale o simile agli altri membri del gruppo o dei gruppi a cui appartiene, ma le caratteristiche che lo distinguono, che ne fanno un esemplare unico e irripetibile della specie. In passato, il valore di un essere umano rifletteva il valore che era attribuito al suo gruppo di appartenenza, fosse questo gruppo la famiglia, il clan, la stirpe, la casta, la comunità locale, il gruppo etnico, il gruppo religioso o il gruppo professionale. Queste caratteristiche venivano acquisite perlopiù per nascita e un uomo (o una donna) le portava con sé per tutta la vita, così come avrebbero fatto poi i suoi figli e i suoi nipoti. Se uno nasceva servo o padrone, tale sarebbe rimasto con molta probabilità per tutta la vita, indipendentemente dalle sue qualità personali. L'esistenza si svolgeva entro vincoli assai rigidi che poco spazio lasciavano all'espressione della volontà individuale e al perseguimento di mete liberamente scelte dal soggetto. La posizione che una persona occupava nella società (il suo *status sociale*) era in modo prevalente determinata dalla sua origine e anche se non mancavano fenomeni di mobilità sociale si può dire che gli «status ascritti» (cioè, acquisiti alla nascita) prevalessero sugli «status acquisiti» in base ai meriti e alle capacità.

Nel campo delle credenze e delle pratiche religiose, così come nella morale della vita quotidiana, bisognava seguire i dogmi, i riti e i comandamenti prescritti dalla chiesa cattolica se non si voleva essere banditi dalla comunità come infedeli o eretici. Le forme individuali di religiosità (come le forme ascetiche o mistiche) non riguardavano i fedeli laici, ma i monaci «virtuosi» chiusi nei loro conventi. La chiesa avocava a sé il diritto di fornire l'unica interpretazione ammissibile della verità rivelata nelle sacre scritture e si ergeva come unico intermediario tra la divinità e i fedeli che solo attraverso di essa potevano raggiungere il bene della salvezza eterna.

L'idea che un individuo fosse padrone della propria esistenza, libero di scegliere il proprio destino, responsabile delle sue scelte e delle sue azioni di fronte alla propria coscienza, senza dover sottostare alla volontà di altri, non era certo dominante prima dell'avvento della società moderna. Gli stessi matrimoni, per fare solo un esempio, venivano spesso «combinati» dalle famiglie senza tenere in gran conto le preferenze individuali e gli affetti personali. La Riforma protestante, l'avvento del capitalismo e le trasformazioni rivoluzionarie nella sfera della politica sono tutti fattori che convergono, pur con diverse accentuazioni, nell'esaltare l'autonomia e l'indipendenza dell'individuo.

In campo religioso, la **religiosità individuale** prende il sopravvento sulla religiosità di chiesa: quello che conta è il rapporto immediato tra l'individuo e la divinità, il suo modo di sentire, di credere e di agire in conformità a una legge divina che parla direttamente alle coscienze. In campo economico, si ha il pieno riconoscimento del diritto di disporre della proprietà individuale in modo che sia il mercato a premiare con il successo individuale chi è dotato di iniziativa, chi sa assumersi il rischio di impresa, chi compete efficacemente per sottrarre ai concorrenti quote di mercato, chi non esita ad abbandonare le nicchie protette e si avventura alla conquista di nuovi mercati e alla creazione di nuovi prodotti. In campo politico, si ha il riconoscimento del diritto di associarsi, di esprimere le proprie opinioni e, soprattutto, di partecipare attraverso propri rappresentanti al controllo e all'esercizio del potere di governo.

I valori di **uguaglianza e libertà** sono alla base dell'affermazione del valore dell'individuo. Per uguaglianza non si intende che tutti gli uomini debbano ricevere uguali ricompense, ma che tutti gli uomini hanno alla nascita uguale dignità e uguali diritti a prescindere dalla famiglia, dal ceto, dalla classe, dalla confessione religiosa. Per libertà non si intende arbitrio, ma autonomia e indipendenza nel governare la propria esistenza, avendo come unico vincolo il rispetto della libertà altrui. Prima dell'appartenenza alla società (e alle sue varie articolazioni), l'uomo viene al mondo come soggetto titolare di diritti che non derivano dalla società (non sono «concessi» da qualcuno), ma sono originari, cioè «naturali» attributi della specie umana. L'idea moderna del «**diritto naturale**», distinto dal «diritto soprannaturale» di origine divina e dal «diritto positivo» (cioè, dal diritto messo in opera storicamente dallo stato), e l'idea, ad esso legata, di «**contratto sociale**», inteso come patto stabilito tra uomini liberi che consensualmente limitano la propria libertà per dar vita allo stato, costituiscono i fondamenti filosofico-politici dell'individualismo moderno.

Anche se i valori dell'individualismo sono collocati al vertice dei valori delle società moderne che emergono in Occidente tra il XVI e il XIX secolo, il loro dominio non è mai stato incontrastato. Lo stesso termine «individualismo» è stato coniato dai suoi critici e ha assunto frequentemente connotati negativi. In particolare è stato messo in discussione uno degli assunti centrali dell'individualismo del XVIII secolo e cioè che il perseguimento del bene individuale possa nello stesso tempo realizzare il bene comune. Adam Smith, il grande filosofo ed economista scozzese, e molti altri pensatori a lui contemporanei o posteriori, riteneva che se ogni individuo fosse lasciato libero di perseguire i propri fini egoistici si sarebbero automaticamente create le condizioni del benessere di tutti, poiché la «mano invisibile» [Smith 1776] del mercato agirebbe al fine di trasformare, per dirla con una celebre frase di Bernard de Mandeville (1670-1733), «vizi privati in pubbliche virtù» [1714]. Per molti pensatori mossi dall'intento di conservare o restaurare l'ordine tradizionale tali parole dovevano suonare quanto meno sacrileghe perché disgregavano i valori della comunità e minavano la fedeltà ai poteri costituiti della chiesa e dello stato, le uniche istituzioni in grado di interpretare il bene collettivo e di prescriverne la realizzazione. Ma tali idee suonavano scandalose anche a chi vedeva nell'affermazione incondizionata della libertà individuale un'ideologia che, lungi dal realizzare il bene comune, favoriva soltanto gli interessi della nascente borghesia, generando così nuove forme di disuguaglianza. Tali controversie sul «valore» dei valori dell'individualismo attraversano tutta la storia dell'epoca moderna fino ai nostri giorni e testimoniano del fatto che essi sono, comunque, una componente essenziale della modernità.

4.2. Il razionalismo

Accanto all'individualismo, anche il razionalismo è una componente essenziale della modernità e anch'esso ha una storia antica nella cultura occidentale; le sue origini sono da rintracciarsi nell'incontro di due componenti culturali: da un lato le religioni monoteiste della tradizione ebraico-cristiana che hanno segnato il distacco della religione dalla magia, dall'altro lato la cultura filosofica e giuridica greco-romana che ha posto le basi di una concezione «mondana» della società e dello stato.

È tuttavia soltanto con l'avvento della società moderna che la **«ragione»** (e la «razionalità») diventano valori sociali dominanti. L'uomo viene concepito come un essere dotato della facoltà di procedere alla scoperta della verità e di trovare in se stesso il centro di orientamento del suo agire. Alla fede come fonte della verità (una verità, appunto, rivelata) si sostituisce la ragione, alla quale gli esseri umani possono fare affidamento per diventare padroni del proprio destino. La ragione diventa, per riprendere un'espressione di Max Weber, una «potenza rivoluzionaria», capace di liberare gli uomini dall'errore, dalla superstizione e dalla sottomissione ai poteri tradizionali della chiesa e dell'aristocrazia. Per i filosofi dell'Illuminismo, che hanno esaltato il culto della ragione, questa è appunto una luce che vince l'oscurantismo sul quale si regge il dominio sulle coscienze degli esponenti dell'*ancien régime*.

Che la ragione sia stata elevata dai pensatori del XVIII secolo al rango di divinità è un fatto che ci interessa soprattutto in sede di storia delle idee. Le scienze sociali non si occupano tanto di Ragione (con la R maiuscola), quanto piuttosto di razionalizzazione e di razionalità, dove per razionalizzazione si intende un processo storico che investe e trasforma gli ordinamenti sociali, e per razionalità si intende un attributo specifico dell'azione umana.

Il **processo di razionalizzazione** è stato l'oggetto principale di studio di Max Weber, un autore che abbiamo avuto modo di citare spesso in questi primi due capitoli e che ritornerà anche in seguito. Per Weber, l'Occidente ha avuto un'evoluzione particolare rispetto ad altre culture mondiali poiché solo in Occidente il processo di razionalizzazione è progredito al punto da investire globalmente i sistemi di credenze, le strutture familiari, gli ordinamenti giuridici, politici ed economici, la scienza e, perfino, le attività artistiche. Altrove vi sono stati sviluppi nel senso della razionalizzazione delle condotte e delle istituzioni, ma mai il processo è stato così radicale e pervasivo come in Occidente. La ragione principale di questo «sviluppo singolare» (*Sonderentwicklung*) risiede per Weber nel fatto che solo in Occidente si è sviluppato un sistema di credenze che, ponendo il sacro (la divinità) su un piano assolutamente trascendente rispetto al mondo, ha consentito di guardare alla realtà naturale e umana come ad una realtà oggettiva, priva di significati magici e quindi manipolabile senza restrizioni dalla volontà umana. L'ordine sociale, nelle istituzioni come nelle condotte di vita, liberato dalla sacralità della tradizione, ha potuto così subire un processo di radicale trasformazione nella direzione della modernità. In questo processo, come vedremo nel capitolo IX, un ruolo decisivo è stato svolto dalla scienza.

La crescente razionalizzazione degli ordinamenti è nello stesso tempo il prodotto della razionalità dell'azione umana e il contesto entro il quale tale razionalità può ulteriormente svilupparsi. Come attributo dell'azione umana, la **razionalità** postula infatti che l'uomo è un essere dotato della capacità di agire in modo coerente rispetto ai valori che ha liberamente scelto (*razionalità rispetto al valore*) e di agire nel modo più efficiente ed efficace per realizzare i fini che si è prefissato (*razionalità rispetto allo scopo*, o razionalità strumentale). Il postulato della razionalità non afferma che l'uomo è un essere necessariamente razionale (anche se molti «razionalisti» la pensano proprio così), ma soltanto che è capace di agire in modo razionale, vale a dire di valutare il grado di coerenza tra valori diversi, tra fini e valori, tra fini diversi e di scegliere la combinazione di mezzi più adeguata per realizzare i propri fini (cap. III). Il fatto di postulare le potenzialità razionali dell'azione è legato ad una concezione della natura umana che pone l'accento, da un lato, sulla capacità di compiere delle scelte e, dall'altro lato, sulla riflessività, vale a dire sulla facoltà tipica dell'essere umano di scindersi in un soggetto pensante e in un oggetto pensato e quindi anche, in particolare, di tenere sotto controllo, più o meno efficacemente, le componenti irrazionali (istintive e impulsive) della propria personalità.

Il comportamento umano può quindi essere più o meno razionale, così come gli ordinamenti possono conservare più o meno cospicui residui di tradizionalismo. Tra agire razionale e ordinamenti razionali non vi è un puro rapporto di corrispondenza. L'agire razionale è possibile anche nell'ambito di ordinamenti tradizionali (il cacciatore che appuntisce la freccia per meglio colpire la preda agisce razionalmente anche se tale atto assume nella sua cultura significati magici), analogamente vi può essere agire tradizionale anche nell'ambito di ordinamenti razionali (l'impiegato che applica una procedura ritualisticamente senza essere consapevole dei fini per i quali tale procedura costituisce un mezzo razionale). La razionalità degli ordinamenti e la razionalità dell'azione si collocano in realtà a due diversi livelli di analisi: la prima al livello della struttura sociale, la seconda al livello dell'azione sociale. Il rapporto tra questi due livelli (che potremmo chiamare «livello macro» e «livello micro») è uno dei problemi centrali della teoria sociologica e su di esso torneremo nei capitoli III e IV.

5. LA CONCETTUALIZZAZIONE DELLA MODERNITÀ IN ALCUNI CLASSICI DELLA SOCIOLOGIA

5.1. Il problema del «motore» del cambiamento

Nella storia del pensiero sociale si sono succedute varie correnti che hanno di volta in volta attribuito all'una o all'altra delle sfere che abbiamo considerato nei paragrafi precedenti (economica, politica, culturale) un'importanza decisiva nel determinare o condizionare lo sviluppo delle altre. Possiamo dire, schematizzando molto, che le concezioni «materialistiche» tendono a sottolineare il ruolo fondamentale delle trasformazioni che avvengono nella sfera economica, mentre le concezioni «idealistiche» tendono a privilegiare come fondamentali i cambiamenti nel mondo delle idee e quindi della cultura. Per le prime, il fondamento delle società umane è da ricercarsi nelle strutture economiche, vale a dire nei modi coi quali gli uomini provvedono al soddisfacimento dei loro bisogni, alla produzione e riproduzione della loro vita quotidiana, ai rapporti sociali che si instaurano nell'ambito del lavoro e della produzione e circolazione dei beni. I rapporti di potere, le norme sociali e il mondo delle idee sarebbero in ultima istanza una conseguenza o un riflesso delle strutture economiche. Per le seconde, invece, sono le idee e i valori che guidano e condizionano i comportamenti umani a produrre in ultima istanza le istituzioni e quindi anche le strutture economiche e politiche della società. Come abbiamo visto, il materialismo storico, che si rifà al pensiero di Marx, rientra prevalentemente nella prima categoria, mentre le analisi di Max Weber rientrano prevalentemente nella seconda.

Noi riteniamo che questa contrapposizione sia eccessivamente semplicistica, non renda giustizia alla complessità e problematicità del pensiero di questi autori e, comunque, abbia fatto il suo tempo e che compito della sociologia sia quello di sviluppare un approccio multidimensionale e integrato allo studio del mutamento sociale nel quale si rinunci a privilegiare come determinante, sia pure solo «in ultima istanza», una serie di fattori piuttosto che un'altra e si punti invece ad indagare come di volta in volta i vari fattori, o le varie serie di fattori, si combinino e influenzino reciprocamente. Non potendo qui affrontare nei dettagli il complesso tema del mutamento sociale, vediamo comunque come la sociologia ai suoi albori abbia costruito strumenti teorici e concettuali per caratterizzare la nascita della società moderna.

5.2. Il modello evoluzionistico

Per molti sociologi, influenzati dalle teorie evoluzioniste della biologia, il problema del «motore» del cambiamento veniva risolto considerando l'evoluzione sociale come parte dell'evoluzione generale degli organismi viventi. Le società potevano essere considerate infatti alla stregua di organismi nei quali le parti che formano il tutto sono tra loro interdipendenti. Scrive Herbert Spencer, il massimo esponente di questa corrente di pensiero:

> È una caratteristica dei corpi sociali, come dei corpi viventi che ogni incremento delle dimensioni comporti un incremento della struttura. Come un animale di ordine inferiore, anche l'embrione di uno di ordine superiore presenta un numero limitato di parti componenti; ma, con l'aumentare delle sue dimensioni, le sue parti si moltiplicano e differenziano. Lo stesso accade alla società. In un primo momento le diversità tra i suoi gruppi di unità sono modeste per numero e grado; ma con l'aumento della popolazione, le divisioni e le suddivisioni diventano più numerose e marcate [1882-85, trad. it. 1967, 545-546].

Le società che riescono ad adattarsi meglio al loro ambiente non possono che crescere di dimensioni, sia perché le risorse di cui dispongono facilitano la riproduzione biologica e la sopravvivenza, sia perché sono in grado di sottomettere e assimilare società più deboli. L'aumento delle dimensioni comporta invariabilmente (questa è per gli evoluzionisti una «legge» fondamentale) l'esigenza di **differenziare le funzioni** e quindi un cambiamento di struttura, cioè di relazioni tra le parti le quali, da un lato, diventano sempre più dissimili le une dalle altre e, dall'altro lato, dipendono sempre più strettamente le une dalle altre. Tale interdipendenza risulta dal rapporto organico tra le parti e il tutto. Come nell'uomo ogni organo è indispensabile alla salute dell'intero organismo e se una malattia colpisce il fegato anche il cuore e in definitiva tutto il corpo ne risentono negativamente, così quanto più una società è differenziata ogni parte contribuisce al buono o al cattivo funzionamento generale. Il modello evoluzionistico prepara così il terreno alle teorie funzionalistiche alle quali accenneremo in seguito.

5.3. I modelli dicotomici

Il problema del «motore» della storia, la ricerca cioè di una causa prima capace di spiegare come mai le società umane si trasformino, non è stato sempre al centro delle preoccupazioni dei padri fondatori della sociologia. Per gli autori che considereremo in questo paragrafo, ad esempio, il modello evoluzionistico è stato perlopiù accettato, più o meno implicitamente e più o meno criticamente, senza approfondirlo al di là di quanto aveva fatto Spencer. Il loro intento si è rivolto nella direzione di descrivere le dimensioni del cambiamento più che di spiegarne le cause e nel fare ciò hanno sviluppato dei modelli «dicotomici», dei modelli cioè che isolano alcune caratteristiche ritenute essenziali e analizzano come si configurano nelle società premoderne e nelle società moderne.

Il primo modello dicotomico al quale fare riferimento è stato sviluppato da **Henry James Sumner Maine** (1822-1888) nell'opera *Ancient Law* [1861]. Al centro dell'attenzione di Maine sono le leggi che regolano i rapporti tra gli uomini. Tali leggi si possono classificare in due grandi categorie: lo *status* e il *contratto*. Le prime traggono origine dalla famiglia in cui i rapporti sono regolati da una serie di diritti e doveri reciproci che dipendono dalla posizione (lo status) che i vari membri occupano indipendentemente dalla loro volontà. Lo stesso vale per tutti i rapporti di privilegio e potere, come il rapporto tra servo e padrone, la cui asimmetria dipende dalla definizione delle posizioni reciproche, definizione che gli individui coinvolti non possono modificare. Alla seconda categoria, invece, appartengono le leggi che regolano i rapporti che nascono dal libero accordo tra gli individui, vale a dire le obbligazioni reciproche che gli individui si assumono quando stipulano tra loro un contratto. Per Maine quest'ultimo tipo di rapporti tende sempre più, nelle società moderne, a sostituire il primo in tutti i campi della vita sociale, famiglia compresa.

Pochi decenni più tardi rispetto a Sumner Maine, esattamente nel 1893, **Émile Durkheim** pubblica *La divisione del lavoro sociale*, opera unanimemente considerata uno dei classici della letteratura sociologica. Durkheim si chiede come mai l'individuo, mentre da un lato diventa sempre più autonomo, dall'altro lato viene a dipendere sempre di più dal resto della società. Lo sviluppo dell'individualismo non si accompagna per Durkheim ad un indebolimento dei legami sociali, vale a dire della solidarietà sociale, ma ad un cambiamento dei fondamenti della solidarietà stessa.

Nelle società premoderne (che per Durkheim sono quelle dove manca o è scarsamente sviluppata la divisione del lavoro), non vi è spazio per le individualità e le differenze; le varie unità sociali stanno insieme perché sono tutte simili e tutte ugualmente sottoposte all'unità di grado superiore di cui fanno parte: l'individuo alla famiglia, la famiglia al clan, il clan alla tribù e così via. La solidarietà tra le varie unità è puramente *meccanica*, come – dice Durkheim – la coesione delle molecole di un corpo inorganico. La presenza della solidarietà meccanica è evidenziata dal prevalere, nei sistemi giuridici che regolano tali società, delle norme del diritto penale che puniscono esemplarmente coloro che violano le leggi del gruppo (sanzioni repressive).

Nelle società moderne, invece, dove prevale la divisione del lavoro, ogni individuo e gruppo svolge funzioni diverse, la solidarietà sociale non si fonda più sull'uguaglianza ma sulla differenza, gli individui e i gruppi stanno insieme, formano «società», perché nessuno è più autosufficiente e tutti dipendono dagli altri. Nei sistemi giuridici prevalgono le norme che regolano i contratti (il diritto civile), la violazione di tali norme non produce punizioni esemplari, ma sanzioni che ristabiliscono l'equilibrio turbato dalla violazione (sanzioni restitutive). La coesione sociale che ne deriva viene chiamata da Durkheim *solidarietà organica*.

Si ritrovano nella concettualizzazione di Durkheim molti degli elementi che abbiamo visto in Spencer e Maine: il processo di crescente divisione del lavoro corrisponde al processo di differenziazione e l'uso del termine «organico» per designare la forma di solidarietà che prevale nelle società moderne corrisponde all'analogia organicistica di Spencer, e tutti sottolineano la crescente importanza dei rapporti di natura contrattuale. Durkheim inoltre non è il solo tra i classici della sociologia a cogliere il nesso tra individualizzazione e differenziazione; anche, tra gli altri, Max Weber e Georg Simmel elaborano su questo punto prospettive di analisi molto simili: tutti sono concordi nel sostenere che solo società altamente differenziate e complesse, quali sono le società moderne, garantiscono all'individuo opportunità di sviluppo autonomo e tutti concordano, sia pure con accenti diversi, che tale processo ha condotto in sostanza all'emancipazione dell'individuo dai vincoli sociali imposti dalla tradizione.

Ad esiti non dissimili, ma in una prospettiva assai diversa, giunge anche **Ferdinand Tönnies** in un'opera del 1887 dal titolo significativo *Gemeinschaft und Gesellschaft* (Comunità e società). Come abbiamo già accennato (nell'Introduzione), per Tönnies i termini «organico» e «meccanico» hanno un significato opposto a quello loro attribuito da Durkheim. Organica è la comunità (*Gemeinschaft*), le cui forme embrionali emergono in seno alla famiglia nei rapporti tra madre e bambino, tra moglie e marito, tra fratelli e sorelle, per estendersi poi ai rapporti di vicinato e di amicizia. Tali rapporti sono improntati a intimità, riconoscenza, condivisione di linguaggi, significati, abitudini, spazi, ricordi ed esperienze comuni. I vincoli di sangue (famiglia e parentela), di luogo (vicinato) e di spirito (amicizia) costituiscono delle totalità organiche, le comunità appunto, nelle quali gli uomini si sentono uniti in modo permanente da fattori che li rendono simili gli uni agli altri e all'interno delle quali le disuguaglianze possono svilupparsi solo entro certi limiti oltre i quali i rapporti diventano così rari e insignificanti da far scomparire gli elementi di comunanza e condivisione. All'interno della comunità infatti i rapporti non sono segmentati in termini di ruoli specializzati, ma comportano che i membri siano presenti con la totalità del loro essere.

Nulla di tutto ciò avviene nell'ambito della società (*Gesellschaft*). Scrive Tönnies:

> La teoria della società riguarda una costruzione artificiale, un aggregato di esseri umani che solo superficialmente assomiglia alla comunità, nella misura in cui anche in essa gli individui vivono pacificamente gli uni accanto agli altri. Tuttavia, mentre nella comunità essi restano essenzialmente uniti nonostante i fattori che li separano, nella società restano essenzialmente separati nonostante i fattori che li uniscono [1887, trad. it. 1963, 83].

Nella società gli individui vivono per conto loro, isolati, in un rapporto di tensione con gli altri e ogni tentativo di entrare nella loro sfera privata viene percepito come un atto ostile di intrusione. Il rapporto societario tipico è il rapporto di scambio; nello scambio i contraenti non sono mai disposti a dare qualcosa di più di quello che ricevono, anzi, lo scambio avviene perché ognuno ritiene di ricevere qualcosa che ha un valore maggiore di quello che cede, altrimenti non entrerebbe neppure nel rapporto. Venditori e compratori sono in rapporto di reciproca competizione, perché i primi cercano di vendere al prezzo più alto possibile, mentre i secondi cercano di acquistare al prezzo più basso. Il guadagno dell'uno è la perdita dell'altro. Il rapporto di scambio, inoltre, non mette in relazione individui nella loro totalità, ma soltanto le loro prestazioni; chi vende non è interessato al compratore come individuo, né all'uso che farà del bene scambiato, ma solo alla sua capacità di pagare il prezzo stabilito. La società è quindi una costruzione artificiale e convenzionale, composta da individui separati, ognuno dei quali persegue il proprio interesse individuale, ed essa entra in gioco soltanto come garante del fatto che le obbligazioni che i contraenti si sono assunte vengano onorate. Nella società, infine, tutti i rapporti tendono ad improntarsi al modello dei rapporti di scambio di mercato: nulla viene fatto senza aspettarsi una contropartita, sia nei rapporti interpersonali, sia nei rapporti tra individui e istituzioni.

Risulta chiara la posizione ideologica di Tönnies: l'avvento della modernità, ovvero della *Gesellschaft*, è un processo inarrestabile e, tuttavia, rappresenta una perdita rispetto ai valori autentici di solidarietà che trovano realizzazione soltanto nell'ambito della comunità. Questo aspetto ideologico è tuttavia secondario, almeno ai nostri fini. Importante è invece ritenere gli aspetti analitici della sua dicotomia comunità/società, perché, come vedremo tra poco, sono stati ampiamente ripresi anche nelle elaborazioni teoriche più recenti.

5.4. Il modello delle «pattern variables»

Un modello dicotomico che richiama la coppia concettuale comunità/società è quello formulato da Talcott Parsons, un sociologo americano che viene considerato, a ragione, uno dei massimi teorici della nostra disciplina ed esponente dello struttural-funzionalismo, una corrente teorica assai influente verso la metà del Novecento. Secondo Parsons, per spiegare come le società moderne sono diventate quello che sono attualmente, così come per spiegare il comportamento degli individui in queste stesse società, bisogna in primo luogo tenere conto dei fattori di ordine culturale e, in particolare, degli orientamenti di valore e normativi che si sono in esse affermati nel corso del tempo. Per cogliere i tratti fondamentali di questi orientamenti, egli ha elaborato uno schema concettuale formato da cinque coppie di termini. Questo schema, detto delle *pattern variables*, ovvero delle «variabili modello», si integra in realtà in un impianto teorico assai ampio e complesso che non possiamo qui esporre neppure per sommi capi. Tuttavia, anche al di fuori del loro contesto teorico, lo schema concettuale delle *pattern variables* è utile per mettere in luce le dimensioni culturali del processo di formazione della società moderna.

affettività	neutralità affettiva
orientamento all'interesse privato	orientamento all'interesse collettivo
particolarismo	universalismo
specificità	diffusione
ascrizione	acquisizione

Vediamo ora il significato di queste coppie di termini:

1) *Affettività – neutralità affettiva*. Uno dei tratti della modernità consiste nel fatto che vi sono valori e norme sociali che regolano le manifestazioni di affettività e l'espressione delle emozioni. In molte situazioni della vita, in particolare nella vita pubblica, è molto apprezzato chi sa controllare i propri sentimenti, le

proprie emozioni e i propri impulsi, mentre è considerato negativamente chi li lascia trapelare troppo palesemente. L'espressione di affettività (sia positiva che negativa, cioè, sia amore che odio) resta confinata nella sfera privata, dove i rapporti sono più intimi e personalizzati. Noi ci aspettiamo, ad esempio, che in una situazione di esame il professore che ci interroga non venga influenzato nel suo giudizio da sentimenti di simpatia o antipatia e in genere conserviamo un buon ricordo dei docenti che ci hanno trattato con gentilezza, senza manifestare preferenze, oppure ostilità. Lo stesso, quando entriamo in un negozio non ci aspettiamo di essere accolti con lo stesso calore di quando entriamo in casa di un amico. La società moderna distingue nettamente dove è consentito e dove non è consentito esprimere affettività.

2) *Orientamento all'interesse privato – orientamento all'interesse collettivo.* Anche in questo caso, la società moderna opera una netta distinzione tra situazioni in cui ci aspettiamo che le persone con le quali abbiamo a che fare agiscano perseguendo il loro interesse individuale (ad esempio, nelle transazioni di mercato) e situazioni nelle quali ci si aspetta che l'interesse individuale passi in secondo piano. Dal medico che ci cura, ad esempio, ci aspettiamo che si preoccupi in primo luogo di farci star bene, piuttosto che dell'ammontare della parcella che dovremo pagare. Analogamente, dall'uomo politico che chiede il nostro voto ci aspettiamo, o, meglio, ci auguriamo, che, una volta eletto, operi nell'interesse della collettività e non dei suoi esclusivi interessi.

3) *Particolarismo – universalismo.* Questa coppia concettuale fa riferimento a situazioni nelle quali gli individui sono considerati in base a caratteristiche che condividono con altri individui e, al limite, con tutti gli altri individui (caratteri generici o universalistici) e situazioni nelle quali, invece, ciò che conta sono le caratteristiche individuali (caratteri specifici o particolaristici). Nello stato democratico moderno, ad esempio, tutti gli individui godono di uguali diritti politici in quanto cittadini e ci si aspetta che tali diritti vengano riconosciuti e rispettati a prescindere dalle caratteristiche individuali. Quando si devono assumere per concorso un certo numero di impiegati in un ufficio pubblico ci si aspetta che tutti i candidati che possiedono certi requisiti formali (ad esempio un titolo di studio) possano concorrere su un piano di parità e susciterebbe scandalo se al concorso venissero ammessi solo i parenti e gli amici di coloro che devono operare la selezione.

4) *Specificità – diffusione.* Nella società moderna tendono a prevalere i rapporti nei quali gli individui sono coinvolti solo per alcuni aspetti della loro personalità. Come vedremo meglio in seguito (cap. III), gli individui agiscono nell'ambito di ruoli che definiscono confini precisi tra ciò che è «incluso» e

ciò che è «escluso», ammesso o non ammesso nell'esercizio di quel particolare ruolo. Nelle transazioni di mercato, ad esempio, ciò che conta sono le volontà reciproche di vendere e comperare un determinato bene o servizio, mentre tutte le altre caratteristiche dei partner dello scambio restano sullo sfondo. I confini di ruolo definiscono cioè un contenuto «specifico». I ruoli familiari o amicali, invece, hanno un contenuto assai più ampio (diffuso): dai familiari ci si aspetta sostegno, aiuto, incoraggiamento e magari biasimo e disapprovazione in situazioni diverse.

5) *Ascrizione – acquisizione*. Nelle società moderne tendono a prevalere le situazioni nelle quali non contano le qualità attribuite a un individuo dalla nascita (come il sesso, la razza, l'appartenenza a un gruppo etnico o religioso), o che comunque non dipendono dalla sua volontà (e che vengono chiamate, appunto, «ascrittive»), bensì le qualità «acquisite», le capacità, le prestazioni e tutto ciò che dipende dall'impegno personale e dai meriti acquisiti. Questa distinzione coincide con quella che abbiamo visto prima tra «status ascritti» e «status acquisiti»; è evidente, infatti, che la componente «individualistica» della cultura moderna porta a valorizzare il «fare» o il «saper fare», piuttosto che l'«essere».

Queste cinque coppie mettono in luce tratti ai quali la cultura moderna assegna un valore «morale»: è «bene» saper controllare le proprie emozioni e l'espressione dei propri impulsi affettivi; è «bene» saper perseguire un interesse collettivo anche quando confligge col proprio interesse individuale; è «bene» trattare gli altri in modo imparziale secondo principi validi universalmente; è «bene» saper mantenere i confini dei propri ruoli; è «bene», infine, trattare gli altri per quello che «fanno» piuttosto che per quello che «sono». Ciò non vuol dire, peraltro, che questi orientamenti valoriali e normativi (sui concetti di «valore» e di «norma» torneremo più approfonditamente nel cap. V) trovino nella società moderna completa realizzazione. L'affettività non è esclusivamente circoscritta alla sfera privata; la separazione tra perseguimento dell'interesse individuale e dell'interesse collettivo è spesso assai poco netta; i criteri universalistici sono assai spesso disattesi anche dove ci si aspetterebbe che venissero rispettati; talvolta anche i ruoli più strumentali si colorano di aspetti «diffusi» e gli individui non vengono valutati soltanto in base alle loro prestazioni, ma anche in base alle qualità che derivano dalla loro origine sociale. Più che descrivere caratteristiche della società moderna, le «variabili modello» indicano piuttosto tendenze valoriali di fondo che sono presenti in queste società.

PER SAPERNE DI PIÙ

BRAUDEL F., *La dinamica del capitalismo*, Bologna, Il Mulino, 1988; CAVALLI A. (a cura di), *Le origini del capitalismo*, Torino, Loescher, 1973; ELIAS N., *Il processo di civilizzazione*, Bologna, Il Mulino, 1988; LAURENT A., *Storia dell'individualismo*, Bologna, Il Mulino, 1994; MARTINELLI A., *La modernizzazione*, Roma-Bari, Laterza, 2006; MARTINELLI A., SALVATI M. e VECA S., *Progetto 89. Tre saggi su libertà, eguaglianza e fraternità*, Milano, Il Saggiatore, 1989; MATTEUCCI N., *Lo stato moderno. Lessico e percorsi*, Bologna, Il Mulino, 1993; MOORE B. JR., *Le origini sociali della dittatura e della democrazia*, Torino, Einaudi, 1969; POGGI G., *La vicenda dello stato moderno*, Bologna, Il Mulino, 1978.

PARTE SECONDA

La trama del tessuto sociale

CAPITOLO 3

Forme elementari di interazione

Questo capitolo è una sorta di vocabolario essenziale e di grammatica dell'analisi sociologica. Vengono qui definiti i concetti fondamentali della disciplina, a partire da azione, relazione e interazione sociale, per poi arrivare all'analisi dei gruppi e delle loro proprietà, del potere e del conflitto, dei diversi tipi di comportamento collettivo e dei caratteri di altri elementi primari delle strutture complesse della società.

1. LE PROPRIETÀ FORMALI DELLE RELAZIONI SOCIALI

Vasilij Kandinskij, uno dei maestri della pittura contemporanea, quando insegnava al Bauhaus negli anni venti del Novecento, preparò un libro che, come lui stesso diceva, doveva essere una specie di grammatica della pittura. Egli si proponeva di definire gli elementi primari di ogni rappresentazione grafica (il punto, la linea, la superficie), di individuare le loro proprietà estetiche e le proprietà dei loro rapporti.

Consideriamo, ad esempio, i quattro disegni della figura 3.1, che riguardano i rapporti fra linee e margini di una superficie. Nel primo disegno *a*, è raffigurata una diagonale lontana dai margini, più vicina a quello superiore: ne deriva una sensazione di tensione, o di forza che attrae la linea verso l'alto; questa tensione è tanto più forte quanto più la linea si avvicina al margine. Se la linea tocca il margine (disegno *b*), la tensione verso l'alto cessa, mentre se ne sviluppa una forte verso il basso, esprimendo, dice Kandinskij, «qualcosa di morboso, quasi disperato». La tensione è talmente aumentata, che la linea sembra più lunga della precedente, pur essendo uguale. La ricerca prosegue

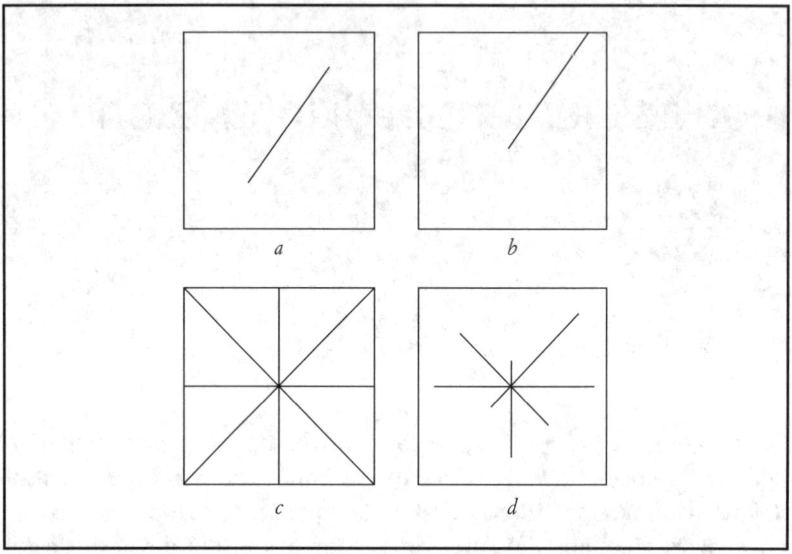

fig. 3.1. *Proprietà dei rapporti fra linee e margini di una superficie.*

Fonte: Kandinskij [1926].

considerando strutture di relazione più complesse: nel disegno *c* le quattro linee fondamentali all'interno del quadrato esprimono silenzio ed equilibrio, mentre in quello *d* le linee orientate come le precedenti, ma di diversa lunghezza, drammatizzano la loro relazione e la rendono pulsante [Kandinskij 1926, trad. it. 1968, 160].

Le proprietà in questione sono dette «formali», perché riguardano appunto la forma di un elemento o di una relazione, a prescindere dal loro contenuto; la raffigurazione di una scena di caccia, di un incontro di pugilato, di una discussione animata fra marito e moglie in una stanza, otterranno sempre sensazioni di movimento drammatico se i personaggi, e gli altri elementi della raffigurazione, saranno disposti secondo lo schema del disegno *d*.

Anche in sociologia è stata sviluppata una specie di grammatica degli elementi primari del tessuto sociale, delle loro proprietà e relazioni, e del modo in cui queste si combinano in strutture più complesse. L'analogia con la pittura permette di capirne subito il significato. Come per le forme grafiche, è possibile infatti individuare forme e proprietà elementari delle relazioni sociali, che valgono indipendentemente dal contenuto concreto di queste. Come vedremo, si individuano ad esempio proprietà formali dei gruppi di tre persone che valgono indipendentemente dal fatto che si tratti di padre, madre e figlio oppure di tre commercianti che trattano un affare. Allo stesso modo, le organizzazioni hanno certi caratteri essenziali e modi tipici di funzionare indipendentemente dal fatto che si tratti di un'impresa industriale o della chiesa cattolica.

Tali proprietà elementari, e le loro combinazioni, non sono tuttavia sufficienti per spiegare una particolare relazione in famiglia o la stipulazione di un certo contratto. Una triade in famiglia ha certe proprietà simili a una triade in economia, ma conoscendo soltanto queste proprietà non siamo in grado di comprendere a fondo i comportamenti degli attori. Per capire le relazioni familiari o quelle economiche dobbiamo disporre di altri elementi e di teorie specifiche della famiglia e dell'economia. Allo stesso modo la conoscenza di proprietà generali dell'organizzazione non è sufficiente per spiegare le differenze fra l'organizzazione economica e quella religiosa. Resta il fatto che l'individuazione delle proprietà formali degli elementi primari della società anzitutto fornisce le categorie elementari con le quali organizzare l'analisi sociologica (azione, interazione, gruppo e così via), ma consente anche la comprensione di aspetti significativi della società, spesso trascurati perché considerati ovvi o superficiali, mentre sono sue componenti profonde. Gli elementi sociali primari che studieremo in questo capitolo e le loro proprietà costituiscono la trama del tessuto sociale.

2. AZIONE, RELAZIONE, INTERAZIONE SOCIALE

L'uomo di cui si occupa la sociologia non è Robinson Crusoe. La società è fatta di individui che si influenzano reciprocamente, agendo «l'uno per l'altro, con l'altro e contro l'altro» [Simmel 1908, trad. it. 1989, 8]. L'«azione», o più precisamente l'«azione sociale», è dunque un primo concetto di base della sociologia. Secondo la classica definizione di Weber [1922a, trad. it. 1961, I, 4], per **azione sociale** «si deve [...] intendere un agire che sia riferito – secondo il suo senso, intenzionato dall'agente o dagli agenti – al comportamento di altri individui, e orientato nel suo corso in base a questo». Nella definizione, per agire si deve intendere un fare, ma anche un tralasciare o un subire. Cruciale è poi il riferimento al *senso*, vale a dire al significato intenzionale che l'attore dà al proprio comportamento.

Con riferimento appunto al senso, Weber sviluppa una tipologia dell'azione sociale. Possiamo distinguere:

1) *azioni razionali rispetto allo scopo*, se chi agisce valuta razionalmente i mezzi rispetto agli scopi che si propone, considera gli scopi in rapporto alle conseguenze che potrebbero derivarne, paragona i diversi scopi possibili e i loro rapporti;

2) *azioni razionali rispetto al valore*, se chi agisce compie ciò che ritiene gli sia comandato dal dovere, dalla dignità, da un precetto religioso, da una causa che reputa giusta, senza preoccuparsi delle conseguenze, costi quel che costi; anche questo è un caso di agire razionale, perché implica una scelta consapevole e una valutazione se il comportamento sia effettivamente congruente con il valore che si intende testimoniare;

3) *azioni determinate affettivamente*, se si tratta di pure manifestazioni di gioia, gratitudine, vendetta, affetto o di altro stato del sentire; anche questo tipo di azioni, come le azioni razionali rispetto al valore, hanno senso per se stesse, senza riferimento alle conseguenze prevedibili; si distinguono però perché non c'è riferimento consapevole all'affermazione di un valore, trattandosi piuttosto dell'espressione di un «bisogno» interno;

4) *azioni tradizionali*, se sono semplice espressione di abitudini acquisite, reazioni abitudinarie a stimoli ricorrenti, comportamenti che si ripetono senza interrogarsi su possibilità alternative e sul loro vero valore, o senza porsi il problema se non ci sarebbero altri modi per raggiungere gli stessi risultati; le azioni determinate affettivamente e quelle tradizionali sono al limite fra le vere e proprie azioni sociali, consapevolmente orientate da un senso ad esse dato dagli attori, e i comportamenti puramente reattivi, vale a dire le risposte automatiche e inconsapevoli a stimoli esterni.

Molto raramente un comportamento concreto può essere classificato solo con riferimento a una delle categorie indicate. Normalmente, per descrivere un'azione sarà necessario fare riferimento alla combinazione di tipi diversi. Così, ad esempio, un comportamento abitudinario può anche essere sostenuto da un dettame religioso, oppure il gesto esemplare di chi vuole affermare un valore può comportare azioni razionali rispetto allo scopo nella scelta dei mezzi per realizzarlo. Naturalmente, la tipologia non *spiega* i comportamenti delle persone. È però uno strumento molto utile per *impostare* problemi di analisi. Classificare comportamenti concreti secondo i tipi o loro combinazioni, riflettendo sulle argomentazioni che portiamo a sostegno della nostra scelta, è un ottimo esercizio di immaginazione sociologica, fonte di ipotesi interpretative.

Questi esercizi sono particolarmente utili quando si confrontano azioni in contesti culturali diversi, quando spesso è in gioco l'utilizzazione della coppia azione razionale rispetto allo scopo e azione tradizionale. Un certo comportamento economico può apparire inefficiente o addirittura assurdo se confrontato con i comportamenti economici ai quali siamo abituati. Siamo allora portati a definirlo «tradizionale», semplice espressione di abitudini secolari che ostacolano il cambiamento; ma possiamo anche constatare, in certi casi, che se i nostri consigli per cambiare vengono accettati, si ottengono risultati peggiori dei precedenti. Ciò può dipendere da molti motivi, ma riflettere sullo scacco mette in luce che spesso non si trattava di azioni semplicemente tradizionali, ma di azioni razionali (rispetto allo scopo), con attente e sottili valutazioni delle risorse a disposizione e dei vincoli, che si ponevano obiettivi economici realistici, data la situazione.

Possiamo trarre da quanto detto alcune conseguenze. Anzitutto, è sempre meglio provare a considerare prima un'azione come razionale, e se mai solo dopo classificarla in altro modo, in particolare come tradizionale. In altre parole: sino a prova contraria, l'uomo si comporta in modo razionale, date le sue risorse materiali e culturali. In secondo luogo, emerge che la razionalità dell'azione è relativa alla situazione nella quale gli individui si trovano: proprio perché non consideravamo la *situazione* nella quale gli altri si trovavano, non vedevamo che i loro comportamenti erano razionali. Infine, se bisogna tener conto del «senso» dato dagli attori all'azione, ne deriva che la situazione alla quale fare riferimento per classificarla è quella che gli attori definiscono, data la conoscenza che ne hanno e il punto di vista che adottano. Se scoppia la guerra fra due paesi, ma la notizia non arriva su un'isola che fa parte di uno dei due, i suoi abitanti continueranno a comportarsi per un certo periodo come se fossero in pace. La necessità di tener conto della **definizione della situazione** da parte degli attori è espressa, in sociologia, dal cosiddetto *teorema di Thomas*: «una situazione definita dagli attori come reale, diventa reale nelle sue conseguenze»; se si sparge la voce che una banca è in difficoltà, chi ha depositato i suoi risparmi si affretterà a ritirarli spesso senza sentire ragioni, con la conseguenza che la banca avrà davvero difficoltà, anche se prima non ne aveva. Uno sviluppo del teorema di Thomas è il concetto di *profezia che si autoadempie* di Merton.

Se invece che su uno solo, l'attenzione è posta contemporaneamente su due o più attori, si individuano altre unità elementari dell'analisi sociologica: la relazione e l'interazione sociale.

Due o più individui che orientano reciprocamente le loro azioni stabiliscono una **relazione sociale**. Le relazioni sociali possono essere stabili e profonde, come nel caso fra genitori e figli, ma anche transitorie e superficiali, come quella che si stabilisce fra persone che, frequentando uno stesso bar, hanno preso l'abitudine di farsi un cenno di saluto quando si incontrano. Le relazioni sono spesso *cooperative*, nel senso di essere orientate a raggiungere fini considerati in certa misura comuni o almeno compatibili, mosse da sentimenti amichevoli, da interessi pratici anche diversi che si sono adattati dopo una contrattazione, dal senso di un dovere; anche il *conflitto*, però, che riguarda azioni orientate dal proposito di affermare la propria volontà contro la volontà e la resistenza di altri, e che può giungere sino all'annientamento dell'avversario, può costituire una relazione sociale, nel senso definito prima: due eserciti che si combattono sono in una relazione puramente conflittuale.

L'**interazione sociale** è il processo secondo il quale due o più persone in relazione fra loro agiscono reagendo alle azioni degli altri. Con l'interazione si realizza, si riproduce e cambia nel tempo il contenuto di una relazione. Da questo punto di vista la relazione è, per così dire, la base o il supporto dell'interazione, ma si può avere un'interazione anche nel caso di due persone che si incontrano casualmente per strada senza conoscersi e che non si vedranno mai più. I processi di interazione hanno un'importanza particolare nella strutturazione della società, e sono, fra l'altro, gli elementi di base per la definizione dei gruppi.

3. I GRUPPI SOCIALI E LE LORO PROPRIETÀ

Gruppo sociale è un insieme di persone fra loro in interazione con continuità secondo schemi relativamente stabili, le quali si definiscono membri del gruppo e sono definite come tali da altri [Merton 1949, trad. it. 2000, II, 460-461]. Questa definizione è generalmente accettata, anche se non è esplicita su un punto, peraltro anch'esso generalmente accettato: lo schema di interazione deve svolgersi sulla base di relazioni cooperative; episodi di conflitto sono frequenti nei gruppi, divergenze di opinioni e di interessi si scontrano in continuazione, ma una relazione puramente conflittuale non dà luogo a un gruppo.

Una *categoria sociale*, come i giovani o gli immigrati, non è un gruppo; non lo è neppure una *classe sociale*, come i borghesi o gli operai. L'appartenenza a una categoria o a una classe può però essere la base per la formazione di gruppi di vario genere.

Possiamo individuare gruppi di amici, religiosi, di lavoro, politici, di attività per il tempo libero, e così via. Sono gruppi un'associazione per la lotta alla droga, un sindacato, una gang di criminali, una famiglia, gli impiegati di un ufficio postale, un'azienda industriale. Indipendentemente dall'infinita varietà degli scopi che i gruppi si pongono e dell'ambito istituzionale nel quale hanno le loro radici, nella politica piuttosto che nella cultura o nell'economia, essi possono essere osservati e studiati in quanto gruppi. In altre parole: possiamo trovare delle proprietà che riguardano l'interazione relativamente stabile e continuativa di due o più persone. Va anche qui ripetuto che studiare la famiglia, un'azienda o un partito politico *in quanto gruppi*, vale a dire sulla base delle proprietà formali dei gruppi, non esaurisce certo tutti i loro aspetti rilevanti dal punto di vista sociologico. La famiglia è infatti anche un'istituzione (cap. V), con certe funzioni nell'ambito della società, e può dunque essere studiata *in quanto* istituzione.

3.1. Proprietà relative alla dimensione

I caratteri dei gruppi cambiano con la loro dimensione. Lo sa bene chi ha fatto esperienza di membro di un piccolo gruppo che è cresciuto. Le differenze sono così marcate che alcuni riservano il termine «gruppo» solo ai piccoli insiemi, anche se non è possibile fissare con precisione la dimensione di confine.

La base della differenza si trova nel fatto che l'**interazione** può essere diretta, faccia a faccia,come nel caso della famiglia, oppure in parte **diretta** e in parte **indiretta**, come si verifica ad esempio in un'azienda; qui si hanno rapporti faccia a faccia con i compagni di lavoro e il caporeparto o il capoufficio e indiretti con la direzione, nei modi previsti dalla struttura organizzativa.

A sua volta, la ragione per cui la differenza fra interazione diretta e indiretta è sociologicamente rilevante sembra collegata al modo in cui nei due casi gli attori comunicano fra loro [Luhmann 1984, trad. it. 1990, cap. 10]. La presenza fisica consente la percezione diretta dell'altro, permettendo di alternare parole, gesti, mimica del viso, accentuazioni della voce, vale a dire un insieme ricco ed elastico di strumenti; le informazioni sono scambiate a grande velocità e il discorso può essere subito adattato a seconda delle reazioni dell'interlocutore, cercando ad esempio, con grande duttilità, possibili vie d'accordo. Con la crescita del gruppo, diminuisce la possibilità di questa comunicazione e aumenta la comunicazione indiretta, come gli ordini scritti o gli scambi di lettere. Questa è più precisa, rispondendo in ciò alle necessità di organizzazioni di grandi insiemi, ma anche più lenta, più fredda e più rigida. Il telefono consente l'interazione diretta a distanza, ma è per così dire a metà strada. È infatti significativo, e ciò vale a conferma della distinzione fatta, che alcuni si sentano a disagio non potendo vedere l'interlocutore, e che di fronte a una questione delicata chiedano di «vedersi a quattr'occhi». L'interazione faccia a faccia è dunque un campo di sperimentazione sociale, e proprio in virtù dei caratteri indicati è in grado di produrre spesso nei piccoli gruppi solidarietà spontanea. Molte delle altre proprietà che considereremo sono, per questa via, più o meno direttamente legate alle dimensioni. Torneremo sulle differenze fra interazione diretta e indiretta in altri punti di questo capitolo (della comunicazione in generale tratta anche il cap. VII).

Si possono trovare proprietà di gruppi di dimensioni determinate. È il caso delle diadi e delle triadi, studiate da Simmel [1908, trad. it. 1989, cap. 2]. Un gruppo di due persone, una **diade**, ha una caratteristica che nessun altro gruppo ha: se un membro decide di uscire dalla relazione il gruppo scompare. Non si forma dunque una collettività impersonale, e da ciò derivano conseguenze significative, come il fatto che non ci si può «nascondere dietro il gruppo», scaricando doveri o responsabilità in modo impersonale: un marito che non fa una cosa per la moglie, se la famiglia è composta da loro due non può dire «ci penserà la famiglia», mentre nei gruppi più grandi spesso si pensa «qualcuno lo farà». La fragilità strutturale di cui si è detto e la forte personalizzazione giocano in direzione di un forte coinvolgimento psicologico e affettivo nella relazione e di norme culturali rigide che in una società proteggono tipici rapporti a due come l'amore o l'amicizia.

Le **triadi** producono le seguenti forme tipiche di interazione, impossibili in una relazione a due. La configurazione detta del *mediatore* si ha quando un terzo non direttamente coinvolto in una disputa (che può anche essere una normale divergenza di opinioni, all'interno di una relazione cooperativa), dialogando separatamente, in condizioni meno cariche di emotività e con argomenti più razionali, è in grado di convincere gli altri a un accordo. Nello schema del *tertius gaudens*, il terzo approfitta per i propri scopi di una divergenza fra gli altri, secondo due schemi principali: due in conflitto cercano l'alleanza del terzo, oppure due cercano di ottenere il favore del terzo entrando in competizione fra loro. Questo è il caso, ad esempio, di due venditori che abbassano i prezzi per conquistare un cliente. La vecchia massima politica dell'impero romano, *divide et impera*, serve a definire un'ultima configurazione, che è una variante della precedente. Questa si ha quando un terzo fa sorgere o alimenta intenzionalmente una discordia a proprio vantaggio. Le proprietà indicate possono essere riferite a persone o anche a gruppi in rapporto fra loro.

Lo studio sperimentale dei **piccoli gruppi** di dimensione superiore a tre ha messo in luce altre proprietà. In generale, e a parità di altre condizioni, i gruppi con numero pari di componenti mostrano maggiori tassi di disaccordo e antagonismo rispetto ai gruppi con componenti dispari, e ciò probabilmente in conseguenza della possibilità nei primi del formarsi di due sottogruppi di uguali dimensioni. Nei gruppi di cinque persone si registra poi il massimo di soddisfazione dei membri. Questo sembra dovuto da un lato al fatto che sopra cinque il gruppo comincia a essere troppo grande per una intensa partecipazione diretta, e dall'altro, oltre al numero dispari, al fatto che tendono a formarsi due sottogruppi, uno di tre l'altro di due, in modo che chi è in minoranza non rimane isolato, ciò che si verifica se il gruppo è solo di tre persone [Hare 1964].

3.2. Proprietà relative ai confini

I criteri di appartenenza a un gruppo possono essere più o meno chiari e definiti. I gruppi formali – dei quali parleremo più estesamente nel prossimo capitolo – prevedono regole precise sui requisiti, sulle procedure per l'ammissione e sui comportamenti da tenere per continuare a far parte del gruppo: è il caso, ad esempio, dei dipendenti di un'impresa. Questi criteri sono invece taciti nei gruppi informali, come un gruppo di amici. La frequenza dell'interazione, la definizione di appartenenza da parte dei membri e la definizione da parte di altri possono coincidere o non coincidere, a seconda delle circostanze. A questo riguardo, si riscontra una singolare proprietà dei gruppi informali per cui confini non ben definiti sono spesso una condizione importante della loro stabilità; per un certo periodo, alcuni possono non frequentare il gruppo, avendo perso interesse alla partecipazione, ma se non vengono formalmente espulsi è possibile una facile ripresa della partecipazione in circostanze mutate. Più in generale, va notato che la definizione dei confini di un gruppo è sempre relativa alla situazione: soldati e ufficiali possono considerarsi ed essere considerati membri di uno stesso gruppo per rapporto ai civili, ma come gruppi fra loro distinti per condizione economica, stile di vita e così via.

Un carattere importante del gruppo è il suo **grado di completezza**. Questa si riferisce al rapporto fra membri che fanno effettivamente parte del gruppo e persone che hanno i requisiti richiesti per l'appartenenza. Un sindacato operaio che abbia poche centinaia di aderenti in un paese dove esistono milioni di operai ha una scarsa completezza. In generale si può dire che, a parità di altre condizioni, un grado crescente di completezza tende ad aumentare la capacità di influenza sociale del gruppo.

La definizione di un gruppo definisce anche categorie diverse di non appartenenti. Merton ha proposto una tipologia di non membri, costruita in riferimento al possesso o meno dei requisiti di appartenenza e a diversi atteggiamenti

TAB. 3.1. Tipi di non membri di un gruppo

	STATUS DI NON MEMBRO DEFINITO DAL GRUPPO	
ATTEGGIAMENTI DEI NON MEMBRI NEI CONFRONTI DELL'APPARTENENZA	CON I REQUISITI NECESSARI ALL'APPARTENENZA	SENZA I REQUISITI NECESSARI ALL'APPARTENENZA
Aspira a far parte del gruppo	Candidato all'appartenenza	Uomo marginale
Indifferente nei confronti dell'appartenenza	Membro potenziale	Non membro neutrale
Deciso a non far parte del gruppo	Non membro autonomo	Non membro antagonista (*out-group*)

Fonte: Merton [1949].

nei confronti dell'appartenenza al gruppo [Merton 1949]. Chi dovesse studiare, ad esempio, un'associazione culturale in una comunità locale, farebbe bene a utilizzare lo schema, per non rischiare di dimenticare aspetti essenziali delle difficoltà, delle reazioni e delle risorse che questa trova nell'ambiente sociale. Le proprietà formali dei diversi tipi lo potrebbero poi guidare nella formulazione delle sue ipotesi. Da notare, per inciso, che incontriamo qui un'importante questione del metodo scientifico: bisogna diffidare delle «categorie residue», vale a dire dei concetti che sono espressi semplicemente per differenza (non membri); i concetti, per essere analiticamente utili e per non nascondere aspetti della realtà, vanno sempre costruiti in positivo [Parsons 1937, trad. it. 1968, 32 ss.]. Consideriamo la tipologia della tabella 3.1.

Per i *candidati all'appartenenza*, il gruppo costituisce un «**gruppo di riferimento**»: essi ne condividono i fini, sentono di poter facilmente accettare le sue regole, hanno criteri di valutazione e di preferenza simili a quelli dei membri. Anche per l'*uomo marginale* il gruppo è un gruppo di riferimento, ma la casella individua figure che si sono staccate da un loro gruppo di appartenenza, del quale non condividono più obiettivi e regole, senza che esistano le condizioni per poter essere ammessi nel nuovo: si tratta di sbandati. I *membri potenziali* sono coloro ai quali il gruppo deve rivolgere la sua attenzione e la sua propaganda se desidera aumentare la propria completezza, mentre i *non membri neutrali* sono l'insieme, in genere relativamente grande, di chi è semplicemente sullo sfondo sociale del gruppo. L'ultima riga riguarda tipi di non membri che non aspirano a far parte del gruppo, ma neppure sono indifferenti. Il *non membro autonomo* è pericoloso per il gruppo, perché è per questo segno di debolezza, impedendone la completezza; contrariamente al non membro antagonista egli, pur potendolo, rifiuta di partecipare al gruppo; per lui è stato detto: «chi non è con me è contro di me». Tanto nel suo caso, quanto in quello del *non membro antagonista*, e contrariamente ai due casi degli indifferenti, il rifiuto motivato del gruppo è anche l'espressione di norme e valori contrari.

La non appartenenza può anche essere vista in una prospettiva temporale. In tal caso si distinguono gli ex membri e i non membri che sono sempre stati tali. Si tratta di una differenza sociologica di non poca importanza. La rottura dei legami preesistenti comporta per i primi, e a parità di altre condizioni non per i secondi, il rifiuto piuttosto che l'indifferenza rispetto al gruppo. A ciò è collegato un atteggiamento spesso più ostile da parte dei membri del gruppo nei confronti dell'ex membro piuttosto che nei confronti di chi membro non è mai stato, e una particolare ostilità nei confronti del gruppo da parte di chi, avendone fatto parte, ne è uscito.

3.3. Proprietà strutturali

Come i cristalli, nei quali le molecole si dispongono secondo modelli riconoscibili, così anche i gruppi non sono un insieme amorfo di persone, ma hanno strutture che possono essere osservate.

Forme durevoli di interazione, che permettono di definire un gruppo, sono possibili quando il comportamento delle persone è in certa misura reciprocamente prevedibile e atteso. Il termine **«ruolo»** è usato per indicare l'insieme dei comportamenti che in un gruppo tipicamente ci si aspetta da una persona che del gruppo fa parte. Nella famiglia, ad esempio, ci si aspetta che i genitori procurino cibo e vestiti ai figli, insegnino loro a parlare e poi li indirizzino a scuola, assicurino un clima di affetto e di serenità in casa, e così via. In corrispondenza al ruolo di genitore può poi essere visto il ruolo di figlio, il ruolo di figlio maggiore può essere distinto da quello di figlio minore, e il ruolo di padre da quello di madre. Il contenuto di questi ruoli cambia da cultura a cultura, da un'epoca all'altra, ma resta il fatto che nella famiglia è individuabile un insieme di ruoli tipici. Un altro modo, non molto diverso, per dire che i ruoli sono comportamenti attesi, è che esistono *norme* di comportamento che valgono per i membri del gruppo e che regolano i loro rapporti. I modi in cui si formano le norme e come le persone sono motivate a seguirle saranno considerati nei capitoli V e VI. Qui basta anticipare che le norme che valgono in un gruppo devono essere viste in rapporto all'insieme più generale di norme che orientano e regolano il comportamento nella società.

L'esempio appena fatto della famiglia mostra che all'interno di un gruppo i ruoli sono differenziati. Rilevare un insieme di ruoli differenziati, relativamente stabili e fra loro collegati, è il modo più semplice di descrivere la struttura di un gruppo.

In un gruppo sociale i ruoli possono essere più o meno differenziati. Un gruppo grande spesso è anche a elevata differenziazione dei ruoli, ma non necessariamente perché la differenziazione dipende anche dalla **densità sociale**, vale a dire dalla concentrazione spaziale delle persone e dal volume delle loro interazioni: quanto più aumentano le dimensioni e la densità sociale tanto più è probabile riscontrare una differenziazione dei ruoli. I ruoli sono poco differenziati in un gruppo di collezionisti che si scambiano francobolli, vedendosi una volta al mese, lo sono di più in un'organizzazione specializzata per il commercio di materiale filatelico e ancora di più nell'azienda di stato che produce i francobolli. Durkheim, nell'ambito della sua concettualizzazione del cambiamento sociale di cui abbiamo parlato nel capitolo II, ha utilizzato questo punto di vista per lo studio delle società nel loro complesso, distinguendo fra *società segmentali*, nelle quali gli individui hanno ruoli simili (ad esempio, gli uomini sono tutti o quasi cacciatori) e *società a divisione del lavoro*, quali le moderne società industriali [Durkheim 1893].

I ruoli all'interno di un gruppo hanno evidentemente contenuti molto vari, ma se ne distinguono due tipi formali importanti: **specifico** è un ruolo che riguarda un insieme di comportamenti limitato e precisato; **diffuso** un ruolo in cui i comportamenti attesi sono un insieme più ampio e meno definito. Diffuso è il ruolo di madre, specifico quello di operaio addetto alla catena di montaggio; il ruolo di un negoziante che gestisce da solo una piccola bottega è più diffuso di quello di un commesso di supermercato: il primo, oltre che vendere, deve comprare, tenere i conti, pulire il negozio, ed è dunque insieme, per così dire, venditore, compratore, contabile, addetto alle pulizie, mentre il secondo è solo venditore.

Un individuo ha diversi ruoli: può essere figlio, operaio, iscritto a un partito, membro di un'associazione. Se consideriamo i gruppi in relazione a questo fatto, possiamo distinguerli a seconda che impegnino il comportamento di tutti o quasi i ruoli di un individuo, o che riguardino alcuni o anche solo uno dei loro ruoli. I primi sono detti **gruppi totalitari** (più spesso però per indicarli si usa l'espressione «istituzioni totali»), i secondi **segmentali**, in un senso dunque diverso da quello visto prima con riferimento a Durkheim. Il carcere è un gruppo totalitario: quasi tutti i ruoli di una persona carcerata sono infatti interni al carcere; la scuola un gruppo segmentale: il ragazzo ha ruoli nella famiglia, in associazioni, in gruppi di amici non compagni di scuola, e così via. Una famiglia contadina tradizionale, dove si è insieme figli e lavoratori, è più totalitaria di una famiglia urbana moderna, dove si lavora fuori casa.

Con riferimento ai ruoli, vale a dire ai comportamenti attesi, si possono definire diversi caratteri tipici delle relazioni interne a un gruppo. Una distinzione fondamentale che si fa al riguardo è quella fra **gruppi primari** e **gruppi secondari**. I gruppi primari sono di piccole dimensioni, a ruoli diffusi, con contenuti affettivi e molto personalizzati. Nella famiglia, il più tipico gruppo primario nelle nostre società, non solo il contenuto dei ruoli è diffuso, come abbiamo già visto, ma ci si aspetta di essere trattati con amore, pazienza e comprensione, e un figlio si aspetta anche di essere considerato dalla madre con maggiore attenzione e affetto di un qualsiasi «ragazzo di otto anni». I caratteri dei gruppi secondari sono tendenzialmente opposti: più grandi dimensioni, ruoli specifici, relazioni più fredde e spersonalizzate. In un'azienda le aspettative reciproche fra operai e dirigenti sono quelle previste dall'organizzazione, e in principio soltanto quelle; ci si attende rispetto per le rispettive capacità professionali, ma non anche necessariamente amicizia; si è scelti e considerati solo per quella parte della personalità che riguarda il compito affidato, e in un certo senso la persona tende a essere ridotta al suo ruolo.

Un'altra tipologia dei gruppi si sovrappone in parte alla precedente, ma è in realtà distinta perché si riferisce all'alternativa se il gruppo sia basato su uno statuto o regolamento esplicito in vista di certi scopi, oppure se si sia formato in modo spontaneo e senza che siano state fissate regole precise per il suo funzionamento. Nel primo caso si parla di **gruppi formali**, nel secondo di **gruppi informali**.

Il ruolo è uno schema di comportamento, che si impara e poi si tende a seguire. Vedremo nel capitolo VI come e perché. Qui è però importante indicare un principio fondamentale per l'analisi dei gruppi: *i ruoli sono schemi per l'interazione, ma il contenuto di un'interazione non può mai essere completamente compreso nella definizione dei ruoli*. Un ruolo è sempre «interpretato» da chi agisce, e la sua stessa definizione può cambiare in seguito all'interazione. In altre parole, non bisogna commettere l'errore di rappresentare un gruppo con una specie di regolamento organizzativo. In un gruppo gli individui interagiscono interpretando ruoli, in vista di loro progetti e fini, più o meno espliciti e consapevoli, più o meno simili o compatibili con quelli degli altri. Deriva poi sempre dallo stesso principio che qualsiasi regolamento che preveda in modo formale un sistema di ruoli lascia spazio a comportamenti non previsti, ovvero informali, con la conseguenza che all'interno dei gruppi formali normalmente si formano gruppi informali.

4. POTERE E CONFLITTO

Il potere è per la sociologia ciò che l'energia è per la fisica; è infatti una specie di energia sociale, di cui un attore dispone nel condizionare l'azione di un altro. Si tratta dunque di un fenomeno di relazione: si ha potere nei confronti di un altro al quale si è legati da una relazione, per ambiti di comportamento più o meno estesi, in situazioni particolari e non necessariamente in altre.

Non esiste un accordo generale sul concetto di **potere**, ma la più nota definizione è quella di Weber, secondo la quale potere è la possibilità di trovare obbedienza a un comando che abbia un determinato contenuto [Weber 1922a, trad. it. 1961, I, 52]. Per quanto possa suonare strano o addirittura paradossale, a ogni rapporto di potere corrisponde anche un interesse all'obbedienza da parte del soggetto più debole, non fosse altro perché comportarsi in modo diverso sarebbe troppo costoso. Assumere questo punto di vista, che non impedisce di vedere quando o in che misura si tratti di un'imposizione o di una violenza, è importante perché ci obbliga a tener conto anche delle reazioni e delle strategie del soggetto più debole. E in generale, all'espressione di un potere anche forte corrisponde una capacità più o meno grande di condizionarne gli obiettivi, le modalità e le conseguenze.

Inteso nei termini specifici della definizione precedente, il potere si distingue da una più generale possibilità di condizionare il comportamento di altri, anche senza azioni dirette o comandi. Si tratta di forme diverse di energia sociale, che comprendono, ad esempio, i condizionamenti di chi, controllando una risorsa utile e rara, di fatto ne limita l'uso ad altri. In questi casi Weber usava il termine *Macht*, tradotto in italiano *potenza*, ma nel linguaggio corrente, e in genere in quello sociologico, si usa anche a questo proposito il termine *potere*, in un senso dunque un po' diverso dal precedente: così, si dice ad esempio che chi detiene i mezzi di produzione ha potere nei confronti dei lavoratori.

Un tipo di potere particolare è quello che Weber chiama «potere legittimo», o anche «autorità». L'**autorità** riguarda relazioni nelle quali sono previsti diritti di dare ordini e doveri di ubbidire, considerati legittimi da entrambi gli attori. La legittimazione del potere è dunque un modo di incanalare l'energia per i bisogni del funzionamento della società. Relazioni di autorità sono formalmente previste in tutti i gruppi secondari e si ritrovano egualmente in gruppi primari come la famiglia. I genitori esercitano autorità sui figli in modo diffuso, perché diffuso è il loro ruolo; un capoufficio, invece, esercita autorità su un impiegato in modo specifico, solo per ciò che lo schema organizzativo prevede e non su aspetti della sua vita privata. Gli attori di una relazione possono andare però al di là degli ambiti della legittimazione. Un capoufficio, ad esempio, può pretendere favori personali da un impiegato: in tal caso, non esercita più autorità, ma solo potere. I soggetti possono poi anche cercare di cambiare i criteri della legittimazione. In questi casi, l'energia si libera e si aprono conflitti. Ma anche al di fuori dell'abuso esplicito e consapevole dell'autorità, o dei tentativi di stabilire nuovi principi e regole di legittimità, si riscontra a questo riguardo una nuova proprietà formale dei gruppi: «per quanto siano previste regole precise e puntuali, non è mai possibile una relazione completamente regolata e controllata in termini di autorità» [Crozier e Friedberg 1977, trad. it. 1978, 25]. Ne deriva una conseguenza importante: se ogni regola di autorità lascia margini di incertezza, se non è obiettivamente chiaro se e come l'autorità di un padre possa esercitarsi sul figlio in una determinata situazione, se il regolamento organizzativo non può fissare più di tanto il compito di un impiegato in situazioni mutevoli e non prevedibili in astratto, si apre un campo di conflitti, adattamenti e contrattazioni fra i soggetti, che sono parte normale dell'interazione all'interno di ogni gruppo. Questa proprietà è stata studiata soprattutto in relazione alle organizzazioni, e torneremo dunque ad occuparcene nel prossimo capitolo.

Ricordiamo che il **conflitto** riguarda azioni orientate dal proposito di affermare la propria volontà contro la volontà e la resistenza di altri; possiamo aggiungere: sia che tali azioni si svolgano nell'interazione all'interno di una relazione sociale stabile, come in famiglia o in azienda, sia che nascano specificamente come relazioni di conflitto, ad esempio nel caso di una guerra fra due eserciti o di una faida fra due famiglie. Per quel che riguarda i gruppi, in particolare, non solo il conflitto all'interno di questi è normale, inscindibilmente legato alla cooperazione, ma un certo grado di conflitto interno e con altri gruppi può essere considerato essenziale per la loro formazione e persistenza. D'altro canto, è anche vero che, a seconda delle circostanze e dei suoi modi, il conflitto può distruggere una relazione sociale o un gruppo. Ancora una volta è stato Simmel, fra i classici, a sviluppare maggiormente questi aspetti dell'interazione sociale, successivamente ripreso dal sociologo americano Lewis A. Coser. Vediamo qui di seguito alcune delle proprietà formali del conflitto, fra le più importanti di quelle che sono state studiate. Esse riguardano, a seconda dei casi, conflitti interni a un gruppo o conseguenze per un gruppo di conflitti con altri gruppi [Coser 1956].

▶ *Il conflitto contribuisce a stabilire e mantenere i confini del gruppo.* Attraverso il conflitto i soggetti di un gruppo acquistano o conservano facilmente la consapevolezza della loro identità e particolarità, mentre in assenza di conflitto ciò potrebbe anche non verificarsi o verificarsi debolmente. Esempi di confini mantenuti in situazione di conflitto si possono trovare nelle relazioni fra gruppi etnici, politici, religiosi, fra diverse scuole scientifiche, fra gruppi formati su base di appartenenza di classe, che Marx chiamava «classi per sé». Alla proprietà in questione si riferisce il concetto introdotto da Sumner [1906], ma successivamente da altri precisato, di *in-group*, ovvero gruppo di appartenenza, caratterizzato da coesione interna e ostilità nei confronti di specifici altri gruppi, definiti *out-groups*.

▶ *I gruppi che richiedono un impegno totale della personalità sono capaci di limitare i conflitti, ma se questi esplodono, tendono a essere di particolare intensità e anche distruttivi delle relazioni di gruppo.* Relazioni intense del genere indicato si trovano tipicamente nelle diadi e in generale in gruppi primari come la famiglia. Sappiamo che il forte investimento affettivo è caratteristico di queste relazioni, ed è appunto tale forza a controllare possibilità di conflitto. Se però questo si innesca, mette in gioco i forti investimenti della personalità e tocca una pluralità di contenuti, essendo i ruoli in questione di tipo diffuso. È così che le liti in famiglia possono condurre a rancori implacabili. Sembra esserci una contraddizione fra quanto ora detto e quanto detto prima a proposito del fatto che è normale trovare in tutti i gruppi il conflitto. Bisogna infatti precisare, distinguendo fra conflitti che mettono in qualche modo in questione il patto fondamentale che è alla base del rapporto, e conflitti che non riguardano tali aspetti. È del tutto normale che marito e moglie discutano e magari litighino su dove andare in vacanza: non per questo salterà il matrimonio, e se dovesse succedere non sarà dipeso essenzialmente da questo. Diverso è invece il caso di un'eventuale divergenza incolmabile sulla decisione se avere figli o no. La distinzione fatta vale per i gruppi in generale.

▶ *Il conflitto con altri gruppi normalmente aumenta la coesione interna.* Il nemico alle porte fa dimenticare i dissidi interni, e il richiamo alla lotta induce spirito di collaborazione e anche di sacrificio in nome del gruppo. Se però nel gruppo esisteva inizialmente una scarsa solidarietà sociale, la spinta all'unità può non essere sufficiente e determinarsi invece la sua disgregazione. Un gruppo che sia continuamente in lotta con altri, deve controllare con cura i comportamenti dei suoi membri e tende per questo a divenire intollerante al suo interno, perché non può sopportare deviazioni dall'unità. Ciò può comportare che esso assuma il controllo di molti ruoli delle persone che ne fanno parte, diventando di tipo totalitario, nel senso dato a questo termine al paragrafo 3.3, che corrisponde qui anche all'uso corrente. La proprietà esaminata vale anche nella circostanza particolare in cui, per ottenere coesione, il nemico sia inventato. È il caso del **capro espiatorio**, che si può ritrovare in un gruppo di amici come nelle organizzazioni, in politica e altrove, sia all'interno che all'esterno del gruppo. Capro espiatorio è un membro del gruppo al quale si dà sempre la colpa se qualcosa non funziona, magari solo scherzando e contando sulla sua condiscendenza, per fare in modo che altri non litighino seriamente; le minoranze etniche sono state spesso nella storia capro espiatorio per le società che le ospitavano, subendo feroci repressioni. Può accadere anche, infine, che un gruppo il quale abbia sconfitto un nemico ne inventi un altro per poter sopravvivere.

▶ *Il conflitto può generare nuovi tipi di interazione fra gli antagonisti.* Spesso un conflitto è il modo in cui due gruppi o persone entrano in contatto, conoscendosi e mettendosi alla prova. Le restrizioni che via via essi si pongono nell'interazione, per controllare gli esiti più dirompenti del conflitto (teniamo presente che persino le guerre prevedono regole che limitano l'azione dei contendenti, come le convenzioni sui prigionieri), possono essere una prima base per lo sviluppo di regole e di rapporti più cooperativi. Per quanto si debba fare attenzione a trasferire ai gruppi in generale i risultati di ciò che si verifica per alcuni di essi molto particolari, vale qui quanto la psicologia dell'infanzia mette in luce: una lite per un giocattolo fra due bambini che non si conoscono è spesso la prima mossa di un successivo stabile rapporto di gioco d'amore e d'accordo. L'adattabilità in questo senso di un gruppo sociale dipende dalle forme in esso previste e accettate di espressione dei conflitti. Se un gruppo non reprime e invece tollera i conflitti al suo interno, prevedendo regole e procedure per la loro espressione, allora è probabile che i conflitti diano luogo a progressivi adattamenti della sua struttura, assicurandone la persistenza attraverso una continua modificazione delle forme di interazione. Gruppi a struttura rigida possono reggere nel tempo reprimendo i conflitti; quando però questi si accumulano ed esplodono, allora è anche probabile che i gruppi si disgreghino, non essendo capaci di adattarsi.

5. IL COMPORTAMENTO COLLETTIVO

Secondo la definizione data in precedenza, un gruppo è un insieme di individui che interagiscono fra loro con continuità, sulla base di aspettative di ruolo stabilizzate. Si distingue dal gruppo il **comportamento collettivo**. Questo termine si riferisce a un insieme di individui sottoposti a uno stesso stimolo, che reagiscono e interagiscono fra loro in situazioni senza sicuro riferimento a ruoli definiti e stabilizzati.

Le mode nel vestire, ma anche nelle letture o nel frequentare certi locali piuttosto che certi altri, le reazioni collettive a disastri come i terremoti o le alluvioni, le sommosse, le ondate di violenza e di pregiudizio, ad esempio razziale, che compaiono e spariscono in paesi ed epoche diverse, il clima di accresciuta simpatia e disponibilità verso gli altri che ci prende a Natale, una diceria che si diffonde incontrollata in un quartiere, sono tutti esempi di comportamento collettivo.

Basta uno sguardo all'elenco per rendersi conto che si tratta di un campo alquanto eterogeneo e, possiamo aggiungere, difficile da studiare e relativamente poco sistematizzato. Noi considereremo qui tre tipi fra i più importanti di comportamento collettivo, che servono a esemplificarne bene non solo alcuni caratteri generali, ma anche la grande varietà: il panico, la folla e il pubblico [Turner 1964].

Panico è una reazione collettiva spontanea, che si manifesta in genere con una fuga, ma anche all'opposto con l'immobilità, di fronte al rischio di subire gravi danni da un evento in corso o annunciato come immediato. L'incertezza, l'aspettativa del danno, la sensazione di inadeguatezza nell'affrontarlo conducono a perdita di controllo sulle proprie reazioni, e questo è rafforzato dal vedere reazioni simili da parte degli altri. La sensazione di pericolo immediato si associa alla percezione che ci sono poche vie di uscita e che queste si stanno chiudendo, in una situazione in cui mancano informazioni precise su come le cose evolvano. Si innescano allora spesso comportamenti irrazionali e asociali, come precipitarsi in massa verso una porta stretta, usare violenza per farsi strada, calpestare chi cade. L'individuo tende a reagire guardando solo a se stesso e vedendo gli altri piuttosto come avversari che come possibili amici. Da notare che il pericolo può essere reale, come nel caso di un naufragio o di un incendio, o solo immaginato, come nel panico che si impadronì di migliaia di persone negli Stati Uniti una sera del 1940, quando ascoltando una trasmissione radiofonica di Orson Welles queste si convinsero che i marziani erano sbarcati.

Folla è un insieme di persone riunite in un luogo, che reagiscono a uno stimolo sviluppando umori e atteggiamenti comuni, ai quali possono seguire forme di azione collettiva. I primi studiosi del fenomeno, come Le Bon [1895], hanno insistito sul carattere irrazionale dei comportamenti, sul loro contenuto di violenza e sul fatto che questa si innesca per una specie di contagio, come succede per la trasmissione delle malattie virali. In realtà, la folla può esprimere comportamenti violenti, ma anche pacifici e gioiosi. Inoltre, la ricerca ha mostrato che aspetti razionali del comportamento sono presenti nella formazione della folla assieme ad altri non controllati razionalmente, come la facile diffusione di voci, o la semplice espressione di sentimenti. Mentre il panico esprime orientamenti individualistici, essendo in un certo senso la negazione di relazioni sociali, la folla esprime atteggiamenti e comportamenti solidaristici. A questo riguardo, si distinguono la *folla espressiva* e la *folla attiva*. La prima, della quale sono esempi un raduno di reduci o un festival rock, è lo sfogo di tensioni sociali e psicologiche con comportamenti inconsueti come balli, canti, sbornie, o l'espressione in comune di una gioia, di un dolore, di una credenza, come in un rito religioso. Nella seconda, l'attenzione e i sentimenti degli individui sono invece orientati all'esterno, su persone o cose definite, che diventano l'obiettivo di azioni in genere conflittuali e a volte violente. La manifestazione spontanea contro l'arresto di un dissidente politico e l'azione dimostrativa contro un gruppo di immigrati di colore sono esempi di folla attiva.

Un **pubblico** è un insieme di persone che si confrontano con uno stesso problema, hanno opinioni diverse su come affrontarlo e discutono fra loro a questo riguardo [Blumer 1969]. La differenza fondamentale con la folla è dunque che il pubblico esprime più opinioni e atteggiamenti, mentre la folla ne esprime uno solo. Inoltre, la folla ha funzioni espressive o dà luogo ad azioni collettive, mentre un pubblico forma delle opinioni. Nella folla le persone si rafforzano in un atteggiamento ricevendo in risposta dagli altri lo stesso stimolo, ad esempio la paura, che loro avevano manifestato: questo processo è chiamato **reazione circolare**; nel pubblico, un messaggio riceve una risposta con contenuto diverso, attivando un'interazione che può modificare atteggiamenti e convinzioni di partenza; questo processo è chiamato **interazione interpretativa**. Sono state studiate le condizioni che in un pubblico favoriscono la formazione di più opinioni oppure di due soltanto. In particolare, il numero delle posizioni sembra essere inversamente proporzionale all'intensità e all'urgenza con cui il problema è sentito: un problema avvertito come particolarmente urgente polarizza due sole opinioni. Da questo punto di vista, la folla può essere vista come un caso limite di pubblico. I pubblici si formano in società dove è normale che chi governa o decide, in ambiti e a gradini diversi, debba essere orientato dall'opinione pubblica. In società totalitarie, le folle e le dicerie tendono invece tipicamente a sostituire i pubblici.

Come mostrano gli esempi, nel comportamento collettivo ritroviamo, se pure in misura diversa, una certa sospensione dei normali orientamenti e comportamenti, una maggiore fluidità nei rapporti fra le persone, più spontaneità e un maggiore coinvolgimento emotivo rispetto al solito. In genere si tratta di situazioni in cui è un evento a rendere confusa o fluida la situazione e a far venire meno aspettative definite di comportamento. Ne deriva che la precedente personalità sociale dell'individuo, che è costituita dall'insieme dei suoi ruoli, tende in un certo senso a essere sospesa o messa in questione. Da ciò derivano i caratteri disordinati, imprevedibili, spontanei ma anche imitativi, in certi casi irrazionali che riscontriamo con chiarezza in molte manifestazioni di comportamento collettivo. Naturalmente, non tutte le folle che assistono a un incontro di calcio si scatenano a mettere a ferro e fuoco un quartiere quando la loro squadra perde, e la discussione in un pubblico ordinato appare come qualcosa di molto più organizzato e normale di un fenomeno di panico collettivo.

Il fatto è che la definizione del comportamento collettivo si dà ancora in gran parte in negativo, come sospensione di un comportamento «normale», e dunque ci sono forse al suo interno più cose differenti di quanto una sola interpretazione teorica possa comprendere. In ogni caso, lo sviluppo della ricerca è andato nel senso di riconoscere maggiormente nei diversi tipi di comportamento collettivo ciò che già emergeva dal confronto che abbiamo fatto: la presenza di motivazioni e comportamenti razionali e intenzionali accanto ad altri irrazionali e spontanei, anche in situazioni difficili; la mescolanza spesso di aspetti organizzati accanto ad altri spontanei; la sopravvivenza anche in situazioni estreme di orientamenti che derivano da precedenti aspettative di ruolo, come è il caso di un padre che non perde la testa e mette in salvo i suoi figli mentre il fuoco avanza. Sempre in questa prospettiva, è stata prestata maggiore attenzione alle specifiche condizioni sociali che condizionano la formazione e la direzione di sviluppo del comportamento collettivo, mentre è relativamente diminuito l'interesse agli aspetti psicologici dell'individuo [Turner cit. in Smelser 1962].

In certe situazioni un insieme di persone può improvvisamente e con forza percepire come ingiusta e insopportabile la propria normale condizione sociale. Anche questa percezione può innescare un comportamento collettivo. Quando questo si orienta, in modo più o meno chiaro e organizzato, verso la creazione di nuove regole da far valere nella società prende forma un movimento sociale (cap. V, par. 5.1).

6. LA MICROSOCIOLOGIA

In questo capitolo abbiamo introdotto alcune categorie di base dell'analisi sociologica, a partire dal concetto di «azione sociale». Così facendo, abbiamo considerato che la società è fatta in ultima analisi di individui, e che può dunque essere vista come il prodotto di una miriade di azioni di persone in interazione fra loro.

Guardare alle azioni e alle *interazioni dirette* delle persone è, in un certo senso, come osservare la società al microscopio. Che cosa si vede osservando la società così da vicino? Risponderemo alla domanda in questo paragrafo con tre esempi di temi e ambiti di ricerca microsociologica. Si tratta in realtà di un vasto campo di ricerca, dove sono state sviluppate teorie e approcci diversi, anche introducendo nuovi concetti rispetto a quelli fin qui esposti. Ciò che accomuna le prospettive è comunque l'interesse a osservare da vicino gli individui in azione.

6.1. Le reti

Ogni persona conosce un certo numero di altre persone, è a contatto con loro, le frequenta per motivi diversi, in modo più o meno sistematico. A loro volta, queste persone possono conoscersi ed essere in relazione fra loro oppure no, e in ogni caso hanno a loro volta altre conoscenze e frequentazioni. La **network analysis** (in inglese *network* significa «rete») è un campo di ricerca che considera con apposite tecniche e in riferimento a proprietà via via messe in luce, le reti di relazioni fra le persone [Piselli 1995]. Una persona può essere isolata, in relazione con poche altre persone; può invece essere in relazione diretta o indiretta, tramite conoscenti di conoscenti ai quali può accedere, con un gran numero di altre. Una ricerca americana ha mostrato un fatto sorprendente: raggiungere una persona che non si conosce tramite catene di persone che si conoscono fra loro è molto più rapido di quanto non si immagini. Milgram ha selezionato alcune persone nell'area di Boston e ha chiesto ad altre scelte a caso nel resto degli Stati Uniti di provare a stabilire un contatto con le prime utilizzando solamente una catena di individui che via via si conoscevano fra loro. In media furono necessari solo 5,5 intermediari [Milgram 1969].

Un carattere importante delle reti è se sono «a maglia larga» o «a maglia stretta». Una rete è a maglia tanto più stretta quanto più le persone che un individuo conosce si conoscono anche fra loro. Una persona che vive in un piccolo paese ha probabilmente un network a maglie strette e lo stesso tenderà a essere vero per tutti gli abitanti del paese. Gli abitanti di una grande città hanno in genere reti a maglie più larghe, con differenze a seconda del periodo di residenza, della professione, o di altre variabili. La figura 3.2 – che riporta solo legami

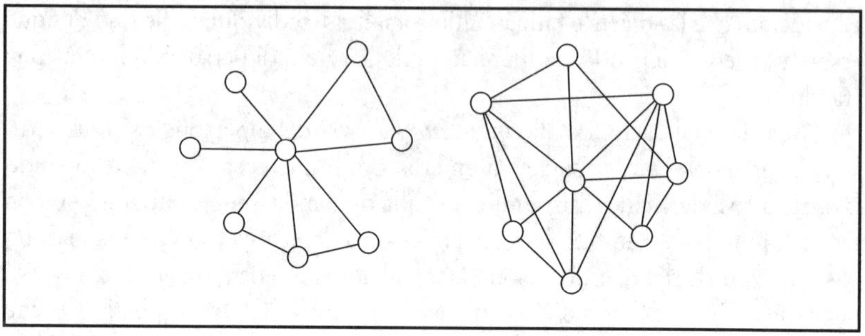

fig. 3.2. Reti a diversa densità.

diretti o di primo ordine, a partire da una persona indicata al centro – mostra il caso di una rete a maglie larghe, o come anche viene detto, «a bassa densità», e di una «ad alta densità». Nel primo caso, si vedono 10 contatti sui 28 possibili fra 8 persone osservate. Nel secondo si trovano 17 contatti su 28. Nel primo caso la densità è 0,36, nel secondo 0,61.

I legami fra le persone collegate nelle reti variano per intensità, durata, frequenza, contenuto. Quanto al contenuto, possono essere limitate a un solo carattere – ad esempio, una persona è frequentata solo per lavoro – o sommare più caratteri: lavoro e amicizia, ad esempio. Queste variabili permettono di individuare e studiare particolari condizioni nelle quali un individuo si viene a trovare.

Una situazione particolare è quella di chi appartiene a due reti collegate fra loro solo attraverso la sua persona. È il caso di un immigrato che ancora conserva radici nella società rurale di provenienza, e che in città ha nuove e diverse frequentazioni: di lavoro, nel tempo libero, di altro genere. In casi come questi, osservare le reti, la loro estensione e densità (nell'esempio, la rete in campagna è densa, quella in città in genere meno), la frequenza e i contenuti dei rapporti, permette di rilevare come gli individui si muovano con loro strategie di adattamento oscillando fra diverse società, a struttura diversa. Nella società rurale di provenienza essi possono trovare risorse di sostegno psicologico (la rimpatriata nel villaggio), ma anche procurarsi beni materiali a buon prezzo, perché prodotti tradizionalmente da familiari. Queste risorse possono essere preziose nell'adattamento alla nuova società urbana, alla sua economia di mercato e alle sue relazioni segmentate; in altre parole, le radici nel villaggio possono essere una condizione per ambientarsi bene in città.

Una configurazione di rete simile si osserva anche in riferimento a una fase del ciclo di vita: i ragazzi che crescono tendono a tenere separata la rete familiare (molto densa, dove cominciano a sentirsi stretti) e la rete delle nuove esperienze (se la mamma chiede: «chi era al telefono?» è facile che si senta rispondere: «nessuno!»); con il tempo le due reti tendono a collegarsi.

In generale, la *network analysis* può essere uno strumento flessibile, che ci permette di vedere l'individuo mentre reagisce alla situazione in cui si trova e combina le sue relazioni in funzione di proprie strategie. Il concetto di «rete», riferito a un individuo, sembra vicino a quello di «ruolo». Se ne discosta, in realtà, perché, come vedremo meglio nel capitolo V, il ruolo è piuttosto un comportamento atteso socialmente e prescritto nel suo contenuto fondamentale. Il concetto di «ruolo» individua le parti che tipicamente gli individui sono chiamati a svolgere. Il concetto di «rete» permette piuttosto di vedere come un individuo interpreta a suo modo l'insieme di ruoli che ricopre, ovvero come gioca con i suoi ruoli nel tessere le sue relazioni [Hannerz 1980].

6.2. Le carriere morali

Negli anni venti e trenta, in una Chicago in grande crescita, fu sviluppato uno dei programmi più vasti e coordinati di studi sociologici mai tentati in una sola città. Uno di questi si occupò di una marginale, ma singolare istituzione: la *taxi-dance hall* [Cressey 1932]. In quartieri interamente composti da uomini soli che vivevano in camere d'affitto, si erano diffusi dei locali dove si potevano affittare ragazze per ballare: il cliente comprava un biglietto alla cassa, e la ragazza che sceglieva aveva poi diritto a metà del prezzo del biglietto. L'attenzione del ricercatore fu puntata, fra l'altro, sulle ragazze. Si trattava in genere di giovani che già avevano allentato i legami con la famiglia di origine, insoddisfatte del proprio precedente modo di vivere e affascinate dall'atmosfera festosa e ai loro occhi moderna dei locali da ballo: qui potevano trovare una certa popolarità e un certo prestigio. Anche se i destini personali erano diversi, fu possibile individuare un percorso tipico seguito da molte di loro, segnato da tappe diverse: chi non riusciva a ottenere le attenzioni dei clienti più ricchi e di più elevata posizione sociale, poteva finire per accontentarsi delle attenzioni di clienti di status più basso; chi non riusciva comunque a sfondare nei locali migliori, poteva provare in altri di minore qualità. Col tempo però aumentava il rischio di essere definite mediocri, e si usciva allora dal giro, finendo nei cabaret del ghetto negro, per passare infine alla prostituzione. Naturalmente non tutte le ragazze seguivano questo percorso: così come c'erano modi diversi per entrare nel giro, ad ogni passo si aprivano possibili porte di uscita. Il fatto di essere in una grande città permetteva ad esempio di riallacciare rapporti con la famiglia in provincia, senza che questa venisse a sapere niente dell'attività di *taxi-girl*.

La citata ricerca a Chicago è uno dei primi esempi di studio di **carriere morali**. Queste sono «tipiche successioni di esperienze vissute da categorie di persone» [Abrams 1982, trad. it. 1983, 342]. Studiare le carriere morali significa osservare i tentativi e le successive mosse delle persone nell'adattarsi a un ambiente che in gran parte non può essere da loro influenzato, per cercare di mantenere o conquistare una propria immagine e possibilità di vita, una ragionevole stima da parte degli altri e l'autostima personale. Come nell'esempio, e in modo più preciso in studi successivi, spesso lo studio delle carriere morali ha riguardato la formazione di comportamenti devianti, ma è altrettanto possibile applicare la metodologia a carriere di particolare successo o a percorsi assolutamente normali. Ancora una volta, come nel caso della *network analysis*, lo studio delle carriere permette di osservare gli uomini in azione, mentre si muovono nella società con loro strategie di adattamento. La carriera, in questa prospettiva, è immaginata come un processo di interazione, nel quale il soggetto sperimenta le sue possibilità suscitando reazioni positive o negative degli altri, alle quali risponde a sua volta cambiando o precisando il proprio comportamento, in una sequenza che porta verso una sua definizione sociale. Osservando l'inizio di un percorso individuale non potremo mai dire dove una persona finirà. Avendo ricostruito carriere tipiche, dopo l'osservazione di molte carriere, possiamo però dire che, fatto un certo passo, qualora si verifichino certe circostanze è probabile che una persona ne faccia un altro in una certa direzione, e che successivamente, al verificarsi di altre tipiche circostanze, ne faccia un altro ancora in una direzione che sempre più è vincolata e segnata dai passi precedenti.

6.3. Rappresentazioni del sé e relazioni in pubblico

Ci sono aspetti così minuti della realtà sociale da essere per molto tempo passati quasi inosservati, o trascurati come poco importanti. Lo studio dell'interazione diretta faccia-a-faccia ha però condotto, negli ultimi decenni, a risultati sorprendenti, a partire dai lavori del sociologo canadese Erving Goffman (1922-1982). Egli si è impegnato a sviluppare una sociologia della vita quotidiana, del comune comportamento e delle sue regole. Si tratta di quel tipo di interazione che «comporta un breve periodo di tempo, una limitata estensione di spazio e abbraccia quegli eventi che, una volta iniziati, debbono arrivare a conclusione [...] L'argomento [...] è costituito da quella classe di eventi che si verificano durante una compresenza e per virtù di una compresenza» [Goffman 1967, trad. it. 1971, 3].

Cosa si può dire su come si comportano due persone quando si incontrano, indipendentemente da chi sono o dal motivo per cui si incontrano?

Continuamente comunichiamo con gli altri non solo a parole o a gesti, ma con il modo in cui ci vestiamo o con gli oggetti che adoperiamo. Gli altri hanno bisogno di informazioni su di noi e noi trasmettiamo immagini di noi stessi, ricevendone altre in cambio. Si tratta di giochi fatti di dire e tacere, mostrare intenzionalmente e lasciar trapelare senza accorgersene. Usando la metafora del teatro, Goffman descrive appunto un gioco che si svolge su una scena, dove gli attori (la compagnia) cercano di controllare le idee che gli altri (il pubblico) si fanno di loro, per presentarsi nella migliore luce possibile e in un modo che sia credibile. Esistono luoghi di **ribalta** dove ci si deve vestire e comportare con certe formalità, e luoghi di **retroscena** dove ci si può rilassare: scambiare gli uni per gli altri può avere conseguenze disastrose per una relazione sociale. L'interazione può essere fra persone che si conoscono o fra estranei che si trovino casualmente insieme in un luogo pubblico. Nei due casi, i modi di comportarsi sono diversi, ma anche le persone che si trovano casualmente nello scompartimento di un treno, ad esempio, perfino se può apparire che si ignorino si scambiano in realtà messaggi e orientano reciprocamente il loro comportamento: cercano di non disturbare, di non essere invadenti con chi desidera rimanere isolato, di non allarmare gli altri con comportamenti inconsueti e così via. Nella «rappresentazione» i rapporti fra attori e pubblico possono anche essere diversi da quelli che sembrano. Goffman parla al riguardo di **ruoli incongruenti**. Il *delatore* è chi finge presso gli attori di essere un membro della compagnia, avendo così accesso al retroscena e riportando informazioni riservate al pubblico; il *compare* è chi segretamente si accorda con gli attori e si mescola fra il pubblico per orientarlo; lo *spettatore puro* è un professionista riconosciuto come spettatore qualificato: un critico teatrale, ad esempio; l'*intermediario* appartiene a due compagnie che sono l'una il pubblico dell'altra e può mettere in atto giochi di triade (par. 3.1); la *non persona* è chi, pur essendo presente, non fa parte della rappresentazione e viene ignorata: il conducente del taxi, ad esempio.

Esistono regole di etichetta e rituali (sequenze di comportamenti previsti) con i quali si sperimenta l'accesso agli altri e si misurano la possibilità e i limiti di un reciproco coinvolgimento. Anche la più anonima e fugace delle relazioni, un incontro con un estraneo per strada, è già un'interazione molto complicata, nella quale si scambiano molti messaggi: è un tipo di rituale che Goffman chiama **«disattenzione civile»**.

> Quando due passanti si incrociano, la disattenzione civile può assumere la forma del guardarsi l'un l'altro sino a circa due metri di distanza – tempo in cui si stabilisce a cenni il lato della strada che ciascuno vuole seguire – e poi abbassare lo sguardo al momento dell'incontro – una specie di abbassamento delle luci [...] Con questo comportamento l'individuo afferma implicitamente di non avere nessuna ragione di sospettare delle intenzioni delle altre persone presenti, né di temerle o di avere ostilità nei loro confronti o di desiderare di evitarli (allo stesso modo, estendendo questa cortesia egli automaticamente si apre a un trattamento analogo da parte degli altri). Questo dimostra che egli non aveva niente da temere o da evitare nel farsi vedere anche quando guarda, e che egli non si vergogna di se stesso, del luogo e della compagnia con cui si trova [Goffman 1963, trad. it. 1971, 84].

Nell'interazione quotidiana gli individui mettono anche in atto loro strategie per ottenere vantaggi. Nel fare questo seguono però normalmente regole, con sequenze tipiche di mosse ammesse ed esclusione di altre non ammesse. Il gioco può comportare «vincitori» e «vinti», ma rituali adatti attenuano i possibili effetti distruttivi di una relazione. I «giochi di faccia» riguardano la pretesa, e in modo corrispondente il riconoscimento da parte dell'altro di una certa immagine di sé. Fondamentale, in un certo senso sacro, è comunque l'obbligo di permettere a una persona di mantenere una propria immagine accettabile, ovvero di «salvare la faccia».

L'interazione della vita quotidiana non solo ci tiene impegnati per la maggior parte del nostro tempo, ma ha un significato sociale di grande importanza. Le sue regole e i suoi rituali esprimono attenzione agli altri e rispetto per le loro richieste; per suo mezzo si realizza un continuo monitoraggio e adattamento reciproco, si riparano guasti del tessuto sociale e si conserva la fiducia fra le persone. Si tratta della «meccanica più intima della riproduzione sociale» [Giddens 1984, trad. it. 1990, 70]. Regole e rituali dipendono in certa misura dalla cultura di una determinata società, ma si riscontrano somiglianze diffuse.

7. IL CAPITALE SOCIALE

Osservando da vicino le interazioni in condizioni di compresenza si individuano dunque, con approcci e tecniche diversi, aspetti del tessuto intimo della società. Nel prossimo capitolo ci occuperemo di associazioni e organizzazioni, che sono gruppi secondari, appositamente creati in vista di scopi che altrimenti i soggetti non potrebbero raggiungere da soli. Con questo cominceremo lo studio dell'**organizzazione sociale**, vale a dire di come gli individui hanno imparato a coordinare stabilmente le loro interazioni, creando apposite strutture artificiali nelle quali cooperare, con risultati complessivi. Spesso si tratta di grandi gruppi, nei quali gran parte dell'interazione è a distanza, fra individui che neanche si conoscono. Tuttavia, è necessario chiarire che l'organizzazione sociale non riguarda solo i gruppi formali, bensì comprende anche quei tipi di relazioni e interazioni che abbiamo chiamato il «tessuto intimo della società». Anche qui, lo abbiamo appena visto, troviamo risorse e tipi di cooperazione, che possiamo dire informali per distinguerli, di cui la società non può fare a meno. *Capitale sociale* è un concetto entrato di recente nel vocabolario sociologico che ci permette di capire il problema complesso dell'organizzazione sociale [Coleman 1990].

In prima approssimazione, si può dire che il capitale sociale è il patrimonio di relazioni di cui dispone una persona e che questa può dunque impiegare per i suoi scopi. L'esempio più banale che viene subito alla mente è che se una persona ne conosce molte altre ha più opportunità di operare e realizzare scelte di una che non conosce nessuno. Il concetto però è interessante anche perché in un certo senso lega una persona ad altre con cui è a contatto, fa da ponte fra un singolo attore e il tessuto di relazioni sociali di cui fa parte. La cooperazione infatti è possibile dati certi caratteri del tessuto complessivo di relazioni, e il capitale sociale può essere considerato come una specie di bene pubblico, del quale usufruisce l'insieme dei partecipanti.

Qui le cose però si complicano, perché è più facile fare esempi di capitale sociale – o per meglio dire di tessuti di relazioni che generano capitale sociale per gli individui – che non esprimere con più precisione il concetto. Un esempio è il cosiddetto «credito a rotazione»: immigrati di una stessa etnia, che già si conoscono e possono fidarsi reciprocamente, decidono di versare ogni mese una somma in una cassa comune, con l'accordo che ogni mese a turno uno di loro potrà utilizzare l'intero ammontare per sue necessità. La fiducia è dunque una componente del capitale sociale, che può avere origini diverse; Weber, ad esempio, segnalava come i membri di sette di riformati negli Stati Uniti fossero favoriti negli affari in quanto contraenti rigorosi e affidabili; oggi diremmo che avevano un capitale sociale generato dal loro credo religioso e dalla rigida osservanza loro imposta dalla comunità. Il capitale sociale può però dipendere anche dalla forma delle relazioni: la famiglia contadina allargata, con la sua divisione del lavoro e la gerarchia basate su genere ed età, è un tessuto di relazioni applicabile in blocco in altre direzioni produttive, come è accaduto nel caso di zone di sviluppo della piccola industria; è una forma di capitale sociale chiamato «struttura sociale appropriabile». Persino le relazioni più volatili come le relazioni di traffico, vale a dire gli incontri per strada che prima abbiamo visto richiedere disattenzione civile, possono costituire un capitale sociale. Pensiamo a una strada dove esistono molti negozi, e dove dunque passa molta gente, in ore diverse. Supponiamo ora che si diffondano grandi magazzini in periferia, e che questi per diverse ragioni attraggano acquirenti anche da lontano; i negozi nella strada a poco a poco chiudono, e la gente smette di passarci; in poco tempo la zona diventa insicura e richiede una costosa sorveglianza se si vogliono evitare rischi ai residenti. Possiamo dire che esisteva un capitale sociale informale e gratuito, a disposizione dei residenti, della cui importanza ci si rende conto solo quando viene a mancare.

L'esempio introduce la necessità di un chiarimento importante. Bisogna infatti aggiungere a quanto finora detto che nella società moderna il capitale sociale è depositato principalmente in organizzazioni formali, che continuano a funzionare anche se gli individui cambiano, e che permettono una cooperazione efficiente, ottenuta da sistemi di incentivi e sanzioni, riconosciuti e rispettati dai partecipanti. Sono questi i contesti attrezzati tipici per azioni cooperative nelle nostre società. La discussione sul capitale sociale è però iniziata proprio quando ci si è cominciati a chiedere se la razionalizzazione organizzativa non stesse distruggendo le risorse informali di capitale sociale, preziose e gratuite perché formatesi spontaneamente, come sottoprodotto spesso di altre relazioni, in genere provenienti dalla società tradizionale (il solo capitale sociale in quelle esistente).

La teoria del capitale sociale, ma forse sarebbe meglio usare il plurale perché ne esistono versioni diverse, è molto cresciuta, con sviluppi e discussioni del concetto, esplorazioni delle sue possibilità euristiche e applicazioni a molti temi di ricerca. Così, sono stati ad esempio introdotti i contenuti veicolati dalle relazioni, e sono stati approfonditi i caratteri dei tessuti di relazione che favoriscono la formazione di capitale sociale informale, come una certa chiusura del tessuto, la sua stabilità nel tempo, il fatto che quanto più le persone ricorrono per aiuto le une alle altre tanto più si genera capitale sociale: il capitale invece si consuma se non viene usato. In generale si può dire che la ricerca si è posta due principali obiettivi analitici e pratici: come far convivere risorse di capitale sociale informale nelle grandi organizzazioni formali, e come scoprire e coltivare risorse di capitale sociale in situazioni difficili, dove questo non è valorizzato, ma è potenzialmente presente. Il punto di vista che offre il nuovo concetto ci ha permesso un'idea complessa di organizzazione sociale, che unisce aspetti razionalizzati e spontanei, e una visione più articolata delle relazioni sociali nelle società moderne: senza il concetto e l'attenzione al capitale sociale non saremmo in grado di percepire risorse e rischi importanti per la cooperazione.

PER SAPERNE DI PIÙ

BAGNASCO A., PISELLI F., PIZZORNO A. e TRIGILIA C., *Il capitale sociale. Istruzioni per l'uso*, Bologna, Il Mulino, 2001; BOUDON R., *Il posto del disordine. Critica delle teorie del mutamento sociale*, Bologna, Il Mulino, 1997^2; COLEMAN J., *Fondamenti di teoria sociale*, Bologna, Il Mulino, 2005; COLLINS R., *Quattro tradizioni sociologiche*, Bologna, Zanichelli, 1996; CRESPI F., *Azione sociale e potere*, Bologna, Il Mulino, 1989; ELSTER J., *Come si studia la società. Una cassetta degli attrezzi per le scienze sociali*, Bologna, Il Mulino, 1993; GALLINO L., *L'attore sociale. Biologia, cultura e intelligenza artificiale*, Torino, Einaudi, 1987; MELUCCI A., *Il gioco dell'io. Il cambiamento di sé in una società globale*, Milano, Feltrinelli, 1991; MERTON R.K., *Teoria e struttura sociale*, 3 voll., Bologna, Il Mulino, 2000; PISELLI F. (a cura di), *Reti. L'analisi di network nelle scienze sociali*, Roma, Donzelli, 1995.

CAPITOLO 4

I gruppi organizzati: associazioni e organizzazioni

In questo capitolo individueremo e studieremo due tipi fondamentali di gruppi formali: le associazioni e le organizzazioni. Parlando di organizzazioni, ne definiremo i diversi tipi in funzione della loro efficienza relativa. Discuteremo poi il problema della razionalità organizzativa e dei suoi limiti.

1. QUESTIONI DI DEFINIZIONE

Uno dei caratteri più evidenti della società moderna è la grande diffusione di *associazioni* e *organizzazioni*. In entrambi i casi si tratta di gruppi progettati per raggiungere alcuni limitati scopi, basati su regolamenti chiaramente stabiliti, al contrario dei piccoli gruppi informali come un gruppo di amici. Si tratta dunque di gruppi secondari formali. I due termini sono stati usati, e continuano a esserlo, con significati diversi, sino a considerare le organizzazioni come tipo particolare di associazioni, ma anche viceversa le associazioni come tipo particolare di organizzazioni [Donati 1992].

Possiamo fare un po' d'ordine partendo dall'uso delle due parole nel linguaggio corrente. Tutti noi usiamo il termine «organizzazione» per indicare un'azienda di produzione, un ministero, un ospedale, una università, un grande magazzino, un negozio, una prigione. Sono invece associazioni, nell'uso corrente, gli «amici della musica», un cineclub, un partito, un sindacato, i boy-scout, un gruppo per la difesa delle tradizioni locali, i donatori di sangue, i volontari che operano insieme per la lotta alla droga.

Come primo passo proviamo ora a chiederci: cosa hanno in comune fra loro i gruppi che chiamiamo **associazioni**? Si può rispondere considerando il motivo per cui le persone partecipano al gruppo e si adattano alle sue regole [Etzioni 1961]. Nelle associazioni questo avviene perché se ne condividono i fini, sentendoli come propri, dal momento che corrispondono a propri ideali o interessi. Un insieme di persone che ritiene di avere interessi o ideali simili può dar vita a un'associazione per difenderli o realizzarli insieme. Se si ritorna agli esempi fatti è facile vedere che questo è proprio il caso.

Una volta associate, in genere le persone si distribuiscono fra loro alcuni compiti necessari alla vita dell'associazione: un socio, per esempio, è incaricato di riscuotere le quote, un altro di spedire le circolari, e così via. Con riferimento a questo aspetto, si dice che l'associazione si è data una sua organizzazione. Ma chi assume questi compiti è anzitutto un socio, alla pari con gli altri, e quell'aspetto è del tutto secondario. Può però anche succedere che le necessità dell'associazione richiedano che si costituisca un ufficio stabile per quei compiti, assumendo persone pagate perché li svolgano, secondo certe procedure stabilite, con capacità professionali per farlo, rispondendo agli ordini di un responsabile. Noi chiamiamo questo ufficio un'**organizzazione**. I caratteri indicati si adattano a tutti gli esempi fatti prima, che riguardano organizzazioni piccole e grandi, pubbliche e private, con i fini più diversi.

Il criterio che abbiamo usato per vedere cosa abbiano in comune fra loro le organizzazioni è lo stesso già usato per le associazioni, vale a dire il motivo per cui si partecipa al gruppo, conformandosi alle sue regole. Abbiamo trovato che, al contrario delle associazioni, nelle organizzazioni partecipare è un lavoro, remunerato di solito in denaro. Il motivo della partecipazione dunque è strumentale, e solo in certi casi o in parte può verificarsi anche un'identificazione più o meno sentita con i fini dell'organizzazione; questo resta comunque un fatto secondario. Possiamo aggiungere che, in un certo senso, nelle organizzazioni, al contrario delle associazioni, i ruoli vengono prima e sono più importanti delle singole persone che si uniscono in gruppo. Chi decide di fondare un ospedale deve progettare un'organizzazione che preveda un certo numero di medici, distinti per specializzazioni, un certo numero di infermieri con compiti ausiliari e soggetti agli ordini dei primi, un ufficio amministrativo che si occupi degli acquisti, una centrale di riscaldamento con addetti a mansioni diverse, e così via. Solo dopo aver fatto questo il fondatore andrà a cercare il personale necessario a coprire i ruoli e se successivamente un medico lascerà l'ospedale, egli dovrà necessariamente sostituirlo.

Un uso dei termini simile a quello del linguaggio corrente è diffuso fra i sociologi. Tuttavia, come si diceva, non mancano altri usi, così come si presentano dei problemi per gruppi che è più difficile catalogare. I sociologi americani, per esempio, non considerano oggi fra le associazioni i sindacati e i partiti [Sills 1968]. In realtà, non è facile arrivare a distinguere in modo veramente soddisfacente le organizzazioni dalle associazioni, e il problema ha suscitato molte discussioni; forse però non è per noi il caso di impuntarci troppo su questioni di definizione. Capita spesso in sociologia che un termine assuma significati diversi a seconda degli autori. L'importante è chiarire bene l'uso che di un concetto troviamo in un libro o in un articolo, e a nostra volta scegliere con chiarezza una definizione, conservandola poi in tutto il corso del nostro lavoro.

Associazioni e organizzazioni hanno comunque in comune il fatto di essere degli attori, come si diceva, artificiali, costruiti per raggiungere obiettivi che le persone reali da sole non potrebbero raggiungere; in tal senso possono essere considerate una delle più grandi invenzioni dell'uomo. Questi attori artificiali, una volta costituiti, cominciano ad avere vita propria: di un'associazione o un'organizzazione diciamo che ha degli scopi, possiede un patrimonio, ha una sede, prende una determinata decisione. Naturalmente c'è una certa forzatura nel dire che un'organizzazione prende una decisione: in ultima analisi sono sempre delle persone che decidono. Vedremo questo problema nel paragrafo 6. Comunque, siccome ci sono delle decisioni che possono essere considerate del gruppo, questo è anche definito un **attore collettivo**. Gli attori collettivi hanno popolato il nostro mondo. In particolare, la diffusione delle organizzazioni è stata ovunque massiccia, al punto che qualcuno definisce la nostra appunto una società di organizzazioni [Presthus 1962]; come ha osservato Etzioni, scherzandoci un po' sopra, «la grande maggioranza delle persone nasce e viene educata in organizzazioni, passa moltissimo tempo lavorando per organizzazioni e anche il tempo libero viene speso in organizzazioni ricreative o religiose; la maggior parte di loro morirà in una organizzazione, e, per essere seppellite, dovrà chiedere il permesso allo stato, la più grande delle organizzazioni» [Etzioni 1964, trad. it. 1967, 9].

2. LE ASSOCIAZIONI

Lo studio delle associazioni ha importanti radici nell'opera del nobile francese Alexis de Tocqueville (1805-1859), che studiò le conseguenze per l'organizzazione politica della fine dell'Antico regime ad opera della rivoluzione francese. Questo interesse è anche sullo sfondo del suo primo importante lavoro, *La democrazia in America* [1835-40], dedicato a un paese nuovo, nato senza re e senza nobili. Una delle differenze con l'Europa che più colpirono Tocqueville fu appunto la diffusa presenza in America di associazioni volontarie. Gli abitanti degli Stati Uniti, egli osserva, imparano da piccoli che bisogna contare su se stessi, e dunque che ci si appoggia all'autorità pubblica solo quando ciò è indispensabile. Un tale atteggiamento già si vede nelle scuole, dove i ragazzi sono incoraggiati a prendere decisioni su quanto li riguarda e stabiliscono da soli regole alle quali attenersi. Da questo spirito nasce una spinta ad associarsi per i fini più diversi: commerciali, politici, letterari, religiosi, ricreativi. La differenza rispetto all'Europa doveva essere davvero molto forte ed evidente: Tocqueville arriva a dire che se dietro un'iniziativa importante c'è in Francia lo stato e in Inghilterra un signore, in America si trova un'associazione.

Ai suoi occhi, le associazioni dovevano essere considerate un segno di vitalità della società e un antidoto contro un pericolo interno alla democrazia: quello che gli individui, resi uguali con l'abolizione di vecchi legami, privilegi e obblighi basati sulla famiglia, la comunità locale, la corporazione economica, diventino però anche deboli nei confronti di uno stato che ha accentrato i poteri di controllo: lasciati soli di fronte allo stato, gli individui rischiano di diventare soggetti a un potere senza limiti. In tale prospettiva le associazioni politiche acquistano evidentemente un'importanza particolare, ma il ragionamento vale in generale per tutte le associazioni.

Il punto significativo per noi è che Tocqueville cerca di individuare uno spazio che le libere associazioni occupano facendosi largo fra le istituzioni portanti della società: in particolare, per lui, fra lo stato, da una parte, e i gruppi ai quali si appartiene per nascita, come la famiglia, dall'altro. Per indicare questo spazio si usa spesso l'espressione **«società civile»**. Un tale modo di intendere le associazioni è, in origine, più tipico della cultura americana che di quella europea, che considerava fra le associazioni anche organismi previsti con leggi e ai quali era obbligatorio aderire per svolgere una certa attività: una camera di commercio, per esempio, o un partito unico in uno stato totalitario [Gallino 1978]; successivamente però i significati, come del resto le società, si sono avvicinati: di solito quando si parla di «associazioni» si intendono oggi ovunque le associazioni *volontarie*, nel senso di Tocqueville. Nelle società moderne la possibilità di associarsi è un diritto tutelato dalla legge: è appunto il diritto di persone che riconoscono di avere ideali o interessi simili a sviluppare le loro opportunità insieme, in collaborazione o in conflitto con altri gruppi.

Lo studio generale delle associazioni – nel significato del termine al quale si è oggi arrivati – non ha avuto uno sviluppo comparabile a quello delle organizzazioni. Esistono però teorie particolari e molte ricerche su alcuni tipi di associazioni: i partiti, per esempio, o i sindacati [Duverger 1951; Kirchheimer 1966; Rokkan 1970; Panebianco 1982; Katz e Mair 1992]. Al di fuori di questi casi, lo studio delle associazioni si è scontrato con la loro grande varietà: anche costruire una tipologia pone problemi; questo – assieme alla difficoltà di rilevazione – è uno dei motivi per cui non è facile avere dati, e soprattutto dati comparabili per diversi paesi.

L'adesione ad associazioni tende ad aumentare all'aumentare del reddito e dell'istruzione, due caratteri che del resto sono collegati. Sono tuttavia in gioco molte variabili e quando si considera la diffusione dell'**associazionismo** in un paese ci si accorge che, in ogni caso, contano molto la cultura e la storia. I paesi dell'Europa settentrionale hanno una partecipazione della popolazione ad associazioni volontarie nettamente superiore rispetto a quelli dell'Europa latina. Nell'Europa settentrionale, l'Irlanda, un paese cattolico, registra però un valore significativamente più basso degli altri. Quanto agli Stati Uniti, non sembra che questo paese sia più quel battistrada dell'associazionismo che aveva stupito Tocqueville: l'associazionismo è elevato, ma è in corso un preoccupato dibattito sulla sua contrazione.

In Italia tradizionalmente si sono sempre registrati bassi valori di associazionismo, vale a dire di iscrizioni ad associazioni, e questo è stato valutato come un indice di scarsa modernizzazione. Gli anni settanta sono stati caratterizzati da un elevato associazionismo sindacale e politico, due forme associative successivamente in diminuzione. Gli anni ottanta vedono invece una crescita dell'associazionismo «sociale». Negli anni novanta la crescita sembra essersi arrestata e se si confrontano i dati con quelli di altri paesi europei si trova che l'Italia è in fondo alla classifica, appena sopra a Portogallo, Ungheria, Grecia e Polonia, con valori che sono la metà di quelli della Germania e del Regno Unito. L'iscrizione a partiti politici è simile a quella della media degli altri paesi, e lo stesso vale per le organizzazioni umanitarie; scendono invece notevolmente le posizioni per quanto riguarda associazioni sportive, culturali, di consumatori, ambientaliste, amicali, scolastiche, religiose.

Un indicatore ulteriore dell'associazionismo è la partecipazione attiva alle associazioni alle quali si è iscritti. A questa si riferisce la tabella 4.1, che permette anche di rilevare una notevole diversità a seconda delle regioni. Il Trentino-Alto Adige, e in generale le regioni del nord-est, hanno livelli molto elevati di partecipazione, ai massimi europei, mentre la Campania e la Sicilia sono al minimo, con uno scarto notevole.

La mancanza di un libero tessuto associativo, e al contrario la forza eccessiva dei legami familiari e del clientelismo, vale a dire dei legami personali

TAB. 4.1. Partecipazione alle associazioni nelle regioni italiane (persone che dichiarano di avere partecipato ad almeno una delle nove attività presenti nel questionario Istat; valori percentuali)

	1993	1996	1999	2002	MEDIA 1993-2002
Trentino-A.A.	39,0	41,4	44,8	42,3	41,6
Veneto	28,5	31,3	27,3	29,9	29,8
Emilia-R.	27,7	28,5	24,4	26,2	28,2
Friuli-V.G.	26,2	27,8	23,9	25,6	27,6
Toscana	24,8	26,9	22,3	26,4	25,5
Lombardia	24,7	27,6	22,9	21,3	25,0
Sardegna	20,5	24,3	22,5	21,7	23,7
Piemonte/V.A.	24,8	21,9	22,3	20,3	22,9
Umbria	17,3	21,0	19,3	20,1	21,4
Marche	19,0	25,1	22,0	22,0	21,4
Basilicata	20,7	21,3	19,1	18,3	20,5
Puglia	21,7	20,4	18,6	19,3	19,8
Molise	18,6	20,2	16,2	20,1	19,6
Liguria	17,3	20,2	17,1	20,4	19,5
Abruzzo	17,8	18,7	17,2	17,1	18,4
Calabria	17,9	17,6	16,0	17,7	17,4
Lazio	18,7	15,8	15,3	17,3	17,3
Campania	16,8	17,2	13,9	12,6	16,4
Sicilia	14,8	19,2	14,1	16,3	16,3
Italia	*22,1*	*23,3*	*20,3*	*21,0*	*22,4*

Fonte: La Valle [2006]; elaborazione dai file Multiscopo forniti dall'Istat.

di dipendenza da un personaggio locale influente, sono stati spesso indicati come un segno della difficoltà di modernizzazione nel Mezzogiorno [Banfield 1958]. I dati sembrano confermare una tale mancanza, che tuttavia un'analisi statistica accurata ha mostrato dipendere piuttosto dalle condizioni del mercato del lavoro e della struttura occupazionale (i disoccupati ovunque hanno una minore partecipazione alle associazioni, così come le casalinghe che non lavorano) piuttosto che a ragioni culturali o genericamente storiche [La Valle 2006].

3. IL MODELLO DELLA BUROCRAZIA

Se Tocqueville può essere considerato il riferimento classico per lo studio delle associazioni volontarie, Max Weber è il punto di partenza per lo studio delle organizzazioni. Il termine che Weber usa per definire la forma moderna di organizzazione è *burocrazia*. Della burocrazia egli individua le principali caratteristiche, costruendone un modello teorico (o come lui diceva un *ideal-tipo*, riferendosi al modo particolare di costruirlo) al quale le organizzazioni concrete tendono più o meno a corrispondere.

La parola «**burocrazia**» richiama subito alla mente l'organizzazione pubblica, ma secondo Weber non esistono differenze significative fra questa e le tendenze di organizzazione in altri ambiti della società; in particolare non ci sono differenze con l'organizzazione di un'impresa. Il motivo della diffusione della burocrazia è, ai suoi occhi, la superiore efficienza e razionalità rispetto ad altre forme di organizzazione. Torneremo a lungo su questi due termini, perché la discussione del modello burocratico si è proprio sviluppata a partire dall'osservazione che spesso la burocrazia è inefficiente e irrazionale, come del resto risulta anche dall'uso peggiorativo della parola nel linguaggio corrente: burocrazia fa subito venire in mente funzionari ai quali non importa gran che di noi e che ci fanno riempire un mucchio di cartacce inutili. Se poi in un ufficio non succede niente di tutto questo, diciamo che l'atteggiamento dei funzionari e quell'ufficio «non sono per niente burocratici».

Per Weber, i principali caratteri distintivi della burocrazia sono i seguenti [Weber 1922a, trad. it. 1961, I]:

a) una divisione stabile e specializzata di compiti, studiata esclusivamente in vista degli scopi dell'organizzazione e stabilita da regole che prescrivono come comportarsi a seconda delle situazioni; ogni problema simile viene trattato allo stesso modo e le soluzioni previste dalle regole non devono essere reinventate ogni volta;

b) una precisa struttura gerarchica: chi occupa una posizione ha i poteri per compiere gli atti che a quella posizione competono, può dare ordini ad altri che da lui dipendono mentre deve obbedire agli ordini di chi è suo superiore diretto, il quale non può essere scavalcato da un suo superiore; è però anche strettamente previsto il *tipo* di ordini che si possono dare e ricevere, oltre i quali non si può andare; insieme ai poteri di dare ordini competono anche poteri di controllo sulla loro esecuzione;

c) competenza specializzata per ogni posizione; questa richiede una preparazione adeguata di chi occupa la posizione, l'esercizio a tempo pieno e continuativo della professione, un'assegnazione alla posizione per mezzo di un meccanismo di concorso, come garanzia di competenza, e successivamente di meccanismi di carriera fra i quali sono importanti gli scatti automatici per anzianità;

d) remunerazione in denaro in modi previsti per una certa posizione, pagata dall'organizzazione e mai dai clienti di questa; nessuna possibilità di appropriarsi del posto definitivamente, di cederlo ad altri o passarlo in eredità.

Un'organizzazione di questo genere si è diffusa nel mondo moderno perché si presta «alla più universale applicazione a tutti i compiti – e ciò per precisione, continuità, rigore, affidamento» [*ibidem*, trad. it. 1961, I, 217]. Di conseguenza, oggi «c'è soltanto la scelta tra burocratizzazione e dilettantismo» [*ibidem*, 218]. Il motivo della sua efficienza sta poi fondamentalmente nel fatto che nella burocrazia potere e controllo sono esercitati sulla base della conoscenza e della competenza. In questo senso si tratta di un'organizzazione razionale.

Bisogna precisare che Weber costruisce il suo modello della burocrazia per grandi comparazioni storiche di diverse forme di organizzazione: da questo punto di vista, egli attira l'attenzione su alcuni caratteri che effettivamente rendono le organizzazioni moderne *a grandi linee* simili fra loro, diverse da organizzazioni del passato e più efficienti di quelle. Il modello non si presta però per un'analisi ravvicinata della struttura interna di un'organizzazione, che permetta di capire il reale funzionamento di tipi diversi di organizzazioni moderne [Mouzelis 1967, 49]. Da questo secondo punto di vista, si può osservare che le organizzazioni che oggi più si avvicinano al modello puro di Weber spesso non sono affatto più efficienti di altre che se ne discostano maggiormente. Per esempio, come vedremo nel prossimo paragrafo, se è vero che regole precise e strette evitano che un funzionario si comporti in modo arbitrario, sbagliando o approfittando della sua posizione a fini personali, la ricerca ha mostrato che oltre un certo limite di precisione nella definizione delle regole il funzionario riduce la sua iniziativa. Dobbiamo dunque constatare che spesso la burocrazia non è *efficace* e neppure *efficiente*. I sociologi usano i termini **«efficacia»** per indicare la capacità di un'azione di raggiungere i risultati che si propone, ed **«efficienza»** per valutare il dispendio di risorse impiegate per ottenere i risultati [Simon 1957]. Nell'uso corrente spesso il termine «efficienza» comprende anche l'efficacia.

4. PERCHÉ SPESSO LA BUROCRAZIA È INEFFICIENTE?

Perché una burocrazia, pubblica o privata, che è stata razionalmente progettata per essere efficace ed efficiente, spesso invece non lo è? O per essere più precisi: non lo è quanto ci aspetteremmo? La domanda può riferirsi in senso stretto alla burocrazia di Weber, vale a dire a un'organizzazione che si avvicini molto all'insieme combinato dei caratteri che il tipo-ideale indica. Se a quel modello, in misura maggiore o minore, le organizzazioni moderne si avvicinano, la domanda può essere anche così riformulata: perché le organizzazioni spesso non sono efficaci ed efficienti come ci aspetteremmo? E perché questo succede in particolare se assomigliano molto alla burocrazia di Weber?

Naturalmente a domande come queste si possono dare molte risposte. Per esempio, se dieci persone con pochi mezzi devono occuparsi di controllare le denunce dei redditi di decine di migliaia di contribuenti, è ovvio che possiamo aspettarci una scarsa efficacia dell'organizzazione. Supponiamo però che in una organizzazione i mezzi e le persone siano sufficienti, che queste siano competenti perché assunte con concorsi severi, che non ci siano errori nello schema di divisione dei compiti con duplicazioni di procedure, e così via. Perché, anche così, l'organizzazione spesso non è efficiente o efficace come ci aspetteremmo? In altre parole, ciò che vogliamo capire sono le ragioni delle conseguenze inattese dovute alla natura stessa dell'organizzazione.

4.1. Il formalismo burocratico

I sociologi hanno sviluppato diverse interpretazioni del fenomeno, costruendo modelli teorici di spiegazione più o meno complicati. Vediamone due in forma semplificata. Il primo è di Merton.

La burocrazia richiede **regole generali** e chiaramente definite: i casi particolari devono essere classificati secondo categorie astratte previste e trattati tutti nello stesso modo a seconda di quanto prescritto per una data categoria. L'impiegato dell'anagrafe sa esattamente qual è la procedura per rilasciare una carta d'identità e la applicherà con precisione a chiunque si presenti allo sportello. L'impiegato è addestrato a comportarsi così, sa di essere valutato positivamente dai suoi superiori se così si comporta e di essere invece ripreso o punito se si comporta diversamente. Tutto nell'organizzazione è previsto perché i rapporti siano i più impersonali possibili, al fine di eliminare ostilità o favoritismi, complicazioni affettive, ansietà. In altre parole, «la struttura burocratica esercita una pressione costante sul funzionario affinché sia metodico, prudente, disciplinato» [Merton 1949, trad. it. 2000, II, 321].

In tali condizioni, chi lavora nell'organizzazione tende a sviluppare una caratteristica deformazione professionale: i regolamenti, che erano stati concepiti come strumenti per raggiungere certi scopi, diventano per lui dei fini in se stessi; seguire con precisione e con scrupolo le regole diventa più importante e più gratificante che ottenere i risultati. La conformità al regolamento finisce insomma per dar luogo nella pratica a pignoleria e formalismo, vale a dire a «una aderenza puntigliosa alle regole formali» [*ibidem*, 322].

Atteggiamenti di questo genere ostacolano in particolare la capacità di adattamento alla grande varietà di situazioni particolari, che non sono state previste nei regolamenti generali o non lo sono state in modo chiaro. Di conseguenza, conclude Merton, «proprio le condizioni che normalmente portano all'efficienza in situazioni particolari e specifiche producono inefficienza» [*ibidem*, 324]. Chi di noi si è trovato di fronte a un funzionario che si irrigidiva su questioni formali relative a una pratica e gli ha detto «ma ci vuole una mentalità un po' più elastica!», senza svilupparlo nei dettagli ha fatto il ragionamento di Merton.

4.2. I giochi di potere

Un modello diverso, e più complesso, è proposto da Crozier [1963]. Al centro della sua attenzione sono le **relazioni di potere**, vale a dire la possibilità di interferire sul comportamento di altri al di là degli ambiti di autorità previsti dall'organizzazione (cap. III, par. 4). In un'organizzazione perfettamente razionalizzata questo potere residuo non potrebbe sussistere, perché il comportamento di ognuno sarebbe perfettamente previsto e visibile. Ma un'organizzazione del genere per Crozier è impossibile, perché non c'è mai una soluzione unica e perfetta per ogni problema minimamente complicato e perché non è possibile prevedere tutti gli aspetti dello svolgimento di un compito. Per meglio dire, esistono ruoli nell'organizzazione più o meno prevedibili, e dunque ruoli più o meno regolabili: il ruolo di uno specialista tecnico che progetta una macchina, per esempio, può essere regolato in modo dettagliato meno di quello di un impiegato d'ordine che fascicola pratiche. Molto schematicamente, si verifica allora il seguente processo: ogni *incertezza* nella regolamentazione di un ruolo organizzativo comporta l'esistenza di un certo potere discrezionale nelle mani di chi quel ruolo svolge, che può essere da lui utilizzato per «contrattare» la propria partecipazione nell'organizzazione in vista di vantaggi particolari; per esempio, un progettista può cercare di ottenere nuovo personale al suo reparto, non essendo facile provare che non è indispensabile; oppure può cercare di imporre i propri ritmi di lavoro a quelli di un altro ufficio affermando che questo è necessario, senza che altri siano in grado di controllare l'affermazione perché non hanno la conoscenza tecnica per farlo. Il gioco, che si svolge in genere a livello di gruppo, consiste per i «privilegiati» nel cercare di conservare le fonti di incertezza alla base del loro «privilegio»; per gli altri, che in qualche modo sono danneggiati, nel tentativo di sottometterle a controllo. La direzione deve gestire i conflitti ed è costretta così a dare molta importanza ai problemi interni di salvaguardia dell'equilibrio fra le diverse parti dell'organizzazione, a scapito anche della propria efficienza. I gruppi non privilegiati premeranno per una maggiore regolamentazione che tolga incertezza e dunque vantaggi agli altri; ma in generale, anche i mezzi a disposizione dell'autorità di vertice di un sistema burocratico, quanto più questo corrisponde al modello puro, tanto più si limitano a precisare e aumentare le regole. In questo modo l'organizzazione finisce in un circolo vizioso perché rendendo più minuziose e stringenti le regole diminuisce la capacità di adattamento alla varietà imprevedibile con cui i problemi si presentano. Il modello di Crozier potrebbe aiutare a riflettere chi qualche volta ha osservato: «in quell'organizzazione ognuno si fa i fatti suoi e non si capisce perché la direzione non riesca a mettere tutti in riga».

Ha ragione Merton, che considera la personalità acquisita dai burocrati, o ha ragione Crozier che osserva i giochi di potere? La domanda è mal posta perché, a seconda delle situazioni, può avere ragione l'uno o l'altro; o meglio: uno dei due modelli può essere più o meno utile a capire il funzionamento di una data organizzazione, in un dato contesto. A parte il fatto che entrambi possono essere utili per capire un caso concreto. È dunque opportuno conservare tutti e due i modelli nella nostra scatola degli attrezzi, insieme anche ad altri che sono stati costruiti per affrontare lo stesso problema.

5. FORME DIVERSE DI ORGANIZZAZIONE

La burocrazia di Weber si basa su un principio fondamentale: la prevedibilità dei comportamenti ottenuta attraverso la loro standardizzazione. Per ottenere un determinato risultato (produrre automobili, rilasciare certificati, e così via) è possibile individuare una serie di operazioni successive, ognuna delle quali è standardizzata, vale a dire è fissata nei dettagli una volta per tutte; potrà e dovrà allora essere ripetuta senza errori da una persona alla quale compete secondo lo schema organizzativo (ovvero secondo l'**organigramma**, come di solito si dice). Questo principio si scontra con due difficoltà fondamentali, che già si sono affacciate nei modelli considerati nel paragrafo precedente. Anzitutto gli individui non si comportano come macchine, ma interagiscono con l'organizzazione mettendo in gioco propri fini anche in concorrenza con quelli dell'organizzazione. In altre parole, le persone non sono mai completamente prevedibili. In secondo luogo, è possibile progettare uno schema di comportamenti standardizzati se i problemi che l'organizzazione incontra nel realizzare i suoi compiti sono semplici e si presentano senza grandi variazioni da un momento all'altro, o a seconda dei clienti; standardizzare i comportamenti è tanto meno facile quanto più l'organizzazione opera in un «ambiente instabile» (questa è l'espressione usata).

Proprio per tali motivi, chi ha studiato empiricamente le organizzazioni moderne si è accorto che il principio fondamentale di Weber è rispettato solo fino a un certo punto; d'altro canto, i consulenti aziendali e gli studiosi delle organizzazioni arrivano anche a suggerire soluzioni molto lontane dai caratteri della burocrazia descritti da Weber.

Un esempio è la «**direzione per obiettivi**» raccomandata da Drucker [1964]. In questo schema, più che alle regole bisogna fare attenzione agli obiettivi, fissati a grandi linee e non nei dettagli; gli obiettivi sono in certa misura contrattati fra superiori e inferiori, ciò che implica un'ampia possibilità di discuterli senza tenere troppo conto della gerarchia nel valutare le proposte; in successive riunioni gli obiettivi possono essere ridefiniti e ricontrattati; i rapporti sono più personalizzati, la carriera per anzianità è prevista, ma si deve soprattutto tener conto dei risultati che una persona ottiene e dei contributi che essa dà alla soluzione dei problemi. Secondo Drucker, un'organizzazione basata su questi principi motiva maggiormente le persone a impegnarsi, porta alla luce le zone di inefficienza e i giochi di potere consentendo di affrontarli, è più capace di adattarsi a un ambiente poco prevedibile.

In realtà le cose sono più complicate. Un sistema di direzione per obiettivi non è facile da realizzare, si adatta meglio alle funzioni dei dirigenti che al resto dell'organizzazione, dal momento che sviluppa competizione fra gli individui crea anche nuove tensioni. I problemi del funzionamento delle organizzazioni non si lasciano facilmente ridurre a una ricetta schematica [Bonazzi 1989, cap. 12]. In effetti, gli studi teorici sono andati nel senso di distinguere l'esistenza di forme diverse di organizzazioni a seconda delle condizioni in cui esse operano, a seconda in particolare del grado di stabilità dell'ambiente. Uno dei tentativi più interessanti a questo riguardo è la teoria delle cinque **configurazioni organizzative** di Mintzberg [1983].

Lo schema interpretativo si basa sulle differenze nel modo in cui le diverse attività sono coordinate fra loro. Per ottenere maggiore efficienza, il modo di coordinamento cambia a seconda delle dimensioni dell'organizzazione, del tipo di tecnologia impiegata nella produzione di beni o servizi e della prevedibilità dell'ambiente. Si definiscono in questo modo cinque configurazioni tipiche:

• *struttura semplice*, dove il controllo è esercitato direttamente dal vertice, il quale accentra tutte le funzioni di direzione. Una piccola azienda artigiana è l'esempio tipico;

• *burocrazia meccanica*, coordinata attraverso la standardizzazione dei compiti e la gerarchia. È in sostanza la burocrazia di Weber, che diventa efficiente se l'ambiente è stabile, se si tratta di produrre beni o servizi in grande serie, automobili o certificati anagrafici per esempio, con una tecnologia che permetta di standardizzare le attività, come la catena di montaggio;

• *burocrazia professionale*: coordina invece dipendenti con un lungo tirocinio di formazione esterno all'organizzazione; una volta assunti, verificata la loro capacità professionale, questi hanno un'ampia discrezionalità nello svolgimento del loro lavoro, sono poco controllati e spesso lo sono più dagli utenti che dall'organizzazione perché operano a stretto contatto con il pubblico: è il caso degli insegnanti di una scuola, dei professori di un'università, dei medici di un ospedale;

• *struttura divisionale*: si avvicina alla direzione per obiettivi di Drucker; il coordinamento si ottiene, in questo caso, fissando obiettivi generali e compatibili fra loro a settori con funzioni diverse (le *divisioni*), che poi sono indipendenti nelle loro scelte sul come raggiungerli. In questo modo una grande organizzazione complessa si adatta meglio all'ambiente, perché ogni divisione (acquisti, produzione, studi e ricerche, e così via) può tenere conto del suo proprio ambiente e della tecnologia che si presta a essere adoperata per la sua funzione, contrattando con le altre quantità e qualità dei prodotti, ritmi di produzione, ecc.;

• *adhocrazia*: il termine è stato inventato con riferimento all'espressione latina *ad hoc* che significa «espressamente per questo»; esso serve per indicare gruppi di lavoro con compiti specifici, formati da persone che si conoscono bene e lavorano insieme fidandosi delle rispettive competenze, senza vincoli di gerarchia e regole precisate, ai quali sono assegnati compiti che richiedono alta professionalità, ma anche capacità di inventarsi procedure e regole, perché si tratta di battere strade nuove; ne è un esempio un gruppo di scienziati costituito *ad hoc* per studiare un fenomeno ancora sconosciuto: le frontiere della scienza sono un ambiente molto incerto, i ricercatori non sanno in partenza dove la loro ricerca li porterà o di quali mezzi tecnici avranno bisogno.

I tipi di Mintzberg mostrano forme diverse di organizzazione relativamente più efficienti a seconda dell'ambiente (anche la tecnologia disponibile può essere considerata un dato dell'ambiente). I diversi tipi sollecitano forme diverse di motivazione a partecipare e sembrano in genere favorirla più della burocrazia tradizionale, ma questo non significa che ogni forma non presenti specifici problemi di adattamento delle persone ai fini dell'organizzazione. Inoltre, secondo Mintzberg, rimangono funzioni per le quali continuano a essere più efficienti strutture burocratiche (di burocrazia meccanica, nei suoi termini), nonostante i limiti e i problemi che sono stati visti più sopra.

Con lo schema presentato abbiamo incontrato una proprietà formale delle organizzazioni, che avremmo peraltro potuto trovare facendo riferimento a qualsiasi altro studioso contemporaneo di organizzazione: *non esiste un unico modo migliore* (in inglese si dice *one best way*) *per progettare un'organizzazione*. Non solo. *Anche all'interno di un'organizzazione parti diverse tendono a organizzarsi in modo diverso*: un gruppo *ad hoc* costituito per affrontare un problema di ricerca in un'azienda fa per esempio affidamento sulla burocrazia meccanica che classifica le pratiche, si occupa del pagamento degli stipendi e così via. Un'organizzazione efficiente deve essere in grado di ricomporre un insieme integrato di forme diverse.

6. ATTORI E DECISIONI

Più volte abbiamo parlato di obiettivi dell'organizzazione e di fini o strategie, ovvero di obiettivi dei soggetti. Abbiamo anche detto che in ultima analisi esistono solo delle persone che decidono, ma che le organizzazioni possono essere considerate degli attori collettivi che «**prendono decisioni**». Prendere delle decisioni significa grosso modo perseguire degli obiettivi, anche se non è esattamente la stessa cosa. È facile individuare una decisione che può essere considerata dell'organizzazione, per esempio la decisione di investire un certo capitale per produrre un nuovo modello di aereo; più complicato è stabilire se produrre aerei è davvero l'obiettivo dell'organizzazione: è produrre aerei o produrre profitti? È produrre più profitti o far crescere di più l'organizzazione? E così via. Obiettivi e decisioni sono comunque collegati e la domanda «quali sono gli obiettivi di un'organizzazione?» può essere utilmente trasformata nell'altra: «chi con le sue decisioni influenza gli obiettivi nelle organizzazioni»? [Scott 1981, trad. it. 1994, cap. 12].

Abbiamo imparato a guardarci dalla caricatura dell'organizzazione descritta come una macchina che funziona esattamente secondo le previsioni dei piani di costruzione, rispondendo ai comandi di un operatore che la mette in moto. Sappiamo che questa è un'immagine ingenua, ma non bisogna neppure sostituirla con un'altra caricatura che dipinge l'organizzazione come un terreno dove si svolge una confusa guerra per bande. Una volta stabilita una struttura organizzativa – con certi fini dichiarati nel suo statuto, una linea gerarchica, certe regole per prendere le decisioni, un sistema di macchine per la produzione, incentivi al lavoro e così via – questa impone dei vincoli molto forti alle scelte e al comportamento delle persone, coordinando in modo sistematico le loro attività. Nelle organizzazioni le persone fondamentalmente cooperano; ciò non toglie che nell'ambito dei vincoli posti dalla struttura, esse interagiscano tenendo conto di loro obiettivi, proprio per influire sulle decisioni e quindi sugli obiettivi dell'organizzazione.

Il problema di distinguere **obiettivi** dell'organizzazione e obiettivi delle persone non si pone o è meno importante nel caso delle associazioni, alle quali si partecipa perché se ne condividono i fini (aiutare i malati, giocare a scacchi), soddisfatti per il fatto stesso di partecipare. Si pone invece per le organizzazioni, alle quali le persone partecipano strumentalmente per i vantaggi che ne ricavano, più o meno indifferenti ai fini dell'organizzazione in quanto tali. Questi possono essere più importanti per alcuni membri di un'organizzazione, o all'interno di certe organizzazioni. Da notare comunque che i fini personali sono diversi e complessi: alcuni sono materiali, come lo stipendio o la sicurezza del posto, altri morali, come la soddisfazione nel fare il lavoro, con la sensazione di esprimere le proprie capacità, oppure lavorare in un gruppo a contatto con altre persone con le quali si sta bene insieme.

Se è ingenuo pensare che gli obiettivi dipendono solo dalle decisioni di una persona al vertice (l'imprenditore, il capo di gabinetto del ministero), e se in genere non siamo nella situazione in cui tutti hanno gli stessi obiettivi, forse un modo utile di rispondere alle domande fatte all'inizio è affermare che gli *obiettivi* dell'organizzazione sono definiti da **coalizioni**, vale a dire da gruppi di persone con interessi comuni che si alleano con altri gruppi con interessi diversi dai loro contrattando certe *decisioni* cruciali [Cyert e March 1963]. Per esempio, i dirigenti di una grande impresa possono contrattare con gli azionisti la distribuzione di un certo ammontare di dividendi, tale però da lasciare abbastanza margini per buoni investimenti necessari a ingrandire l'organizzazione – un obiettivo che sembra interessare in genere i dirigenti – e un certo aumento di stipendio a gruppi di tecnici e impiegati impegnati in un settore dell'organizzazione che deve essere coinvolto nei piani di espansione. Altri gruppi che non sono entrati nella coalizione dominante saranno sacrificati o meno avvantaggiati. In questo modo l'organizzazione assume la decisione su come destinare il profitto realizzato, e i suoi obiettivi si ridefiniscono con lo sviluppo di un nuovo settore. Giochi di questo genere, comunque, devono tenere conto dell'insieme delle regole e dei vincoli che una determinata organizzazione pone, come il fatto che un'impresa deve continuare a produrre e vendere per ottenere un profitto altrimenti fallisce.

7. LA RAZIONALITÀ ORGANIZZATIVA E I SUOI LIMITI

7.1. Il concetto di razionalità limitata

Il punto di partenza per il nostro percorso è stata l'affermazione di Weber che l'organizzazione moderna – la burocrazia – è razionale. Le cose che sono state dette successivamente potranno apparire meglio sistematizzate e più chiare se torniamo, in conclusione, a discutere quell'affermazione. Al tempo stesso troveremo nuove implicazioni più generali che ci permetteranno di considerare meglio le organizzazioni nella società.

Dobbiamo anzitutto ricordare la definizione di **azione razionale** rispetto allo scopo. Un'azione è di questo tipo se chi agisce valuta razionalmente i mezzi rispetto agli scopi che si propone, considera gli scopi in rapporto alle conseguenze che potrebbero derivarne, paragona i diversi scopi possibili e i loro rapporti. La burocrazia è dunque razionale, secondo Weber, perché impone agli attori che ne fanno parte di comportarsi in modo razionale, cioè di compiere azioni con quei caratteri.

Successivamente abbiamo però messo in luce diverse questioni che ci hanno fatto riflettere. Per esempio, sono emerse le conseguenze inattese della burocrazia, che proponendosi la massima efficienza a volte ottiene inefficienza. D'altro canto, se le persone interagiscono con l'organizzazione, una persona è più razionale quando agisce razionalmente in vista dei propri scopi o di quelli dell'organizzazione? Si potrebbe aggiungere un paradosso: aspetti non previsti dell'organizzazione, e dunque elementi irrazionali nel suo schema, possono essere anche importanti per farla funzionare bene; pensiamo alla comunicazione rapida e continua consentita dal fatto che due dirigenti sono anche amici. Ce n'è abbastanza per farci dire che il concetto di «razionalità» e il suo uso sono più complicati di quanto non sembri a prima vista. Lo studioso che più ha contribuito a chiarirlo, in un modo che ha influenzato profondamente lo sviluppo degli studi organizzativi è il premio Nobel per l'economia Herbert Simon.

Simon non contraddice in astratto un'idea generale di razionalità come quella di Weber, ma sostiene che è necessario prendere sul serio l'affermazione che il comportamento reale non la raggiunge praticamente mai. È impossibile infatti avere una conoscenza completa e una previsione di *tutte* le conseguenze che discendono da un'eventuale scelta, così come è impossibile avere in mente *tutte* le alternative. Questa è la condizione normale in cui si prendono delle decisioni. Il miglior modo per non ottenere un risultato è proprio quello di pretendere di conoscere tutte le possibili alternative e conseguenze di una scelta prima di prenderla, perché si finirebbe per non decidere più. La razionalità dunque è sempre una **razionalità limitata**, che mira a ottenere non i massimi risultati possibili in astratto, ma risultati *soddisfacenti*, e lo fa semplificando la realtà in modelli che trascurano la catena delle cause e degli effetti oltre un certo orizzonte, limitandosi cioè ad alcuni aspetti che un attore considera più rilevanti ed essenziali. Così si comportano tanto le persone quanto le organizzazioni come attori collettivi. Comportarsi diversamente non consente di essere razionali: solo selezionando un numero ragionevole di alternative, acquisendo un certo numero di informazioni, e preoccupandosi solo di un certo numero di conseguenze più dirette della scelta è possibile a un'organizzazione calcolare con sufficiente precisione i mezzi rispetto agli obiettivi, stabilire delle procedure continuative per il lavoro da fare, coordinare per un lungo periodo l'attività di molte persone, mettere in opera dei sistemi di controllo per osservare se gli obiettivi si stanno raggiungendo, ottenendo così efficacia ed efficienza. La razionalità limitata è la razionalità possibile e concretamente perseguibile in normali condizioni di incertezza [Simon 1957].

Uno sviluppo del concetto di «razionalità limitata» può essere considerata la distinzione fra **razionalità sinottica** e **razionalità incrementale** o **strategica** [Lindblom 1977, trad. it. 1979, cap. 23]. La prima è la razionalità che ha in mente Weber in astratto e a proposito della burocrazia, e che consiste nel poter fare inizialmente delle scelte che tengano conto di tutti i dati rilevanti, in relazione a obiettivi condivisi e chiari, predisponendo i mezzi necessari ai fini, i quali possono essere poi realizzati senza cambiare programma e senza più intoppi. Come sappiamo, solo raramente ci si può avvicinare a condizioni del genere; resta comunque vero che quanto più l'ambiente è stabile e prevedibile tanto più è possibile pensare in termini di razionalità sinottica. Questo è il motivo per cui la burocrazia meccanica di Mintzberg tende in certe condizioni a essere la configurazione organizzativa più efficiente.

La razionalità incrementale, invece, sconta il caso normale dell'incertezza ambientale e si riferisce ad attori che, come spesso succede, non hanno all'inizio idee assolutamente chiare ed esattamente coincidenti. Essa riconosce dunque, definiti alcuni obiettivi di massima, la necessità di aggiustamenti progressivi, la possibilità di trovare in un momento successivo mezzi e occasioni che prima non si vedevano o non erano disponibili, di cambiare dunque anche obiettivi per strada, cercando accordi e soluzioni soddisfacenti. Il primo effetto che si avrà mettendosi al lavoro con questo atteggiamento sperimentale sarà di cominciare a vedere meglio i termini dei problemi e spesso di trovare con più facilità i mezzi di cui si ha bisogno. Quanto più l'ambiente è instabile, tanto più è necessaria una razionalità incrementale per poter ottenere dei risultati. Le configurazioni organizzative non burocratiche che abbiamo visto sono state appunto studiate per lasciare agli attori la possibilità di comportarsi secondo regole di razionalità incrementale.

7.2. Razionalità individuale e razionalità collettiva

Sembra dunque, giuste le cose dette, che il concetto di «razionalità» debba essere usato sempre in un senso relativo, e il termine sempre accompagnato da un aggettivo: razionalità *limitata*, *sinottica*, *incrementale*. Il gioco può continuare distinguendo la **razionalità individuale** (o *delle persone*) e la **razionalità collettiva** (o *dell'organizzazione*).

Dal punto di vista formale, vale a dire della rispondenza ai criteri detti prima, la razionalità di una decisione individuale o di una decisione dell'organizzazione sono dello stesso genere: sia l'attore individuale che quello collettivo devono avere sufficiente informazione, chiarire le alternative, essere coerenti rispetto ai propri obiettivi. Poste così le cose, ne deriva però una conseguenza interessante: se si vuole che tanto l'organizzazione, come attore collettivo, quanto le persone, come attori individuali, siano razionali, «l'organizzazione deve essere tale da permettere che una decisione soggettivamente razionale rimanga razionale quando è riesaminata dal punto di vista del gruppo» [Simon 1957, trad. it. 2001, 354]. Questa di Simon è una frase elegante e complicata, perché vuol dire più cose. Proviamo a chiarirla. Anzitutto, significa che un'organizzazione non può essere razionale se non si comportano razionalmente le persone che ci lavorano. Questo è ovvio, ma può essere anche molto impegnativo. Significa infatti, per esempio, che devono essere fornite sufficienti informazioni a chi deve in una certa posizione prendere una decisione, mentre spesso l'accentramento gerarchico rende gelosi i dirigenti sulla diffusione delle informazioni. In secondo luogo, significa anche che gli obiettivi dell'organizzazione e delle persone devono armonizzarsi. L'organizzazione cerca di ottenere ciò con incentivi che spingano le persone a partecipare (stipendio, possibilità di carriera, un buon ambiente di lavoro, e così via), ma vale comunque anche qui il principio della razionalità limitata. Ciò che si riuscirà a ottenere non sarà mai una perfetta coincidenza di obiettivi, ma un compromesso dal quale dipenderanno concretamente l'adattamento degli obiettivi e l'efficienza dell'organizzazione. Con questo secondo significato avviciniamo però anche un nuovo e più difficile aspetto del problema del rapporto fra razionalità individuale e razionalità collettiva.

Nelle organizzazioni le persone orientano in genere i loro comportamenti sulla base di quanto richiesto dalla posizione che occupano, senza possibilità o senza fare lo sforzo di guardare molto oltre alle conseguenze che si combinano in azione collettiva. Gli uomini descritti da Merton o da Crozier non guardano molto lontano.

Anche se i vincoli sono meno definiti, e se quindi sono aperte maggiori possibilità di giochi personali, lo stesso vale anche al vertice dell'organizzazione. Il direttore generale di un mobilificio che deve decidere un investimento per aumentare la produzione valuterà le diverse offerte dei commercianti di legname, ma non introdurrà il problema della distruzione delle foreste, per cui sarebbe opportuno diminuire l'uso industriale di legnami pregiati. Egli sarà orientato a dire che se non produce lui quei mobili lo farà un altro, che solo una diminuzione della domanda di mobili o dell'offerta di legname possono razionalmente entrare nei suoi calcoli, e che da solo non può cambiare i gusti delle persone o il loro senso di responsabilità verso la natura. In effetti, lo abbiamo visto, non è razionale che un attore si ponga problemi *impossibili* da affrontare da solo. Ricordiamo che per essere razionale un'azione semplifica la realtà trascurando la catena delle cause e degli effetti oltre un certo orizzonte, limitandosi ad alcuni aspetti ritenuti essenziali. L'attore, poi, tenderà anche a non includere nelle conseguenze da considerare aspetti per lui anche soltanto *difficili* da gestire, a meno che non sia a ciò motivato. Possiamo così dire che egli tende al conformismo, anche se in un senso un po' diverso, ma non troppo, da quello di Merton.

La razionalità limitata, la normale razionalità organizzativa, non lascia dunque guardare troppo lontano. Questo ha i vantaggi che abbiamo visto, ma dobbiamo anche attrezzarci per poter considerare eventuali svantaggi. A questo riguardo diventa utile la distinzione concettuale di Mannheim fra **razionalità sostanziale** e **razionalità funzionale** [Mannheim 1935-40]. La razionalità funzionale è quella di chi si adatta a ordini ricevuti eseguendoli senza errori, o a procedure e obiettivi stabiliti, senza discuterli; razionalità sostanziale è quella di chi cerca di comprendere come diversi aspetti di una situazione siano collegati fra loro, interrogandosi sul loro significato e valutandoli in base ai propri criteri di giudizio, anche rispetto ad altre possibilità; in questo senso è «un atto di coscienza». Lo sviluppo delle organizzazioni aumenta la sfera delle attività funzionalmente razionali, ma per Mannheim non promuove allo stesso tempo la razionalità sostanziale, spingendo anzi al conformismo e all'incapacità a pensare in modo autonomo: di per sé, «la razionalizzazione funzionale non aumenta per nulla la razionalità sostanziale» [*ibidem*, trad. it. 1959, 55]. Al limite, la più razionale delle organizzazioni può perseguire il più stupido o folle degli obiettivi, senza che le persone che ci lavorano si sentano responsabili. A sua volta, una società di perfette organizzazioni può anche essere una società che non è capace di interrogarsi su dove stia andando. Se vogliamo dire che questa società non è razionale, o che non lo è quella organizzazione, abbiamo bisogno del concetto di «razionalità sostanziale», il quale serve a mostrare che in quei casi la razionalità delle persone è stata sacrificata in un ambito troppo angusto. La razionalità sostanziale serve dunque a far prendere sul serio l'affermazione di Simon che la razionalità organizzativa è sempre una razionalità *limitata*.

Se confrontare il rapporto fra mezzi e fini è un problema *tecnico*, che può essere risolto verificando che non ci siano errori di calcolo, la scelta tra fini diversi è un problema *culturale* o *politico*, che richiede una discussione su cosa sia preferibile e procedure condivise per definire e far accettare una scelta. Quanto più un tipo di scelte organizzative mette in questione interessi generali o ideali profondi, tanto più quelle scelte tendono a essere discusse su giornali e libri, vincolate o promosse da leggi. Nelle nostre società tutelare i criteri di interesse generale è per principio compito delle istituzioni democratiche. Ma anche l'evoluzione della cultura incide su cosa possa essere considerato da questo punto di vista un problema e sui modi di affrontarlo: basti pensare al fatto che il rispetto della natura comincia a essere un problema sentito dalla gente. La razionalità sostanziale tende per queste vie a controllare e orientare la razionalità funzionale. Un dirigente può essere così motivato a porsi un problema difficile, mentre nuove condizioni possono rendere possibile e dunque accessibile alla razionalità limitata un obiettivo (un fine) che prima non lo era.

Possiamo concludere dicendo che non si tratta allora di demonizzare le organizzazioni, ma piuttosto di conoscerle bene, considerando che senza organizzazioni efficienti una società al nostro grado di sviluppo economico e culturale è letteralmente impensabile. Del resto, anche la scelta e il controllo democratico hanno bisogno dell'organizzazione statale, così come la ricerca scientifica sugli equilibri ecologici e su aspetti tecnici della convivenza di miliardi di persone in un mondo con risorse finite richiede organizzazioni molto efficienti, capaci di risolvere problemi che nessun singolo ricercatore a casa sua potrebbe mai neppure sognarsi di affrontare.

PER SAPERNE DI PIÙ

BONAZZI G., *Storia del pensiero organizzativo*, Milano, Angeli, 1995[7]; ID., *Come studiare le organizzazioni*, Bologna, Il Mulino, 2006[2]; CROZIER M. e FRIEDBERG E., *Attore sociale e sistema. Sociologia dell'azione organizzata*, Milano, Etas, 1978; DONATI P., *Associazione*, in *Enciclopedia delle scienze sociali*, vol. I, Roma, Istituto dell'Enciclopedia Italiana, 1992; GALLINO L., *Associazione*, in *Dizionario di sociologia*, Torino, Utet, 1978; GROSS E. e ETZIONI A., *Organizzazioni e società*, Bologna, Il Mulino, 1987; HATCH M.J., *Teoria dell'organizzazione*, Bologna, Il Mulino, 1999; LA VALLE D., *La partecipazione alle associazioni in Italia. Tendenze generali e differenze regionali*, in «Stato e mercato», n. 2, 2006, pp. 277-304; MARCH J.G., *Prendere decisioni*, Bologna, Il Mulino, 1997; PICHIERRI A., *Introduzione alla sociologia dell'organizzazione*, Roma-Bari, Laterza, 2007; SCOTT R.W., *Le organizzazioni*, Bologna, Il Mulino, 1994[2]; SIMON H.A., *Il comportamento amministrativo*, Bologna, Il Mulino, 2001[2]; THOMPSON J., *L'azione organizzativa*, Milano, Isedi, 1988.

PARTE TERZA

La cultura e le regole della società

CAPITOLO 5

Valori, norme e istituzioni

Valori, norme e istituzioni sono tre concetti fondamentali dell'analisi sociologica che contribuiscono allo studio del comportamento e dell'azione sociali. In questo capitolo ne metteremo a fuoco le caratteristiche distintive, l'importanza per la costruzione e il funzionamento della società, nonché i loro mutamenti e le loro diversità nel tempo e nello spazio.

1. CHE COSA SONO I VALORI?

Il concetto di «valore» appartiene a quei concetti di cui non si può fare a meno, ma che non si lasciano definire con precisione e assumono significati diversi a seconda dei contesti in cui vengono usati. Nel linguaggio comune si parla di «valore» sia per indicare qualcosa che non appartiene al mondo delle cose reali ma alla sfera degli ideali e dei desideri, sia per indicare qualcosa di reale di cui si teme la perdita. Nel primo caso, il valore orienta l'azione in vista della sua realizzazione, nel secondo caso orienta l'azione in vista della sua difesa.

Nel linguaggio della filosofia e delle scienze sociali, il valore assume significati diversi anche se, in qualche modo, tra loro apparentati. Semplificando molto, potremmo dire che in filosofia morale, il valore incarna l'idea del bene, in contrapposizione al male; in estetica, il valore corrisponde a qualche ideale di bellezza; nella filosofia della scienza si parla di valori per distinguere «enunciati di fatto» ed «enunciati di valore»: i primi servono per descrivere o spiegare, i secondi per esprimere valutazioni su qualche oggetto o fenomeno; in antropologia culturale i valori indicano tutto ciò che in una cultura è ritenuto buono, giusto e apprezzabile; in economia è valore tutto ciò che è desiderabile e richiede uno sforzo, un impegno, quindi, un costo, per essere realizzato o acquisito. Il concetto di «valore» è quindi polisemico e il suo significato varia a seconda dell'uso, da una disciplina all'altra e anche all'interno di ogni singola disciplina. Anche in sociologia troviamo una pluralità di significati a seconda dello statuto che le varie teorie assegnano alla categoria dei valori. Possiamo cercare di identificare le caratteristiche che ricorrono più frequentemente nell'uso che i sociologi fanno di questa categoria concettuale.

• In primo luogo, i valori appaiono come orientamenti dai quali discendono i fini delle azioni umane. Valori e fini (oppure, mete o scopi) sono legati tra loro come in una catena: i valori sono i fini ultimi dell'azione, per realizzare i quali gli esseri umani devono perseguire dei fini di ordine inferiore che quindi a loro volta sono nello stesso tempo fini e mezzi. Se l'azione è orientata, ad esempio, al valore della salvezza dell'anima, è necessario che ci si ponga il fine di raggiungere lo stato di grazia, il quale a sua volta è perseguibile attraverso la preghiera, l'esecuzione di riti o sacrifici, oppure una condotta di vita conforme alle prescrizioni divine. Se il valore è la sicurezza, è necessario che si perseguano i fini di protezione dalle calamità e di difesa dai nemici. Se il valore da realizzare è il benessere materiale è necessario perseguire il fine dell'accumulazione della ricchezza, attraverso il lavoro, oppure lo sfruttamento, il furto o la rapina.

• In secondo luogo, i valori, se non riguardano qualcosa che si ha e si teme di perdere, sono sempre in qualche misura trascendenti rispetto all'esistente, indicano cioè un *dover essere* che va al di là dell'*essere*, una tensione verso uno stato di cose ritenuto ideale e desiderabile, ma che non è, o non è ancora, realizzato. L'orizzonte in cui si collocano i valori può essere sia terreno, sia ultraterreno; nel primo caso, i valori stimolano l'impegno per la loro realizzazione su questa terra e favoriscono un atteggiamento attivo e positivo nei confronti del mondo, il quale, pur essendo talvolta visto come luogo di sofferenza e di dolore («una valle di lacrime»), può, e deve, essere migliorato; nel secondo caso, i valori favoriscono invece un atteggiamento passivo nei confronti del mondo, la perfezione può essere raggiunta soltanto attraverso la fuga dalle cose mondane e i valori trovano la loro realizzazione compiuta solo «nel regno dei cieli». Quando Max Weber, come vedremo meglio nel capitolo X, distingue tra «ascesi mondana ed extramondana» si riferisce al diverso orizzonte di realizzazione dei valori. La natura trascendente dei valori fa sì che essi plasmino le «visioni del mondo» e siano quindi strettamente legati alle idee religiose e alle concezioni del bene e del male, cioè alla morale.

• In terzo luogo, per lo scienziato sociale i valori esistono come «fatti sociali» in quanto, e solo in quanto, vengono fatti propri da individui o gruppi sociali i quali orientano in base ad essi il loro agire. In questo senso i valori diventano forze operanti poiché forniscono le motivazioni dei comportamenti.

• In quarto luogo, i valori vengono fatti propri, adottati, da individui e gruppi mediante processi, più o meno consapevoli, di scelta. Come vedremo fra poco, in ogni società in ogni dato momento storico esistono più costellazioni di valori, a volte fortemente integrati tra loro, a volte in competizione e conflitto, così come vi sono valori che declinano e valori che emergono. Come i naviganti nell'antichità sceglievano le stelle in base alle quali orientare la rotta della propria nave, così individui e gruppi scelgono i valori che guidano il loro agire. In questo senso i valori sono sempre «soggettivi» in quanto esistono perché vi sono dei «soggetti» che li scelgono, ma sono anche «oggettivi» poiché le costellazioni di valori sono prodotte da dinamiche sociali di lungo periodo riconducibili all'intreccio dell'agire di una pluralità di soggetti.

1.1. Valori universali e valori particolari

In un celebre passo de *L'ideologia tedesca*, Karl Marx afferma che i valori dominanti di una società sono i valori della classe dominante [Marx e Engels 1845-46]. Questa affermazione è utile per due ragioni:

a) stabilisce un collegamento tra «dominio» *tout court* (economico-sociale-politico) e «dominio culturale»; in altre parole indica che ciò che avviene nella sfera dei valori deve essere messo in relazione (nel caso di Marx in una relazione di dipendenza unilaterale) con ciò che avviene in altre sfere (in particolare, nella sfera del potere che a sua volta dipende dai rapporti di produzione);

b) apre la strada alla considerazione dei «valori» in termini di «ideologia»: se i valori dominanti sono quelli della classe dominante, vuol dire che essi vengono fatti propri in qualche modo anche dalle classi dominate. Queste tendono, se non interviene un movimento di rottura rivoluzionario, ad interpretare il mondo non alla luce dei propri valori e interessi, ma alla luce dei valori e degli interessi di coloro che li opprimono. La classe dominante esercita – per dirla con Gramsci [1949] – un'egemonia culturale sulle altre classi e quindi sull'intera società.

Tuttavia, l'affermazione di Marx presenta anche un severo limite in quanto sembra escludere la possibilità di valori «universalmente» condivisi, nell'ambito di una cultura e di un'epoca, che non siano semplicemente riconducibili ai rapporti di dominio tra le classi. Si può invece formulare l'ipotesi che tali valori esistano, che siano prodotti nell'ambito di processi storici di lungo periodo e che siano l'esito della lotta tra classi, gruppi di interesse, stati, ecc. Di tali **valori «universalmente» condivisi** si possono evidentemente dare interpretazioni diverse, le quali a loro volta riflettono interessi diversi, ma ciò non toglie nulla alla loro «universalità». Ciò appare evidente quando a tali valori vengono associati i disvalori corrispondenti.

Facciamo alcuni esempi. Il **valore della «pace»** è diventato «universale» dopo che l'umanità è emersa dalla seconda guerra mondiale; da allora l'esaltazione della guerra come valore sul quale si misura la virtù, la dignità e l'onore dei popoli – presente nella cultura europea della prima metà del Novecento – non è più sostenuta neppure dagli esponenti del potere militare; le stesse forze armate interpretano il loro ruolo come «forze di pace» (e il ministero della Guerra è diventato il ministero della Difesa). Questa trasformazione non è una semplice ipocrita operazione di facciata, ma è il risultato di un cambiamento di valori che ha condotto all'inserimento della pace nel novero dei «pochi» valori universali. Questa collocazione non è stabile, mano a mano che gli orrori della guerra si allontanano nella memoria collettiva dei popoli, nulla garantisce che la guerra non venga ancora celebrata come un valore.

Al valore della «pace» nei rapporti tra i popoli corrispondono i valori della «reciprocità e del rispetto» e la svalutazione della «violenza» nei rapporti interpersonali, un'affermazione, questa, alla quale ha contribuito non poco la lotta delle donne per la parità dei diritti. Ciò non vuol dire che l'affermazione della forza e la violenza siano scomparse nei rapporti tra le persone, ma soltanto che incontrano una crescente disapprovazione sociale.

In questo grappolo di valori diventati «universali» si può includere anche un valore sul quale in tutto il mondo in epoca recente si sono sviluppate veementi controversie e che quindi, proprio per questa ragione, sembrerebbe non essere universalmente condiviso, il **valore della «vita»**. Le controversie alle quali si allude sono evidentemente quelle sull'aborto. A ben vedere si tratta di controversie sull'interpretazione del valore della vita ma non sul suo «essere» valore universale. Non c'è più nella nostra cultura, come vi è stata in altre culture o in altre fasi storiche, un'esaltazione della «morte» e del «sacrificio di sé» come valore, il disprezzo della vita propria ed altrui.

Lo stesso discorso vale per i grandi **valori della libertà**, **dell'uguaglianza**, **della dignità della persona umana**, ecc., sull'interpretazione dei quali possono nascere, e di fatto nascono, i conflitti più accesi, ma che non per questo possono essere esclusi dal novero dei valori universali. Quando un valore diventa «universale», cioè «di tutti», aumenta la sensibilità degli esseri umani alle situazioni nelle quali viene negato. In altri termini, i valori universali sono quelli nei quali una civiltà si riconosce e chi non li accetta si mette *ipso facto* al di fuori di quella civiltà; sono i valori che presidiano i confini del vivere civile, definiscono la natura del «patto sociale». Giova ripetere che l'affermazione di questi valori come valori universali non ha nulla di irreversibile, di pacifico e graduale, non è il risultato di processi evolutivi, ma è il risultato di processi di lungo periodo, intessuti di lotte condotte storicamente, e con alterne vicende, da gruppi umani concreti. Un ampio catalogo di valori universali è alla base della *Dichiarazione universale dei diritti umani* firmata nel 1948 promossa dalle Nazioni Unite, nonché della Carta dei diritti fondamentali dell'Unione Europea compresa nel Trattato costituzionale firmato nel 2004.

Nello studio della dinamica dei valori è importante cogliere il processo di «farsi» dei valori universali e quindi il loro maggiore o minore grado di universalità. In breve, vi sono valori che godono di un grado di condivisione maggiore di altri e il mutamento si coglie in termini di spostamento nella scala che va dai valori condivisi da tutti ai valori condivisi soltanto da minoranze più o meno grandi, più o meno attive. Possiamo dire che più una società è differenziata e più sono i gruppi portatori di interessi e valori diversi. Si pone quindi il problema dell'integrazione, o meno, delle costellazioni di valori.

1.2. Integrazione e disintegrazione nella sfera dei valori

Noi viviamo in una società e in un'epoca caratterizzata dal **pluralismo dei valori**. Ciò era vero anche per le società del passato, ma non nella stessa misura. Possiamo immaginarci che in una piccola società rurale in epoca preindustriale, la maggior parte degli abitanti avesse grosso modo gli stessi bisogni, gli stessi interessi e gli stessi valori. Ciò non è più vero per società differenziate e complesse ed è quindi importante analizzare se e come i diversi valori «stiano insieme», cioè facciano parte di un medesimo ordinamento.

Anche il linguaggio comune riconosce che vi sono «valori ultimi» e che i valori sono organizzati per ordinamenti gerarchici di superiorità/inferiorità, come gli anelli di una catena mezzi/fini. Possiamo immaginare, ad esempio, una struttura a grappolo, in cui vi è un valore (relativamente) ultimo, che «tiene insieme» l'intera struttura e dal quale «dipendono» tutti gli altri. Oppure, usando un'altra metafora, una struttura ad albero rovesciato in cui ogni ramo e ogni foglia è appesa, e quindi sorretta, dalle radici. In questo caso, possiamo parlare di «sistemi di valori», internamente coerenti. In ogni società o epoca, vi può essere un unico sistema di valori imperante e dominante, oppure ve ne possono essere vari in irrimediabile conflitto tra loro (Max Weber parla in proposito di «politeismo dei valori»), oppure i diversi sistemi possono coesistere pacificamente l'uno accanto all'altro, oppure vi può essere una congerie pluralistica di valori scarsamente connessi tra loro, di cui è arduo individuare il grado di compatibilità/incompatibilità. Empiricamente, nella mente degli uomini, i valori possono essere organizzati in uno o più sistemi di ampiezza variabile, così come possono essere ammucchiati alla rinfusa, come gli articoli acquistati su un carrello di supermarket.

Le società umane presentano gradi diversi di integrazione dei valori in **sistemi di valori** e, inoltre, il grado di integrazione può cambiare nel tempo. Per Parsons le società «stanno insieme» perché sono «tenute insieme» da sistemi di valori sufficientemente integrati e coerenti. Tuttavia, non necessariamente ciò si verifica. Quando sistemi di valori o singoli valori sono in conflitto tra loro, i gruppi che ne sono portatori entrano essi stessi in conflitto, conflitto che sarà tanto più aspro quanto minore sarà il numero e l'importanza dei valori condivisi comuni a tutte le parti in lotta.

Anche lo stesso individuo può far propri valori tra loro in linea di principio incompatibili e trovarsi quindi di fronte a situazioni di dilemma etico. Nella nostra società, ad esempio, è assai frequente che i valori della solidarietà nei confronti dei più deboli e della giustizia entrino in conflitto. Durante un compito in classe, la solidarietà tra compagni può indurre i più bravi a far copiare coloro che sono meno bravi, ma ciò è in conflitto col valore della giustizia per cui ogni studente deve essere valutato in base alle sue prestazioni. Un medico potrà senz'altro avere interiorizzato il valore della sincerità che impone di dire sempre la verità, eppure si troverà spesso in situazioni in cui si chiederà se sia opportuno o meno dire al paziente tutta la verità in merito alla gravità della sua malattia. Oppure, per prendere un esempio tratto da un famoso studio di Kohlberg [1981], se non ho i soldi per comperare l'unica medicina in grado di salvare la vita di mio figlio, devo scegliere tra il valore dell'amore paterno o materno (che mi induce a procurarmi comunque la medicina) e il valore dell'onestà (che mi impone di non rubare). Infinite sono le situazioni della vita in cui gli individui sono posti di fronte a dilemmi etici e sono costretti a scegliere tra valori ai quali connettono comunque una grande importanza.

2. ORIZZONTE TEMPORALE E MUTAMENTO NELLA SFERA DEI VALORI

Abbiamo già accennato al problema dell'orizzonte temporale della realizzazione dei valori. Nella civiltà occidentale, fortemente influenzata dalla tradizione ebraico-cristiana, il tempo/luogo della realizzazione dei valori ultimi è sempre collocato in un remoto futuro. Per il popolo ebraico si tratta di attendere l'arrivo del Salvatore, per la cristianità si tratta di attendere la morte per ciascun individuo e il giorno del giudizio per l'umanità tutta intera. Il luogo e il tempo della realizzazione dei valori ultimi è nell'oltretomba, nell'oltre-terra e al di là del tempo, anzi alla fine dei tempi. Questo meccanismo che rimanda ad un domani spostato in un futuro remoto il raggiungimento del valore ultimo della verità, il riscatto di tutte le ansie e le sofferenze terrene, tipico di tutte le religioni della redenzione («verrà un giorno in cui...»), ha profondamente influenzato tutte quelle forme di pensiero che si fondano su una filosofia della storia, sull'idea, cioè, che la storia abbia non solo una fine, ma anche *un* fine. Ciò vale anche per il marxismo, che può essere considerata metaforicamente l'ultima grande «religione» di redenzione della storia. Anche per il marxismo, la realizzazione della società senza classi, e quindi del valore ultimo dell'uguaglianza tra gli uomini, è spostata nel tempo in un imprecisato futuro e richiede, oggi, il sacrificio di intere generazioni a beneficio delle generazioni future. Esse solo potranno assaporare il frutto della vita autentica, una volta superata ogni residua forma di dominio dell'uomo sull'uomo.

Questo meccanismo di «differimento» non riguarda però solo le attese messianiche, l'attesa della salvezza eterna o l'attesa dell'avvento della società senza classi, ma riguarda anche, a livello di comportamenti individuali, il meccanismo fondamentale del «differimento delle gratificazioni» che pone invariabilmente l'agire dell'oggi al servizio del risultato che si realizzerà solo domani. Come abbiamo visto nel capitolo II, l'imprenditore che non consuma quello che guadagna, ma lo risparmia per poterlo poi investire per produrre in futuro maggiori profitti è il prototipo di questo tipo umano che non cede alle lusinghe dell'oggi in vista dei benefici futuri.

Il **processo di secolarizzazione** (cap. X), che ha fortemente indebolito l'ancoraggio dei sistemi di valori nelle credenze religiose, nonché il declino delle grandi costruzioni ideologiche (le «grandi narrazioni») fondate su qualche filosofia della storia hanno indotto alcuni – soprattutto sulla scia delle filosofie nichiliste dell'inizio del XX secolo e di Friedrich Nietzsche (1844-1900) in particolare – a parlare di «morte dei valori» [Nietzsche 1886]. Tuttavia, il fatto che non si possa più parlare di valori dotati di un fondamento assoluto, non vuol dire che i valori si siano estinti. Antichi valori permangono accanto a nuovi valori emergenti, la dinamica della sfera dei valori è continuamente alimentata da nuovi movimenti sociali, capaci di mobilitare energie e di formulare nuovi criteri per distinguere ciò che è bene da ciò che è male. Si pensi, ad esempio, ai valori legati alla tutela della natura che, sostenuti dai movimenti ambientalisti, sono oggi condivisi da larghi strati dell'opinione pubblica delle società avanzate. Accade spesso che le società, e il caso dei valori «ecologici» è a questo proposito esemplare, si rendano conto che qualche cosa è dotato di valore solo quando la sua esistenza appare minacciata. Si pensi, per fare altri esempi, ai valori del rispetto del «diverso» e dell'«altro da sé» che accompagnano, nel mezzo di tensioni e conflitti anche laceranti, l'affermazione delle società multietniche, oppure, sulla stessa linea, al valore dell'«uguaglianza nella diversità» che è rivendicato dai movimenti femministi. Si tratta sempre di linee di tendenza che nascono in un campo di tensioni generate dall'emergere di gruppi che prima e più di altri percepiscono il divario tra «essere» e «dover essere», tra uno stato «reale» e uno stato «ideale».

In conclusione, si possono formulare le seguenti ipotesi per lo studio del mutamento dei valori nella società contemporanea:

- nelle società avanzate e moderne, rispetto al passato anche recente, si sta allargando il «grappolo» dei valori universali, vale a dire dei valori che sono condivisi dalla grande maggioranza della popolazione;
- i sistemi di valori si frammentano, perdendo il riferimento a «valori ultimi», ma al loro posto si creano intorno a nuovi valori aree di micro-solidarietà a livello di vita quotidiana e di macro-solidarietà a livello planetario;
- si assiste ad un processo di «presentificazione» dell'orizzonte di realizzazione dei valori in cui ogni individuo cerca di realizzare il proprio ideale di «vita buona» nel qui e ora o, almeno, nell'arco della propria stessa esistenza.

3. DAI VALORI ALLE NORME

Molto spesso, non solo nel linguaggio comune ma anche nei discorsi dei sociologi, non si traccia una chiara distinzione tra «valori» e «norme». Per alcuni, le norme altro non sarebbero che specificazioni dei valori, prescrizioni per orientare le condotte alla luce dei valori. Per riprendere un esempio precedente, la **norma**: «durante un compito in classe non bisogna copiare o permettere che altri copino», altro non sarebbe che il modo di rendere operativa quella particolare interpretazione del valore dell'uguaglianza che dice che «a ognuno deve essere dato in base ai suoi meriti e alle sue capacità». Alla stessa stregua, la norma «non rubare» discenderebbe direttamente dal valore della proprietà, la norma «non uccidere» dal valore della vita e così via. Una norma ci direbbe concretamente che cosa dobbiamo, o non dobbiamo, fare per realizzare un determinato valore, altro quindi non sarebbe che un valore ad un livello di astrazione inferiore.

In altre parole, le norme sono quasi sempre interpretabili come mezzi che prescrivono o vietano dei comportamenti in vista di qualche fine/valore e poiché, come abbiamo accennato, il rapporto mezzi-fini può essere visto come una catena in cui ogni anello è nello stesso tempo mezzo rispetto a un fine superiore e fine rispetto a un mezzo inferiore, norme e valori (fini) sembrano appartenere alla stessa categoria.

Nonostante queste connessioni, è importante mantenere la distinzione analitica tra l'orizzonte «dei valori» (o «delle mete») e quello «delle norme». Se ci poniamo dal punto di vista dell'attore sociale (sia esso un individuo, un gruppo o un'organizzazione) le norme si presentano essenzialmente come dei vincoli che prescrivono o vietano certi comportamenti (obbligazioni) e che ne consentono altri (permissioni): tutto ciò che non è vietato è implicitamente permesso, ma tutto ciò che è permesso non è di per sé desiderabile dal punto di vista dell'attore. Possiamo quindi intendere le norme come delle obbligazioni e i valori come delle guide capaci di orientare i comportamenti nell'ambito consentito dalle norme.

3.1. Perché si seguono le norme?

Nella vita quotidiana abbiamo continuamente occasione di interagire con altri il cui comportamento ci risulta largamente prevedibile. Le **aspettative** che nutriamo nei confronti degli altri, e che nutrono gli altri nei nostri confronti, sono all'origine di questa prevedibilità: non sappiamo esattamente come gli altri si comporteranno, ma, almeno nella maggior parte dei casi, sappiamo che la gamma dei comportamenti possibili in quella data situazione è ristretta entro un numero limitato di alternative. Se invitiamo a cena un amico, non sappiamo se e che cosa ci porterà in segno di ringraziamento, ma sappiamo per certo che non ci porterà in regalo copia delle lettere che una sua vecchia zia ha scritto a sua madre (a meno che io non sia uno storico e che quelle lettere non abbiano un valore come documenti storici). I comportamenti sono, sempre entro certi limiti, prevedibili perché seguono delle regolarità. Molte regolarità sono riconducibili ad abitudini quasi meccaniche: ci si comporta in un certo modo perché in situazioni analoghe ci si è sempre comportati così e, senza quasi pensarci, si continua a farlo. In altri casi la regolarità dipende dal conformismo: ci si comporta in un certo modo perché la maggioranza degli altri si comporta proprio in quel modo e non si vedono ragioni per fare diversamente. È frequente che in situazioni nelle quali non si sa bene come comportarsi si segua semplicemente quello che fanno gli altri nelle stesse situazioni. In altri casi ancora, mettiamo in atto un certo comportamento perché quello è un modo tecnicamente adeguato per raggiungere un determinato scopo: se ho il raffreddore mi soffio il naso con un fazzoletto, se devo appendere un quadro prendo chiodi e martello, ecc. (in questi casi si dice che si segue una *norma tecnica*). Qui ci interessano quelle regolarità di comportamento che dipendono dal fatto che seguiamo una norma o una regola sociale (i due termini si possono usare come se fossero sinonimi).

A differenza delle abitudini, del conformismo o delle norme tecniche, le norme sociali sono tali in quanto i comportamenti che da esse si scostano incontrano invariabilmente qualche forma di sanzione. Come vedremo meglio nel capitolo VIII, le **sanzioni** possono assumere le forme più diverse che vanno dalla blanda disapprovazione sociale che si esprime, ad esempio, con la semplice astensione dal saluto nei confronti dei vicini di casa che violano il codice della cortesia, alla pena capitale che in certi ordinamenti giudiziari colpisce chi ha commesso un grave delitto. Le sanzioni peraltro possono essere sia positive, sia negative, cioè comportare una pena in caso di deviazione e/o un premio in caso di conformità. Per semplicità, quando parleremo di sanzioni, intenderemo sempre sanzioni negative, cioè qualcosa che comporti privazione, sacrificio o perdita per colui che da esse viene colpito.

Se dovesse solo dipendere dal rischio di incorrere in **sanzioni esterne**, la deviazione dalle norme sociali sarebbe assai più frequente di quanto di fatto non sia. Ad esempio, quando cammina in un parco pubblico, la maggior parte della gente evita di calpestare le aiuole anche se non c'è nessun vigile urbano nei dintorni che potrebbe dare una multa. Alla stessa stregua, molta gente paga le tasse, si ferma al semaforo quando è rosso e fa fronte agli impegni assunti semplicemente perché ritiene giusto farlo e si sentirebbe in colpa, o almeno a disagio, se non lo facesse. È vero che a nessuno piace essere oggetto di disapprovazione da parte dei propri simili e, tanto meno, pagare una multa, rischiare una condanna a *tot* anni di prigione o finire i propri giorni su una sedia elettrica. Le sanzioni esterne sono in molti casi un deterrente abbastanza efficace per indurre gli uomini, e le donne, a non deviare dalle norme sociali. Ma la probabilità che alla deviazione da una norma scatti immediatamente una sanzione è spesso assai scarsa. Quante volte il salumiere sotto casa avrà tentato di barare sul peso della merce senza che i suoi clienti se ne siano accorti e quante volte, pur accorgendosi della truffa, non si saranno presi la briga di denunciarlo e quante volte alla già improbabile denuncia sarà seguita una effettiva condanna? Eppure, molti salumieri continuano a comportarsi correttamente e, in generale, i casi di devianza sono (relativamente) pochi.

In effetti, il **«tribunale interno»**, che giudica le nostre azioni e ci fa sentire in colpa quando deviamo da una norma sociale, è spesso assai più efficace di qualsiasi sanzione esterna. Perché il tribunale interno funzioni, però, è necessario che le norme sociali siano state fatte proprie dall'individuo, siano state cioè interiorizzate e quindi trasformate in norme morali. L'**interiorizzazione delle norme** avviene nel corso del processo di socializzazione (cap. VI) e dipende dagli insegnamenti e dai comportamenti dei genitori, degli insegnanti, degli amici, dai modelli ai quali ogni individuo fa riferimento e dalle esperienze che accumula nell'ambiente in cui vive.

Non tutte le culture e non tutti gli individui interiorizzano le stesse norme allo stesso modo. Se un ragazzo e una ragazza si baciano in pubblico in un paese islamico rischiano addirittura di essere lapidati e a nessuno di loro verrebbe in mente di farlo perché si sentirebbero in colpa, mentre nelle culture occidentali lo stesso comportamento non suscita se non una blanda riprovazione da parte di persone particolarmente «bigotte» e il farlo non provoca certo alle giovani coppie alcun grave senso di colpa. Così, vi sono delle persone che si farebbero bruciare sul rogo piuttosto che venire meno alla parola data, mentre altre non si preoccupano minimamente di smentire con le loro azioni le promesse fatte il giorno prima. Certe norme, inoltre, vengono in generale interiorizzate in modo molto più debole di altre; in alcuni paesi, ad esempio nel nostro, l'evasione fiscale non suscita in molte persone alcun senso di colpa, mentre quasi tutti si sentono in colpa se non soccorrono un amico in difficoltà. Le norme del codice della strada sono tipicamente poco interiorizzate e molti non le rispetterebbero se non temessero che la loro violazione può esporre al rischio di provocare un incidente. In generale, si può dire che più basso è il grado di interiorizzazione di una norma, e quindi il livello delle sanzioni interne, e più affidamento si deve fare sulle sanzioni esterne per fare in modo che la norma venga rispettata.

Le sanzioni, esterne o interne, sono – come dice Elster [1989], un sociologo che si è occupato molto di questo argomento – il cartellino del prezzo che dobbiamo pagare per ogni trasgressione. Tuttavia, non sembra che il rispetto delle norme sia spiegabile soltanto in base a un calcolo utilitaristico; non è solo il timore di subire delle sanzioni, esterne o interne, e quindi di dover sopportare dei costi, che induce gli individui ad agire in modo conforme alle regole. Come abbiamo visto, possiamo seguire le norme per abitudine, per conformismo, perché è un mezzo per raggiungere le nostre mete, perché non ci conviene non farlo, ma anche perché abbiamo interiorizzato una norma del tutto generale che ci dice che è bene rispettare le norme, salvo poi, eventualmente, cercare di cambiare le norme che non ci sembrano giuste attraverso le procedure (cioè, altre norme) appropriate.

Accade, tuttavia, che gli esseri umani trasgrediscano a norme e regole, anche se le hanno ben interiorizzate. Molti, ad esempio, ritengono che sia un dovere morale tutelare la propria salute, eppure mettono continuamente in atto comportamenti che la danneggiano: i fumatori accaniti, gli alcolisti, i tossicodipendenti appartengono a questa categoria. Quando qualcuno sa bene che cosa non deve fare, ma lo fa ugualmente, si parla di «debolezza della volontà». Elster [1979] ricorda il caso di Ulisse – narrato da Omero nell'*Odissea* – il quale, conoscendo bene la propria debolezza, si fa legare all'albero della sua nave per non farsi tentare dalle sirene. Qualcosa di simile ad Ulisse fanno gli «alcolisti anonimi» i quali si sottopongono ad un rigido controllo reciproco per cercare di sottrarsi al vizio della bottiglia. Come vedremo meglio nel capitolo VIII, il controllo sociale resta il meccanismo più efficace non solo per fare rispettare le norme, ma anche per aiutare gli individui a difendersi dalle proprie tendenze trasgressive.

3.2. Tipi di norme

Il complesso delle norme che vigono in un dato momento in ogni società è estremamente eterogeneo. Possiamo indicare alcuni tra i più importanti criteri di classificazione.

Un primo criterio, proposto dal filosofo americano John Rawls [1967], distingue tra **regole costitutive** e **regole regolative**. Le prime pongono in essere delle attività che non esisterebbero all'infuori delle regole stesse, non ammettono eccezioni e la loro applicazione non richiede in genere un apparato preposto alla loro interpretazione. Fanno tipicamente parte di questa categoria le regole del gioco (ad esempio, del gioco degli scacchi): se a qualsiasi giocatore venisse in mente di muovere il cavallo in modo diverso da quello prescritto dalle regole, egli si porrebbe automaticamente al di fuori del gioco e la partita non potrebbe continuare. Non a caso, nel gioco degli scacchi, come in altri giochi dello stesso tipo, non c'è bisogno di un arbitro, poiché le regole non si prestano ad essere interpretate (manipolate) e tutti i giocatori ne sono ben a conoscenza e sanno che mosse consentono, oppure vietano. Anche nel gioco del calcio vi sono regole costitutive (ad esempio, la regola del «fuori gioco», senza la quale il calcio sarebbe un «altro» gioco), ma già in questo caso l'applicazione delle regole al caso concreto comporta un certo grado di manipolazione interpretativa e quindi richiede la presenza di un arbitro e dei segnalinee. Le regole regolative, invece, indicano ciò che è prescritto o ciò che è vietato nell'ambito di un'attività già costituita, esse, non solo sono più frequentemente violate, ma ammettono eccezioni e consentono in genere ampio spazio all'interpretazione. Avvocati, giudici, arbitri, corti e tribunali devono la loro esistenza al fatto che, salvo poche eccezioni, l'applicazione delle norme richiede un'opera di interpretazione.

Un secondo criterio distingue il sottoinsieme delle **norme giuridiche** (le leggi) all'interno dell'insieme più ampio delle «norme sociali». Le leggi sono emanate dall'autorità (potere legislativo), presuppongono un apparato per la loro applicazione (potere giudiziario) e per l'amministrazione delle sanzioni da esse previste (istituzioni penali). I sistemi giuridici variano moltissimo da società a società e, ovviamente, variano nel tempo nell'ambito della stessa società. Possiamo dire che ogni sistema giuridico è coinvolto in continui processi di mutamento nei quali nuove norme vengono prodotte e applicate e vecchie norme cadono in disuso o vengono formalmente abrogate.

Un'ulteriore distinzione che è importante fare è quella tra **norme implicite** e **norme esplicite**. Molto spesso nei comportamenti quotidiani si seguono regole o norme senza neppure esserne consapevoli, semplicemente perché le si danno per scontate. Quando parliamo con una persona, ad esempio, seguiamo implicitamente una regola che ci dice che non possiamo avvicinarci troppo al nostro interlocutore e se lo facciamo, automaticamente questi si allontana per ristabilire la distanza appropriata. Una troppo stretta vicinanza verrebbe interpretata come una violazione dello spazio personale: dopo tutto, ognuno ha il diritto di non respirare l'alito del proprio interlocutore. Questa norma sulla distanza, evidentemente, non vale su un autobus affollato, dove siamo disposti ad accettare una vicinanza coi corpi degli altri viaggiatori che, in altre circostanze, riterremmo legittima solo nel quadro di una relazione di grande intimità. In realtà, noi ci accorgiamo che certe regole esistono solo quando vengono trasgredite; non c'è nessuna norma esplicita, ad esempio, che vieti di andare a lezione indossando un abito da cerimonia, ma se qualche studente comparisse con un elegante *smoking* susciterebbe sicuramente qualche reazione. Quando era in uso, soprattutto da parte degli uomini, masticare tabacco, vi erano norme esplicite che vietavano di sputare per terra, se non in determinati contenitori appositamente collocati negli angoli degli spazi pubblici. Oggi tali divieti sono scomparsi, ma rimane comunque sconveniente immettere nell'ambiente escrementi del proprio corpo, di qualsiasi natura, a meno che ciò non avvenga in luoghi specializzati per queste funzioni.

Gli esseri umani sviluppano precocemente una notevole sensibilità che suggerisce loro come devono comportarsi (che regole seguire) in una data situazione; senza dover riflettere più di tanto si adeguano alle norme implicite della situazione stessa e si aspettano che gli altri facciano altrettanto. Le «**buone maniere**», le norme del «galateo» o semplicemente i canoni del «buon gusto» – anche se vari autori hanno cercato di codificarli – sono normalmente seguiti dalla maggior parte delle persone senza bisogno che vengano esplicitati. Norbert Elias ha illustrato come i canoni delle «buone maniere» si siano sviluppati negli elaborati cerimoniali delle corti aristocratiche in epoca premoderna e come, nonostante si siano in seguito modificati, siano rimasti a fondamento del vivere civile fino ai nostri giorni [Elias 1969].

Infine, un altro importante criterio per classificare le norme sociali riguarda l'ambito entro il quale sono in vigore. A parte le leggi che vigono nell'ambito territoriale sul quale esercita la sua sovranità l'autorità che le ha emesse, molte norme valgono soltanto per gli appartenenti a determinati gruppi sociali e regolano i rapporti sia all'interno del gruppo, sia con soggetti esterni. Un esempio di tali norme, o, meglio, di tali sistemi normativi, sono i **codici deontologici** degli ordini professionali (medici, notai, avvocati, ragionieri, commercialisti, agenti di cambio, ecc.) che stabiliscono i principi e le modalità ai quali si devono attenere gli appartenenti nell'esercizio delle loro attività professionali, sulla base di specifiche etiche professionali. In questi ambiti circoscritti, i gruppi professionali godono di una notevole autonomia normativa che consente l'esistenza di veri e propri sistemi giuridici specializzati, dotati di propri organi che hanno un potere sanzionatorio nei confronti dei membri (possono, ad esempio, nel caso di gravi violazioni del codice deontologico, radiare il colpevole dall'albo professionale e interdirgli così l'esercizio della professione). Anche le organizzazioni criminali possono sviluppare una loro etica e un loro codice normativo, in opposizione alla morale e al sistema normativo delle società entro le quali si formano. La mafia, come è ben noto, ha un proprio codice d'onore che contempla regole molto rigorose, la cui violazione viene punita in genere con la più inappellabile di tutte le sentenze, vale a dire, l'uccisione del colpevole.

In alcune società, soprattutto, ma non solo, dell'area mediterranea e balcanica (Corsica, Sardegna, Albania, Montenegro) vigono ancora oggi residui di codici d'onore delle antiche società agro-pastorali che impongono l'obbligo della vendetta per i torti subiti personalmente o dai membri della propria famiglia e chi si sottrae a quest'obbligo diviene oggetto di pubblica esecrazione e disprezzo.

4. COERENZA E INCOERENZA DEI SISTEMI NORMATIVI

Parlando di valori, abbiamo prima notato che in ogni società vi è una pluralità di valori, alcuni integrati tra loro in modo da formare insiemi e sistemi coerenti, altri in palese contraddizione e conflitto tra loro. Lo stesso si può dire delle norme e dei sistemi normativi. Forse non è mai esistita una società dotata di un unico sistema normativo internamente coerente, ma certo questo non è il caso delle moderne società complesse dove molteplici sono le istanze capaci di stabilire e applicare delle norme. Lo stesso sistema giuridico di un qualsiasi stato moderno – che come abbiamo visto è un sottoinsieme dell'insieme più vasto delle norme sociali – è pieno di incoerenze e contraddizioni proprio per il fatto che si è formato attraverso la stratificazione nel tempo di leggi diverse, rispondenti alle mutevoli esigenze della società, delle sue classi dirigenti, dei gruppi sociali in competizione per far valere i propri interessi. Gli stessi giuristi, cioè gli esperti specializzati nello studio e nella interpretazione dei sistemi giuridici, trovano spesso difficoltà ad orientarsi nella giungla di leggi e leggine che regolano, o pretendono di regolare, la fitta rete di relazioni tra individui, gruppi e istituzioni che costituisce la società.

Anche se in genere gli individui nella maggior parte delle situazioni sanno che cosa è vietato e che cosa è permesso fare, sanno cioè quali sono i vincoli che le norme sociali pongono al loro agire, non è infrequente che si verifichino situazioni nelle quali: *a)* vi è un eccesso di norme; *b)* vi sono norme contraddittorie per cui la stessa azione è nello stesso tempo prescritta da una norma e vietata da un'altra; *c)* vi è una carenza di norme e quindi l'azione non trova chiari punti di riferimento normativi. Nel primo caso, tipicamente esemplificato dal cittadino di fronte al modulo della dichiarazione dei redditi, solo il ricorso agli esperti consente al «laico» di districarsi nei meandri della legislazione. Nel secondo caso, si presenta invece una situazione simile a quella che abbiamo prima indicato come «**dilemma etico**». Merton [1976] parla in proposito della contemporanea presenza di norme e contro-norme. Prendiamo, ad esempio, il caso di uno scienziato che abbia scoperto una sostanza che lascia intravedere la possibilità di una cura efficace contro il cancro, ma che richiede ancora lunghi anni di sperimentazione prima che tale efficacia possa essere adeguatamente provata sul piano scientifico. Il codice deontologico della comunità scientifica gli imporrebbe di comunicare subito la sua scoperta perché in tal modo potrebbe aiutare il lavoro dei suoi colleghi che stanno compiendo ricerche nella stessa direzione e ricevere da loro utili suggerimenti per il proseguimento delle sue ricerche. E, tuttavia, un'altra norma gli impone di non divulgare notizie che farebbero crescere speranze ancora infondate nei malati di cancro. Inoltre, egli potrebbe essere indotto ad anticipare la pubblicazione della notizia per «bruciare sul tempo» altri ricercatori che potrebbero giungere agli stessi suoi risultati e quindi privarlo del prestigio e dei vantaggi derivanti dall'aver fatto la scoperta per primo. Di fronte a imperativi contraddittori, egli dovrà stabilire una gerarchia per individuare quale norma, nel caso concreto, ha il sopravvento sulle altre.

Infine, il caso di assenza di norme che priva gli individui di punti di riferimento normativi si avvicina alla situazione che Durkheim ha descritto col concetto di **anomia**. Per Durkheim l'anomia è caratteristica di una condizione oggettiva della società in situazioni di crisi e di mutamenti rapidi e convulsi dove gli ordinamenti normativi non sono più in grado di incanalare i comportamenti individuali. In questi momenti o fasi storiche, l'ordine morale che regge l'impianto normativo si infrange, si scatenano comportamenti sregolati e la società stessa rischia la disgregazione.

All'anomia come condizione oggettiva corrisponde una condizione soggettiva. Si potrebbe pensare che una situazione di assenza di regole sia quella nella quale l'individuo può esprimere al massimo grado la propria volontà, quella che gli lascia il massimo di libertà. In realtà, anche se le norme sociali possono essere vissute come costrizioni che limitano la libertà dell'individuo, la loro assenza lascia spesso gli esseri umani in una condizione di disorientamento e quindi in preda a pulsioni che non sono più in grado di controllare e che, al limite, possono condurre anche al suicidio. Se intendiamo la libertà come la possibilità di scegliere il proprio percorso tra alternative diverse, l'eccesso di opzioni può essere altrettanto paralizzante della capacità di scegliere delle situazioni nelle quali le norme prescrivono un percorso obbligato. L'individuo è libero di scegliere se giocare o meno a scacchi, ma, una volta fatta questa scelta, deve seguire le regole del gioco. Se queste regole non esistessero egli non potrebbe neppure compiere questa scelta. Le norme rappresentano dei vincoli all'azione, ma definiscono anche il campo delle opzioni tra le quali gli individui sono liberi di scegliere. Il fatto che in ogni società non vi sia un unico sistema di norme integrato e coerente, ma una pluralità di sistemi composti da norme spesso contraddittorie apre agli individui sia spazi di libertà che rischi di anomia.

5. IL CONCETTO DI ISTITUZIONE

Sia nel linguaggio comune sia nel lessico delle scienze sociali il concetto di «istituzione» copre una gamma di fenomeni molto eterogenea. Nel linguaggio comune per istituzione si intende generalmente un apparato preposto allo svolgimento di funzioni e di compiti che hanno a che fare con l'interesse pubblico, comunque inteso, quali l'educazione dei nuovi membri (istituzioni scolastiche), la cura della salute (istituzioni sanitarie), l'amministrazione della giustizia (istituzioni giudiziarie), la difesa del territorio (istituzioni militari), ecc.

Nelle scienze sociali per istituzioni si intendono **modelli di comportamento** che in una determinata società sono dotati di cogenza normativa. Rispetto al linguaggio comune, il concetto sociologico di «istituzione» assume un significato a un tempo più ampio e più preciso: più ampio perché riguarda in generale tutti i modelli di comportamento e non solo quelli che si manifestano in apparati e organizzazioni (istituzioni sono, ad esempio, anche il tabù dell'incesto, il digiuno rituale, il fidanzamento, il linguaggio, ecc.), più preciso perché sottolinea come, affinché un modello di comportamento possa essere considerato un'istituzione, sia necessaria la presenza di un **elemento normativo** in qualche misura vincolante. Non basta cioè che in una qualsiasi società si rilevi la presenza di regolarità nei comportamenti dei vari membri perché si possa parlare dell'esistenza di istituzioni; tali regolarità possono infatti derivare da semplici abitudini prive di una forza normativa vincolante, oppure da consuetudini. Dire che le istituzioni riguardano norme a carattere vincolante, non vuol dire evidentemente che i comportamenti effettivi non si scostino, talvolta in modo anche cospicuo, da tali norme. Ogni istituzione comporta tuttavia la presenza di qualche forma di **controllo sociale** (cap. VIII) che assicuri che lo scarto tra comportamenti prescritti e comportamenti effettivi non superi determinati limiti, pena la dissoluzione dell'istituzione stessa.

È utile, inoltre, tenere analiticamente distinti i concetti di «istituzione», da un lato, e di «organizzazione», dall'altro. Questi due concetti vengono spesso usati, nel linguaggio comune, come sinonimi, tuttavia si riferiscono ad aspetti diversi della stessa realtà. Per organizzazione, come abbiamo visto nel capitolo IV, intendiamo un insieme coordinato di risorse umane e materiali, mentre per istituzione ci riferiamo all'impianto di regole che rendono possibile tale coordinazione. Un'istituzione non è un ente al quale possiamo imputare delle azioni, mentre ciò vale per un'organizzazione.

5.1. Il processo di istituzionalizzazione

Nel definire che cosa sono le istituzioni abbiamo indicato che si tratta di modelli di comportamento dotati di cogenza normativa, vale a dire di sistemi di regole. Questo carattere, tuttavia, si presenta in modi e misura variabili. Soprattutto quando nasce, un'istituzione non presenta ancora i tratti che fanno di essa un'istituzione compiuta e, inoltre, molti comportamenti restano ad uno stadio poco elevato o parziale di **istituzionalizzazione**. Le istituzioni si possono infatti ordinare lungo un continuum a seconda del grado di istituzionalizzazione raggiunto e, nel corso della loro storia, possono muoversi lungo questo continuum passando a livelli superiori o retrocedendo a livelli inferiori.

Il **grado di istituzionalizzazione** di un sistema di regole dipende da diversi fattori: dalle forme flessibili o rigide del controllo sociale che ne garantiscono l'osservanza, dal grado di informazione in merito alla loro esistenza che ne hanno gli attori coinvolti, dal grado di accettazione di tali regole da parte della società nel suo complesso, dal tipo e dall'intensità delle sanzioni che premiano la conformità o puniscono la trasgressione, dal grado di interiorizzazione nei codici morali individuali, infine, dal grado in cui le norme vengono di fatto osservate oppure no. All'estremo inferiore del continuum abbiamo sistemi di regole che incontrano forme flessibili di controllo sociale, di cui molta gente non conosce l'esistenza o che comunque non accetta o che ha interiorizzato in modo superficiale, la cui conformità non viene premiata e la trasgressione punita in modo sistematico e che quindi di fatto non sempre danno luogo a comportamenti conformi, regolari e stabili nel tempo. All'estremo superiore avremo invece le caratteristiche opposte.

Nelle moderne società occidentali, ad esempio, basso grado di istituzionalizzazione presentano le istituzioni che prescrivono il digiuno o altre forme di restrizioni alimentari periodiche (lo stesso non si può dire delle società islamiche o ebraiche dove prevale l'ortodossia religiosa). Un alto grado di istituzionalizzazione, invece, sempre nelle società occidentali moderne, è tipico delle istituzioni che abilitano all'esercizio di certe professioni (medici, avvocati, notai, ecc.). Il matrimonio, invece, almeno nella fase storica attuale delle società avanzate, sembra essere un'istituzione che regredisce ad uno stadio inferiore di istituzionalizzazione; infatti cresce il numero di coppie che convivono senza essere sposate e, soprattutto, senza incontrare un grado elevato di disapprovazione sociale. I settori di attività nei quali operano nuove professioni (ad esempio, l'assistenza sociale) presentano inizialmente un basso grado di istituzionalizzazione che tuttavia tende ad aumentare mano a mano che tali settori vengono sottoposti a forme di regolamentazione. Un caso particolare di elevata istituzionalizzazione è costituito da quelle istituzioni (e dalle relative organizzazioni) che esercitano un controllo pervasivo e costante sui comportamenti (ma spesso anche sui «pensieri») dei loro membri. Si parla in questo caso di **«istituzioni totali»**, alle quali abbiamo già accennato nel capitolo III [Goffman 1961], per indicare il fatto che esse restringono, fino quasi ad annullarli, i gradi di libertà degli individui coinvolti. Rientrano in questa categoria le prigioni [Foucault 1975], i campi di concentramento, gli ospedali psichiatrici, le caserme, i conventi e, in genere, tutte quelle istituzioni che tendono a cancellare i segni dell'individualità e a trasformare in numeri (o in burattini) coloro che volontariamente (o, più spesso, involontariamente) ne fanno parte.

La tappa decisiva del **processo di istituzionalizzazione** è comunque senz'altro quella delle prime fasi dell'esistenza dell'istituzione. Come vedremo meglio tra poco, di molte istituzioni non è possibile determinare la nascita perché sono sorte come effetto emergente dall'intreccio delle interazioni umane. Altre istituzioni, invece, sono il prodotto dell'azione di *movimenti sociali* che si pongono degli obiettivi e mobilitano delle risorse per conseguirli. I movimenti nascono in genere da stati di tensione o di conflitto sociale, si presentano come innovativi e spesso devianti rispetto agli assetti istituzionali esistenti e sono caratterizzati da forti componenti di espressività, di spontaneità e di entusiasmo da parte dei loro sostenitori. Lo stato di movimento è tipicamente uno stato instabile, magmatico e provvisorio, in cui sono spesso presenti figure carismatiche, capaci di raccogliere intorno a sé e di mobilitare le energie di una moltitudine di seguaci. Si tratta di una fase molto delicata poiché se il movimento non riesce a trasformarsi in istituzione è inevitabilmente destinato a scomparire. Il passaggio dalla fase del movimento alla fase dell'istituzione ha attirato in modo particolare l'attenzione degli scienziati sociali. Max Weber in particolare ha analizzato il problema della «trasformazione del carisma in pratica quotidiana», problema che si pone invariabilmente nel passaggio, ad esempio, di un movimento religioso alla forma della chiesa o della setta, oppure di un movimento politico alla forma del partito politico. Si tratta, dal punto di vista analitico, dello stesso problema che devono affrontare i leader di una rivoluzione vittoriosa quando devono passare dalla fase della lotta rivoluzionaria alla fase della gestione del potere conquistato.

Alberoni, riprendendo i termini dell'analisi weberiana, ha contrapposto «movimento» e «istituzione» come i due stati fondamentali del sociale; il primo caratterizzato da uno stato fusionale in cui i rapporti sociali sono fortemente personalizzati, diffusi, carichi di emotività e affettività, il secondo dove invece prevalgono i rapporti impersonali regolati da sistemi astratti di norme [Alberoni 1977].

5.2. I tipi di istituzioni

Da quanto esposto risulta chiaro come il concetto di «istituzione», così come viene utilizzato nelle scienze sociali, si collochi ad un livello molto elevato di generalizzazione e sia quindi applicabile ad una categoria molto ampia di fenomeni. Per poter operare una classificazione delle istituzioni è necessario disporre di un criterio, cioè di un modello teorico di riferimento. Abbiamo già visto che un criterio possibile riguarda il loro diverso grado di istituzionalizzazione. Un secondo criterio, in parte legato al precedente, fa riferimento alle **forme organizzative** nelle quali un'istituzione può esprimersi, al grado di articolazione e differenziazione delle stesse, alla definizione dei ruoli al proprio interno e in relazione agli scambi con l'ambiente.

Un altro criterio di classificazione, frequentemente adottato soprattutto dagli antropologi, riguarda la frequenza con la quale certe istituzioni compaiono in società diverse. Non solo infatti non vi è società laddove non vi siano istituzioni sociali, cioè laddove non vi siano regole che guidino i comportamenti dei membri, ma alcune istituzioni sono riscontrabili in tutte (o quasi) le società. Queste istituzioni sono chiamate **«universali culturali»**. Claude Lévi-Strauss, ad esempio, sostiene che nelle società umane una delle prime, se non la prima, istituzione sociale è stata il tabù dell'incesto in quanto, vietando i rapporti sessuali tra consanguinei, avrebbe indotto a stabilire legami sociali stabili al di fuori della cerchia strettamente familiare. Non a caso le norme della parentela fanno parte delle istituzioni sociali fondamentali di ogni società umana in quanto regolano i rapporti dai quali dipende la sopravvivenza stessa della sua base biologica, vale a dire la sua popolazione. Anche il linguaggio, la religione, l'arte, il gioco, lo scambio di doni e altri ancora sono considerati dagli antropologi degli universali culturali [Murdock 1945]. È chiaro, tuttavia, che la grande variabilità delle forme con le quali questi tratti compaiono nelle diverse società riduce molto il loro carattere di universalità. Le esigenze alle quali queste istituzioni rispondono possono essere le stesse in ogni società, i modi però coi quali queste esigenze vengono soddisfatte variano moltissimo.

Il riferimento alla indispensabilità di un'istituzione per l'esistenza stessa della società richiama il fatto che i bisogni che le istituzioni soddisfano, o, che è lo stesso, le funzioni che svolgono, costituiscono un altro importante criterio adottato dagli scienziati sociali per classificare le varie istituzioni. Adottando un approccio funzionalista, e semplificando molto la formulazione classica datane da Parsons [1951], possiamo dire che ogni sistema sociale per esistere deve soddisfare quattro requisiti fondamentali:

1) formulare dei fini;
2) adattare i mezzi ai fini;
3) regolare le transazioni tra le sue parti;
4) mantenere nel tempo i propri orientamenti di fondo.

Dalle prime lettere dei termini inglesi che designano questi quattro requisiti, il modello ha preso il nome di **Agil** (*adaptation*, *goal attainment*, *integration*, *latency*). Al primo requisito corrisponde sostanzialmente la funzione economica (assicurare l'approvvigionamento di beni e servizi, vale a dire la loro produzione, circolazione e distribuzione), al secondo la funzione politica (garantire la sicurezza esterna e interna, regolare i conflitti d'interesse, definire gli interessi generali), al terzo la funzione normativa (definizione dei diritti e doveri dei singoli e delle parti, formulazione, interpretazione e applicazione delle norme), al quarto la funzione di riproduzione biologica e culturale (mantenimento dell'identità, dei valori e degli orientamenti di fondo). Alle varie funzioni corrispondono istituzioni diverse, anche se molte istituzioni svolgono una pluralità di funzioni (multifunzionalità), la stessa funzione può essere svolta da una pluralità di istituzioni (alternative funzionali) e le funzioni di un'istituzione possono modificarsi nel tempo a vantaggio o a svantaggio di altre istituzioni. Così, ad esempio, famiglia, scuola e religione sono istituzioni specializzate nella funzione di riproduzione culturale, ma svolgono anche funzioni politiche ed economiche, la famiglia ha storicamente ceduto gran parte delle sue funzioni educative alla scuola, la religione ha ceduto funzioni regolative al diritto e alla politica, le istituzioni giuridiche sono specializzate nella funzione normativa, ma condividono con le istituzioni politiche la formulazione delle leggi, e così via.

5.3. Il ciclo di vita delle istituzioni

Una caratteristica importante delle istituzioni da un punto di vista sociologico è la loro durata temporale. Le istituzioni, come ogni prodotto dell'attività umana, sono soggette a nascere e a scomparire; tuttavia, il loro ciclo di vita è in genere notevolmente più lungo di quello degli individui che di volta in volta si trovano ad agire nel loro ambito. Georg Simmel è l'autore classico che per primo ha sottolineato l'importanza del fatto che individui e istituzioni si muovono su orizzonti temporali diversi [Simmel 1908]. Ogni individuo vive in un mondo popolato da istituzioni che preesistono alla sua nascita e che sono destinate a sopravvivere alla sua morte e questo dato di fatto elementare, ma importantissimo, spiega come mai gli individui debbano adattarsi (pena la loro stessa sopravvivenza) alle istituzioni della società nella quale è capitato loro di nascere. Questo processo fa parte del più generale processo di socializzazione (cap. VI).

Delle istituzioni, così come degli individui, è quindi possibile scrivere la biografia nell'arco di un ideale ciclo di vita che va dalla nascita, allo sviluppo, alla maturità e, infine, alla morte. Tuttavia, le origini di molte istituzioni si perdono nella notte dei tempi e la loro morte non è in alcun modo prevedibile. Il matrimonio, ad esempio, come istituzione che sancisce l'unione più o meno stabile tra un uomo e una donna, ha senz'altro origini molto remote, è passata attraverso forme molto variabili in epoche e culture diverse e, anche se alcuni sostengono che sia destinata ad estinguersi, nessuno è in grado di dire se e quando ciò possa avvenire.

Nella **dinamica delle istituzioni** si possono distinguere due tipi fondamentali di processo: da un lato le istituzioni nascono, si sviluppano e muoiono per effetto di processi spontanei, vale a dire non intenzionalmente voluti e prodotti dalle azioni di individui e gruppi identificabili [Boudon 1973], dall'altro lato, invece, tali eventi e processi sono imputabili alla volontà specifica di qualche attore. È chiaro che questa polarità non distingue soltanto due tipi diversi di processi, ma anche due modi diversi di intendere il fenomeno delle istituzioni e due diverse tradizioni sociologiche e impostazioni metodologiche. Da un lato abbiamo un approccio di tipo individualista, dall'altro un approccio di tipo istituzionalista. Abbiamo già incontrato questa distinzione nel capitolo III.

Per entrambe, la dinamica delle istituzioni risulta essere il risultato dell'agire degli uomini, ma mentre nel primo caso il risultato è l'effetto non intenzionale dell'agire (si parla in proposito di **effetto di composizione** o di **effetto emergente**), nel secondo caso le istituzioni risultano una vera e propria creazione di individui o gruppi concreti. Nel primo caso le istituzioni appaiono come formazioni «organiche», nate e cresciute (e magari estintesi) spontaneamente e delle quali è quindi possibile scrivere la storia «naturale», nel secondo caso la storia delle istituzioni rimanda all'azione di fondatori, di sostenitori e, eventualmente, di distruttori delle istituzioni stesse. Non è infrequente il caso di istituzioni, ad esempio città o stati, che, sorte «spontaneamente» e gradualmente dall'agire di una miriade di individui sconosciuti, in un secondo tempo sono state attribuite alla volontà di qualche mitico fondatore. In modo particolare, le istituzioni della comunità politica tendono a costruire il «mito» della loro origine o fondazione, facendo di tale evento l'oggetto di periodiche celebrazioni nelle quali viene rinnovato il vincolo originario e rafforzato il senso di appartenenza comune.

La stessa istituzione può essere vista, in circostanze diverse, come effetto di processi spontanei o di azioni intenzionali. Prendiamo l'esempio del mercato.

Nella tradizione dell'Occidente il mercato è un'istituzione, vale a dire un sistema di regole, per la circolazione di beni e servizi che si è formata gradualmente nel corso dei secoli per effetto dell'azione di molteplici attori e circostanze (venditori, compratori, mercanti, banchieri, magistrature cittadine, ecc.). Diversa è, invece, l'istituzione del mercato quale emerge attualmente dall'esperienza dei paesi ex comunisti dell'Europa orientale dove il mercato si forma per effetto dell'azione intenzionale di una élite politica orientata a demolire le istituzioni dell'economia di piano e a «creare», per così dire, *ex novo* un'economia di mercato [Streeck 1993]. Anche il linguaggio, come vedremo nel capitolo VII, è un'istituzione sorta spontaneamente nell'ambito di una comunità di parlanti e che le azioni intenzionali possono modificare solo marginalmente.

Lo stesso discorso fatto per le origini vale evidentemente anche per gli altri eventi che segnano la vita delle istituzioni e, infine, anche per la loro morte. Le istituzioni possono scomparire perché si estinguono «da sole», oppure perché vengono distrutte da qualche attore, individuale o collettivo. Se si adotta una prospettiva funzionalista, si può dire che le istituzioni nascono perché rispondono a qualche bisogno o esigenza sociale insoddisfatta e si estinguono quando o scompare il bisogno che le ha originate, o vi sono altre istituzioni in grado di soddisfare lo stesso bisogno in modo più adeguato. Spiegazioni di questo tipo della dinamica delle istituzioni sono palesemente tautologiche in quanto tendono a spiegare le cause di un fenomeno alla luce degli effetti che esso produce e, tuttavia, sono utili poiché invitano ad analizzare le istituzioni non isolatamente, ma sempre in riferimento al contesto, vale a dire all'ambiente nel quale operano.

6. IL MUTAMENTO DELLE ISTITUZIONI

La considerazione dei rapporti tra **istituzioni** e **ambiente** suggerisce di adottare nel loro studio una prospettiva sistemica; ogni istituzione viene vista come un sistema di regole in rapporto con altre istituzioni e quindi con altri sistemi di regole, ognuno dei quali mantiene rispetto agli altri un determinato grado di apertura-chiusura. Quando un cambiamento avviene in qualche ambito (ad esempio, in un'istituzione politica o religiosa), questo si ripercuote sulle altre istituzioni collegate, trasforma cioè il loro ambiente, e queste a loro volta si modificano per reazione al mutamento ambientale e così via in un gioco continuo di azioni e retro-azioni (*feed-back*). Il tipo e l'intensità della **risposta alle «sfide» dell'ambiente** dipendono dalla capacità dell'istituzione, o, meglio, della o delle organizzazioni che ne sono l'espressione, di percepire e valutare i mutamenti esterni, di mobilitare le proprie risorse e di organizzare la propria reazione. Se un'organizzazione sopravvaluta o sottovaluta l'entità della sfida, se non riesce a mobilitare le proprie risorse, o se le mobilita in misura eccessiva, la sua risposta sarà inadeguata fino al punto di minacciare la sopravvivenza dell'istituzione stessa.

Il mutamento delle istituzioni non dipende solo dalla loro capacità di rispondere efficacemente alle sfide che provengono dall'ambiente esterno (ad esempio, un'impresa dalle sue capacità di rispondere alle trasformazioni dei mercati nei quali opera), ma anche dal modo di affrontare le tensioni e i conflitti che si sviluppano al loro interno. I fattori di mutamento, cioè, possono essere sia esogeni sia endogeni. Per rimanere nell'esempio dell'impresa, i mutamenti possono essere indotti dal riassetto dei rapporti tra proprietà e controllo, oppure dalla rinegoziazione dei rapporti di lavoro dipendente e questi mutamenti potranno a loro volta influire sulle strategie di mercato.

Non si può dire a priori quale tipo di risposta alle sfide, esterne o interne, rafforzi o indebolisca un'istituzione, aumenti o diminuisca le sue *chances* di sopravvivenza, poiché ciò dipende dal tipo di sfida e dalle circostanze nelle quali si verifica. In generale si può dire che le istituzioni dispongono potenzialmente di una vasta gamma di possibili risposte, ma che solo alcune di queste sono effettivamente attivabili nelle circostanze date. Due, in linea di principio, possono essere i tipi di risposta strategica alle sfide ambientali: da un lato, un tipo di risposta «rigida», tendente a conservare l'identità e l'integrità dell'istituzione di fronte alla turbolenza interna o esterna, dall'altro lato, un tipo di risposta «flessibile» in grado di modificare la propria struttura interna, di ridefinire i confini con l'ambiente e quindi l'identità stessa dell'istituzione [Simmel 1908].

Un esempio illuminante delle possibili strategie che un'istituzione può adottare di fronte alle sfide o minacce cui è sottoposta è fornito dall'atteggiamento dell'organizzazione della chiesa cattolica di fronte ai movimenti eretici. I movimenti eretici si sviluppano generalmente ai confini dell'istituzione della chiesa, talvolta mettendosi esplicitamente «al di fuori» della chiesa stessa, talvolta rivendicando a sé la «vera» ortodossia, cioè la pretesa di rappresentare la «vera» fede. La risposta della chiesa è stata storicamente assai differenziata: da un lato la minaccia ereticale ha incontrato una risposta «rigida», nel senso che gli esponenti di tali movimenti sono stati espulsi (quando essi stessi non si sono collocati «al di fuori») e perseguitati con ogni possibile mezzo, dall'altro lato ha incontrato una risposta «flessibile» di inclusione, invece che di esclusione, dalla quale sono nati frequentemente gli ordini monacali. In questo caso, l'istituzione ha risposto alla minaccia modificando la propria struttura, in particolare realizzando al proprio interno un processo di differenziazione capace di inglobare gli elementi di diversità.

In generale si può dire che l'incapacità di dare risposte flessibili ai mutamenti interni o esterni riduce, almeno nel lungo periodo, le *chances* di adattamento e quindi di sopravvivenza di un'istituzione.

PER SAPERNE DI PIÙ

BOBBIO N., *Eguaglianza e libertà*, Torino, Einaudi, 1995; ELSTER J., *Ulisse e le sirene*, Bologna, Il Mulino, 1983; ID., *Come si studia la società. Una cassetta degli attrezzi per le scienze sociali*, Bologna, Il Mulino, 1993; INGLEHART R., *Valori e cultura politica*, Torino, Petrini, 1993; MURDOCK G., *La struttura sociale*, Milano, Il Saggiatore, 1967; PARRI L., *I dilemmi dell'azione sociale*, Roma, Carocci, 2004; PARSONS T., *Prolegomeni a una teoria delle istituzioni sociali*, Roma, Armando, 1995; VECA S., *Etica e politica*, Milano, Garzanti, 1989.

CAPITOLO 6

Identità e socializzazione

Ogni società deve assicurare la propria continuità nel tempo, trasmettendo agli individui che la compongono il proprio patrimonio culturale. In questo capitolo analizzeremo le fasi di socializzazione primaria e secondaria e i processi di formazione dell'identità, che rappresentano appunto i meccanismi tramite cui gli individui entrano a far parte del tessuto sociale.

1. SOCIALIZZAZIONE E RIPRODUZIONE SOCIALE

Attualmente nascono ogni anno in Italia poco più di mezzo milione tra bambini e bambine. Su una popolazione di circa 58 milioni, vuol dire che ogni anno la società italiana rinnova circa 1/100 dei propri membri. Come l'Italia si comportano tutte le altre società avanzate, ma in passato le cose non stavano così. Soltanto all'inizio del Novecento la speranza di vita della popolazione italiana alla nascita era di poco superiore ai 40 anni, mentre oggi è di circa 77 anni per gli uomini e 83 per le donne. La società rinnovava quindi i propri membri assai più rapidamente di quanto non avvenga ora ed ancora più rapidamente dovevano farlo le società del passato quando la vita media degli individui era più breve. Ogni società, in altre parole, ha una vita che è assai più lunga della vita media degli individui che la compongono: esisteva già quando i suoi attuali membri non erano ancora nati e probabilmente esisterà, salvo eventi catastrofici, quando i suoi attuali membri saranno già tutti morti. Ogni società deve quindi assicurare la propria continuità nel tempo di fronte al flusso incessante di membri in entrata e in uscita; è necessario cioè che essa disponga di pratiche ed istituzioni per trasmettere ai nuovi venuti una parte almeno del patrimonio culturale che ha accumulato nel corso delle generazioni: la socializzazione indica appunto il processo mediante il quale i nuovi nati diventano membri della società.

Il **patrimonio culturale** di cui stiamo parlando non è qualcosa di semplice, di omogeneo e di stabile. Di esso fanno parte tutti quei valori, norme, atteggiamenti, conoscenze, capacità, linguaggi, che consentono alla società di esistere, di adattarsi al suo ambiente esterno e di modificare a sua volta se stessa e il suo ambiente. La società, inoltre, è essa stessa un'entità assai differenziata e lo è tanto di più quanto più è moderna; per rendere gli individui capaci di operare in una società differenziata, il patrimonio di cultura di cui tale società dispone non può essere trasmesso in blocco a tutti coloro che di volta in volta rappresentano le nuove leve. In società altamente differenziate e complesse una parte del patrimonio culturale, quella parte cioè che va a formare le competenze sociali di base, deve essere trasmessa a tutti i membri della società, mentre una seconda parte, che comprende le competenze sociali specifiche, va distribuita in modo differenziato a seconda del grado e del tipo di divisione sociale del lavoro.

Le competenze sociali di base sono largamente indipendenti dalla posizione che gli individui occupano nella società; si tratta, in primo luogo, di acquisire un livello minimo di competenza comunicativa, cioè la capacità di usare il linguaggio per scambiare informazioni con gli altri membri e, inoltre, la capacità di entrare in rapporto con gli altri, scambiando affettività, prestazioni, risorse, che consentono lo sviluppo di legami sociali e di forme di cooperazione indispensabili all'esistenza stessa della società. Le competenze sociali specifiche, invece, sono quelle che consentono agli individui di svolgere ruoli particolari e comportano la capacità di usare linguaggi e di disporre di conoscenze condivise soltanto da coloro che sono coinvolti nell'esercizio di tali ruoli.

L'insieme dei processi che sono volti ad assicurare la formazione delle competenze sociali di base è chiamata **socializzazione primaria**, mentre si indica col termine di **socializzazione secondaria** l'insieme dei processi di formazione delle competenze specifiche richieste dall'esercizio dei vari ruoli sociali. La socializzazione primaria copre i primi anni di vita del bambino, in genere grosso modo fino al raggiungimento dell'età scolare, mentre la socializzazione secondaria si colloca nella fase successiva e prosegue per tutto l'arco di vita. Questa distinzione peraltro appare netta soltanto a livello concettuale, tra le due fasi in realtà non vi è una drastica soluzione di continuità e il passaggio dall'una all'altra avviene di fatto in modo graduale.

Bisogna tener presente inoltre che ogni società è sempre in continuo mutamento, sia per rispondere ai cambiamenti che avvengono al suo esterno per l'influenza delle società vicine, sia per effetto della dinamica interna alla sua struttura. Ogni società deve affrontare continuamente problemi nuovi rispetto ai quali il suo patrimonio culturale si dimostra in parte inadeguato: vecchi modelli di comportamento si rivelano inattuali e ne devono essere elaborati di nuovi. Una parte del patrimonio culturale deve venire, per così dire, accantonata senza essere trasmessa alle nuove generazioni, mentre queste devono mostrarsi pronte a recepire le innovazioni che consentono di affrontare i nuovi problemi.

Le **agenzie** alle quali sono affidati i compiti della socializzazione operano quindi in un campo inevitabilmente attraversato da esigenze contrastanti di conservazione e innovazione: da un lato vi sono coloro che spingono a socializzare le nuove generazioni nella tradizione, anche se questa mostra palesemente la propria inadeguatezza di fronte alle situazioni emergenti, dall'altro lato vi sono coloro che inducono a scartare sbrigativamente come sorpassati e non più adeguati molti contenuti culturali ai quali si erano alimentate le generazioni precedenti. Non molti decenni fa, ad esempio, era diffusa la pratica di fasciare i neonati in posizione rigida perché si riteneva che questo favorisse una crescita corretta, oggi questa pratica non solo è stata abbandonata, ma viene vista come un'inutile e dannosa costrizione della libertà di movimento. Lo stesso si può dire di moltissimi altri aspetti legati alla cura e all'educazione dell'infanzia e dell'adolescenza dove i cambiamenti, anche solo negli ultimi cinquant'anni, sono stati di grande portata. Anche nelle società sottoposte a intensi e rapidi processi di mutamento le esigenze della tradizione tendono comunque a prevalere per il fatto che il «nuovo» da introdurre e il «vecchio» da eliminare costituiscono nel complesso una parte limitata del patrimonio culturale da trasmettere alle nuove generazioni. Questo patrimonio, infatti, è il risultato di un processo di accumulazione iniziato molte decine di migliaia di anni fa, praticamente con la comparsa dell'uomo sulla terra. Ai nostri giorni, ad esempio, salvo casi patologici, un bambino impara a parlare con un apparato lessicale e grammaticale abbastanza ricco entro i tre anni di età e a scrivere nei primi anni della scuola elementare. Nei primi anni della sua vita il bambino si appropria di competenze comunicative che l'umanità ha acquisito nel corso di varie migliaia di anni e ripercorre a tappe forzate il cammino evolutivo dell'intero genere umano. Tra il processo di evoluzione della specie (filogenesi) e il processo di sviluppo dell'individuo (ontogenesi) esiste quindi una sorta di parallelismo, nel senso che siamo in grado di apprendere con relativa facilità ciò che la specie ha acquisito nel corso di molte generazioni.

2. IL PROCESSO DI SOCIALIZZAZIONE TRA NATURA E CULTURA

Si pone a questo punto un problema assai rilevante e complesso. In che misura il patrimonio accumulato dall'umanità nel corso della sua lenta e lunga evoluzione viene trasmesso alle nuove generazioni sotto forma di **informazioni genetiche** (è cioè incorporato nel patrimonio genetico della specie) e in che misura, invece, deve essere appreso nel corso del **processo di socializzazione**? Non è possibile dare a questa domanda una risposta definitiva sulla base delle nostre attuali conoscenze. È certo comunque che i caratteri genetici di una popolazione sono modificabili solo in tempi molto lunghi e che variano a seconda dei tratti considerati e della storia dei contatti tra popolazioni diverse. Inoltre, ogni individuo dispone di una dotazione genetica del tutto unica e particolare derivante dalla combinazione irripetibile delle varie migliaia di geni presenti nei cromosomi umani. La domanda richiama antiche e sempre ricorrenti controversie nel campo dello studio dei fenomeni umani e ricompare costantemente sotto forma di contrapposizione tra natura e cultura, tra ereditarietà e ambiente, tra fattori genetici e fattori sociali, tra innatismo e ambientalismo e così via. Per quanto ne sappiamo, sia le concezioni che vedono lo sviluppo umano preminentemente determinato da fattori genetici, sia le concezioni opposte che attribuiscono un peso assolutamente determinante all'esperienza sociale sono entrambe da respingere nella loro unilateralità. Le ricerche sullo sviluppo dell'intelligenza e sulla genesi delle malattie mentali (per citare solo due esempi dove questa problematica emerge con particolare evidenza) hanno dimostrato la scarsa plausibilità delle teorie che si collocano unilateralmente sull'uno oppure sull'altro versante. Un approccio che cerchi di individuare le influenze reciproche nello sviluppo umano tra fattori biologici e sociali sembra assai più promettente.

Per affrontare questo problema è utile considerare gli studi sul comportamento degli animali di cui si occupa l'**etologia**. Quando, ad esempio, osserviamo una gatta che partorisce, un ragno che tesse la sua tela, uno sciame di api che costruisce il suo alveare, oppure una rondine che prepara il nido per deporvi le uova, il comportamento di questi animali sembra chiaramente dettato dal loro **istinto**, cioè da informazioni che sono state loro trasmesse per via genetica e che appartengono al patrimonio genetico di quella specie particolare. Nessuno ha insegnato alle api le proprietà geometriche dell'esagono o al ragno le complesse leggi fisiche che regolano la distribuzione delle tensioni in una struttura reticolare. Essi si comportano tuttavia come se fossero a conoscenza di tutto questo e di fatto lo sono perché si tratta di informazioni che hanno ricevuto per via genetica. Anche gli animali comunque sono capaci di apprendere, cioè di incamerare attraverso l'esperienza certe informazioni e di utilizzarle per orientare il loro comportamento. Un esempio classico è fornito dai topi che imparano ad evitare le esche avvelenate poste insieme al cibo. Ciò sembra che valga anche per le generazioni successive di topi che non hanno direttamente assistito agli effetti delle esche avvelenate sui loro consimili: si può presumere che essi abbiano sviluppato dei modi per comunicare tra loro, delle forme di linguaggio che rendono possibili processi di apprendimento.

Molto spesso è difficile distinguere ciò che è imputabile all'istinto e ciò che invece dipende dall'**apprendimento**; si può tuttavia affermare che la differenza fondamentale tra gli animali e l'uomo consiste nel fatto che l'uomo ha una capacità di apprendimento straordinariamente maggiore alla quale si accompagna una dotazione istintuale assai meno specifica. Quando nascono, i neonati della specie umana sono in grado soltanto di piangere, di succhiare, di respirare e di dormire. La loro dotazione istintuale elementare si limita a queste capacità che sono certo di decisiva importanza per la sopravvivenza, ma non consentono loro, neppure nelle condizioni più favorevoli, di sopravvivere autonomamente se qualcuno non si prende cura di loro per un periodo relativamente lungo della loro esistenza postnatale.

Alcune delle capacità fondamentali che distinguono l'uomo dalle altre specie animali sono depositate certamente nel suo patrimonio genetico. La posizione eretta, che consente la deambulazione utilizzando soltanto gli arti inferiori, dipende da una determinata configurazione dello scheletro e delle articolazioni, la capacità di afferrare oggetti dipende dalla particolare struttura della mano che consente di contrapporre il pollice alle altre dita, la capacità di emettere suoni articolati e cioè di parlare è legata all'assetto delle corde vocali, la capacità di compiere un numero molto elevato di operazioni mentali assai complesse dipende dal numero delle cellule cerebrali, dalla loro specializzazione e dalle loro connessioni, ecc. Queste capacità, e molte altre ancora, che sono contenute potenzialmente nel feto che cresce nel grembo materno e che si sviluppano gradualmente nel corso del processo di crescita dell'organismo, non sono però un dato puramente biologico, ma semplici potenzialità che hanno bisogno di essere attivate da un processo di socializzazione. Questo processo interviene a plasmare e modificare, favorire e ostacolare, il processo di crescita. Così, come dal seme non possiamo prevedere quale forma assumerà una pianta adulta perché sulla sua crescita influiranno in modo determinante le condizioni esterne (la natura chimico-fisica del terreno, le stagioni di pioggia e di siccità, l'esposizione al sole e ai venti, ecc.), così, anche se potessimo accertare con esattezza la composizione genetica di un feto, non saremmo in grado di prevedere solo su quella base il suo sviluppo futuro.

Varie ricerche sullo sviluppo infantile hanno dimostrato che quando intervengono fattori ambientali esterni sfavorevoli certe capacità umane non si sviluppano, oppure si sviluppano solo in ritardo e in modo parziale o distorto. I bambini che crescono senza genitori e senza altre figure adulte stabili di riferimento (ad esempio, gli orfani che vengono precocemente ricoverati in un istituto di assistenza) presentano spesso gravi ritardi nello sviluppo delle capacità motorie e verbali che si ripercuotono negativamente sullo sviluppo successivo delle loro capacità mentali. Si può quindi affermare che la dotazione genetica originaria condiziona, ma non determina, lo sviluppo delle capacità individuali. Altrettanto importanti per determinarne il corso effettivo saranno le pratiche di allevamento e di educazione e l'insieme delle esperienze che accompagnano l'infanzia, l'adolescenza e l'intero ciclo di vita dell'individuo.

Ad esempio, Erik H. Erikson (uno psicoanalista americano che si è molto occupato di socializzazione infantile), confrontando le pratiche di svezzamento delle tribù degli indiani Sioux e degli Irochesi, in uno studio del 1950, ha notato come lo stesso processo fisiologico dell'allattamento e della dentizione venga «trattato» nelle due culture al fine di produrre esiti diametralmente opposti: nel primo caso, visto che si tratta di una tribù di cacciatori di bisonti, al fine di stimolare l'aggressività, nel secondo caso, visto che si tratta di una società dedita alla pesca stagionale dei salmoni, al fine di stimolare l'autocontrollo e la restrizione alimentare. Senza coraggio e aggressività l'una e senza la capacità di razionare il cibo in attesa della successiva stagione di pesca l'altra, queste società non sarebbero riuscite ad adattarsi al loro ambiente e le loro pratiche di socializzazione, così come i loro rituali, erano perciò orientate a stimolare nei bambini la formazione di queste capacità.

La comparsa delle mestruazioni, per fare un altro esempio, viene interpretata in modi radicalmente diversi nelle varie culture e questo fatto produce effetti diversi sullo sviluppo psicosessuale della donna. Gli stessi «eventi biologici» assumono quindi significati e danno luogo a pratiche di socializzazione diverse in culture diverse. Il percorso che conduce il neonato a diventare un individuo adulto e maturo non è un processo scandito esclusivamente dalle mutazioni di ordine biologico dell'organismo durante la crescita. In ogni fase di questo percorso la società interviene per determinarne l'esito e la successione di tali interventi, intenzionali e non intenzionali, voluti o subiti dal soggetto, definisce il corso del processo di socializzazione.

3. LE FASI DELLA SOCIALIZZAZIONE PRIMARIA E LA FORMAZIONE DELL'IDENTITÀ

Alla nascita il bambino è un essere dotato di grande plasticità. Entro i limiti posti dalle caratteristiche biologiche della specie e dalla sua dotazione genetica specifica, egli ha di fronte una gamma molto vasta di possibilità di sviluppo, una molteplicità di biografie possibili delle quali solo una si realizzerà, come risultato delle esperienze che segneranno il suo percorso. Per quanto ogni percorso sia assolutamente individuale, è possibile tuttavia fissare alcune fasi tipiche attraverso le quali passano tutti, o quasi, gli individui. Le modalità e gli esiti di una fase condizionano, anche se non determinano, le modalità e gli esiti delle fasi successive nel senso che ogni fase del processo di socializzazione pone le basi per le fasi che la seguono.

Appena nato, il bambino non ha pressoché alcuna possibilità di influire sull'ambiente che lo circonda; non solo non ha scelto di venire al mondo, ma non ha scelto il mondo nel quale venire alla luce, il quale gli si presenta, impersonato essenzialmente dalla madre, come assolutamente determinato e inevitabile. Il suo è un rapporto di forte dipendenza dalla persona che lo nutre, la sola che è in grado di soddisfare i suoi bisogni elementari e di liberarlo dallo stato di disagio che questi producono. La dipendenza caratterizza le prime esperienze che incominciano a imprimersi stabilmente e a dare forma alla struttura psichica del neonato. Se questo rapporto di dipendenza risulta gratificante in quanto permette di allontanare lo stato di disagio indotto dai bisogni primari, egli svilupperà un rapporto di fiducia nei confronti dell'ambiente che lo circonda; al contrario, se non è in grado di comunicare adeguatamente il suo stato di bisogno e se le persone che hanno cura di lui non sono capaci di interpretare correttamente i suoi messaggi e quindi di soddisfare adeguatamente i suoi bisogni, egli svilupperà un rapporto di sfiducia verso l'ambiente che condizionerà anche le sue esperienze successive.

Fin da queste primissime fasi risultano evidenti i meccanismi attraverso i quali opera il processo di socializzazione. Da un lato si sviluppa un rapporto carico di affettività tra la madre, dispensatrice di soddisfazioni, e il bambino che manifesta **«attaccamento»** nei suoi confronti, dall'altro lato la madre, nel soddisfare i bisogni del bambino, incomincia a stabilire delle regole (relative, ad esempio, ai ritmi dell'allattamento), sulla base delle quali si formano delle aspettative reciproche di comportamento. Consideriamo gli aspetti salienti di questo processo: la natura dell'attaccamento affettivo, la reciprocità del rapporto adulto-bambino, la determinazione di modelli o regole di comportamento.

L'importanza dell'attaccamento a una figura adulta che fornisca una base sicura dalla quale partire per l'esplorazione del mondo è stata particolarmente studiata da un gruppo di studiosi [Bowlby 1969; Ainsworth 1969] che hanno combinato l'approccio psicoanalitico (che come è noto attribuisce grande peso alle esperienze della primissima infanzia) con l'approccio etologico (che studia i comportamenti materni nei primati). Essi hanno notato che il fatto di poter contare su un legame affettivo stabile e duraturo fondato su un rapporto fisico frequente (il rapporto con la madre o con la figura adulta che fa le sue funzioni) consente al bambino di sviluppare fiducia nell'ambiente e in se stesso e che la presenza di una base sicura alla quale poter ritornare favorisce la capacità di esplorazione autonoma e quindi accresce le occasioni di apprendimento. La sicurezza della dipendenza, il sostegno fornito dal legame di attaccamento, risultano, alla luce di questi studi, fattori indispensabili per l'acquisizione dell'autonomia, mentre l'assenza di tale legame (nel caso, ad esempio, di orfani precocemente ricoverati in istituti di assistenza), oppure la sua rottura dovuta alla scomparsa permanente o temporanea della figura di attaccamento, hanno l'effetto di arrestare o comunque di rallentare notevolmente lo sviluppo delle capacità comunicative e motorie e, in genere, l'intero sviluppo affettivo e mentale del bambino. Queste ricerche hanno sensibilizzato gli studiosi dello sviluppo infantile a prestare molta attenzione alle forme di comunicazione non verbale (ad esempio, la risposta della madre al pianto e al sorriso) e al carattere di recipròcità dell'attaccamento e dell'interazione che si svolge tra adulto e bambino.

La reciprocità dell'interazione adulto-bambino non è stata riconosciuta negli studi psicologici e sociopsicologici sull'infanzia di impostazione comportamentista che concepivano il processo di apprendimento nei termini del meccanismo stimolo/risposta. In base a questa impostazione, il bambino veniva visto come *tabula rasa* e l'adulto come l'artefice principale delle esperienze che si imprimono nella sua mente. In questo modello interpretativo il genitore agiva invariabilmente in funzione di stimolo mentre il bambino si limitava a rispondere. Numerose ricerche hanno dimostrato invece come il comportamento nei confronti del bambino non è esclusivamente l'espressione di un atteggiamento preesistente del genitore (e imputabile quindi a tratti della sua personalità), ma è molto spesso l'effetto di risposta che i comportamenti del bambino provocano sul genitore. Erikson chiarisce così questo effetto reciproco:

> I genitori che si trovano di fronte al problema dello sviluppo di un certo numero di bambini debbono rispondere costantemente ad una sfida, debbono crescere con loro. Noi falsiamo la situazione se arriviamo a un

> tal punto di astrattezza da affermare che i genitori *hanno* una determinata personalità e in qualche modo riteniamo che questa, restando identica a se stessa, schiacci il piccolo essere. Infatti questa debole e piccola creatura trasforma con sé l'intera famiglia. I bambini hanno sulle loro famiglie lo stesso potere che quelle hanno su di loro. Quali che siano gli schemi di reazione dati psicologicamente e l'ordine predeterminato dallo sviluppo, essi devono essere considerati come una serie di possibilità adatte a una varietà di comportamenti reciproci [Erikson 1950, trad. it. 1972, 61-62].

Come abbiamo visto, nell'interazione tra adulto e bambino si vengono a stabilire delle regole (ad esempio, le regole relative agli orari dell'alimentazione e, in una fase successiva, le regole che controllano le funzioni escretorie). L'applicazione di regole di questo tipo comporta sempre in qualche modo un **premio** per il comportamento ad esse conforme e una **punizione** per il comportamento che da esse si scosta. Sia il modello di apprendimento fondato sul meccanismo stimolo/risposta, sia il modello di imposizione di una regola fondato sul meccanismo premio/punizione possono essere riformulati nei termini di un modello di interazione che fa salvo il carattere di reciprocità del rapporto adulto-bambino. Prendiamo, ad esempio, una semplice sequenza di azione: il neonato piange (stimolo/segnale), la madre interpreta questo segnale come fame e nutre il neonato (risposta), questa risposta stimola a sua volta nel neonato un senso di appagamento che manifesta sorridendo. In questo esempio risulta chiaro come non solo lo stimolo iniziale parta dal bambino, ma anche come sia lo stesso bambino a chiudere la sequenza con un premio volto a confermare la madre circa l'adeguatezza del proprio comportamento.

L'analisi del rapporto adulto-bambino come interazione consente di liberarsi dallo schematismo del modello in base al quale il premio stimola un comportamento desiderato (effetto di rinforzo), mentre la punizione scoraggia un comportamento indesiderato. Questo schema, se può apparire adeguato per lo studio dell'apprendimento di semplici sequenze motorie nel caso di alcune specie animali (ad esempio, come i topi riescono a districarsi in un labirinto alla cui uscita è collocato del cibo), risulta assai insufficiente se applicato ai complessi processi di apprendimento che sono alla base della socializzazione nella specie umana.

Non sempre ricompense e punizioni hanno l'effetto di rafforzare il comportamento desiderato in quanto la loro efficacia dipende da una serie di fattori che riguardano il contesto dell'interazione. Un primo fattore è la coerenza con la quale tali sanzioni vengono applicate; talvolta accade infatti che nella pratica educativa lo stesso comportamento venga a volte premiato e a volte punito. Un secondo fattore è l'immediatezza con cui il premio o la punizione seguono l'azione da rafforzare oppure da scoraggiare; anche in questo caso una risposta tardiva indebolisce l'effetto della sanzione. Ma, soprattutto, in particolare nel caso di punizioni, l'effetto può essere diverso e addirittura opposto a quello che l'educatore intende realizzare. La punizione può essere a tal punto temuta da produrre effetti non voluti: può ad esempio indurre la tendenza a mentire per evitare la sanzione, oppure può scatenare l'aggressività nei confronti dell'autorità inibitrice e punitiva e quindi evocare comportamenti ulteriormente punitivi. Inoltre, la volontà di evitare la punizione può essere neutralizzata dal desiderio di penalizzare il genitore o l'educatore. Il comportamento di trasgressione può assumere il significato di un messaggio indiretto e, come tale, spesso inconsapevole allo stesso bambino che lo manifesta. La somministrazione di premi e punizioni non deve quindi essere vista come un meccanismo esterno di condizionamento del comportamento, ma come un elemento che gioca e assume significato all'interno di un rapporto comunicativo reciproco che è carico di valenze affettive.

Il tipo di premi e punizioni condiziona evidentemente anche la loro efficacia. In generale, si può dire che le punizioni di carattere fisico inducono a un rispetto esteriore della norma, mentre le punizioni di carattere psicologico ne facilitano piuttosto l'interiorizzazione. Le ricompense di carattere psicologico consistono prevalentemente in segnali di approvazione e in dimostrazioni di affetto, mentre le punizioni consistono in segnali di ritiro o di sottrazione di affetto, o anche soltanto nella loro minaccia.

Quanto più nelle pratiche di socializzazione tenderanno a prevalere le sanzioni positive di tipo affettivo, cioè le ricompense in termini di approvazione e sostegno, tanto più le prescrizioni ricevute diventeranno delle norme interiorizzate. Tuttavia, affinché l'interiorizzazione delle norme avvenga in modo adeguato è necessario che il bambino estenda i propri termini di riferimento dalle figure dei genitori al contesto sociale extrafamiliare. Questo sviluppo è indicato da George H. Mead [1934], uno psicologo sociale americano che ha grandemente influenzato lo sviluppo della sociologia, con il concetto di **«altro generalizzato»** che corrisponde largamente a quel processo di **«decentramento»** che l'epistemologo e psicologo svizzero Jean Piaget (1896-1980) pone alla base dello sviluppo intellettuale e morale del bambino. Il bambino si trova ad agire in una cerchia di persone allargata e quindi, man mano che cresce, opera un'astrazione e generalizzazione dai ruoli e dagli atteggiamenti delle figure parentali ai ruoli e agli atteggiamenti in generale. In questo modo, i valori, le norme e le conoscenze che il bambino ha ricevuto dai genitori vengono rafforzate e sostenute dagli altri e assumono quindi una generalità sempre più ampia fino a includere la società nel suo complesso. La formazione dell'altro generalizzato e di una capacità di giudizio autonoma indica che il bambino non si identifica e si confronta più con altri concreti, ma con una generalità di altri che rappresentano l'intera società. Se prima egli obbediva ad una norma per gratificare il genitore e per ottenere la sua approvazione, ora egli la rispetterà autonomamente, poiché essa è venuta a far parte dell'immagine che egli si è fatto di se stesso, cioè della sua identità.

Si può dire che l'acquisizione dell'**identità personale** si esprima nella capacità di rispondere alla domanda «chi sono?». Le risposte a questa domanda variano nel tempo e infatti il processo di socializzazione può essere visto come una successione di fasi in cui il soggetto sviluppa un'identità sempre più articolata e complessa. La prima fase di questo processo corrisponde all'acquisizione della capacità di riconoscere l'esistenza di un mondo esterno, di delimitare i confini, sia pure in modo grossolano ma comunque efficace, tra ciò che sta dentro di sé e ciò che sta fuori di sé. L'acquisizione di questo primo elemento embrionale di identità è mediato dal rapporto con la madre, tuttavia il bambino non ha ancora imparato a distinguere tra la madre e le altre persone; tutto ciò che lo circonda è «madre».

In una fase successiva il bambino incomincerà a distinguere tra la madre e gli altri adulti e quindi ad isolare le caratteristiche delle singole persone che si occupano di lui: la sua immagine del mondo sociale incomincia ad assumere le caratteristiche di un sistema di ruoli tra loro correlati all'interno del quale egli occupa una posizione particolare. In uno stadio ulteriore ha inizio la tipizzazione sessuale delle persone: all'età di quattro anni il bambino sa di regola distinguere tra maschi e femmine e sa riconoscere la propria appartenenza all'uno o all'altro genere. Questa identificazione viene indotta e suggerita dal trattamento differenziale che in genere viene riservato ai bambini e alle bambine fin dai primissimi mesi di vita. In ogni società, infatti, vi sono modelli di comportamento ritenuti più appropriati a seconda che si tratti di maschi o di femmine; al di là quindi delle differenze fisiche e biologiche, la socializzazione differenziale contribuisce all'acquisizione dell'identità di genere. L'eventuale presenza, inoltre, di fratelli e/o sorelle consente la sperimentazione di ruoli familiari di tipo orizzontale, cioè all'interno della stessa generazione, e rende più differenziato il sistema di ruoli familiari nell'ambito del quale ogni singolo soggetto definisce la propria identità.

La formazione dell'identità personale, pertanto, corre parallela alla scoperta e all'elaborazione cognitiva del **mondo sociale** i cui confini si allargano per cerchi successivi (dalla famiglia, alla scuola, al gruppo di pari, ecc.) e che appare sempre più differenziato e complesso. Ad ogni stadio il soggetto assume ruoli nuovi che si aggiungono e si diversificano dai ruoli precedenti e così anche la sua identità diventa nello stesso tempo più differenziata e specifica. Questo processo, però, non si svolge in modo lineare e cumulativo e ad ogni svolta l'individuo deve ridefinire la propria identità in relazione alla ristrutturazione della mappa cognitiva del mondo sociale esterno. La nascita di un fratello o di una sorella, il primo giorno di scuola, il momento dell'uscita da un ciclo scolastico, la morte di un familiare, come tutti gli eventi salienti che si iscrivono nella biografia di un individuo, sono tutti momenti che segnano dei cambiamenti (più o meno drammatici) nell'identità personale in quanto questa riflette l'identità sociale, cioè l'insieme dei ruoli svolti dal soggetto nelle varie sfere della vita alle quali appartiene. In ognuno di questi momenti, il soggetto è posto di fronte alla necessità di «socializzarsi» alla nuova situazione, di definirla e strutturarla sia dal punto di vista cognitivo, sia dal punto di vista emotivo; in altre parole, è necessario che l'individuo cambi e nello stesso tempo mantenga stabile la propria identità. Si tratta di momenti di inevitabile crisi dell'identità personale che comportano sempre difficoltà, pericoli di regressione e richiedono un investimento notevole di energia, sia da parte del soggetto stesso, sia da parte delle agenzie di socializzazione.

Da un punto di vista analitico si possono distinguere due componenti nel processo di formazione dell'identità: una componente di **identificazione** e una componente di **individuazione**. Con la prima il soggetto fa riferimento alle figure rispetto alle quali si sente uguale o simile e con le quali condivide determinati caratteri; l'identificazione conduce alla formazione del senso di appartenenza a un'entità collettiva definita come «noi» (la famiglia, la fratria, il gruppo dei pari, per arrivare via via alla comunità locale, alla nazione e, al limite, all'intera umanità). Con la componente di individuazione, al contrario, il soggetto fa riferimento alle caratteristiche che lo distinguono dagli altri, sia dagli altri gruppi ai quali non appartiene (e, in questo senso, ogni identificazione/inclusione genera un'individuazione/esclusione), sia dagli altri membri del proprio gruppo rispetto ai quali il soggetto si distingue per le proprie caratteristiche fisiche e morali e per una propria storia individuale (biografia) che è sua e di nessun altro.

4. LA SOCIALIZZAZIONE SECONDARIA

Per rendersi conto della natura dei processi che i sociologi usano denotare con l'espressione «socializzazione secondaria» è utile partire da una considerazione dei fini che tali processi devono tendere a realizzare. Definiremo infatti socializzazione secondaria quell'insieme di pratiche messe in atto dalla società che consentono agli individui di assumere ed esercitare ruoli adulti. Poiché tali ruoli sono straordinariamente vari e differenziati, il compito della socializzazione secondaria consiste nella formazione delle capacità sociali specifiche necessarie all'esercizio dei ruoli stessi.

Le società moderne sono società altamente differenziate, cioè comprendono una gamma molto ampia di ruoli e di relative posizioni. Ogni individuo ricopre nella società una pluralità di ruoli i quali si collocano in sfere di vita separate tra loro. Vi è la sfera dei **ruoli familiari**, dove nello stesso tempo un individuo può essere figlio dei propri genitori, marito o moglie del proprio coniuge, padre o madre dei propri figli, nonno o zio dei propri nipoti e così via. Vi è la sfera dei ruoli lavorativi che si differenziano a seconda del ramo di attività (agricola, industriale, commerciale, amministrativa, ecc.), del tipo di mestiere e di mansione (avvocato, calzolaio, rammendatrice, tornitore, ecc.), del tipo di posizione gerarchica nell'organizzazione del lavoro (dirigente, capo intermedio, impiegato di concetto, impiegato d'ordine, operaio qualificato, operaio comune, ecc.) e in base a molte altre caratteristiche. Vi è la sfera dei ruoli relativi alle attività amicali e del tempo libero dove un individuo può essere giocatore di poker, frequentatore di un certo bar, campione di biliardo, membro di un club sportivo o della società per la protezione degli animali, ecc. Vi è poi la sfera dei ruoli che riguardano la partecipazione sociale e politica dove un individuo può ricoprire il ruolo di membro dell'assemblea dei genitori della scuola dei suoi figli, presidente di una commissione del consiglio di zona, tesoriere della sezione locale del suo partito o del sindacato dell'azienda presso la quale lavora, ecc. Gli esempi si potrebbero moltiplicare all'infinito. L'insieme dei ruoli svolti da un individuo si designa in genere con il termine inglese **«role set»**.

Inoltre, e questo aspetto è assai importante per i processi di socializzazione secondaria, la composizione dell'insieme dei ruoli svolti da un individuo muta continuamente nel tempo lungo l'arco della vita. In ogni sfera di vita ciascun individuo compie un proprio percorso che in parte può essere tipico di molti altri individui, in parte del tutto personale. Nella sfera dei ruoli familiari, ad esempio, si possono identificare una serie di tappe attraverso le quali passano, sia pure in momenti e in circostanze diverse della loro vita, la maggior parte degli uomini e delle donne: nella famiglia d'origine possono nascere fratelli o sorelle minori, ad un certo punto il soggetto deciderà di lasciare la casa dei genitori e di iniziare un'altra forma di convivenza, potrà vivere da solo, sposarsi o vivere in coppia con un'altra persona, avrà dei figli i quali inizieranno a loro volta il loro percorso, i propri genitori prima o poi verranno a mancare come prima erano venuti a mancare i nonni e così via. Vari altri eventi potranno segnare il percorso ed ogni tappa segnerà un cambiamento nei ruoli familiari del soggetto.

Nella sfera educativa, in quella lavorativa e in ogni altro campo dove l'individuo svolge dei ruoli si verificheranno varie serie di cambiamenti: il passaggio da un ordine di scuola ad un altro, da un tipo di scuola ad un altro, la fine degli studi, la ricerca di un lavoro, il passaggio da un lavoro all'altro, da un livello ad un altro della stessa carriera, vi potranno essere cambiamenti di residenza legati a cambiamenti di lavoro, la necessità di ricostruire reti amicali e di solidarietà e, inoltre cambiamenti di fede politica, di adesione ad un partito, ad un sindacato, ad un'associazione. La biografia di ogni individuo può essere vista in questo senso come un intreccio di percorsi ognuno dei quali è segnato da una serie di svolte, ora brusche e drammatiche, ora graduali e quasi impercettibili, alcune perseguite consapevolmente e frutto dell'azione intenzionale del soggetto, altre, invece, subite e provocate da modificazioni dell'ambiente esterno che il soggetto non può controllare. Ognuna interferisce, condiziona ed è condizionata dalle svolte che costellano gli altri percorsi.

Ogni svolta in ogni percorso comporta l'abbandono di un ruolo e l'assunzione di un ruolo nuovo, oppure la ridefinizione dei contenuti di ruolo in termini di aspettative reciproche e di prestazioni richieste. Inoltre, ogni svolta nell'ambito di un ruolo produce una serie di aggiustamenti in tutti gli altri ruoli dell'individuo il quale deve quindi ristabilire l'equilibrio dinamico in tutti i settori in cui si svolge la sua esistenza. Ad ogni svolta l'individuo deve ridefinire la propria situazione in modo più o meno globale a seconda dell'importanza della svolta. Questa ridefinizione comporta una serie di operazioni: la disattivazione di atteggiamenti, comportamenti, capacità e aspettative che valevano nella situazione precedente alla svolta, l'attivazione di nuovi atteggiamenti, comportamenti, adeguati alla nuova situazione, la gestione delle ripercussioni del cambiamento su tutti gli altri ruoli svolti in modo da controllare gli effetti di nuovi conflitti di ruolo emergenti e garantire il mantenimento della propria identità personale nel tempo di fronte al cambiamento della situazione. Per ognuna di queste operazioni si pongono dei problemi di apprendimento; in altre parole, per fronteggiare la nuova situazione, l'individuo non può far ricorso esclusivamente al repertorio di atteggiamenti, comportamenti, competenze appresi precedentemente, ma deve arricchire tale repertorio (in ciò consiste appunto l'apprendimento) e neutralizzare quegli elementi acquisiti che risultano non solo inefficaci, ma molto spesso addirittura dannosi nella nuova situazione.

Sono note, ad esempio, le difficoltà che chi ha lavorato per tutta la vita incontra nel momento del pensionamento. Egli si trova il più delle volte da un giorno all'altro a dover affrontare una situazione di disponibilità, se non altro, di tempo, rispetto alla quale gran parte di ciò che ha appreso e fatto in passato risulta inutilizzabile e talvolta ingombrante. Egli deve imparare a vivere non soltanto in relazione a quello che era, ma soprattutto in relazione a quello che è oggi, deve attivare nuovi interessi e sensibilità e anche riattivare interessi e capacità che erano state trascurate e cadute in disuso per un lungo periodo. Egli deve socializzarsi ed essere socializzato alla nuova situazione di pensionato e può farlo ricorrendo ad una serie di modelli e di strategie di comportamento che sono, almeno in parte, nuove e che devono essere apprese.

Questo esempio ci dimostra come la socializzazione sia un processo continuo che si svolge lungo tutto l'arco della vita. Di questa continuità bisogna peraltro sottolineare due aspetti. Il primo si riferisce alla natura più o meno cumulativa dei processi di apprendimento che accompagnano la socializzazione: lungo tutto l'arco della socializzazione primaria e per gran parte della socializzazione secondaria ogni fase del processo si fonda sulle fasi precedenti e le presuppone, ogni nuovo apprendimento utilizza in gran parte elementi già appresi e non può farne a meno anche se non si esaurisce in essi. Quando l'apprendimento di cose nuove entra in conflitto e risulta incompatibile con una parte di quanto è già stato appreso, questa parte deve in qualche modo essere accantonata per far posto e rendere possibile l'acquisizione del nuovo. Vi è accumulazione quando i processi di apprendimento superano di gran lunga per entità e importanza i processi di disapprendimento (nella letteratura tedesca si usa in proposito il termine assai pregnante di *Verlernen*). Oltre una certa età, invece, variabile da individuo a individuo, anche in relazione al deterioramento delle funzioni cerebrali, diminuisce o si arresta del tutto la capacità di apprendere cose nuove e quanto è stato appreso in precedenza viene selettivamente eliminato man mano che non risulta più utilizzabile nella prassi quotidiana. Non bisogna quindi confondere tra processi di socializzazione e processi di apprendimento nonostante il nesso evidente che esiste tra i due.

Il secondo aspetto della continuità del processo di socializzazione consiste nel fatto che passando dalla socializzazione primaria a quella secondaria il soggetto acquisisce un controllo sempre maggiore sul processo stesso: egli diventa – in altri termini – un agente della sua stessa socializzazione, capace di compiere delle scelte che indirizzano il processo e condizionano l'azione degli agenti di socializzazione.

5. GLI AGENTI DELLA SOCIALIZZAZIONE SECONDARIA

La **scuola** è la prima istituzione sociale extrafamiliare con la quale l'individuo entra in rapporto e l'ingresso nella scuola segna convenzionalmente l'inizio della socializzazione secondaria. La scuola rappresenta un ambiente qualitativamente diverso da quello domestico nell'orizzonte del quale si è svolta prevalentemente la socializzazione primaria. La figura dell'insegnante, per quanto possa spesso assumere atteggiamenti di stampo familiare e di tipo materno o paterno, è quella del portatore di un ruolo sociale specifico, definito da caratteristiche oggettive di competenza e da norme impersonali di prestazione. Nell'interazione con l'insegnante il bambino impara prima di tutto modelli di comportamento adeguati ad una situazione definita in termini di rapporti di autorità assai più impersonali di quelli esperiti nella situazione familiare. Inoltre, nella situazione scolastica il bambino imparerà in modo assai più esplicito che non nella precedente esperienza familiare a strutturare la propria azione in termini di rapporto mezzi/fini: gli vengono indicati degli obiettivi di apprendimento (ad esempio, la capacità di risolvere un problema di geometria), i mezzi adeguati per realizzarli (lo svolgimento di determinati esercizi), i criteri per verificare se l'obiettivo è stato o meno raggiunto e la sua prestazione viene valutata e sanzionata positivamente o negativamente mediante un sistema di incentivi e disincentivi.

Sulla base delle proprie prestazioni, lo scolaro viene indotto a confrontarsi, in modo esplicito o implicito, con i propri compagni e a sperimentare quindi una situazione oggettivamente competitiva, oppure viene stimolato a cooperare con essi al fine della realizzazione di un obiettivo comune. La socializzazione scolastica, quindi, al di là dei contenuti specifici dell'insegnamento, trasmette, in base al modo in cui viene attuata e al tipo di rapporti sociali nei quali si esplica, una serie di modelli di comportamento che si rifanno ai principi di autorità, di prestazione, di competizione e di cooperazione.

I principi di autorità, di prestazione, di competizione e di cooperazione sono al centro anche dei processi di socializzazione che hanno luogo nell'ambito dell'organizzazione del lavoro. Non è qui il caso di entrare nel merito dei problemi specifici della formazione professionale. È però utile ricordare che, oltre a questa, l'intera vita lavorativa è costellata di momenti e fasi di apprendimento, formali e informali, a seconda della frequenza con cui si verificano mutamenti di posto di lavoro (mobilità lavorativa), oppure si trasformano le mansioni per effetto del cambiamento tecnologico e organizzativo. La stessa organizzazione del lavoro (composta da superiori, esperti, formatori, colleghi, ecc.) diventa un agente di socializzazione.

Grande importanza nei processi di socializzazione secondaria ha, inoltre, il **gruppo dei pari**. Gli studi sul processo di socializzazione pongono generalmente l'accento sulla natura asimmetrica del rapporto tra gli agenti di socializzazione (famiglia, scuola, organizzazione), dotati di un'autorità pedagogica, e i destinatari della loro azione, coloro che devono essere socializzati. Il riconoscimento del fatto che nella socializzazione è sempre presente qualche momento di reciprocità (cioè di influenza dei figli sui genitori, degli allievi sugli insegnanti, ecc.) non fa venire meno la natura fondamentalmente asimmetrica del rapporto. Di socializzazione si può parlare però anche nei rapporti tra pari, cioè tra individui che sono formalmente sullo stesso piano e tra i quali non esiste un rapporto sanzionato di autorità o di subordinazione. Ciò accade fin dalla primissima infanzia e continua in tutte le fasi successive. Fratelli e sorelle sono pari nei confronti dei genitori, gli alunni sono pari nei confronti degli insegnanti, i compagni di lavoro sono pari nei confronti dei capi, ecc. Inoltre, vi sono molte attività dove i ruoli non sono necessariamente gerarchizzati, come nei gruppi che si formano nelle attività di tempo libero, nei gruppi amicali, nelle associazioni volontarie, e dove quindi prevalgono relazioni simmetriche tra le persone che fanno parte di tali gruppi.

I rapporti all'interno di un gruppo di pari si collocano tra le due polarità della **solidarietà** e della **competizione**. Si può dire che l'effetto di socializzazione del gruppo sui membri che lo compongono si manifesta in termini di apprendimento dei modelli di azione solidaristica e di azione competitiva. L'agire solidaristico si fonda sul sentimento di appartenenza in virtù del quale i membri di un gruppo sottolineano ciò che li accomuna e quindi li rende uguali; l'agire competitivo si fonda, invece, sul sentimento di individualità e tende a differenziare tra loro i membri del gruppo.

Nell'ambito delle organizzazioni ordinate gerarchicamente gruppi informali tendono a formarsi lungo linee orizzontali tra persone che occupano lo stesso livello o livelli simili e che possono contrapporsi a coloro che si collocano a livelli inferiori o superiori. In questo caso la solidarietà riduce la competizione tra i membri del gruppo. Dove invece la competitività orizzontale è elevata, la solidarietà di gruppo risulterà scarsa, oppure si svilupperà nella dimensione verticale tra persone appartenenti a livelli diversi. La caratteristica, comunque, che definisce l'esistenza di un gruppo di qualsiasi natura è la presenza di qualche forma di solidarietà che nei casi limite annulla, ma nella maggior parte dei casi controlla e regola la competitività al suo interno, oppure la indirizza verso altri gruppi esterni.

I gruppi possono essere della natura più diversa a seconda dell'ambito nel quale si formano (gruppi di vicinato, di compagni di scuola, di colleghi di lavoro, ecc.), del tipo di scopo che perseguono (ludico, ricreativo, culturale, politico, ecc.), del tipo di rapporti che intercorrono tra i loro membri, della frequenza dell'interazione al loro interno, dell'ampiezza, degli scambi che mettono in atto con altri gruppi oppure con istituzioni. Essi inoltre possono essere, come abbiamo già visto nel capitolo III, formali o informali a seconda della presenza o meno di un'organizzazione che stabilisca una serie di regole esplicite per il loro funzionamento. Tra queste regole particolarmente importanti sono quelle che governano i meccanismi di reclutamento dei membri del gruppo in quanto esse sono volte ad accertare se un individuo possiede i requisiti richiesti per l'appartenenza, se è stato adeguatamente socializzato al ruolo di membro del gruppo, oppure se possiede le caratteristiche per poter essere successivamente socializzato ed entrare a pieno titolo nel gruppo. In quest'ultimo caso, si dà luogo alla creazione di un ruolo transitorio, quello di aspirante, e a un periodo transitorio di aspettativa, che segnano una fase di intensa socializzazione alle norme del gruppo. In altri casi, il momento nel quale un individuo entra a far parte di un gruppo è ritualisticamente segnato dal superamento di una prova (ad esempio, i riti di passaggio tra un gruppo di età e quello successivo in molte società premoderne), oppure da cerimonie solenni che segnano drammaticamente la transizione e l'ingresso in una nuova condizione, come, ad esempio, i riti di iniziazione.

Tra gli agenti di socializzazione secondaria bisogna oggi annoverare anche i **mezzi di comunicazione di massa** in quanto la loro influenza interferisce e si sovrappone a quella degli altri agenti di socializzazione (famiglie, scuola, organizzazione, gruppi, ecc.). Essi influiscono in misura assai cospicua non solo nella trasmissione di informazioni e conoscenze, ma nella formazione di atteggiamenti, opinioni e comportamenti relativi alle più diverse sfere di attività. È indubbio che il processo di socializzazione risulta profondamente influenzato dalle comunicazioni di massa nel senso che l'esposizione ai loro messaggi può rafforzare o indebolire l'efficacia dell'azione degli altri agenti di socializzazione. È noto, ad esempio, che la televisione diffonde valori e modelli di comportamento che possono essere talvolta notevolmente difformi e contrastanti da quelli trasmessi da altre agenzie. Ciò pone però un problema di portata più generale: quello dei conflitti di socializzazione.

6. I CONFLITTI DI SOCIALIZZAZIONE NELLE SOCIETÀ DIFFERENZIATE

Abbiamo visto che i vari agenti di socializzazione contribuiscono a plasmare i modi nei quali gli uomini pensano e agiscono socialmente. A questo punto, dobbiamo porci una domanda di fondo: i vari agenti di socializzazione operano in modo coordinato e coerente, oppure ognuno di essi segue una propria logica di azione che non produce necessariamente effetti tra loro compatibili e convergenti?

La stessa esperienza quotidiana ci suggerisce che la seconda ipotesi appare più plausibile. Le esperienze di socializzazione attraverso le quali un individuo passa nel corso della sua esistenza non si sommano armonicamente le une alle altre: esperienze successive molto spesso smentiscono, modificano o neutralizzano l'influenza di quelle precedenti. Il processo di socializzazione appare dunque nel complesso come tutt'altro che lineare. I genitori possono aver equipaggiato i loro figli con un bagaglio di valori, conoscenze e aspirazioni che essi ritenevano adeguate per metterli in grado di affrontare la vita, così come essi la concepivano. Ma le esperienze scolastiche successive dei figli possono aver modificato, anche radicalmente, questo bagaglio, possono aver vanificato ad esempio molte aspirazioni, oppure averne alimentate di nuove, aperto nuovi orizzonti che i genitori non avevano neppure potuto immaginare come possibili. La scuola può aver formato certe competenze e può aver impedito ad altre di svilupparsi, e quando il giovane inizierà le prime esperienze lavorative si accorgerà che molto di quanto ha imparato non può essere utilizzato, mentre gli servirebbero molte altre conoscenze e capacità che non ha acquisito.

Non solo non vi è coerenza tra i vari agenti che concorrono alla socializzazione di un individuo, ma l'azione di ognuno di essi può non essere – e in genere non è – internamente coerente. Nella famiglia, la madre, il padre, i fratelli e le sorelle, gli altri parenti, possono agire in modi e con finalità tra loro incompatibili. Nella scuola insegnanti diversi possono alimentare aspirazioni e trasmettere competenze tra loro anche notevolmente divergenti. Sono all'ordine del giorno situazioni nelle quali, ad esempio, uno stesso ragazzo viene nello stesso tempo incoraggiato da un insegnante e scoraggiato da altri a intraprendere certi corsi di studio. I compagni di scuola, inoltre, possono ostacolare o rafforzare l'azione degli insegnanti. Nel lavoro le aspettative dei superiori possono entrare in conflitto con quelle dei compagni, le pratiche di formazione possono incontrare la resistenza delle organizzazioni sindacali di rappresentanza e così via.

I mezzi di comunicazione di massa, come abbiamo accennato, interferiscono ormai nell'azione di tutti gli agenti di socializzazione. Genitori e insegnanti, ad esempio, manifestano spesso ostilità nei confronti della televisione che essi percepiscono come un fattore che svalorizza la loro funzione e toglie efficacia ai loro messaggi educativi. Ma gli stessi mezzi di comunicazione di massa diffondono modelli tra loro incoerenti, la cultura di massa è frammentaria ed eterogenea, non produce effetti di omologazione quanto piuttosto di dispersione.

Non possiamo quindi dare per scontata la presenza di un'interna coerenza tra le varie agenzie di socializzazione. Tra famiglia, scuola, lavoro, gruppi di appartenenza, gruppi di riferimento, messaggi della cultura di massa, le possibilità di conflitto sono sempre presenti. L'individuo è sottoposto ad una serie di pressioni incrociate che ora si eludono ora si rafforzano reciprocamente. Non esiste un programma prestabilito che modella i comportamenti umani in modo unitario e coerente al fine di produrre la gamma di tipi sociali richiesta in una società data in un determinato momento storico. Inoltre, anche qualora volessimo ammettere l'esistenza di tale programma, nulla ci garantisce un adeguamento docile del singolo individuo alle sue prescrizioni, una coerenza organica tra le motivazioni individuali, le aspettative di ruolo, le norme e i valori della società. Il sistema sociale non è onnipotente di fronte agli individui, da un lato perché la sua azione si svolge attraverso una pluralità di agenzie relativamente indipendenti le une dalle altre, dall'altro lato perché la costituzione biopsichica degli individui offre comunque resistenza all'influenza del sistema sociale.

A questo punto possiamo chiederci se, di fronte a influenze così diversificate e potenzialmente contrastanti, sia comunque possibile per l'individuo ricostruire un percorso di socializzazione dotato di un certo grado di coerenza. È importante ricordare a questo proposito che, a parte le prime fasi della socializzazione primaria nelle quali il bambino ha minori possibilità di influire sul proprio contesto di socializzazione, nelle fasi successive questa possibilità aumenta, nel senso che aumenta la gamma delle opzioni di socializzazione e di identità tra le quali un individuo può scegliere con un grado consistente di autonomia. Egli potrà scegliere l'esempio del padre, della madre, oppure rifiutarli *in toto* o soltanto in parte, potrà scegliere tra percorsi educativi diversi e, entro certi limiti, correggere le proprie scelte qualora esse siano risultate insoddisfacenti o impraticabili, potrà scegliere tra occupazioni diverse valutate più o meno coerenti rispetto alle proprie attitudini, capacità o aspirazioni, potrà scegliere a quali gruppi appartenere, a quale disciplina sottomettersi, a quale autorità ribellarsi, a quali messaggi esporsi e così via.

Un individuo, cioè, al di là del primo stadio infantile, diventa un agente attivo della propria socializzazione. La società gli offre una gamma di opportunità di socializzazione che può essere più o meno ampia e tali opportunità possono essere più o meno incompatibili tra loro, ma lo spazio di scelta non si riduce mai a zero. È l'individuo stesso quindi a dover gestire l'inevitabile conflitto che in una società altamente differenziata si produce tra le varie agenzie di socializzazione, ma è proprio questa possibilità che garantisce l'esistenza di uno spazio di libertà per l'individuo e definisce i confini della sua facoltà di indirizzare il processo della propria socializzazione e di costruire la propria identità.

PER SAPERNE DI PIÙ

BARALDI C., *Socializzazione e autonomia individuale. Una teoria sistemica del rapporto tra comunicazione e pensiero*, Milano, Angeli, 1992; CESAREO V., *Socializzazione e controllo sociale*, Milano, Angeli, 1977; ERIKSON E.H., *Infanzia e società*, Roma, Armando, 1972; GARELLI F., PALMONARI A. e SCIOLLA L., *La socializzazione flessibile*, Bologna, Il Mulino, 2006; MEAD G.H., *Mente, sé e società*, Firenze, Giunti-Barbera, 1966; MORCELLINI M., *Passaggio al futuro. La socializzazione nell'età dei mass media*, Milano, Angeli, 1995; PIAGET J., *Il giudizio morale del fanciullo*, Firenze, Giunti-Barbera, 1972; SCIOLLA L. (a cura di), *Identità*, Torino, Rosenberg & Sellier, 1983.

CAPITOLO 7

Linguaggio e comunicazione

In questo capitolo passeremo in rassegna alcune delle ipotesi sull'origine, le funzioni e la variabilità storica e sociale del linguaggio in quanto strumento di comunicazione interpersonale, per poi analizzare le caratteristiche della comunicazione di massa, l'influenza che i vecchi e i nuovi media esercitano sulla società e le principali interpretazioni sociologiche di questi fenomeni.

1. IL PROBLEMA DELLE ORIGINI DEL LINGUAGGIO

Basta fermarsi un attimo e riflettere per rendersi conto di quanta parte della nostra vita di tutti i giorni dipende dal – ed è intrisa di – linguaggio. Non solo parliamo con gli altri e ascoltiamo i loro discorsi, leggiamo testi di ogni genere e, talvolta, ne scriviamo pure, ma anche quando siamo soli con noi stessi e pensiamo ai fatti nostri, anche nel dialogo interiore, non possiamo fare a meno di nominare i nostri stati d'animo attribuendo loro delle parole. La nostra lingua ci è così familiare, anche se non tutti abbiamo la stessa competenza nell'usarla, che non riusciamo neppure a immaginare come potrebbe essere il mondo umano senza linguaggio. E, infatti, non ci sbagliamo, perché un mondo senza linguaggio (o, meglio, senza un tipo di linguaggio come quello che usiamo quotidianamente) non sarebbe un mondo umano.

Anche se gli etologi, cioè coloro che studiano il comportamento animale, hanno ormai accertato che anche molte specie animali comunicano con sistemi di segni e quindi hanno un «loro» linguaggio, non sembra proprio che vi siano in natura altri esseri viventi che usano un linguaggio simile al nostro per livello di complessità e di elaborazione [Sebeok 1976].

Non c'è da stupirsi se da tempi immemorabili gli uomini si siano interrogati sulle origini del linguaggio, poiché porsi questa domanda equivale a interrogarsi sulle origini stesse dell'uomo e quindi sulla creazione. La questione è profondamente legata alla dimensione religiosa. Non a caso nella tradizione ebraico-cristiana, Dio è «il verbo» e la parola è ciò che rende l'uomo simile a Dio.

Stando alla narrazione biblica, in particolare al Libro della Genesi, la prima cosa che fece Adamo dopo essere stato creato fu di dare un nome a tutte le cose, le piante e gli animali del giardino dell'Eden. Egli compì così la prima operazione linguistica, un'operazione cognitiva. Poi, sappiamo, si lasciò anche convincere da Eva a mangiare il frutto dell'albero della conoscenza e qui la lingua compare per la seconda volta, questa volta come mezzo di comunicazione (anzi, di seduzione, con effetti disastrosi per lui e per tutti coloro che lo seguirono!). Ma la Bibbia ritorna anche in altri passi sui problemi della lingua: ad esempio, quando gli uomini vogliono innalzare una torre che raggiunga il cielo, Dio interviene per punire la loro arroganza confondendo i loro linguaggi in modo che da quel momento in poi non parleranno più la stessa lingua. Da allora la torre di Babele è diventata la metafora dell'incomunicabilità e dell'incomprensione tra gli uomini. E, ancora, nel Nuovo Testamento, lo Spirito Santo discende sugli apostoli (la liturgia ricorda l'evento nel giorno di Pentecoste) e li mette in grado di parlare le lingue dei popoli tra i quali dovranno diffondere la nuova fede. Il racconto biblico è una testimonianza di quanto antica sia la riflessione umana sul linguaggio, le sue forme e le sue funzioni. Al di là della religione, possiamo dire che la riflessione sul rapporto tra parole, concetti e cose è il tema centrale della filosofia dalle origini ai nostri giorni.

Non possiamo qui certo, neppure a grandi linee, ripercorrere la storia di questa riflessione. E tuttavia è utile fermarsi a considerare almeno due problemi che sono stati, e sono tuttora, al centro del dibattito filosofico e scientifico e che sono strettamente legati tra loro: il problema delle origini delle lingue e della natura innata, oppure appresa, del linguaggio.

A parte la narrazione biblica che, come abbiamo accennato, postula un paradiso terrestre dove si parlava una sola lingua, gli studiosi si sono posti il problema se le tante lingue che si parlano ora sulla terra (attualmente se ne contano circa cinquemila) non derivino tutte da una stessa lingua comune originaria. Le ipotesi in gioco sono sostanzialmente due e opposte tra loro: l'**ipotesi monogenetica** e l'**ipotesi poligenetica**, cioè c'è chi sostiene che le lingue attuali sono prodotte per differenziazione da un'unica lingua e chi sostiene invece la pluralità dei ceppi linguistici originari. È un problema connesso a quello che si sono posti gli studiosi dell'origine delle razze umane. Anche in questo caso, le ipotesi sono diverse: alcuni sostengono che l'uomo sia comparso in un solo punto (probabilmente in Africa) e di lì si sia diffuso e differenziato, mentre altri propendono per l'ipotesi della comparsa indipendente in aree diverse. Il problema non è facilmente risolvibile sul piano scientifico in modo rigoroso perché abbiamo traccia delle lingue usate in passato solo a partire dagli ultimi 6.000 anni, cioè da quando è stata introdotta la scrittura, mentre le popolazioni umane usavano il linguaggio già da centinaia di migliaia di anni.

Non c'è dubbio che le lingue attualmente parlate siano il risultato di un **processo di differenziazione linguistica** che è avvenuto nel corso degli ultimi millenni. L'evoluzione delle lingue è molto rapida rispetto all'evoluzione genetica; basta che due popolazioni un tempo unite e parlanti la stessa lingua si separino, ad esempio per effetto delle migrazioni, e dopo 1.000 anni (e forse anche meno) non sono più in grado di intendersi tra loro [Cavalli Sforza 1996]. Ad esempio, le cosiddette «lingue romanze» (italiano, francese, castigliano, portoghese, rumeno, catalano, ecc.) derivano tutte dal latino e si sono differenziate nel corso del tempo. La maggior parte delle lingue dell'area europeo-caucasica e del sub-continente indiano (salvo quelle del ceppo ugro-finnico) derivano da una lingua, l'indoeuropeo, che i linguisti sono stati in grado di ricostruire partendo dalle lingue attuali, anche se non è più parlata da nessuna popolazione vivente. Anche il latino potrebbe essere ricostruito con lo stesso procedimento partendo dalle lingue romanze attuali e il risultato di questa operazione sarebbe probabilmente più vicino alla lingua effettivamente parlata nell'uso quotidiano, piuttosto che alla lingua che ci è stata tramandata nei testi letterari.

Se il processo di differenziazione da basi linguistiche omogenee ha funzionato negli ultimi millenni, non si vede come non avrebbe dovuto funzionare prima; l'ipotesi quindi di un'unica origine appare quanto meno plausibile. Naturalmente si tratta di congetture; bisogna rassegnarsi al fatto che la scienza non può dare una risposta certa a tutte le domande che ci sembra sensato porre; non abbiamo ancora trovato il modo (ed è probabile che mai lo troveremo) di registrare i suoni prodotti dalle corde vocali dei nostri antenati di varie decine di migliaia di anni fa!

La questione, tuttavia, non è irrilevante, poiché se ammettiamo come almeno plausibile l'**ipotesi «unitaria»**, si rafforza anche la tesi di coloro che sostengono che il *linguaggio è innato* nella specie umana, una sorta di caratteristica del suo patrimonio biologico, formatasi gradualmente nel corso del processo di evoluzione. Anche quest'idea non è nuova: Aristotele e Cartesio, per citare solo due «giganti» del pensiero filosofico occidentale, ne avevano già posto le fondamenta nelle loro teorie della natura innata della conoscenza. Ma essa è stata ripresa in epoca contemporanea da un grande linguista americano, Noam Chomsky [1968], il fondatore della moderna «scienza cognitiva». Secondo Chomsky, le analogie strutturali che si riscontrano in tutte le lingue fanno ritenere che vi sia una grammatica universale innata, fatta di regole che permettono di collegare il numero limitato di fonemi (cioè, di successioni di suoni) che gli organi vocali della specie umana sono in grado di produrre. Sulla base di questa sintassi-grammatica universale si svilupperebbero poi, per processi secondari di differenziazione, le grammatiche delle singole lingue particolari, con tutte le loro specificità semantiche (cioè, relative al significato delle parole) legate alle diversità degli ambienti nei quali si sono trovate a vivere le popolazioni umane.

Chomsky è stato sempre riluttante ad attribuire un fondamento biologico alla capacità umana di generare una grammatica universale comune a tutte le lingue e di formulare la sua teoria nei termini della teoria dell'evoluzione, cioè di considerare il linguaggio come il risultato di un processo di selezione naturale che avrebbe fornito alla specie umana un decisivo «vantaggio evolutivo» rispetto alle altre specie animali.

Questo passo è stato compiuto tuttavia di recente da alcuni **biologi «evoluzionisti»** sulla base di due considerazioni, una teorica e una empirica.

La considerazione teorica riguarda appunto il problema dei **«vantaggi evolutivi»**, cioè di quei tratti che pongono coloro che li posseggono in una posizione di vantaggio, aumentando le probabilità che riescano a sopravvivere e a riprodursi. Seguendo lo schema proposto da Lieberman [1984], il ragionamento può essere grosso modo sintetizzato così: il linguaggio verbale è un'invenzione dell'*homo sapiens*, gli ominidi che l'hanno preceduto comunicavano probabilmente con gesti e con sistemi di segni non verbali, sia pure già più evoluti di quelli delle specie animali. La dimostrazione di questo sarebbe nel fatto che nessuno tra gli organi dell'apparato fonatorio (polmoni, laringe, bocca, lingua, naso) svolge come funzione primaria la produzione di suoni. La funzione fonatoria si sarebbe sviluppata successivamente attraverso una serie di adattamenti anatomici (la discesa della laringe, la mobilità della lingua) che hanno reso possibile la produzione di suoni sempre più articolati. Lo stesso aumento della massa cerebrale che non sembra essersi modificata di molto negli ultimi 300.000 anni – sarebbe stata attivata dall'acquisizione del linguaggio verbale e un cervello più sviluppato avrebbe poi ulteriormente favorito l'espansione e il perfezionamento delle capacità linguistiche. Rispetto al linguaggio gestuale, inoltre, il linguaggio verbale presenta il notevole vantaggio di consentire la comunicazione senza interrompere le azioni compiute con altre parti del corpo, come le braccia e le mani. Lo sanno bene i sordomuti che, dovendo comunicare con un codice gestuale, non sono in grado di compiere, quando comunicano, altre operazioni. Infine, è certo che i vantaggi evolutivi per la specie umana sono stati enormemente accresciuti con l'invenzione della scrittura che consente la conservazione e la trasmissione delle informazioni di generazione in generazione al di là delle limitate capacità di «immagazzinamento» delle cellule del cervello umano.

La considerazione empirica riguarda invece lo studio di alcuni **disturbi del linguaggio**, indipendenti dal livello intellettuale, che si manifestano nell'incapacità di usare certe categorie grammaticali (ad esempio, l'uso del plurale e la coniugazione temporale dei verbi). È stato provato [Pinker 1994] che questi disturbi sono ereditari e si trasmettono nelle famiglie seguendo il classico ordine mendeliano (dal nome del biologo boemo Gregor Mendel che formulò le leggi di trasmissione dei caratteri ereditari), avvalorando quindi l'ipotesi che vi siano dei geni specifici alla cui presenza è da attribuire l'acquisizione di determinate competenze linguistiche, mentre la cui assenza (per fortuna assai rara) spiega l'insorgenza di queste forme di patologia del linguaggio.

Le argomentazioni dei teorici dell'evoluzione, e ora anche qualche prova empirica convincente, lasciano presumere quindi che vi sia una **base biologica del linguaggio** nel patrimonio genetico della specie umana. Quanto estesa sia questa base, quanto ci sia quindi di innato e quanto di acquisito nelle competenze linguistiche, è una questione a cui, allo stato attuale delle conoscenze, non è possibile dare una risposta. Oggi possiamo ragionevolmente sostenere che entrambe le componenti (innate e acquisite) sono presenti, che le componenti innate sono senz'altro di carattere molto generale e astratto e che non limitano certo l'immenso campo di libertà e di creatività della cultura umana.

Non è il caso qui andare ulteriormente nel dettaglio in questo campo di studi. Ci siamo soffermati su questo aspetto perché offre un esempio illuminante di come il confine tra scienze sociali e naturali sia fluido e come si aprano affascinanti prospettive di ricerca se, almeno ogni tanto, si trasgrediscono le barriere tra le discipline. Ci basta aver acquisito due punti importanti: le lingue umane hanno un fondamento comune e la loro origine si confonde con l'origine stessa della specie.

2. LE FUNZIONI DEL LINGUAGGIO: PENSARE E COMUNICARE

In seguito del già detto, nello stesso tempo che si formò il carattere divino di Giove, che fu il primo di tutt'i pensieri umani della gentilità, incominciò parimenti a formaresi la lingua articolata con l'onomatopea, con la quale tuttavia osserviamo spiegarsi felicemente i fanciulli. Ed esso Giove fu da' latini, dal fragor del tuono, detto dapprima «Ious».

Questa frase è di Giambattista Vico (1668-1744) e risale alla metà del XVIII secolo [Vico 1725, 447]: in essa sono espresse tre idee importanti: che il linguaggio nasce insieme al pensiero, che le prime parole usate dagli uomini sono costruite imitando i suoni naturali e che nei bambini possiamo rintracciare i modi di esprimersi di un'umanità ricacciata a uno stadio primitivo dopo il diluvio universale. Possiamo immaginarci questi primi uomini che guardano attoniti un cielo percorso da lampi ed emettono dei suoni simili al tuono per indicare la potenza misteriosa che li sovrasta.

La prima parola, per Vico, risolveva quindi un problema cognitivo. Possiamo trovare passi analoghi in vari pensatori della stessa epoca, da Condillac a Leibniz, a von Humboldt [Trabant 1994]. Da allora, l'idea dell'esistenza di uno stretto legame tra **pensiero e linguaggio**, di una sorta di circuito per cui il pensiero contribuisce alla formazione del linguaggio e questo a sua volta arricchisce gli strumenti del pensare, è stata al centro dell'attenzione di filosofi, linguisti, psicologi e, recentemente, anche di sociologi. Non possiamo pensare senza linguaggio e quindi attraverso il linguaggio possiamo accedere al funzionamento della mente.

▶ *Funzione cognitiva del linguaggio*. Le operazioni fondamentali del pensiero trovano tutte corrispondenza nelle strutture del linguaggio. Pensare qualcosa vuol dire «nominarla» (verbalmente o mentalmente), cioè stabilire un rapporto tra un «significante» e un «significato»; classificare le cose, cioè stabilire tra loro rapporti di uguaglianza o diversità, vuol dire raggruppare i «significanti», le parole, in classi omogenee per qualche caratteristica; quantificare vuol dire stabilire se in una classe vi sono una, due o più cose, cioè «enumerarle»; individuare uno stato o un'azione di una cosa vuol dire assegnarle un predicato; localizzare una cosa nello spazio o un suo movimento vuol dire applicare uno dei complementi di luogo; stabilire il grado di controllo che l'attore (il «soggetto») ha su un evento vuol dire usare un verbo transitivo o intransitivo e così via, attraverso tutte quelle operazioni che ci sono ben note da quando a scuola ci hanno insegnato a fare l'analisi grammaticale e logica degli enunciati.

Dire che una cosa è vicina o lontana, dentro o fuori, che va in una direzione oppure vi proviene, che un evento è accaduto prima, dopo o contemporaneamente ad un altro, che l'evento A ha provocato o concorso a provocare l'evento B, affermare che la proposizione X è vera mentre la proposizione Y è falsa, sono tutte operazioni che possiamo compiere in virtù del fatto che disponiamo di un linguaggio.

Tuttavia, il linguaggio non serve solo a pensare il «mondo», ma anche a comunicare ad altri il nostro pensiero e a ricevere dagli altri i messaggi nei quali è formulato il loro pensiero.

▶ *Funzione comunicativa del linguaggio*. Accanto a quella cognitiva dobbiamo quindi porre, sullo stesso piano, la funzione comunicativa del linguaggio. Non ha molto senso chiedersi quale delle due sia prioritaria. È un po' come chiedersi se sia nato prima l'uovo o la gallina. Per comunicare dobbiamo avere qualcosa da comunicare, un'idea, un sentimento, un'informazione che abbiamo dovuto pensare prima e tuttavia non possiamo pensare se non con gli strumenti che ci sono forniti dal linguaggio. È un'esperienza comune di tutti coloro che parlano o scrivono che la necessità di comunicare a qualcuno il proprio pensiero è un forte incentivo per elaborarlo e chiarirlo anche a se stessi. Peraltro, ascoltando certi discorsi, ci chiediamo talvolta se non sarebbe meglio che certa gente pensasse prima di parlare.

Affinché abbia luogo un atto comunicativo devono essere presenti alcuni elementi: un emittente, un ricevente, un canale (ad esempio, la voce, lo scritto, il gesto, l'immagine), un codice e un messaggio. L'emittente deve cioè tradurre quello che vuole comunicare in una serie di segni o suoni seguendo le prescrizioni del codice del canale utilizzato e confezionare così il messaggio; il ricevente, a sua volta, deve utilizzare un codice analogo per decifrare il messaggio. È evidente che, perché ci possa essere comunicazione, il codice debba essere condiviso da emittente e ricevente. Condiviso non vuol dire assolutamente identico. Come vedremo meglio in seguito, nessuno parla esattamente la stessa lingua, ma senza un grado minimo di condivisione del codice la comunicazione risulta impossibile, come sappiamo bene quando ci capita di dover interagire con persone di cui non conosciamo la lingua e che non conoscono la nostra, oppure quando ascoltiamo persone che usano un linguaggio specialistico per noi incomprensibile.

Il concetto di **condivisione del codice** indica due aspetti: primo, che il linguaggio è una convenzione sociale, un patto implicito stabilito all'interno di una comunità; secondo, che ha carattere normativo, cioè è formato da un insieme di norme (regole) che definiscono quali sono i modi ammissibili di confezionare i messaggi affinché questi possano essere recepiti con successo dal ricevente. Non c'è linguaggio quindi senza una comunità di parlanti, piccola o grande che sia, che lo abbia adottato come strumento della comunicazione interpersonale. In realtà, l'adozione – il patto – è soltanto implicita. Nessuno di noi si è accordato coi suoi vicini per stabilire il codice della comunicazione. Ogni uomo nasce in un mondo già strutturato dalle istituzioni del gruppo al quale appartengono i suoi genitori e il linguaggio è una di queste istituzioni, forse la più importante di tutte. Egli si trova di fronte un prodotto già confezionato da tutte le generazioni dei suoi predecessori, il cui apprendimento, salvo casi patologici, avviene in modo «naturale» e senza particolari difficoltà, anche perché, come abbiamo visto, l'organismo umano è biologicamente predisposto per produrre e ricevere messaggi verbali. Questa predisposizione, tuttavia, rappresenta una potenzialità che ha bisogno di essere attivata mediante l'interazione sociale.

L'acquisizione delle **competenze linguistiche** è ancora un fenomeno abbastanza misterioso. Il neonato, nel primo anno di vita, è in grado di produrre spontaneamente quasi tutti i fonemi delle lingue del mondo; intorno all'anno il bambino compone con alcuni di questi fonemi i primi morfemi (parole); a due anni ha già un vocabolario di quasi 300 parole che diventano 1.500 a quattro anni e 2.500 a sei; alla stessa età è in grado di padroneggiare una buona dose di regole grammaticali e sintattiche. Non sappiamo bene come ciò avvenga, ma sappiamo per certo che l'acquisizione del linguaggio richiede un'assidua, prolungata e costante interazione sociale, prima con la madre e poi, via via, con cerchie sempre più ampie di «parlanti».

Tuttavia, la lingua che apprendiamo «naturalmente» come lingua madre non è solo una delle tante lingue che si parlano sulla terra, ma è anche una delle tante varianti della lingua che si parla nel nostro paese.

3. LA VARIABILITÀ DEI LINGUAGGI UMANI NELLO SPAZIO E NEL TEMPO

Abbiamo accennato al fatto che tutte le lingue presentano caratteristiche strutturali comuni. Se così non fosse avremmo grandi difficoltà ad imparare una lingua diversa dalla nostra lingua madre (e queste difficoltà, come molti studenti sanno, sono già abbastanza grandi). Tutte hanno delle parole particolari per indicare chi è, o fa, qualcosa, in che modo, come, dove, quando (nomi, pronomi, aggettivi, verbi, soggetti, predicati, complementi, ecc.). Le strutture grammaticali e sintattiche sono appunto quelle che presentano la maggiore stabilità nel tempo e uniformità nello spazio. Partendo da questa osservazione, e sulla base del lavoro pionieristico del linguista ginevrino Ferdinand de Saussure (1857-1913), si è sviluppata una **scuola di linguistica** che, proprio per l'interesse portato a questi aspetti, è stata chiamata **«strutturalista»** [Saussure 1916]. Gli appartenenti a questa scuola studiano la lingua «in sé e per sé», come un sistema strutturato di parti interdipendenti che rispondono a una serie di regole astratte. Essi sostengono la presenza in ogni lingua di elementi stabili, i tratti fondamentali della grammatica e della sintassi, detti anche **«universali linguistici»**, e di elementi di natura convenzionale e fondamentalmente arbitrari. Questi ultimi, oltre a certe peculiarità grammaticali e sintattiche specifiche di ogni singola lingua, riguardano essenzialmente gli elementi lessicali e semantici. Non c'è nessuna ragione strutturale, ad esempio, che spieghi perché la parola *cane* in italiano corrisponda alla parola *Hund* in tedesco, *dog* in inglese e *perro* in castigliano. La semantica, per gli strutturalisti, è il regno della convenzione e dell'arbitrio.

Ben diversa era invece la prospettiva dei linguisti della **scuola romantica**, fiorita in Germania e in tutta l'area centro-europea intorno alla metà dell'Ottocento. Essi vedevano nella lingua l'espressione più genuina dello «spirito» di un popolo (*Volksgeist*), il fondamento della sua identità collettiva e quindi erano portati a mettere in evidenza ciò che differenzia una lingua dalle altre piuttosto che ciò che le rende simili. La semantica prende il sopravvento sulla sintassi. Non è un caso che ai maggiori esponenti di questa scuola, i fratelli Grimm, si debba, oltre una famosa raccolta di racconti popolari, la pubblicazione dei primi volumi (nel 1854) di un monumentale dizionario della lingua tedesca.

Possiamo considerare questa come una prospettiva di tipo etnografico allo studio dei fenomeni linguistici, poiché vede nella lingua la sedimentazione delle esperienze storiche di un popolo, le tracce del suo rapporto con l'ambiente naturale e dei suoi modi di affrontare i problemi quotidiani. In breve, la lingua viene colta come espressione della cultura e delle sue infinite variazioni che fanno di una popolazione un'entità ben definita. Si chiede Jacob Grimm:

> Che cos'è un popolo? Un popolo sono gli uomini che parlano la stessa lingua: questa per noi tedeschi è la più innocente e al tempo stesso la più orgogliosa delle definizioni perché essa supera di slancio ogni barriera e già ora guida lo sguardo verso un futuro più o meno, ma vorrei dire inevitabilmente in cammino, nel quale ogni barriera cadrà e verrà riconosciuto il diritto naturale secondo cui non sono i fiumi né i monti a dividere i popoli, ma è la lingua sola a segnare il confine per quei popoli che monti e fiumi hanno varcato [cit. in Cardona 1987, 23].

La lingua è vista qui come un fattore di differenziazione culturale che stabilisce dove sono i confini della nazione, intesa come la comunità dei parlanti la stessa lingua e sul quale si fonda quindi il senso di appartenenza alla collettività del «noi», distinta dal «loro», cioè coloro che parlano un altro idioma. Tuttavia le lingue non sono delle entità quasi naturali, come sembra di poter intravedere nel brano appena citato. La loro diffusione è il prodotto di fattori storici che hanno messo in contatto popolazioni parlanti lingue diverse come conseguenza di movimenti migratori e di fenomeni di conquista e sottomissione. È ben difficile infatti che due lingue possano convivere a lungo nello stesso territorio: prima o poi l'una diventerà la lingua dominante e soppianterà l'altra, sia che gli invasori impongano la propria lingua alle popolazioni sottomesse, sia che i nuovi arrivati, come spesso accade nel caso delle popolazioni di immigrati, adottino la lingua locale. In entrambi i casi si osserveranno fenomeni di **contaminazione linguistica**: nella lingua che avrà il sopravvento resteranno tracce consistenti della lingua soppressa o caduta in disuso.

Le lingue, infatti, così come nascono, possono anche morire. È successo all'etrusco, una lingua che era ancora parlata all'inizio del I secolo a.C. e che è stata soppiantata dal latino, ed è successo al latino stesso, sopravvissuto per molto tempo, ma solamente come lingua dotta e liturgica. Ma anche senza richiamare fenomeni macroscopici, come quelli legati alle vicende politiche e migratorie, bisogna dire che ogni lingua è costantemente sottoposta a pressione, sia per effetto dell'influenza esercitata dalle culture delle popolazioni con le quali una popolazione entra in contatto, sia per effetto della costante necessità di modificarsi per poter esprimere in modo adeguato le trasformazioni subite dalla comunità dei parlanti.

Questi fenomeni sono ben visibili nel caso delle trasformazioni subite dall'italiano in epoca postunitaria. Se ci capita di avere tra le mani un giornale di solo un secolo fa e lo confrontiamo con un giornale di oggi, ci renderemo facilmente conto che, al di là del diverso stile tipografico, il linguaggio usato è profondamente cambiato. Non solo perché la lingua di oggi è piena di neologismi recenti e di termini importati, soprattutto dall'inglese, ma perché molte delle forme lessicali e grammaticali usate allora ci sembrano oggi irrimediabilmente arcaiche. Del resto, all'epoca dell'unificazione politica del paese, erano pochi gli abitanti della penisola in grado di parlare (e, soprattutto, di leggere e scrivere) correttamente quella variante della lingua toscana (il fiorentino) che era diventata gradualmente dominante come lingua letteraria. Si può dire che l'unificazione linguistica del paese sia stata il prodotto prima della scuola di base obbligatoria e poi dell'esposizione all'italiano standard dei mezzi di comunicazione di massa [De Mauro 1970].

Molti di quelli che oggi noi chiamiamo, con un significato un po' riduttivo, «dialetti» erano infatti delle vere e proprie lingue, con loro specificità lessicali,

TAB. 7.1. Persone di 6 anni e più per tipo di linguaggio parlato e regione

	SEMPRE DIALETTO	DIALETTO IN FAMIGLIA/ITALIANO CON ESTRANEI	ITALIANO E DIALETTO MISTI	SEMPRE ITALIANO	TOTALE
Piemonte	4,6	16,8	31,3	47,5	100
Valle d'Aosta	2,7	23,0	29,2	45,1	100
Lombardia	6,5	16,5	25,9	51,1	100
Trentino-A.A.	14,1	14,1	53,8	18,0	100
Veneto	33,7	15,4	26,9	13,9	100
Friuli-V.G.	20,4	19,4	42,3	18,9	100
Liguria	3,5	12,3	27,0	57,1	100
Emilia-Romagna	7,4	18,5	24,2	49,9	100
Toscana	2,4	2,8	9,8	85,1	100
Umbria	12,7	12,1	31,3	44,0	100
Marche	14,7	27,2	27,8	30,3	100
Lazio	6,5	10,5	24,4	58,5	100
Abruzzo	13,1	32,2	29,8	26,0	100
Molise	14,9	33,6	30,5	21,1	100
Campania	21,8	21,8	37,3	19,1	100
Puglia	15,2	21,8	37,4	25,7	100
Basilicata	17,6	24,8	36,5	21,1	100
Calabria	21,7	29,2	34,6	14,5	100
Sicilia	25,7	18,4	39,8	16,1	100
Sardegna	6,8	18,8	33,0	41,4	100
Italia	*13,5*	*17,4*	*30,7*	*38,4*	*100*

Fonte: Istat [1993].

grammaticali e sintattiche e, soprattutto, sostenute da una produzione letteraria affatto trascurabile. Una recente indagine sulle competenze linguistiche della popolazione italiana ha rivelato che le lingue «regionali» sono tutt'altro che scomparse, poiché esse sono ancora usate da una quota elevata di popolazione (prevalentemente, ma non solo, negli strati sociali meno istruiti) nelle conversazioni quotidiane tra familiari, parenti e amici.

Come si vede (tab. 7.1), a parte il caso della Toscana dove la distinzione tra «lingua» e «dialetto» appare problematica, vi sono in Italia ben 11 regioni su 20 dove meno di un terzo della popolazione parla solo ed esclusivamente italiano e ben 12 dove più del 10% parla solo ed esclusivamente il dialetto e in tutte le regioni (salvo Toscana e Lazio) la metà o quasi della popolazione parla un misto di italiano e dialetto per cui si può tranquillamente dire che gli italiani di oggi sono una popolazione sostanzialmente bilingue. Anche quando parliamo l'italiano, tuttavia, e ce ne rendiamo conto tutti i giorni, molto raramente riusciamo a nascondere la nostra origine regionale che ha lasciato nella pronuncia tracce inconfondibili.

Le lingue quindi sono fenomeni sociali dinamici che variano nello spazio e mutano nel tempo. Le variazioni, tuttavia, non sono soltanto territoriali e diacroniche. Anche nello stesso momento (cioè, dal punto di vista «sincronico») e nella stessa popolazione, le lingue variano a seconda della collocazione dei parlanti nello spazio sociale.

4. LA VARIABILITÀ SOCIALE DELLA LINGUA

Modificando un vecchio proverbio si potrebbe dire: «fammi sentire come parli e ti dirò chi sei». Il nostro discorso è infatti disseminato di innumerevoli spie che rivelano chi siamo (la nostra identità), o, meglio, che cosa crediamo di essere e come vogliamo apparire agli altri. Tra le varie informazioni che, spesso inconsapevolmente, trasmettiamo al nostro interlocutore vi è anche la nostra collocazione nello spazio socioculturale, vale a dire nella **stratificazione sociale**. Non che vi sia sempre una corrispondenza perfetta tra classe di provenienza o di appartenenza e lingua utilizzata, ma, come è stato ampiamente documentato in numerose ricerche, vi sono differenze significative nei modi di esprimersi degli appartenenti alle diverse classi sociali. William Labov [1966], ad esempio, ha studiato la stratificazione sociale dell'inglese parlato dagli abitanti di New York, con particolare attenzione al modo col quale le parole vengono pronunciate (aspetti fonetici). Tuttavia, non è solo la pronuncia ad imprimere alla lingua una marcatura di classe. Il lessico usato è un indicatore altrettanto evidente. Non solo certe parole o espressioni ricorrono con frequenza diversa a seconda della collocazione sociale dei parlanti, ma, in generale, la ricchezza lessicale aumenta molto nettamente salendo la scala sociale, come pure varia la frequenza d'uso di forme grammaticali e sintattiche più elaborate (ad esempio, l'uso del congiuntivo e di proposizioni subordinate).

Basil Bernstein [1971], un sociolinguista inglese che ha dedicato moltissime ricerche allo studio della variabilità sociale della lingua, ha rilevato una forte discrepanza tra le forme di comunicazione richieste dalla scuola e le pratiche linguistiche spontaneamente adottate dagli alunni, in particolare da quelli provenienti dalla classe operaia. A tale discrepanza è imputabile, secondo Bernstein, il diverso rendimento scolastico dei bambini di classe operaia e di classe media, indipendentemente dalle capacità intellettive misurate con i test di intelligenza. Le varie classi usano infatti codici comunicativi diversi, acquisiti spontaneamente nell'interazione familiare nei primi stadi della socializzazione infantile e riconducibili al contesto delle relazioni sociali connesse alla posizione occupata dalla famiglia nella divisione sociale del lavoro.

Un atto comunicativo è il risultato di una serie di scelte (lessicali, grammaticali e sintattiche) che il parlante compie ricorrendo al proprio repertorio, cioè al patrimonio di competenze che si sono gradualmente accumulate interagendo con altri nel proprio ambiente di vita. I bambini di **classe operaia** acquisiscono, nell'interazione familiare e tra compagni, un «codice ristretto», particolaristico, localistico, fortemente dipendente dal contesto, mentre i bambini di classe media adottano un «codice elaborato», universalistico e meno dipendente dal contesto.

Come scrive Bernstein:

> Più semplice la divisione sociale del lavoro, più specifica e locale la relazione tra un agente e la sua base materiale, più diretto il rapporto tra significati e condizioni materiali e maggiore la probabilità che venga fatto uso di un codice ristretto. Al contrario, più complessa la divisione sociale del lavoro, meno specifica e locale la relazione tra un agente e la sua base materiale e più indiretta la relazione tra significati e condizioni materiali, maggiore sarà la probabilità di un codice elaborato [Bernstein 1987, 571].

Le famiglie di **classe media** operano quindi in un contesto più ampio, meno legato alle esigenze «materiali» della vita, al lavoro manuale, alle relazioni di vicinato e quindi sviluppano una maggiore familiarità con le agenzie preposte al controllo simbolico. La scuola, in particolare, opera come agente deputato alla trasmissione ed elaborazione di «codici elaborati» e quindi di fatto favorisce i bambini per i quali vi è congruenza tra codice comunicativo acquisito spontaneamente e codice comunicativo trasmesso dall'istituzione scolastica, mentre tende a penalizzare coloro per i quali questa congruenza non esiste.

Sempre in tema di rapporto tra linguaggio e stratificazione sociale, è stato notato che, spesso, coloro che appartengono allo strato medio-basso (piccola borghesia, ceti impiegatizi, piccoli professionisti di provincia) parlano un linguaggio formalmente molto rigoroso e corretto, spesso infarcito di espressioni forbite e ricercate (con effetti talvolta grotteschi). È chiaro che, in questi casi, l'uso del linguaggio denuncia da un lato la volontà di differenziarsi dai ceti popolari, dall'altro il desiderio di essere accettati dai ceti superiori ai quali si aspira ad appartenere.

Non dobbiamo tuttavia pensare che la disuguaglianza sia l'unica fonte di variabilità sociale del linguaggio. Possiamo anzi dire che qualsiasi forma di differenziazione sociale che porti alla formazione di gruppi si riflette in altrettante varianti linguistiche. Basti pensare, ad esempio, al rapporto tra **linguaggio** e **genere**, cioè alle diversità dei linguaggi maschili e femminili: certe espressioni, o addirittura certi toni della voce, possono essere prescritte o vietate a seconda che il parlante sia uomo o donna e che gli interlocutori, o gli ascoltatori, siano dello stesso o dell'altro sesso o misti. Ancor oggi, nonostante queste differenze si vadano gradualmente attenuando, si sente dire che «certe cose non si dicono, e certe espressioni non si usano, in presenza di una donna!».

Un'altra variante – soprattutto nei tempi passati – era quella tra linguaggio «urbano» e linguaggio «contadino». I contadini, si sa, passavano lunghe ore nei campi, in condizioni di quasi completo isolamento e non avevano quindi bisogno di sviluppare elaborati codici comunicativi; per questo, il loro linguaggio è stato tradizionalmente bollato come particolarmente rozzo e primitivo, soprattutto dagli abitanti delle città che hanno sempre considerato con un certo ironico disprezzo il modo di esprimersi dei contadini.

Più importanti, nel mondo moderno, sono le varianti legate ai gruppi professionali. Basta ascoltare per qualche minuto l'arringa di un avvocato in un'aula di tribunale (soprattutto se si tratta di una causa di diritto civile) per rendersi conto che parla in un **linguaggio specialistico**, comprensibile soltanto dagli addetti ai lavori e per lo più oscuro anche alle stesse parti in causa. La stessa impressione ricaveremmo ascoltando le comunicazioni ad un congresso di medici, ma anche lo stesso nostro medico curante, supposto che si sforzi di spiegarci qualcosa sulle origini e i rimedi delle nostre sofferenze, è probabile che usi un linguaggio a noi incomprensibile. È del tutto evidente che i linguaggi tecnici sono il prodotto della crescente specializzazione del sapere e delle conoscenze. L'acquisizione di un sapere specialistico comporta inevitabilmente l'acquisizione di un linguaggio specialistico che richiede un lungo periodo di addestramento e che serve alla comunicazione all'interno della cerchia ristretta degli «esperti».

Tuttavia, i linguaggi specialistici possono svolgere anche altre funzioni, oltre a quella di garantire la comunicazione tra addetti ai lavori. Essi possono, ad esempio, costituire un'efficace barriera d'accesso ai saperi che vengono veicolati per loro tramite. Il modo migliore per monopolizzare qualche forma di sapere è di formularlo in un linguaggio inaccessibile ai più, o meglio, accessibile soltanto a coloro che sono stati addestrati e «ammessi» al suo uso da coloro che detengono il monopolio stesso. Questa è la ragione per la quale i membri delle società segrete, quale che sia la natura del segreto che detengono (religioso, politico, professionale o, anche, criminale), comunicano tra di loro in codice, o usano comunque un linguaggio iniziatico, inaccessibile a tutti coloro nei confronti dei quali il segreto deve essere mantenuto.

In generale, possiamo dire che ogni barriera sociale è anche una barriera linguistica.

5. TIPI DI LINGUAGGIO: PRIVATO, PUBBLICO, ORALE E SCRITTO

Nel paragrafo precedente abbiamo visto come il linguaggio cambi a seconda della collocazione sociale del parlante, cioè della sua appartenenza a una classe, a un genere, a un gruppo. Il linguaggio varia tuttavia anche in relazione alla situazione sociale nella quale avviene la comunicazione. Ognuno di noi, infatti, cambia registro a seconda dell'interlocutore o degli interlocutori che ha di fronte, del mezzo che usa e della specificità del contesto. Evidentemente, la capacità di fare un uso flessibile del proprio repertorio, per poterlo variare e adattare di volta in volta nel modo più appropriato alla situazione comunicativa, dipende sia dalle competenze, sia dalla personalità del parlante. Alcuni si trovano a proprio agio soltanto nella conversazione all'interno di piccoli gruppi, mentre si sentono imbarazzati quando devono parlare di fronte a un pubblico indifferenziato di ascoltatori anonimi, altri invece non provano nessuna difficoltà a rivolgersi a una platea o, addirittura, al pubblico invisibile degli spettatori o ascoltatori della televisione e della radio.

Una delle prime distinzioni da fare è proprio quella tra **linguaggio privato** e **linguaggio pubblico**. Quando parliamo tra amici o in famiglia non stiamo molto attenti alla correttezza delle forme grammaticali e sintattiche, anzi, se lo facessimo, i nostri interlocutori sarebbero sorpresi, forse si metterebbero a ridere, in qualche modo ci farebbero capire che abbiamo sbagliato registro. La conversazione interpersonale, come vedremo meglio nel prossimo paragrafo, è molto più calata nella dimensione del «qui ed ora», fa molta più attenzione ai segnali non verbali di approvazione o disapprovazione degli interlocutori; quello che conta è farsi capire dalle persone con le quali si sta parlando. Il linguaggio pubblico, invece, è molto più formale/impersonale sia perché in genere è rivolto a un pubblico e non ad una serie di persone ben individuate, sia perché – anche quando si genera nell'interazione interpersonale – richiede un maggiore controllo formale. Nel linguaggio pubblico, infatti, il grado di controllo sulla correttezza formale nella formulazione del messaggio è molto più accentuato, sia per quanto riguarda le scelte lessicali, sia per quanto riguarda le forme grammaticali e sintattiche. Se proviamo a registrare e trascrivere una conversazione tra amici e il dialogo che avviene, ad esempio, tra professore e studente in sede di esame, ci renderemo subito conto che, a parte la diversità dei contenuti della comunicazione, i due testi si presentano assai diversi proprio in riferimento agli aspetti formali del linguaggio.

Le differenze diventano poi ancora più macroscopiche a seconda che la comunicazione avvenga in **forma orale** oppure in **forma scritta**. La differenza fondamentale consiste nel fatto che, nella comunicazione orale, al di là del contenuto e della forma del messaggio, si aggiunge una serie di elementi metacomunicativi che sono invece assenti nella comunicazione scritta. Il tono e l'intensità della voce, il dosaggio delle pause e tutta la gamma del **linguaggio gestuale** (dalla postura del corpo, ai movimenti delle braccia e delle mani, alla direzione dello sguardo) accompagnano, per così dire, il messaggio verbale e forniscono all'interlocutore una serie di messaggi aggiuntivi con i quali interpretare il significato del messaggio verbale.

Abbassare il tono della voce, ad esempio, rappresenta un invito all'interlocutore per accorciare la distanza, per fare assumere alla conversazione un andamento più confidenziale, magari con l'intento di escludere altri presenti dalla comunicazione. Alzarlo, invece, è un modo per attirare l'attenzione e per segnalare che la comunicazione non è rivolta soltanto a coloro che stanno vicino, ma anche ad altre persone presenti nel contesto. Lo stesso silenzio può assumere vari significati a seconda della situazione. Anche le persone più ciarliere hanno bisogno che ogni tanto il loro interlocutore dica qualcosa; il suo silenzio può significare assenza mentale, indifferenza, oppure un'esplicita volontà di non manifestare il proprio assenso-dissenso rispetto all'oggetto della conversazione. Nella conversazione telefonica, ad esempio, vi è una regola tacita che impone ad entrambi gli interlocutori di emettere con una certa frequenza almeno dei suoni, se non delle parole, per segnalare la propria presenza, altrimenti nasce il sospetto che l'altro interlocutore non sia per nulla interessato a quello che gli stiamo dicendo, oppure che sia caduta la linea. Il silenzio è presente peraltro anche nel linguaggio pubblico: si pensi al silenzio rituale dei fedeli cattolici in certe fasi salienti della messa, oppure al minuto di silenzio che gli astanti osservano nel caso di commemorazione di qualche evento luttuoso, oppure, ancora, al silenzio irrigidito nell'immobilità della sentinella che fa da guardia al palazzo dei reali di Gran Bretagna e che esprime, a suo modo, la maestà delle istituzioni.

Lo stile della comunicazione orale varia evidentemente a seconda delle situazioni. La conversazione colta in un salotto, in cui tutti i presenti vogliono dimostrare la loro raffinatezza, è diversa dalla comunicazione che avviene tra contribuente e funzionario delle imposte quando si tratta di accertare il reddito imponibile, come è diversa dalla conversazione di un'équipe di chirurghi che si apprestano ad operare un paziente. Tuttavia, nonostante la variabilità delle situazioni, ciascuno conserva un proprio stile comunicativo che si esprime nel coefficiente di personalità presente in tutte le scelte lessicali e sintattiche.

Il linguaggio scritto usa un registro assai più rigido del parlato. Non bisogna dimenticare che la scrittura era in passato spesso prerogativa del ceto sacerdotale e quindi, mettere qualcosa per iscritto, voleva dire attribuirgli un significato rituale e quasi sacrale. Ancor oggi, ad esempio, la lingua araba scritta è sostanzialmente quella codificata nel Corano.

Anche in questo caso, il tipo di linguaggio usato dipende molto dalle situazioni: un conto è scrivere sul diario intimo, una lettera al proprio compagno o alla propria compagna, un'istanza al tribunale, o un *curriculum vitae* quando si cerca lavoro. Comunque, la comunicazione scritta riflette, assai più di quella orale, la distanza sociale tra coloro che comunicano, la formulazione del messaggio e la sua ricezione sono quasi sempre differiti nel tempo (salvo nelle *chat line*) e, inoltre, consente un livello molto maggiore di intenzionalità, nel senso che quando scriviamo abbiamo più tempo per scegliere le parole e le espressioni adatte. Il detto latino *scripta manent, verba volant* può certo valere per un contratto, una cambiale, comunque un'obbligazione formale. Non è detto però, come ha rilevato Simmel [1908], che nella comunicazione epistolare il linguaggio usato sia più esplicito e meno ambiguo del linguaggio orale. Anzi, talvolta può addirittura succedere il contrario; infatti, dietro la parola scritta è più facile nascondersi, oppure presentarsi per quello che si vorrebbe essere e apparire, piuttosto che per quello che si è. A parte la grafia (che peraltro solo i grafologi esperti sono in grado di interpretare correttamente), mancano nella comunicazione scritta tutti quegli aspetti metacomunicativi tipici del linguaggio orale (gesti, intonazione, pause, esitazioni) che sono solo parzialmente intenzionali e che spesso «rivelano» all'interlocutore il significato della comunicazione assai meglio del messaggio verbale esplicito. Ad esempio, è assai più facile scoprire se il nostro interlocutore mente nella comunicazione faccia-a-faccia che non nella comunicazione scritta.

6. LINGUAGGIO E INTERAZIONE SOCIALE

Per cogliere come il linguaggio sia uno strumento estremamente flessibile, pur all'interno di regole e di significati che devono essere condivisi affinché la comunicazione risulti efficace, basta considerare attentamente come, soprattutto nell'interazione faccia-a-faccia, siano molteplici i modi di esprimere uno stesso contenuto. Consideriamo, ad esempio, i modi coi quali un professore può comunicare a uno studente che la sua prova d'esame è risultata insufficiente.

1) Caro signore, se vuole essere promosso, la prossima volta deve studiare di più.

2) Lei non ha studiato abbastanza, torni la prossima volta.

3) La sua preparazione non è ancora sufficiente, ma sono sicuro che, se si applicherà di più, la prossima volta potrà fare meglio.

4) Non posso assolutamente promuovere uno studente che mostra lacune così gravi.

5) Non so con che faccia abbia avuto il coraggio di presentarsi all'esame con una preparazione così scarsa.

6) Credo che anche Lei si renda conto che la sua preparazione non può essere considerata adeguata.

7) Lei non ha capito niente, faccia in modo di usare meglio il cervello se vuole presentarsi una prossima volta.

Potremmo riempire pagine, moltiplicando questi esempi. Ognuno può inventarne di nuovi o ricorrere alla propria esperienza. Tuttavia, quelli proposti bastano per rendersi conto di quante cose si possono dire con pochissime parole. Nella frase n. 1, l'allocuzione «caro signore» è decisamente ironica: lo studente non è affatto «caro» e non è neppure un «signore». Pur non essendo eccessivamente offensiva, l'ironia risulta abbastanza pesante e non mette certamente a proprio agio il malcapitato. La frase n. 2 è secca e burocratica, non fa allusioni o riferimenti all'identità dell'interessato, ma si limita ad esprimere una valutazione neutra del grado di preparazione. La frase n. 3 è suadente e incoraggiante, non vuole deprimere lo studente, ma invitarlo a valorizzare meglio le proprie capacità che vengono date per scontate. La frase n. 4 esprime un richiamo al ruolo di autorità al quale il docente si dichiara vincolato («non posso...»); se facesse altrimenti verrebbe meno ai suoi doveri. La frase n. 5 estende il giudizio sulla preparazione alle qualità morali (quindi all'identità) dello studente il quale deve sentirsi in colpa non solo per non aver studiato abbastanza, ma anche per «essere» una persona priva di «amor proprio». La frase n. 6 è un invito allo scambio dei ruoli e un appello al consenso su una base oggettiva; in altre parole, vuol dire: si metta nei miei panni, giudichi da sé la sua prestazione e mi dica se la ritiene sufficiente. La frase n. 7, infine, esprime un giudizio sulle qualità intellettuali dello studente e risulta un invito a mettere in dubbio la capacità di «farcela» negli studi intrapresi.

Anche la stessa frase, tuttavia, può assumere significati diversi a seconda del modo come viene pronunciata, della collocazione delle pause e dell'enfasi che viene posta su certe parole piuttosto che su altre.

Per quanto variabile e soggettiva, tuttavia, la comunicazione verbale segue sempre determinate regole che dipendono dal **contesto** nel quale avviene l'interazione e dalla posizione sociale relativa degli interlocutori. L'influenza del contesto è del tutto evidente. Per restare nell'esempio proposto, è chiaro che l'interazione tra professore e studente sarà diversa in situazione di esame, oppure nelle parole che si scambiano alla fine della lezione, oppure in un incontro casuale al bar e muterà a seconda che siano presenti altri studenti, oppure altri professori. Lo stesso si può dire per molti altri contesti. In tribunale, ad esempio, l'interazione verbale tra giudici e avvocati dipenderà dal fatto che l'interazione si svolga nel quadro di un'udienza formale, oppure in corridoio o, addirittura, al di fuori del palazzo di giustizia.

In contesti altamente formalizzati vigono regole molto precise su chi ha il diritto di iniziare, interrompere, concludere l'interazione. In un'aula di tribunale l'imputato in genere parla solo se interrogato, oppure se chiede formalmente di fare una dichiarazione, in sede di esame è evidentemente l'esaminatore che fa le domande e l'esaminato che dà le risposte, quando andiamo dal medico ci aspettiamo che ci inviti a parlare dei nostri disturbi e riterremmo assai strano che egli ci parlasse dei suoi. In ogni caso, si tratta di situazioni nelle quali vige una netta asimmetria tra gli interlocutori, asimmetria che si esprime nelle regole che governano chi può dire, che cosa, a chi, come e quando.

L'asimmetria può essere sottolineata, oppure, al contrario, resa meno esplicita. In situazioni asimmetriche, le regole della cortesia suggeriscono che chi è in posizione dominante abbassi leggermente il proprio status e/o innalzi quello dell'interlocutore per metterlo maggiormente a proprio agio e per comunicargli che gli si attribuisce comunque importanza, evitando tuttavia di esagerare, altrimenti si comunica anche che la situazione creatasi è ritenuta del tutto innaturale e artificiosa. La distanza sociale tra gli interlocutori è una variabile importante per cogliere i fatti di comunicazione. Il linguaggio utilizzato varia molto se si ritiene che colui, o colei, al quale è rivolto si colloca in una posizione superiore, inferiore o «alla pari». Nel rivolgersi ai superiori si useranno più frequentemente espressioni di rispetto e di deferenza se la superiorità/inferiorità è riconosciuta e indiscussa, mentre si eviteranno le stesse espressioni qualora si rivendichi uno status paritario o comunque meno asimmetrico. Nell'interazione tra pari, e che si riconoscono tali, vige una maggiore reciprocità, cioè l'interazione non è deformata dalle differenze di status. L'uso del «lei» o del «tu» è un chiaro esempio di come le distanze sociali si riflettano nel linguaggio.

Uno degli aspetti della comunicazione interpersonale che sono stati maggiormente studiati riguarda il **«turno di parola»**, cioè l'avvicendamento dei partecipanti in una conversazione. Supponiamo che un gruppo di persone sia coinvolto in una discussione in cui ognuno vuole, e ha il diritto di, dire la sua. Quando qualcuno sta parlando una norma di cortesia dice di non interromperlo e lasciargli, almeno, finire la frase. Ma, come tutti ben sappiamo per esperienza, ciò non sempre avviene. Alcuni si «prendono» letteralmente la parola, interrompendo chi sta parlando per controbattere le sue argomentazioni, spesso alzando il tono di voce in modo da «zittire» chi parla o chi per caso volesse intervenire. Per ridurre la probabilità di essere interrotto, chi parla può adottare diverse strategie, può dichiarare, ad esempio, all'inizio del suo intervento che ha «tre cose da dire», in modo che gli altri interlocutori siano scoraggiati ad intervenire prima che abbia concluso di dire la «terza cosa», oppure può evitare di interrompersi in modo da non dare occasione ad altri di introdursi nella conversazione. Se seguono le regole della cortesia, coloro che vogliono intervenire stanno molto attenti a segnali linguistici che indicano la conclusione di un intervento, ad esempio una pausa in cui chi ha appena parlato si guarda intorno come per «cedere» la parola all'interlocutore successivo. Chi parla può assumersi il potere di «dare» la parola, concludendo il proprio intervento con una domanda rivolta ad uno specifico interlocutore. Chi vuole intervenire può mandare segnali (vocali o anche soltanto gestuali) per indicare la propria intenzione di «prendere» la parola. Alcuni possono essere più pronti di altri nel «prendersi» la parola, altri possono non riuscire a farlo mai, o quasi mai, e restano quindi per lunghe fasi in una posizione passiva di semplice ascolto, oppure si sentono in qualche modo esclusi e possono manifestare disagio, estraniandosi dalla conversazione (una sorta di sciopero dell'ascolto e dell'attenzione), oppure ancora possono rivendicare vivacemente il loro diritto di dire la loro. Accade frequentemente che, quando le regole che governano il turno di parola vengono sistematicamente violate, le voci si sovrappongano, ognuno alzi il tono di voce per imporsi agli altri e nessuno sia più in grado di comunicare o ricevere messaggi. Questa è la situazione che si verifica di regola in Italia nei dibattiti politici alla televisione.

L'analisi dell'interazione verbale all'interno di un gruppo, detta appunto **analisi conversazionale**, è in grado quindi di mettere in luce la struttura dei rapporti sociali tra i membri del gruppo, in particolare dei rapporti di potere, l'esistenza di regole più o meno implicite, la loro eventuale violazione e le dinamiche che vengono messe in atto per ristabilirle o modificarle. In contesti informali, ad esempio nella conversazione tra amici, tali regole sono per lo più implicite e dipendono dalle «buone maniere» dei partecipanti, mentre, in situazioni più formalizzate, ad esempio nell'assemblea dei soci di una qualche associazione, è necessario che l'uguaglianza formale dei partecipanti sia garantita da regole esplicite e da organi che guidino l'interazione. Vi è in genere un «presidente» che dà o toglie la parola, al quale bisogna rivolgersi per chiedere di intervenire e che quindi stabilisce chi, in quale ordine e per quanto tempo ha il diritto di parlare.

7. LE COMUNICAZIONI DI MASSA

Finora abbiamo esaminato la comunicazione prevalentemente come comunicazione interpersonale tra due, o comunque poche, persone in cui ognuna è allo stesso tempo emittente e ricevente di messaggi. Una buona parte della nostra giornata, però, è passata a leggere libri, giornali e riviste, andare al cinema, ascoltare la radio, guardare la televisione, a ricevere cioè messaggi che non sono rivolti a noi personalmente, ma ad una moltitudine di nostri simili. Viviamo nell'epoca delle comunicazioni di massa, delle comunicazioni cioè che raggiungono in modo rapido e simultaneo una pluralità di individui che generalmente vivono in luoghi diversi anche molto distanti l'uno dall'altro.

Ovviamente, non è che questo tipo di comunicazione fosse sconosciuto nelle epoche precedenti: i libri si sono incominciati a stampare intorno alla metà del XV secolo e i giornali verso la fine del XVII, il cinema ha già più di un secolo di storia alle spalle, la radio un po' meno e la televisione ormai oltre mezzo secolo. Tuttavia, fino alla metà del XIX, e per paesi come l'Italia fino all'inizio del XX secolo, è improprio parlare di «comunicazioni di massa». Libri, giornali e riviste erano un consumo di élite, di coloro che sapevano leggere e sappiamo che costoro, prima della diffusione dell'istruzione scolastica, erano in numero limitato.

Comunicazioni di massa, cultura di massa, società di massa sono termini ormai entrati nell'uso comune, ma il loro significato non è preciso. Il concetto di **massa**, che li accomuna, è difficile da definire in positivo. È più facile dire che cosa la massa non è. Non è, ovviamente, un insieme o una cerchia ristretta di persone, come lo sono ad esempio le élite, ma non è neppure un aggregato di grandi dimensioni come lo possono essere le classi (definite da certe caratteristiche socioeconomiche), oppure i popoli o le nazioni (definiti da certe tradizioni culturali). Storicamente il concetto compare associato ad attributi tendenzialmente negativi: la massa è «amorfa», priva cioè di «forma», «anonima» e «atomizzata», composta quindi da individui privi di individualità, fondamentalmente «passiva» o, comunque, «manipolabile» da influenze esterne. Solo eccezionalmente le masse possono diventare protagoniste e, quando ciò accade, è perché sono guidate da qualcuno che è in grado di influenzarle. Non è un caso che il concetto si presenti in concomitanza da un lato con i grandi regimi totalitari del XX secolo (fascismo, nazionalsocialismo e comunismo) e, dall'altro, con l'avvento del «mercato di massa» di beni standardizzati di largo consumo. In entrambi i casi, sono i mezzi di comunicazione a creare le condizioni per la comparsa di questi fenomeni. La mobilitazione di grandi masse nelle «adunate oceaniche» e gli effetti che tali manifestazioni hanno concretamente avuto nel sostegno di massa dei regimi totalitari sono impensabili senza l'uso sistematico degli strumenti della propaganda attraverso i mezzi di comunicazione di massa, in questo caso soprattutto il cinema e la radio. Così come è impensabile un mercato di massa senza la comunicazione pubblicitaria in grado di raggiungere la massa dei consumatori.

In sociologia vi è un'importante tradizione di pensiero che ha assunto un orientamento critico nei confronti della cultura di massa e dei mezzi di comunicazione che la veicolano. Questi sono visti essenzialmente come strumenti di manipolazione in mano ad interessi economici e politici che se ne servono per fini di profitto, creando «falsi bisogni», o di controllo politico, creando un consenso fondato sulla passività. Gli esponenti di questa «scuola» sono stati i fondatori di quella che, non a caso, è stata chiamata «teoria critica della società» [Horkheimer e Adorno 1947; Marcuse 1964].

Queste interpretazioni, e molte altre nella stessa direzione, sono state ampiamente criticate per la loro unilateralità in quanto non terrebbero conto che la «massa» è un'entità assai differenziata e che quindi sono anche assai differenziati gli effetti che su di essa esercita la comunicazione. Innanzitutto è stato abbandonato il concetto di «massa», troppo carico di connotati negativi, per adottare il concetto più neutro di «pubblico», indicato spesso nell'uso corrente col termine inglese **«audience»**. Resta il fatto che questo tipo di comunicazione è rivolto da parte di un numero ristretto di emittenti ad un numero molto vasto di riceventi che restano, nella maggior parte dei casi, sostanzialmente anonimi. Tuttavia, nelle varie fasi attraverso le quali passa (produzione, trasmissione, ricezione), il messaggio subisce tali e tanti processi di trasformazione da creare una situazione complessa dove operano molteplici fattori di condizionamento.

Vediamo come funziona questo processo in riferimento ad uno dei settori più importanti delle comunicazioni di massa, il **settore dell'informazione**. Ogni giorno accade nel mondo un numero infinito di fatti, alcuni sono irrilevanti anche alle stesse persone alle quali accadono, altri sono rilevanti solo a queste, e, se non si tratta di persone «importanti», questi fatti non sono destinati a diventare «notizia». Una parte minima dei fatti che accadono arrivano alle redazioni dei giornali (e dei telegiornali) perché qualcuno si è preoccupato di trasmetterli, oppure perché i giornalisti stessi sono andati a scovarli. In questa fase quindi avviene una prima selezione: vi sono fatti che sono «candidati» a diventare «notizia», altri che invece non raggiungono neppure questo «status» e non è detto che tra questi non ve ne siano almeno alcuni che qualche pubblico riterrebbe rilevanti. Tra i fatti che arrivano in redazione solo alcuni risultano degni di essere trasmessi; i criteri di selezione che operano in questa fase possono essere molto diversi. Ad esempio, possono essere valutati interessanti per un pubblico al quale il mezzo si rivolge, oppure possono essere considerati rilevanti perché a qualcuno di importante interessa che circolino certe informazioni.

L'accesso ai mezzi di informazione è un aspetto molto importante. È evidente che chi ha più potere ha anche maggiore accesso, ma il potere non è la sola variabile che conta; anzi, certi poteri sono efficacemente schermati e non amano comparire sui giornali. La popolarità e la visibilità pubblica contano anche di più e trasformano i fatti, spesso banali, che accadono a certe persone in notizie da prima pagina. La stessa visibilità è a sua volta amplificata dai mezzi di comunicazione in un processo a spirale che si autoalimenta: chi ha più visibilità, più ne avrà.

Una volta scelti i fatti da trasformare in notizia, inizia la fase vera e propria di confezione del messaggio. Anche qui sono all'opera processi di selezione: ogni fatto ha un'infinità di aspetti e di implicazioni con altri fatti, i fatti devono essere ricostruiti (ricorrendo alle fonti più attendibili) scegliendo quegli aspetti che sembrano più rilevanti. È buona norma del giornalismo professionale separare i fatti dalle interpretazioni, ma questo non è sempre facile; infatti, i criteri di rilevanza applicati nella selezione delle notizie e degli aspetti dei fatti sono già intrisi di valutazioni interpretative. Alla fine di questa fase, comunque, il messaggio è pronto per essere trasmesso e, se non interviene qualche veto o censura dall'alto, verrà effettivamente trasmesso. Supponiamo che non ci siano disturbi di trasmissione (ad esempio, uno sciopero dei tipografi o degli edicolanti) e che il messaggio arrivi a destinazione sotto forma di giornale stampato, di giornale-radio o di telegiornale.

Qui inizia un'ulteriore serie di selezioni. In una società dove vi sia sufficiente libertà di informazione vi è una pluralità di testate tra le quali scegliere, il destinatario può, entro certi limiti, scegliere a quale mezzo esporsi e può anche cambiare mezzo se quello che ha ricevuto non lo soddisfa. È vero che le comunicazioni di massa sono prevalentemente «unilaterali», ma è pur sempre possibile per il ricevente troncare la comunicazione, non comperando più lo stesso giornale o passando ad un altro canale. Ma la selezione non si ferma qui.

L'attenzione durante la lettura o l'ascolto sono, come è noto, selettivi. Nessuno legge il giornale da cima a fondo e non legge tutto con la stessa attenzione. Ma quello che viene letto, attentamente o meno, deve subire comunque un processo di decodifica: il lettore può adottare o meno i criteri di interpretazione suggeriti implicitamente o esplicitamente nel messaggio, oppure può adottarne di propri, sedimentati nella sua cultura personale, nelle sue esperienze individuali. In effetti, tutti noi scartiamo fatti e interpretazioni di fatti, sia perché non rientrano nella nostra sfera di interessi, sia perché non trovano posto nelle nostre «mappe cognitive». La stessa notizia arriva quindi in realtà non allo stesso pubblico, ma a pubblici diversi, sui quali produce effetti diversi; la «massa» non è quindi una spugna che assorbe l'intero flusso delle notizie che le vengono propinate, ma un tessuto con trame molto differenziate che filtrano i messaggi in modi e misure diverse.

▶ *L'influenza dei media*. La considerazione della presenza di questi filtri selettivi ci dice che bisogna abbandonare l'idea che i messaggi dei media vengono ricevuti in modo uniforme da ogni individuo e quindi producono, mediante un semplice meccanismo stimolo/risposta, degli effetti uniformi sul suo comportamento. Per studiare quindi i media e i loro effetti bisogna coglierne le varie fonti di variabilità. Un modo efficace per individuare i percorsi di ricerca possibili è quello proposto da Lasswell [1948] secondo il quale per descrivere e spiegare un atto comunicativo è necessario rispondere alle seguenti domande:

1) chi?
2) dice che cosa?
3) attraverso quale canale?
4) a chi?
5) con quale effetto?

La prima domanda si riferisce all'emittente (ad esempio, la redazione di un periodico, o una stazione televisiva) che è il più delle volte un'organizzazione complessa che opera in un contesto determinato, con una propria gerarchia e proprie forme di divisione dei compiti e all'interno della quale si sviluppa un processo decisionale su che cosa, quando e come trasmettere. La seconda domanda riguarda i contenuti dei messaggi trasmessi. La terza il tipo di mezzo utilizzato (stampa, televisione, ecc.) e il tipo di linguaggio (parola, immagine, suono). La quarta la definizione dei destinatari e le loro caratteristiche; e la quinta, infine, le risposte comportamentali di questi ultimi.

La ricerca sociologica sulle comunicazioni di massa ha affrontato tutte e cinque queste domande. Risultati interessanti sono stati ottenuti in particolare in riferimento alle ultime due. Ci si è resi conto, infatti, che gli effetti delle comunicazioni non variano soltanto a seconda della segmentazione del pubblico lungo le consuete dimensioni sociodemografiche (età, sesso, classe sociale, livello di istruzione, condizione professionale, ecc.), ma anche a seconda delle reti di relazione nelle quali gli individui sono inseriti. Il pubblico, in altre parole, non è composto da individui atomizzati, ma da individui che vivono in contesti di relazione. In molti casi i messaggi non arrivano direttamente ai destinatari, ma attraverso la mediazione di amici, parenti, conoscenti ai quali viene attribuita maggiore o minore credibilità. In ogni cerchia sociale si sa bene quali sono le persone generalmente bene informate o competenti su certi argomenti e quindi si presta maggiore attenzione a quello che dicono e si ripone fiducia nell'attendibilità delle loro informazioni e delle loro opinioni. La comunicazione quindi circola attraverso le reti sociali e in questa circolazione i contenuti dei messaggi possono risultare rafforzati o al contrario indeboliti a seconda del tipo di rapporti tra le persone. Katz e Lazarsfeld [1955] parlano in proposito di un **«flusso di comunicazione a due stadi»** (*two steps flow of communication*) per indicare che tra emittente e ricevente vi è spesso un elemento intermedio costituito dalle relazioni di gruppo. Le persone bene informate sono coloro che ricevono e trasmettono ad altri le informazioni, ma non le trasmettono così come le hanno ricevute, bensì integrandole coi loro schemi interpretativi. Lazarsfeld *et al.* [1944] hanno studiato, ad esempio, come gli effetti sul comportamento di voto della propaganda elettorale siano prodotti dalla mediazione dei cosiddetti *opinion leaders*, da coloro cioè che nell'ambito delle relazioni informali influenzano i modi di selezione, ricezione e interpretazione dei messaggi e quindi gli stessi comportamenti elettorali.

In tema di influenza dei media sui comportamenti politici si è discusso molto in vari paesi, e anche in Italia, in relazione al ruolo crescente che la televisione ha assunto nelle campagne elettorali in una fase di accentuata **«personalizzazione»** della competizione politica. È stato posto, in particolare, il problema delle regole per garantire a tutte le forze politiche parità di accesso all'uso della comunicazione televisiva [McQuail 1992]. In quale misura, tuttavia, i messaggi propagandistici siano effettivamente efficaci nell'influenzare il comportamento elettorale, resta comunque un problema aperto. Sicuramente l'efficacia è modesta, se non nulla, nel caso di elettori che hanno già sviluppato un orientamento definito, mentre è probabilmente più consistente nei confronti degli incerti e di coloro che hanno uno scarso interesse per le questioni politiche. I media possono creare in determinate circostanze un clima di tensione o di vero e proprio panico che può indurre ad andare a votare anche chi normalmente si tiene lontano da ogni forma di partecipazione.

Lo studio sugli effetti dei media non si limita però, ovviamente, al campo della politica. Il settore dove vi è una maggiore quantità di studi e ricerche è quello della pubblicità. La pubblicità esercita senza dubbio un'influenza importante nelle decisioni di acquisto da parte dei consumatori, altrimenti non si spiegherebbero l'entità degli investimenti pubblicitari delle imprese che producono beni di largo consumo e neppure l'impegno di intelligenza che viene profuso nella comunicazione pubblicitaria. Anche le decisioni di acquisto, come le scelte di voto, sono però processi complessi e l'esposizione ai messaggi dei media è solo uno dei tanti fattori che li condizionano.

Un altro campo sul quale si sono sviluppate accese discussioni riguarda il rapporto tra **media e violenza**. Molti sostengono che, soprattutto nell'infanzia, l'esposizione prolungata e ripetuta a scene di violenza può veicolare modelli culturali che inducono all'uso della violenza reale. Le ricerche condotte, come spesso accade, non sono in grado di dirci con assoluta certezza se, e in che misura, questo accade effettivamente. I meccanismi psicosociologici che legano la realtà «rappresentata» ai comportamenti sono molto complessi e perlopiù oscuri. È certo, comunque, che il fatto di vivere in un mondo nel quale, accanto alla violenza reale, gli individui, e i bambini in particolare, sono esposti a dosi massicce di violenza «rappresentata» non è senza conseguenze.

In conclusione, possiamo dire che, se la teoria dell'onnipotenza dei media sui comportamenti (siano essi politici, violenti o di consumo) si è rivelata un mito, non si può certo dire che i media non facciano altro che riflettere l'esistente senza influenzarlo e modificarlo.

Un cenno meritano infine le nuove e interessanti prospettive che si sono aperte con la diffusione di mezzi che consentono una maggiore interazione tra emittente e ricevente. Non si tratta solo delle trasmissioni in cui è prevista la possibilità di intervento degli ascoltatori attraverso il telefono o di persona (che sono un fatto piuttosto banale), ma soprattutto delle comunicazioni rese possibili dai computer. Questi rendono possibili forme reali di decentramento delle attività produttive (telelavoro), forme permanenti di consultazione dell'opinione pubblica (teledemocrazia), ma soprattutto, attraverso la **telematica**, permettono di abbracciare in una rete di comunicazioni l'intero pianeta, offrendo a tutti gli utenti una pressoché infinita gamma di informazioni e spettacoli di intrattenimento tra i quali l'utente è libero di scegliere a suo piacimento. Attraverso il world wide web (www) ogni utente dei servizi telematici ha già oggi la possibilità di accedere in tempo reale (cioè quando ne avverte il bisogno) a pressoché l'intero patrimonio storico, artistico, letterario, scientifico (ma anche all'intera produzione di spettacoli di evasione, pornografici, sportivi, ecc.) accumulato in gigantesche banche dati. In altre parole, potrà costruire, come un mosaico, il proprio programma «individualizzato» scegliendo da un'offerta praticamente illimitata di opportunità, ma potrà anche comunicare le sue preferenze e anche esprimere le sue opinioni.

Tre sono infatti le caratteristiche fondamentali dei **«nuovi media»**: in primo luogo la possibilità per l'utente di selezionare le informazioni alle quali desidera accedere; in secondo luogo la possibilità non soltanto di ricevere, ma anche di inviare comunicazioni; in terzo luogo la possibilità di combinare sia in entrata sia in uscita vari tipi di messaggi (parole, suoni, immagini) usando insieme le potenzialità dei computer, della televisione, della telefonia cellulare. Selettività, interattività e multimedialità definiscono i tratti dei nuovi mezzi di comunicazione. A queste caratteristiche se ne potrebbe aggiungere una quarta, la «virtualità», la possibilità cioè di creare dei mondi artificiali coi quali entrare in rapporto e interagire. Navigare in *Internet* è diventata per molti un'importante fonte di informazioni utili alla propria attività professionale e anche un'attività di tempo libero; i gruppi di discussione e le cosiddette *chat lines* mettono in contatto reti di persone creando nuove forme di socialità.

La velocità impressionante di diffusione dei nuovi media, il loro impatto sulla vita quotidiana di milioni di persone, sia nella sfera lavorativa sia nel tempo libero, fanno giustamente ritenere che stiamo assistendo ad una rivoluzione tecnologica e sociale paragonabile alla rivoluzione neolitica e alla rivoluzione industriale.

PER SAPERNE DI PIÙ

BERRUTO G., *La variabilità sociale della lingua*, Torino, Loescher, 1980; BRIGGS A. e BURKE P., *Storia sociale dei media*, Bologna, Il Mulino, 2007[2]; CARDONA R.G., *Introduzione alla sociolinguistica*, Torino, Loescher, 1987; CAVALLI SFORZA L.L., *Geni, popoli, lingue*, Milano, Adelphi, 1996; DE FLEUR M.L. e BALL-ROKEACH S.J., *Teorie delle comunicazioni di massa*, Bologna, Il Mulino, 1995; DE MAURO T., *La cultura degli italiani*, Roma-Bari, Laterza, 2004; GIGLIOLI P.P. (a cura di), *Linguaggio e contesto sociale*, Bologna, Il Mulino, 1999; LOSITO G., *Il potere dei media*, Roma, Nis, 1994; MCQUAIL D., *Sociologia dei media*, Bologna, Il Mulino, 2007[4]; PACCAGNELLA L., *Sociologia della comunicazione*, Bologna, Il Mulino, 2004; ROSITI F., *I modi dell'argomentazione e l'opinione pubblica*, Roma, Eri, 1982; ROVERSI A., *Introduzione alla comunicazione mediata dal computer*, Bologna, Il Mulino, 2004; WOLF M., *Gli effetti sociali dei media*, Milano, Bompiani, 1992.

CAPITOLO 8

Devianza e criminalità

Un atto è considerato deviante quando viola le norme di una comunità e viene punito con una sanzione. In questo capitolo studieremo i mutamenti del concetto di devianza nei diversi contesti socioculturali, analizzeremo le principali teorie formulate per spiegare la criminalità e tracceremo un quadro di alcuni reati e delle caratteristiche sociodemografiche dei loro autori.

Benvenuta, soprannominata Pincinella, fu processata per stregoneria a Brescia nel 1518, nel convento di San Domenico, alla presenza del vicario dell'Inquisizione, padre Lorenzo de Masi. Le furono rivolte accuse gravissime: di conoscere il segreto di una polvere potente e terribile, capace di arrecare danno agli altri e di far ammalare i bambini; di curare i posseduti con ricette magiche; di operare incantesimi. Con uno di questi, riusciva «a far che una persona voglia bene all'altra, et far che li mariti vogliano bene a le soe mojer et che non le possano batere, sì ben le mojer fanno le corna a li mariti soi» [Bonomo 1959, 89]. Il processo fu lungo e drammatico. Al termine, il tribunale giudicò l'imputata «vera eretica e inimica de la santa fede catolica» e, essendo recidiva, l'affidò all'autorità civile, che a sua volta la condannò a morire sul rogo insieme ad altre sette donne, anch'esse «haereticae, strigae et impenitentes».

Quello di Benvenuta non fu un caso eccezionale di devianza. A partire dalla metà del Cinquecento, in tutta Europa, migliaia di donne furono arrestate e processate, con l'accusa di stregoneria, di magia, di superstizione. Le colpe loro attribuite erano di provocare la malattia e la morte di molte persone, di impedire alle mucche di fare il latte, di scatenare furibonde tempeste. Convinti che i supplizi fossero il modo più sicuro per arrivare alla verità, i giudici sottoponevano le imputate a torture così dure che riuscivano a far confessare loro tutto quello che volevano: di andare, volando a cavallo di una scopa, in luoghi segreti in cui si riunivano con altre streghe per celebrare feste magiche ed orgiastiche in onore del diavolo; di esercitare in molti modi i loro poteri occulti contro gli altri: con il contatto fisico o seppellendo un indumento della vittima o trafiggendo con aghi una sua immagine. Pensando inoltre che le streghe recassero sul corpo il marchio della loro attività, i giudici le facevano spogliare e le sottoponevano a visite minuziose, alla ricerca del bollo demoniaco, di una macchia o un'escrescenza. Quasi sempre, il tribunale emetteva una sentenza di condanna contro le imputate, talvolta al carcere a vita, talvolta alla decapitazione, talvolta al rogo.

Dopo essersi moltiplicati nel Cinquecento e nella prima metà del Seicento, i processi per queste forme di devianza divennero sempre più rari e alla fine cessarono del tutto.

1. IL CONCETTO DI DEVIANZA

Definiamo devianza ogni atto o comportamento (anche se solo verbale) di una persona o di un gruppo che viola le norme di una collettività e che di conseguenza va incontro a qualche forma di sanzione. La devianza non è una proprietà di certi atti o comportamenti, ma una qualità che deriva dalle risposte, dalle definizioni e dai significati attribuiti a questi dai membri di una collettività (o dalla grande maggioranza di questi). Questa idea è stata espressa bene da Émile Durkheim [1893, trad. it. 1962, 103]: «Non bisogna dire che un atto urta la coscienza comune perché è criminale, ma che è criminale perché urta la coscienza comune. Non lo biasimiamo perché è un reato, ma è un reato perché lo biasimiamo».

Poiché le risposte della collettività variano considerevolmente nello spazio e nel tempo, un atto può essere considerato deviante solo in riferimento al **contesto socioculturale** in cui ha luogo. La storia drammatica della caccia alle streghe, con cui abbiamo iniziato questo capitolo, mostra come il concetto di «devianza» cambi storicamente. Per citare un altro esempio, in Europa, nel Medioevo, chi mangiava senza posate, si soffiava il naso nella tovaglia, sputava continuamente per terra, lasciava le urine e le feci sulle scale e nei corridoi, veniva considerato non un deviante ma una persona assolutamente normale.

D'altra parte, un comportamento considerato deviante in un paese può essere accettato o addirittura considerato molto positivamente in un altro. Così, ad esempio, ancora oggi in molti paesi africani, per un uomo avere due o tre mogli non solo è possibile, ma è ritenuto anche un segno di appartenenza a un ceto sociale agiato. Invece in Italia, come del resto negli altri paesi occidentali, un comportamento del genere è espressamente vietato dal codice penale, che all'articolo 556 prevede che «chiunque, essendo legato da matrimonio avente effetti civili, ne contrae un altro pure avente effetti civili, è punito con la reclusione da uno a cinque anni».

Infine, un comportamento può essere considerato deviante in una situazione, ma non in un'altra del tutto diversa. Nessuno, ad esempio, può vietare a un uomo e a una donna che lo vogliano di fare all'amore nella camera da letto della loro casa o di un albergo. Ma se lo fanno all'aperto, in mezzo alla piazza del loro paese, sotto gli occhi di tutti, rischiano, secondo l'articolo 527 del nostro codice penale, di essere denunciati e condannati (da un minimo di tre mesi a un massimo di tre anni) per atti osceni.

Questa **concezione relativistica della devianza** è stata sostenuta con forza, negli ultimi decenni, da molti studiosi di scienze sociali. Ma essa è molto antica. «Nulla si vede di giusto o di ingiusto – scriveva alla metà del XVII secolo Blaise Pascal [1669, trad. it. 1962, 141] – che non muti qualità col mutar del clima. Tre gradi di latitudine sovvertono tutta la giurisprudenza; un meridiano decide della verità; nel giro di pochi anni le leggi fondamentali cambiano [...] Il furto, l'incesto, l'uccisione dei figli o dei padri, tutto ha trovato posto tra le azioni virtuose». In seguito, questa concezione relativistica è stata ripresa dai teorici del positivismo giuridico, che hanno sostenuto che non esistono *mala in se*, cioè azioni intrinsecamente cattive e dunque meritevoli di punizione, ma solo *mala quia prohibita*, cioè atti che sono illeciti perché proibiti.

È bene tuttavia tenere presente che questa concezione relativistica non vale nella stessa misura per tutte le forme di devianza. È vero infatti che il modo in cui sono stati percepiti e giudicati alcuni comportamenti, come ad esempio il consumo di stupefacenti, il gioco d'azzardo o la prostituzione (cioè i «reati senza vittime») è variato enormemente nel tempo e nello spazio. Ma è anche vero che vi sono atti che sono stati condannati in molte (anche se non in tutte) società ed epoche [Hoebel 1967]: l'incesto, che è universalmente proibito, il furto, il ratto e lo stupro di una donna sposata, l'uccisione di un membro del proprio gruppo. Vi sono stati, per la verità, popoli – come ad esempio quello degli Eschimesi – nei quali l'infanticidio e l'uccisione di un genitore anziano erano ammessi. Ma questo era giustificato da uno dei più importanti postulati alla base della cultura eschimese («la vita è difficile e il margine di sopravvivenza esiguo») e da un corollario di questo («i membri improduttivi della società non possono essere mantenuti»). Questi principi erano così condivisi che spesso erano gli stessi anziani ad insistere per essere uccisi:

> Un cacciatore delle isole di Diomede mi raccontò in che modo egli avesse ucciso il padre, su richiesta di quest'ultimo. L'anziano eschimese non ce la faceva più ormai, né poteva dare più il suo contributo per quella che riteneva fosse la sua parte di lavoro come membro del gruppo. Così chiese a suo figlio, ch'era allora un ragazzo di dodici anni, di affilare un grosso coltello da caccia, poi indicò nel cuore il punto vulnerabile dove avrebbe dovuto colpirlo. Il ragazzo vi infilò il coltello fino in fondo, il colpo però non diede il risultato previsto. Allora il vecchio padre, con dignità e rassegnazione, gli diede un suggerimento: «Prova un po' più forte figlio mio». Il secondo colpo fu più efficace del primo [*ibidem*, trad. it. 1973, 118].

2. LO STUDIO DELLA DEVIANZA

Quello della devianza è uno dei fenomeni sociali sui quali è più difficile fare ricerca scientifica. I sociologi, ad esempio, hanno scritto molti libri sul perché alcune persone pongono fine alla loro vita tagliandosi le vene o sparandosi un colpo di pistola, il più importante dei quali resta ancor oggi *Il suicidio* di Durkheim [1897]. Questi libri si basano in gran parte sulle statistiche ufficiali dei suicidi raccolte dalle agenzie dei governi dei vari paesi. Ma queste statistiche – hanno sostenuto alcuni studiosi – sono poco attendibili, perché corrispondono alla definizione che una determinata società dà del **suicidio** e questa può variare nello spazio e nel tempo. In particolare, la probabilità che una morte venga registrata come suicidio (invece che come omicidio o come incidente) è tanto minore quanto più negativo è l'atteggiamento di una società nei confronti di chi si toglie la vita.

Dobbiamo dunque rinunciare a questi dati e considerare privi di valore gli studi condotti a partire dal libro di Durkheim? Certamente no. Le ricerche condotte in vari paesi negli ultimi trent'anni hanno infatti mostrato che le statistiche ufficiali sottovalutano il numero di suicidi che avvengono realmente, ma meno di quanto si pensasse. I risultati di queste ricerche ci suggeriscono inoltre di essere prudenti nell'interpretare le differenze nello spazio e nel tempo fra i tassi di suicidio (vale a dire il numero di suicidi per 100.000 abitanti), ma non di ignorarle. Facciamo un esempio. Alcune ricerche mostrano che nelle regioni centro-settentrionali del nostro paese ci si uccide molto di più che in

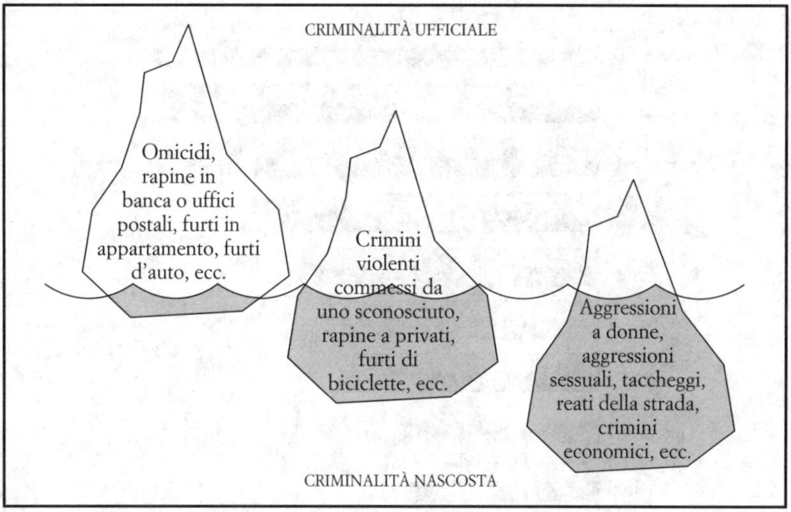

fig. 8.1. La criminalità nascosta varia secondo i diversi tipi di reati.

Fonte: Bandini *et al.* [1991].

quelle meridionali. Le differenze sono così forti (ad esempio, il tasso di suicidio dell'Emilia-Romagna è quattro volte più alto di quello della Campania) che esse non possono essere certo ricondotte alla maggiore o minore attendibilità delle statistiche.

Ancora maggiori sono i problemi che si incontrano nello **studio della criminalità**. Anche in questo caso, i sociologi si basano spesso sulle statistiche giudiziarie relative alle denunce e alle condanne. Ma questi dati hanno un grado di attendibilità minore di quello delle statistiche che usiamo per analizzare altri aspetti della vita sociale. Il numero dei reati ufficiali, considerati tali dalla polizia e dalla magistratura, rappresenta solo una parte di quelli reali, effettivamente compiuti. Ve ne sono infatti altri che, pur essendo stati commessi, restano nascosti e non vengono registrati. Questi ultimi costituiscono il cosiddetto *«numero oscuro» dei delitti*. Le ricerche condotte in molti paesi occidentali hanno mostrato che per alcuni reati (gli omicidi, le rapine in banca, i furti delle auto) vi è una coincidenza quasi completa fra quelli registrati e quelli effettivamente compiuti. Il numero oscuro è invece assai grande nel caso del furto di parti di automobile o dei borseggi tentati ma non riusciti (fig. 8.1).

Perché un reato entri a far parte delle statistiche non basta infatti che sia stato commesso: è necessario anche che qualcuno se ne accorga e lo faccia sape-

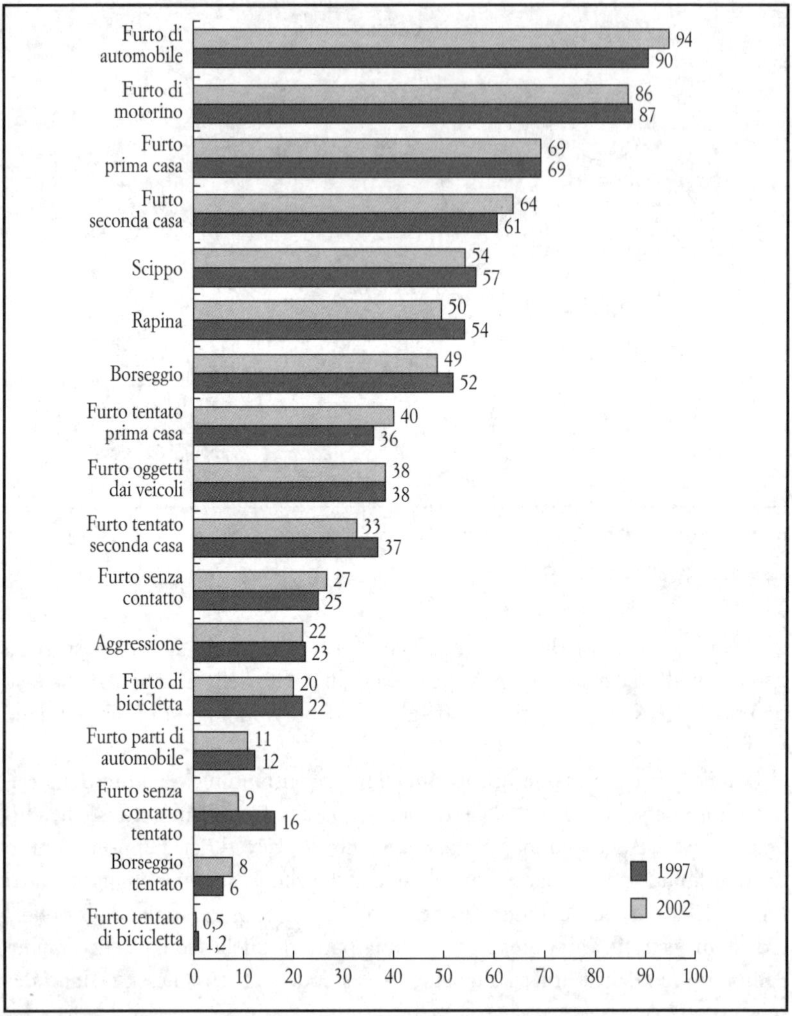

fig. 8.2. Persone di 14 anni e più o famiglie, residenti in Italia, che hanno denunciato i reati subiti negli ultimi 12 mesi, per tipo di reato, nel 1997 e nel 2002 (per 100 vittime dello stesso reato).

re ad un organo del sistema penale. Per i «**reati senza vittima**» (prostituzione, consumo di stupefacenti, gioco d'azzardo) e per quelli contro l'intera collettività, questo dipende dalla capacità della polizia di scoprire gli eventi delittuosi e i loro autori. Per quelli invece che colpiscono una persona (ad esempio, lo scippo, il borseggio, il furto in appartamento, la rapina), le forze dell'ordine e la magistratura possono venire a conoscenza dell'accaduto solo grazie alla denuncia della vittima o di un testimone. In molti casi però, sia in Italia sia negli altri paesi, solo una quota di coloro che subiscono un reato sporge denuncia. Questa quota varia a seconda di come e di che cosa viene rubato e del luogo dove avviene il reato. Si rivolgono alla polizia quasi tutti, se viene loro sottratta un'automobile, moltissimi se subiscono un furto in appartamento, solo la metà quando vengono scippati o borseggiati. Si sporge molto più frequentemente denuncia se il reato è consumato, piuttosto che solo tentato. Le ricerche condotte mostrano inoltre che il numero oscuro non varia molto nel tempo (fig. 8.2).

Negli ultimi trent'anni, i ricercatori di vari paesi sono riusciti a ovviare a questi problemi (almeno nel caso dei reati con una vittima individuale) conducendo indagini periodiche per interviste su grandi campioni della popolazione (le cosiddette **«inchieste di vittimizzazione»**) al fine di individuare quali fra le persone intervistate abbiano subito, in un determinato periodo di tempo, alcuni reati. Purtroppo però i reati che si possono studiare con queste inchieste sono solo quelli dei quali l'individuo ha conoscenza diretta: lo scippo, il borseggio, la rapina, il furto d'auto o in appartamento.

3. LE TEORIE DELLA CRIMINALITÀ

Da molto tempo ci si interroga sul perché alcune persone, in certe fasi della loro vita, derubano, uccidono o stuprano qualcuno. Nell'ultimo secolo, i sociologi, gli psicologi e gli economisti hanno formulato numerose teorie, per spiegare perché questo avviene. Le principali sono sei.

3.1. Le spiegazioni biologiche

Da quando esistono le scienze sociali, sono state elaborate molte teorie che riconducono i comportamenti devianti alle caratteristiche fisiche e biologiche degli individui. Dai sostenitori di queste teorie, i criminali sono stati spesso considerati individui profondamente diversi dagli altri, «anormali», inferiori. Mentre tuttavia un tempo coloro che proponevano queste teorie erano rigidamente deterministi, oggi essi ritengono che la presenza di certi tratti biologici faccia solo aumentare la probabilità che una persona commetta dei reati.

L'idea che la criminalità sia legata a particolari caratteristiche fisiche di una persona è molto antica e precede di molti secoli la nascita delle scienze sociali. Così, ad esempio, il deviante dell'*Iliade* di Omero, Tersite, oltre ad essere vile e insolente, era anche «l'uomo più brutto» del mondo: «camuso e zoppo d'un piede, le spalle erano torte, curve e rientranti sul petto: il cranio aguzzo in cima, e rado il pelo fioriva». D'altra parte, una legge medievale decretava che «se due persone vengono sospettate di un reato, è da considerarsi più probabilmente colpevole quella più brutta e deforme» [Wilson e Herrnstein 1985, 71].

Ma uno dei primi studiosi che ha fornito una veste scientifica a questa tesi è stato il medico e psichiatra **Cesare Lombroso** (1835-1909), che per lungo tempo considerò la costituzione fisica come la più potente causa di criminalità. Particolare importanza egli attribuì al cranio. Studiando quello del brigante Vilella, rilevò che nell'occipite, invece che una piccola cresta, esso presentava una fossa, che chiamò «occipitale mediana». Lombroso prese tuttavia in considerazione anche le altre parti del corpo, sostenendo che il «delinquente nato» aveva in genere la testa piccola, la fronte sfuggente, gli zigomi pronunciati, gli occhi mobilissimi ed errabondi, le sopracciglia folte e ravvicinate, il naso torto, il viso pallido o giallo, la barba rada. Influenzato dalle teorie di Darwin, Lombroso sostenne che il «delinquente nato» presentava delle caratteristiche ataviche, simili cioè a quelle degli animali inferiori e dell'uomo primitivo, che rendevano difficile o impossibile il suo adattamento alla società moderna e lo spingevano a commettere reati.

Severamente criticata da molti studiosi, la teoria di Lombroso cadde in disgrazia. Anche il suo autore la modificò profondamente e, negli ultimi anni della sua vita, sostenne che i delinquenti «nati» costituivano solo un terzo di coloro che infrangevano le norme e che ogni delitto aveva origine in una «molteplicità di cause». Ma i tentativi di spiegare la criminalità con fattori biologici sono continuati. Uno dei più famosi è quello compiuto nel 1940 dal medico e psicologo americano **William H. Sheldon**, il quale sostenne che vi erano tre tipi fondamentali di costituzione fisica, ai quali corrispondevano personalità diverse. Il primo è il tipo endomorfo: ha un corpo ben ricoperto di grasso, soffice, tondeggiante, ossa piccole, arti corti, pelle morbida e vellutata. Ha un temperamento viscerotonico: tende ad essere socievole, accomodante e indulgente con se stesso. Il secondo è il tipo mesomorfo: ha un tronco imponente, un torace robusto e una gran massa di muscoli e di solide ossa; ha un temperamento somotonico: attivo e dinamico, è irrequieto, aggressivo, energico e instabile. Il terzo è il tipo ectomorfo; ha un corpo magro, fragile, delicato, ossa piccole, spalle curve; ha un temperamento cerebrotonico: è introverso, ipersensibile, nervoso, soffre di insonnia e di allergie. Secondo Sheldon, in ciascuno di noi vi sono tratti di tutti e tre questi tipi. Ma ciò che rende una persona diversa dall'altra è che il peso di queste caratteristiche varia fortemente. Gli individui mesomorfi hanno maggiori probabilità di diventare criminali di quelli endomorfi o ectomorfi.

Nell'ultimo trentennio, la teoria biologica è stata ripresa e riformulata su basi nuove da alcuni studiosi. Essi hanno ricondotto la tendenza degli individui ad infrangere le norme ad alcune forme di anormalità genetica e in particolare a quella che chiamano la «sindrome XYY». Infatti, gli esseri umani hanno normalmente 46 cromosomi. Alcune persone – ma si tratta di casi assai rari – ne hanno invece 47. Se il cromosoma che hanno in più è uno X (ereditato dalla madre) non succede nulla di rilevante. Ma se è uno Y (ereditato dal padre) – dicono i sostenitori di questa teoria – allora è assai probabile che queste persone commettano reati di vario tipo.

Ma anche in quest'ultima versione, la teoria biologica non ha trovato molte conferme dalle ricerche e non è riuscita ad affermarsi fra gli studiosi della criminalità.

3.2. La teoria della tensione

Durkheim pensava che certe forme di devianza fossero in parte dovute all'**anomia**, cioè alla mancanza delle norme sociali, che regolano e limitano i comportamenti individuali. Quando questo avviene – egli osservava – «non si sa più ciò che è possibile e ciò che non lo è, ciò che è giusto e ciò che non è giusto, quali sono le rivendicazioni e le speranze legittime, quali quelle che vanno oltre la misura [...] Così, non contenuti da un'opinione disorientata, gli appetiti non sanno più quali siano i limiti da non superare» [Durkheim 1897, trad. it. 1969, 307-308].

Sessant'anni fa, Robert Merton ha ripreso e riadattato questa idea, sostenendo che la devianza è provocata dalle situazioni di anomia, che a loro volta nascono da un contrasto fra la struttura culturale e quella sociale. La prima definisce le mete verso le quali tendere e i mezzi con i quali raggiungerle. La seconda consiste nella distribuzione effettiva delle opportunità necessarie per arrivare a tali mete con quei mezzi.

Questo contrasto si verifica, ad esempio, nella società americana, che prescrive a tutti il raggiungimento del successo economico (meta culturale) attraverso il lavoro, il risparmio, l'istruzione, l'onestà (mezzi approvati). Ciascuno – sia egli povero o ricco – viene spinto dalla famiglia, dalla scuola, dai mezzi di

TAB. 8.1. Tipologia dei modi di adattamento individuale secondo Merton

MODO DI ADATTAMENTO	METE CULTURALI	MEZZI ISTITUZIONALIZZATI
Conformità	+	+
Innovazione	+	–
Ritualismo	–	+
Rinuncia	–	–
Ribellione	+/–	+/–

Legenda: (+) significa «accettazione»; (–) significa «rifiuto»; (+/–) significa «rifiuto di mete o mezzi dominanti e sostituzione con nuove mete e nuovi mezzi».

Fonte: Merton [1949].

comunicazione di massa a raggiungere questa meta. Ma di fatto le persone delle classi sociali svantaggiate non ci riescono.

Per adattarsi ai valori culturali proposti nella situazione prodotta dal contrasto fra le mete e i mezzi per raggiungerle, gli individui possono scegliere fra cinque diverse **forme di comportamento** (tab. 8.1). Il primo è la conformità, che consiste nell'accettazione sia delle mete culturali sia dei mezzi previsti per raggiungerle. Ma tutti gli altri quattro comportamenti sono devianti. Il secondo è l'innovazione: la strada scelta da coloro che rubano, imbrogliano o ingannano gli altri, cioè da chi aderisce alle mete, ma rifiuta i mezzi normativamente prescritti. Il terzo è il ritualismo, che è il modo di adattamento di chi abbandona le mete, ma resta attaccato alle norme sui mezzi. È tipica di coloro che dicono: «io vado sul sicuro», «non faccio il passo più lungo della gamba», «mi accontento di quello che ho». La quarta modalità di adattamento è la rinuncia sia ai fini che ai mezzi. È quella dei mendicanti, dei senza fissa dimora, dei tossicodipendenti, degli etilisti. L'ultima possibilità è la ribellione, che consiste nel rifiuto sia delle mete che dei mezzi e della loro sostituzione con altre mete ed altri mezzi.

3.3. La teoria del controllo sociale

La teoria della tensione si basa sull'assunto che l'individuo sia un animale morale, che fa proprie le norme della società in cui vive e che è naturalmente portato a seguirle. Se rispetta la legge non è dunque perché ritiene che i benefici che ricava dalla sua azione siano maggiori dei costi, ma perché si sente moralmente obbligato a farlo. Stando così le cose, solo una forte pressione può spingerlo a violare le norme e questa pressione – come abbiamo visto – viene dalla tensione fra struttura culturale e struttura sociale.

La teoria del controllo sociale si basa invece su una concezione più pessimistica della natura umana, considerata moralmente debole. Essendo l'uomo naturalmente portato più a violare che a rispettare le leggi, ciò che occorre spiegare è la conformità e non la devianza. La grande domanda da cui partire non è dunque più «perché alcune persone commettono dei reati?», ma è invece «perché la maggior parte delle persone non li commette?». E la risposta data è che ciò avviene perché queste sono frenate dal farlo.

I **controlli sociali** che impediscono loro di violare le norme sono di vario tipo. Vi sono quelli **esterni**: le varie forme di sorveglianza esercitata dagli altri per scoraggiare e impedire i comportamenti devianti. Vi sono quelli **interni diretti**, che si manifestano nei sentimenti di imbarazzo, di colpa e di vergogna che prova chi trasgredisce una prescrizione sociale. Vi sono infine quelli **interni indiretti**: l'attaccamento psicologico ed emotivo sentito per gli altri e il desiderio di non perdere la loro stima e il loro affetto.

Secondo lo studioso americano Travis Hirschi, che è oggi il più autorevole esponente di questa teoria, una persona compie un reato quando il vincolo che lo lega alla società è molto debole, fino quasi a spezzarsi [Gottfredson e Hirschi 1990]. Questo legame presenta i seguenti aspetti:

• *L'attaccamento ai genitori o agli insegnanti*. Quanto più un individuo è legato a queste persone tanto più difficile è che compia delle azioni che essi disapprovano.

• *L'impegno nel perseguimento degli obiettivi convenzionali*: il successo scolastico, l'affermazione professionale, la reputazione sociale. Quanto maggiore è l'energia che un individuo ha investito nel raggiungimento di questi obiettivi, tanto più difficile è che egli rischi di perdere, violando le norme, tutto quanto ha accumulato in questo campo. In altre parole, se molti di noi non rubano non è per desiderio di essere onesti, ma per la paura dei costi che la disonestà può avere.

• *Il coinvolgimento nelle attività convenzionali*. Quanto maggiore è il tempo che una persona dedica allo studio, al lavoro, allo svago, tanto minore è quello che gli resta per compiere i reati.

• *Le credenze*. La violazione delle norme non è provocata da credenze che la richiedano o la rendano necessaria ma dalla mancanza di credenze che la vietano.

3.4. La teoria della subcultura

Molti studiosi hanno osservato che di per sé il contrasto fra la struttura sociale e quella culturale non basta a spiegare perché alcune persone violino le norme e hanno sostenuto che anche la devianza, come la conformità, si apprende dall'ambiente in cui si vive. Una persona commette un reato – secondo questi studiosi – perché si è formata in una **subcultura criminale**, che ha valori e norme diverse da quelli della società generale e che vengono trasmessi da una generazione all'altra. A bere alcol, a fare uso di droga, a rubare e a rapinare si impara dagli altri, da coloro che si incontrano tutti i giorni e che sono disposti a farlo e lo sanno fare. Da essi, oltre alla competenza tecnica, si imparano i valori, gli atteggiamenti, le razionalizzazioni favorevoli a queste azioni.

L'idea che la devianza si apprende dall'ambiente sociale in cui ci si forma e si vive è stata presentata per la prima volta nel 1929 da Clifford Shaw e Henry McKay, due studiosi americani della **«scuola di Chicago»** fondata da Robert Park (1864-1944). Su quella città essi condussero allora un'imponente ricerca. Dividendola in cinque zone concentriche, essi calcolarono il **«tasso di delinquenza»**, cioè il rapporto fra il numero degli autori di reati residenti in un'area e il totale della popolazione di quell'area, e videro che il valore di tale tasso diminuiva man mano che ci si allontanava dal centro della città, abitato per lo più dagli immigrati di vari gruppi etnici, e si passava ai quartieri degli operai specializzati e a quelli residenziali dei ceti medi. Scoprirono inoltre che dal 1900 al 1920 le differenze nel tasso di delinquenza fra i quartieri erano rimaste immutate, nonostante la popolazione si fosse rinnovata e la sua composizione per gruppi etnici fosse profondamente cambiata. Per spiegare questo fenomeno essi sostennero allora che in alcuni quartieri vi erano norme e valori favorevoli a certe forme di devianza e questo patrimonio culturale veniva trasmesso ai nuovi arrivati nell'interazione che aveva luogo nei piccoli gruppi e nelle bande di ragazzi.

Questa teoria è stata ripresa e articolata da uno dei maggiori criminologi americani del Novecento, **Edwin H. Sutherland** [1949]. Secondo questo studioso, il comportamento deviante non è né ereditario né inventato dall'attore, ma appreso attraverso la comunicazione con altre persone. Il processo di apprendimento avviene di solito all'interno di piccoli gruppi e riguarda sia le motivazioni per commettere un reato sia le tecniche per farlo. Nella società contemporanea coesistono infatti numerose culture che prescrivono o consentono agli individui forme di comportamento radicalmente diverse o opposte. La cultura criminale

– scriveva Sutherland – è tanto reale quanto quella legale ed è molto più diffusa di quanto comunemente si pensi. Tutti noi, nel corso della nostra vita, entriamo in contatto con alcune di queste culture e dunque con definizioni favorevoli e sfavorevoli a violare le norme. Quanto più una persona frequenta ambienti in cui prevalgono le prime tanto più è probabile che questa persona diventi deviante.

Dunque, anche secondo Sutherland, come per tutti coloro che si rifanno a questa teoria, chi commette un reato lo fa perché si conforma alle aspettative del suo ambiente. In questo senso, le motivazioni del suo comportamento non sono diverse da quelle di chi rispetta le leggi. Ad essere deviante non è infatti l'individuo, ma il gruppo a cui egli appartiene. Gli individui non violano le norme del proprio gruppo, ma solo quelle della società generale.

3.5. La teoria dell'etichettamento

Tutte le teorie che abbiamo finora ricordato concentrano la loro attenzione sul comportamento criminale (o, più in generale, deviante) e cercano di individuarne le cause, siano esse biologiche, psicologiche o sociali. Del tutto diversa è l'impostazione della **teoria dell'etichettamento**. Coloro che la seguono sostengono che per capire la devianza è necessario tenere conto non solo della violazione, ma anche della creazione e dell'applicazione delle norme; non solo dei criminali, ma anche del sistema giudiziario e delle altre forme di controllo sociale. Il reato (e, più in generale, la devianza) non sono altro che il prodotto dell'interazione fra coloro che creano e che fanno applicare le norme e coloro invece che le infrangono.

> La vecchia sociologia – ha scritto Edwin Lemert, uno dei più autorevoli esponenti di questa corrente – tendeva a basarsi massicciamente sull'idea che la devianza porti al controllo sociale. Io sono giunto a pensare che l'idea opposta, cioè che il controllo sociale porti alla devianza, è ugualmente sostenibile e costituisce l'ipotesi potenzialmente più feconda per lo studio della devianza nella società moderna [Cohen 1992, 796].

Un altro studioso di questa scuola, Howard Becker, ha scritto che

> i gruppi sociali creano la devianza stabilendo le regole la cui infrazione costituisce la devianza e applicando queste regole a persone particolari, che

etichettano come *outsider*. Da questo punto di vista, la devianza non è una qualità dell'azione commessa, ma piuttosto la conseguenza dell'applicazione, da parte di altri, di regole e sanzioni al trasgressore. Il deviante è uno cui l'etichetta è stata applicata con successo; il comportamento deviante è il comportamento così etichettato dalla gente [*ibidem*].

In questi due brani troviamo alcuni punti chiave della teoria dell'etichettamento. Secondo i suoi sostenitori, fra coloro che commettono atti devianti e gli altri non vi sono differenze profonde né dal punto di vista dei bisogni né da quello dei valori. Ne è prova il fatto che, nella nostra società, ad un altissimo numero di persone succede, almeno una volta nella vita, di violare una norma in modo più o meno grave. Ma un conto è commettere un atto deviante: mentire, rubare qualcosa, fare uso di droga. Un altro conto è suscitare per questo una reazione sociale, venire accusato di essere un deviante: un bugiardo, un ladro, un drogato. In questo secondo caso, un individuo viene bollato con un marchio, un'etichetta, un ruolo. I suoi comportamenti passati vengono riesaminati e reinterpretati alla luce di quelli presenti e si comincia a pensare che egli si sia sempre comportato così. Di conseguenza lo si guarda e lo si tratta in modo diverso dagli altri, con sospetto, timore, ostilità.

Cruciale è da questo punto di vista la distinzione, introdotta da Edwin Lemert, fra **devianza primaria** e **secondaria**. Con la prima espressione ci si riferisce a quelle violazioni delle norme che hanno agli occhi di colui che le compie un rilievo marginale e che vengono di conseguenza presto dimenticate. Ciò significa che chi fa queste azioni non considera se stesso un deviante né viene visto come tale dagli altri. Si pensi, ad esempio, ad uno studente universitario che ruba, senza essere scoperto, alcuni libri ed alcune penne in un supermercato. Una volta laureato e diventato un professionista, i furti commessi alcuni anni prima appaiono come eventi privi di importanza. Si ha invece devianza secondaria quando l'atto di una persona suscita una reazione di condanna da parte degli altri, che lo considerano un deviante e questa persona riorganizza la sua identità e i suoi comportamenti sulla base delle conseguenze prodotte dal suo atto.

Se un individuo viene trovato dalla polizia in flagranza di reato, mentre sta rubando qualcosa, viene arrestato e processato. Basta questo perché l'immagine che gli altri avevano di lui cambi radicalmente. La stigmatizzazione che l'ha colpito lo farà sentire sempre più isolato dal resto della società e questo lo spingerà ad entrare in contatto con gli altri. Ulteriori sue infrazioni delle norme provocheranno reazioni sociali sempre più forti che lo indurranno a proseguire la «carriera» di deviante.

3.6. La teoria della scelta razionale

Per le teorie che abbiamo finora ricordato, una persona viola le norme perché è spinta a farlo da fattori biologici, psicologici o sociali. In altre parole, se ruba o uccide è per motivi genetici o perché si è formato in una subcultura delinquente oppure perché è mosso dal contrasto fra l'importanza attribuita dalla società in cui vive a certe mete e i mezzi insufficienti che ha a disposizione per raggiungerle. I sostenitori della teoria della scelta razionale considerano invece i reati come il risultato non di influenze esterne, ma di un'**azione intenzionale** adottata attivamente dagli individui. Essi sono infatti convinti che l'individuo è un essere razionale, che agisce seguendo i propri interessi, ricercando il piacere e fuggendo il dolore, e che è capace di scegliere liberamente se violare o meno una norma. Se egli decide di compiere un reato è di solito perché si attende di ricavarne benefici maggiori di quelli che avrebbe investendo il suo tempo e le sue risorse in attività lecite. Secondo questa teoria, inoltre, coloro che si dedicano ad un'attività illecita non sono sostanzialmente diversi dagli altri. Così, ad esempio, il criminologo giapponese Hiroshi Tsutomi ha scritto che «le persone commettono reati non perché sono patologiche o malvagie, ma perché sono normali». I motivi che portano ad un'attività illecita sono gli stessi che spingono a quella lecita: la ricerca del guadagno, del potere, del prestigio, del piacere [cit. in Fattah 1993, 229].

Molte di queste idee sono state sostenute, alla fine del Settecento, da Cesare Beccaria in Italia e da Jeremy Bentham in Inghilterra. Esse sono state tuttavia riprese e rielaborate nell'ultimo trentennio, soprattutto dagli economisti, ma anche da alcuni sociologi. Questi ultimi hanno messo in luce come colui che trasgredisce la legge vada incontro a vari tipi di **costo**: esterni pubblici, esterni privati ed interni. Quelli esterni pubblici sono dati dalle sanzioni legali inflitte dallo stato e dalle conseguenze negative che queste hanno sulla reputazione sociale. Quelli esterni privati sono i cosiddetti «costi di attaccamento», che derivano dalle sanzioni informali degli «altri significativi», dalle loro critiche, dalla loro condanna. Quelli interni nascono dalla coscienza (dalle norme interiorizzate), che fa provare al trasgressore sensi di colpa e di vergogna.

4. FORME DI CRIMINALITÀ

Molti sono i reati previsti dai codici penali dei vari paesi e molti i modi che sono stati escogitati per compierli. Noi ci occuperemo solo dei principali.

4.1. L'attività predatoria comune

La fonte principale della paura che i cittadini hanno della criminalità è costituita da quella che molti studiosi chiamano «attività predatoria comune» (o «di strada»). Con questa espressione ci si riferisce a quell'insieme di azioni illecite condotte con la forza o con l'inganno per impadronirsi dei beni mobili altrui che comportano un contatto fisico diretto fra almeno uno di coloro che compiono l'azione e una persona o un oggetto. Ne fanno parte dunque due gruppi assai diversi di reati. In primo luogo, quelli compiuti di nascosto, con il raggiro, evitando la vittima o facendo in modo che non si accorga di quanto sta avvenendo, come ad esempio il **furto** di beni nei grandi magazzini (o taccheggio), quello di auto o di oggetti dalle auto, il furto in appartamento o il borseggio. In secondo luogo, quelli commessi con la violenza, strappando una cosa di mano o di dosso ad una persona (lo scippo) o prendendogliela con la forza o la minaccia (la rapina).

I reati ricordati sono diversi per molti altri aspetti. Innanzitutto per la loro gravità e per la severità delle sanzioni che la legge commina a chi li commette, che vanno da venti giorni ad alcuni anni di reclusione. In secondo luogo, per la loro redditività, perché ve ne sono alcuni (come il taccheggio) che fruttano pochi euro ed altri invece (le rapine alle banche) decine di migliaia. In terzo luogo, per il tipo di forma associativa che incoraggiano fra i soggetti attivi e per il grado di complessità della divisione del lavoro fra loro. Alcuni di questi reati sono commessi da persone che non hanno bisogno di complici. Così, ad esempio, agiscono spesso da soli i taccheggiatori dilettanti di merci di scarso valore o i ladri di apparecchi stereo dalle auto o i rapinatori che assalgono di notte i passanti nelle città. Ma una gran parte dell'attività predatoria viene svolta da coppie o da piccoli gruppi di malfattori, privi di un capo e con una divisione del lavoro poco accentuata.

Le indagini di vittimizzazione condotte in questi anni mostrano che vi sono grandi differenze nella frequenza dei reati contro la proprietà fra i diversi paesi. Tuttavia, queste differenze variano a seconda del reato. Per quanto riguarda i furti in appartamento, i dati raccolti dall'ultima *International Crime Victimization Survey*, condotta nel 2000 e relativa al 1999, mostrano che la frequenza è tendenzialmente elevata nei paesi anglosassoni e dell'Europa settentrionale (con l'eccezione di Svezia e Finlandia), ed è inferiore nell'Europa meridionale (Portogallo, Spagna, Francia), in Svizzera e in Giappone (tab. 8.2).

I furti di oggetti dalle automobili in sosta sono molto diffusi in Spagna (9,6%), in Italia (7%), in Nuova Zelanda e Australia (6,9 e 6,8%) e in Inghilterra e Galles (6,4%); mostrano valori medi nei paesi del Nord Europa e sono bassi

TAB. 8.2. Percentuale di persone di oltre 14 anni o di famiglie che hanno subito almeno una volta dei reati in alcuni paesi alla fine degli anni novanta

	Anno	Furto						Rapina	Oggetti personali
		Di auto	Da auto	Di moto	Di bici	In appartamento Consumato	In appartamento Tentato		
Australia	2000	1,9	6,8	0,1	2,0	3,9	3,3	1,2	6,5
Austria	1996	0,1	1,6	0,0	3,3	0,9	0,5	0,2	5,0
Belgio	2000	0,7	3,6	0,3	3,5	2,0	2,8	1,0	4,1
Canada	2000	1,4	5,4	0,1	3,5	2,3	2,3	0,9	4,7
Catalogna (Spagna)	2000	0,4	5,3	0,6	0,4	1,3	0,6	0,9	3,0
Danimarca	2000	1,1	3,4	0,7	6,7	3,1	1,5	0,7	4,1
Finlandia	2000	0,4	2,9	0,1	4,9	0,3	1,0	0,6	3,3
Francia	2000	1,7	5,5	0,3	1,8	1,0	1,3	1,1	3,0
Germania (occidentale)	1989	0,4	4,7	0,2	3,3	1,3	1,8	0,8	4,0
Giappone	2000	0,1	1,6	1,0	6,6	1,1	0,8	0,1	0,5
Inghilterra e Galles	2000	2,1	6,4	0,4	2,4	2,8	2,8	1,2	4,6
Irlanda del Nord	2000	1,2	2,7	0,0	1,4	1,7	0,9	0,1	2,2
Italia	*1992*	*2,7*	*7,0*	*1,5*	*2,3*	*2,4*	*1,7*	*1,3*	*3,6*
Norvegia	1989	1,1	2,8	0,3	2,8	0,7	0,4	0,5	3,2
Nuova Zelanda	1992	2,7	6,9	0,3	4,4	4,3	3,6	0,7	5,3
Paesi Bassi	2000	0,4	3,9	0,6	7,0	1,9	2,7	0,8	4,7
Polonia	2000	1,0	5,5	0,1	3,6	2,0	1,3	1,8	5,3
Portogallo	2000	0,9	4,9	0,3	0,8	1,4	1,2	1,1	1,9
Scozia	2000	0,7	4,2	0,1	2,0	1,5	1,9	0,7	4,6
Spagna	1989	1,4	9,6	0,8	1,1	1,6	2,1	3,1	5,2
Svezia	2000	1,3	5,3	0,4	7,2	1,7	0,7	0,9	5,8
Svizzera	2000	0,3	1,7	0,2	4,7	1,1	1,8	0,7	4,4
Usa	2000	0,5	6,4	0,3	2,1	1,8	2,7	0,6	4,9

Fonti: Van Kesteren, Mayhew e Nieuwbeerta [2001, 178-179, tab. 1]; Italia 1999: Istat [1999].

in Svizzera e Giappone, dove non arrivano al 2%. Le rapine invece sono assai diffuse in Spagna (3,1%), hanno valori intermedi in Italia (1,3%) e in Inghilterra (1,2%) e bassi in Norvegia, Austria e, ancora, Giappone.

Negli anni sessanta è cresciuto enormemente, in tutti i paesi occidentali, il numero dei seguenti reati: borseggi e scippi, furti di auto e in appartamento, furti nei negozi e rapine. Per la frequenza di alcuni di questi reati, il punto più alto è stato raggiunto, in molti paesi, intorno al 1991.

4.2. Gli omicidi

Con il termine «omicidio» si indicano reati di natura assai diversa e che non vanno assolutamente confusi. La più importante distinzione da fare è fra **omicidio colposo** e **doloso**. Il primo è quello «non voluto dall'agente» e che si verifica

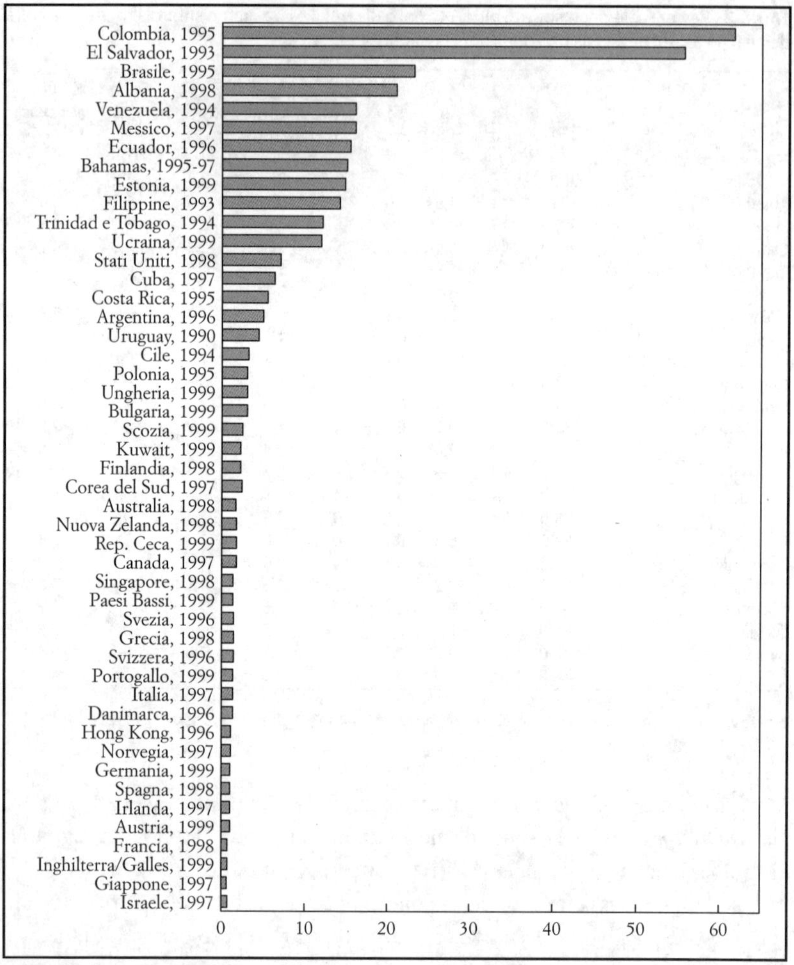

fig. 8.3. Numero di morti per omicidio su 100.000 abitanti in alcuni paesi negli anni novanta.

Fonte: *World Report on Violence and Health*.

«a causa di negligenza, imprudenza, imperizia, o inosservanza di leggi, regolamenti, ordini o discipline» (come dice l'articolo 43 del nostro codice penale). Il più tipico è quello che viene commesso continuamente per la strada, quando un automobilista distratto investe un passante uccidendolo. Il secondo è invece quello commesso da chi agisce con la volontà di uccidere. Quest'ultimo viene a sua volta distinto in premeditato e occasionale. In tutti i paesi occidentali gli omicidi colposi sono molto più frequenti di quelli dolosi. In Italia, ad esempio, nel 2004 i primi sono stati 8.294, i secondi invece 1.548.

Nel caso di una rapina o di uno scippo, del borseggio o del furto in appartamento, l'autore e la vittima del reato sono di solito due estranei che non si sono mai visti. L'omicidio (doloso) tipico è invece quello che nasce da un conflitto fra due persone che si conoscono. I dati di cui disponiamo mostrano ad esempio che negli Stati Uniti per circa un terzo degli omicidi che vengono commessi ogni anno non conosciamo la relazione fra autore e vittima. Ma nell'80% degli altri casi, l'autore del reato è o un parente della vittima (coniuge, genitore, figlio) o un suo amico, compagno di lavoro o vicino di casa. Non diversamente vanno le cose nel nostro paese. Secondo i risultati della più rigorosa ricerca condotta in Italia in questo campo, nel 38% dei casi l'autore dell'omicidio era parente della vittima, nel 42% era amico o conoscente e solo nel 20% era uno sconosciuto [Bandini *et al.* 1985].

La frequenza con cui vengono commessi omicidi dolosi varia considerevolmente nello spazio. In Italia, almeno dall'Unità in poi, le regioni nelle quali si ammazzano più persone sono sempre state quelle meridionali: la Calabria, la Sicilia, la Sardegna, la Campania. Nel mondo, gli Stati Uniti sono uno dei paesi che ha il **tasso di omicidio** più elevato. Ma in generale è nei paesi in via di sviluppo, caratterizzati da forti disuguaglianze nella distribuzione della ricchezza, che la frequenza con cui questo reato viene commesso è maggiore: in Colombia, El Salvador, Brasile (fig. 8.3).

4.2.1. Mutamenti nel tempo degli omicidi

I sondaggi di opinione ci dicono che in Italia, come del resto negli altri paesi occidentali, la maggioranza della popolazione ritiene che il numero dei reati commessi non sia stato mai così alto come oggi. Alcuni storici e sociologi hanno d'altra parte sostenuto che l'aumento della criminalità è stato in parte provocato dalla modernizzazione, che è iniziato dopo la rivoluzione industriale e quella francese, quando la società tradizionale è entrata in crisi, ed è continuato ininterrottamente fino ad oggi.

Sottoporre ad una verifica rigorosa queste proposizioni sembra a prima vista impossibile. Abbiamo già detto quanto sia difficile stabilire con precisione quanti reati vengano commessi ogni anno in Italia o negli altri paesi. Ed è certamente ancora più difficile – per non dire impossibile – costruire serie storiche di questi dati. Eppure, i risultati delle ricerche condotte negli ultimi quarant'anni da vari studiosi hanno enormemente accresciuto le nostre conoscenze sulla società del passato e ci permettono di individuare almeno alcuni dei cambiamenti che vi sono stati, da questo punto di vista, nei paesi occidentali.

> Questa città – scriveva di Napoli, nel 1353, Francesco Petrarca [1992, 448] – per molti rispetti eccellente, ha questo oscuro e vergognoso e inveterato malanno, che il girar di notte vi è non meno pericolo e pauroso che tra folti boschi, essendo le vie percorse da giovani nobili armati, la cui sfrenatezza né la paterna educazione né l'autorità dei magistrati né la maestà e gli ordini del re seppero mai contenere [... vi] scorre il sangue umano come se fosse di bestie e spesso, mentre le gradinate colme di pazzi applaudiscono, figli infelici sono scannati sotto gli occhi dei genitori.

Sulla violenza della società medievale non abbiamo solo descrizioni impressionistiche, ma anche dati quantitativi, che mostrano che in Europa vi è stata una tendenza plurisecolare alla diminuzione del tasso di omicidio. Sappiamo che nel tardo Medioevo, in Europa, il tasso di omicidio andava dal 20 al 40% per 100.000 abitanti, mentre a metà del Novecento aveva raggiunto valori incomparabilmente più bassi (dallo 0,5 all'1% per 100.000). I dati della tabella 8.3, riguardanti gli ultimi sette secoli, ci indicano le tappe e le fasi di questo straordinario processo in alcune aree d'Europa. Innanzitutto ci dicono che esso è iniziato nei primi decenni del Seicento e che è continuato quasi ininterrottamente, pur con qualche oscillazione e qualche inversione di tendenza di breve periodo, fino al 1960-70. In secondo luogo, questi dati mostrano che tale processo è avvenuto con ritmi diversi nei paesi europei. All'inizio del periodo (secoli XIII-XV) l'Inghilterra aveva un tasso di omicidio nettamente inferiore agli altri paesi e, insieme al Belgio e ai Paesi Bassi, ha raggiunto valori molto bassi nella prima metà del Seicento. I paesi scandinavi, la Germania e la Svizzera sono giunti più tardi a questi livelli ed ancora dopo vi è arrivata l'Italia che, per questi sette secoli, ha sempre avuto il tasso di omicidio superiore agli altri paesi considerati.

In questa tendenza secolare alla **diminuzione del tasso di omicidio** vi sono state forti oscillazioni. Alcune di queste sono avvenute in occasione delle guerre. Già Durkheim [1950] osservava che in Francia, nel 1871, alla fine della guerra franco-prussiana, il tasso di omicidio era cresciuto del 45%. Variazioni analoghe sono state rilevate molte altre volte. In Italia, ad esempio, alla fine della prima guerra mondiale, questo tasso è fortemente aumentato, raggiungendo nel 1922 un valore che era il doppio di quello del periodo prebellico. Un'oscillazione an-

TAB. 8.3. Tassi di omicidio, per 100.000 abitanti, in cinque aree dell'Europa, dal XIII secolo a oggi

PERIODO	INGHILTERRA	PAESI BASSI E BELGIO	SCANDINAVIA	GERMANIA E SVIZZERA	ITALIA
XIII e XIV sec.	23	47	–	37	(56)
XV sec.	–	45	46	16	(73)
XVI sec.	7	25	21	11	47
XVII sec.					
Prima metà	6	(6)	24	11	(32)
Seconda metà	4	9	12	(3)	–
XVIII sec.					
Prima metà	2	7	3	(7)	(12)
Seconda metà	1	4	0,7	(8)	9
1800-24	2	2	1,0	3	18
1825-49	1,7	–	1,4	4	15
1850-74	1,6	0,9	1,2	2	12
1875-99	1,3	1,5	0,9	2,2	5,5
1900-24	0,8	1,7	0,8	2,0	3,9
1925-49	0,8	1,3	0,6	1,4	2,6
1950-74	0,7	0,6	0,6	0,9	1,3
1975-94	1,2	1,2	1,2	1,2	1,7

Fonte: Eisner [2001].

cora più marcata si è avuta nel 1945-47, cioè dopo la seconda guerra mondiale. Ma lo stesso si è verificato in molti altri paesi. Un'importante ricerca storica comparata [Archer e Gartner 1984] ha messo in luce che nel periodo seguente alle guerre del nostro secolo (sia quelle mondiali che le altre) vi è stato di solito un aumento degli omicidi nei paesi che vi hanno partecipato. Questo si è verificato più spesso in quelli che durante la guerra hanno subito maggiori perdite di vite umane.

Anche se con molte oscillazioni, la curva del tasso di omicidio ha proseguito nella sua secolare tendenza alla diminuzione fino alla metà degli anni cinquanta o all'inizio degli anni sessanta sia in Gran Bretagna che in Francia, negli Stati Uniti e in Germania. Dopo di allora essa ha invece ripreso ad aumentare. In Italia, questa inversione di tendenza ha avuto luogo un po' dopo, esattamente nel 1969, anno in cui il numero di questi reati ha ricominciato a crescere. Non è dunque sbagliato dire – come molti studiosi fanno – che la curva del tasso di omicidio ha avuto un andamento ad U. A condizione però che si aggiunga che in molti paesi occidentali, pur essendo cresciuto negli ultimi trentacinque o quarant'anni, questo tasso resta molto più basso di un secolo fa.

La teoria che appare oggi maggiormente in grado di spiegare la tendenza secolare alla diminuzione degli omicidi è quella del **«processo di civilizzazio-**

ne», proposta settant'anni fa dal sociologo Norbert Elias [1936-39]. Secondo questa teoria, nel Medioevo la vita quotidiana era caratterizzata dal sopruso, dalla violenza, dalla guerra, perché in Europa vi era una pluralità di poteri sovrani in concorrenza e in lotta fra loro. Gli uomini vivevano così in uno stato permanente di insicurezza e di paura, pronti a difendersi dagli altri e ad attaccarli per primi. La situazione iniziò a cambiare, come abbiamo visto nel capitolo II, quando un potere territoriale più forte trionfò su quelli più deboli e a poco a poco si instaurò il monopolio della violenza legale da parte dello stato. I guerrieri si trasformarono allora in cortigiani e le capacità militari lasciarono il campo a quelle verbali di argomentazione e di persuasione. Essendo riservata solo a dei corpi specializzati, la violenza venne esclusa dalla vita degli altri e si formarono delle zone tranquille, pacificate, protette. All'interno di queste zone si svilupparono le «buone maniere», che sostituirono a poco a poco, nelle relazioni interpersonali, la violenza e la sopraffazione. Il campo di battaglia fu, in un certo senso, interiorizzato. Dapprima nei ceti più elevati, poi in quelli intermedi, da ultimo nei più bassi, gli individui abbandonarono a poco a poco la spontaneità, l'irruenza, l'autoindulgenza ed impararono a dominare se stessi, a controllare le proprie pulsioni e passioni, a regolare l'aggressività. Così, gradualmente, diminuirono le manifestazioni di violenza contro gli altri, gli assalti, le rapine, gli omicidi.

Dei bruschi aumenti del numero di omicidi che si verificano di solito nei **periodi postbellici** sono state fornite almeno tre diverse spiegazioni. La prima è che essi sarebbero dovuti alla disorganizzazione sociale tipica di questi periodi: alla perdita della casa e di altre proprietà di una parte della popolazione, ai rapidi ed imponenti spostamenti migratori, alla rottura dei matrimoni e alla disgregazione delle famiglie. La seconda privilegia invece i fattori di natura economica: la scarsità dei beni e la disoccupazione. La terza infine riconduce tutto alla legittimazione della violenza fornita dal governo durante la guerra. In altri termini, se nel periodo postbellico il numero degli omicidi aumenta è perché nella fase precedente le supreme autorità dello stato, oltre a ordinare ai cittadini di uccidere i soldati nemici, presentano questo non come una deplorevole necessità, ma come un comportamento meritorio o addirittura eroico. Di queste tre è tuttavia l'ultima la spiegazione che ha trovato maggiore sostegno nei risultati delle ricerche finora condotte [Archer e Gartner 1984].

Ancora più difficile è spiegare l'inversione di tendenza che vi è stata in tutti i paesi occidentali, nel corso degli anni cinquanta o sessanta, e il successivo aumento del numero degli omicidi.

4.3. I reati dei colletti bianchi

Tangentopoli è nata nel 1992. Con questa espressione, i giornali italiani hanno chiamato l'inchiesta giudiziaria condotta a partire dal febbraio di quell'anno dai magistrati della procura della Repubblica presso il tribunale di Milano e che è stata poi estesa ad altre città italiane. Questa inchiesta ha portato alla luce un diffuso sistema di corruzione, nel quale erano coinvolte alcune centinaia di parlamentari italiani, molti settori dell'amministrazione centrale dello stato, enti locali (regioni, province, comuni) e numerosi imprenditori e manager. Gli intrecci esistenti fra tutti questi gruppi erano rivolti al finanziamento illecito di molti partiti politici e all'indebito arricchimento personale di vari individui.

Utilizzando l'espressione introdotta alla fine degli anni trenta da Edwin Sutherland, i sociologi chiamano «reati dei colletti bianchi» molti di quelli scoperti negli ultimi anni dalla magistratura italiana con Mani pulite. Tradizionalmente, i criminologi avevano concentrato il loro interesse solo sulle violazioni delle norme penali ritenute tipiche delle classi inferiori: i furti, le rapine, le violenze sessuali, gli omicidi. Fu merito di Sutherland [1949] rimettere in discussione questa impostazione, richiamando l'attenzione degli studiosi su un'altra, importante categoria di delitti: i **reati dei «colletti bianchi»**. Con questa espressione, diventata ben presto celebre ed entrata nel linguaggio comune, egli si riferiva ai reati «commessi da una persona rispettabile e di elevata condizione sociale nel corso della sua occupazione». Ma – come risulta chiaramente da questa definizione – per rientrare in questa categoria non basta che la violazione di una norma sia compiuta da una persona appartenente alle classi elevate. È necessario che tale violazione avvenga nel corso dell'attività professionale di questa persona.

Per documentare l'importanza di questi reati, Sutherland condusse una ricerca su 70 grandi imprese industriali e commerciali americane, mostrando che esse avevano compiuto numerosissimi atti illeciti, quali la pubblicità fraudolenta, la violazione dei diritti d'autore e di inventore, la restrizione o limitazione della concorrenza, l'aggiotaggio (la divulgazione di notizie tendenziose per provocare una variazione del prezzo di merci o di azioni), truffe e frodi. Erano – e sono ancora oggi – delitti di grande importanza, che colpiscono numerose persone e che hanno ingenti costi. Costi finanziari, naturalmente, ma anche sociali. Perché – come osservava Sutherland – questi reati, che consistono sostanzialmente nella violazione della fiducia che gli altri hanno nel titolare di un ufficio, creano sfiducia e favoriscono la disorganizzazione sociale. Ma, a dispetto della loro importanza, raramente coloro che li commettono vengono denunciati, processati, condannati ed arrestati, perché, con il potere economico e politico di cui dispongono, essi riescono ad influire su coloro che fanno ed applicano le leggi, sul parlamento e la magistratura.

Negli ultimi trent'anni, molti studiosi hanno giustamente osservato che nella vasta categoria dei delitti dei colletti bianchi rientrano due gruppi assai diversi di reati: i reati nell'occupazione e quelli di organizzazione. I primi sono commessi da individui nello svolgimento del loro lavoro per ricavarne un vantaggio personale. I secondi sono invece compiuti in nome e per conto di un'organizzazione, sia essa pubblica o privata. Rientrano, ad esempio, nella prima categoria, le violazioni commesse talvolta da alcuni professionisti, come farmacisti, avvocati o medici. Varie ricerche hanno infatti mostrato che, sia negli Stati Uniti che in altri paesi occidentali, vi sono medici che, per accrescere i loro guadagni, prescrivono ai pazienti medicine di cui questi non hanno alcun bisogno o – cosa ancora più grave – li spingono a sottoporsi ad inutili quanto dispendiose operazioni chirurgiche. Analogamente, vi sono avvocati che, per aumentare le proprie entrate, convincono i clienti a fare cause legali altrettanto inutili.

Della categoria dei **reati nell'occupazione** fanno anche parte l'appropriazione indebita, l'*insider trading*, la corruzione e la concussione. Commette il primo chi si appropria del denaro o di una cosa altrui, di cui abbia il possesso per qualsiasi motivo. È dunque appropriazione indebita sia quella dell'artigiano che non restituisce un oggetto prezioso affidatogli per una riparazione sia quello dell'impiegato che fa sparire una parte del denaro che gli passa ogni giorno fra le mani. Per *insider trading* si intende invece la speculazione sui titoli di una società attuata da chi, in quanto socio di tale società o per ragioni di ufficio, dispone di informazioni riservate. Quando, ad esempio, una società cerca di assumere il controllo di un'altra, vi è un ristretto numero di persone che sono al corrente dell'operazione in corso (dirigenti, impiegati, avvocati) e sanno che il valore delle azioni delle due società subirà un cambiamento. Queste persone possono approfittarsi delle loro conoscenze comprando o vendendo alcune azioni. La «corruzione di pubblico ufficiale» consiste in un mercanteggiamento della funzione pubblica. Egli cioè, in cambio di una somma di denaro che non gli è dovuta, compie un atto contrario ai doveri di ufficio oppure omette o ritarda un atto di ufficio. Si parla invece di «concussione» quando un pubblico ufficiale, abusando dei suoi poteri, induce qualcuno a dare indebitamente del denaro a lui o ad altra persona.

Fanno parte dei **reati di organizzazione** le frodi di vario tipo commesse dalle aziende private o pubbliche quando, nelle relazioni, nei bilanci o in altre comunicazioni, riportano fatti non rispondenti al vero sulla costituzione e sulle condizioni economiche della società. Ma sono reati di organizzazione anche quelli che mettono a repentaglio la salute e la vita di milioni di cittadini: l'immagazzinamento e lo smaltimento rischiosi di materiali chimici e radioattivi; la produzione di prodotti pericolosi; il mancato rispetto delle norme di sicurezza sul lavoro.

4.4. La criminalità organizzata

Non vi è un accordo completo, fra gli studiosi, riguardo alla definizione di criminalità organizzata. Di solito, tuttavia, con questa espressione molti di loro intendono un insieme di imprese che forniscono beni e servizi illeciti e che si infiltrano nelle attività economiche lecite. Esempi di beni e servizi illeciti sono la produzione e la vendita di droga, il gioco d'azzardo, l'usura (cioè il prestito di denaro ad un interesse notevolmente superiore a quello corrente), la prostituzione, il commercio di armi. Il tipo di beni e servizi illeciti forniti varia tuttavia a seconda dei paesi. Così, ad esempio, la mafia (**«Cosa nostra»**, come la chiamano coloro che ne fanno parte) si dedica allo sfruttamento della prostituzione e al gioco d'azzardo negli Stati Uniti, ma non in Sicilia. L'infiltrazione nelle attività legittime avviene costringendo con la forza le imprese ad azioni che altrimenti non compirebbero. Così, ad esempio, la criminalità organizzata riesce ad estorcere una tangente (il cosiddetto «pizzo») a commercianti ed artigiani, promettendo loro protezione. E, d'altra parte, un mafioso che si sia arricchito fornendo beni o servizi illeciti può entrare nel mercato legale, diventando un imprenditore di merci la cui produzione e vendita è consentita dalla legge, adoperandosi per creare, nel suo settore di attività, «una situazione di monopolio, basata sull'intimidazione e la violenza» [Falcone 1991, 29].

Le imprese criminali hanno talvolta carattere polivalente, nel senso che esse mirano all'acquisizione sia di profitti finanziari che del potere politico e sono in grado di spostarsi, con grande rapidità, dal settore economico a quello politico [Arlacchi 1992]. In genere, per agire, esse hanno bisogno di consistenti capitali, da investire sia nelle attività economiche illegali (per l'acquisto, ad esempio, di ingenti quantità di eroina) che in quelle legali. Ma esse devono disporre anche di una «forza militare», cioè di gruppi di persone adeguatamente armate, capaci e disposte a eliminare fisicamente i vecchi e i nuovi nemici. Giovanni Falcone ha scritto poco prima di morire che Cosa nostra possiede «un arsenale completo di strumenti di morte». Ma ha anche aggiunto che – contrariamente a quanto si pensa – il ricorso di questa organizzazione alla violenza non è mai gratuito. Avviene quando tutte le altre forme di intimidazione si sono dimostrate inefficaci.

Né gratuite sono le forme con cui la violenza viene esercitata. Si sono date ad esempio le più bizzarre interpretazioni dell'«incaprettamento», «in cui polsi e caviglie vengono legati dietro la schiena, facendo passare al tempo stesso la corda intorno al collo della vittima in modo che tentando di divincolarsi si strangoli da sé». Ma in realtà il motivo per cui Cosa nostra si serve di questa tecnica è semplicemente che il cadavere così legato può «essere trasportato senza difficoltà nel portabagagli di un'auto» [Falcone 1991, 27].

Le varie organizzazioni criminali che operano oggi nel mondo hanno strutture interne diverse. La **Yakuza** giapponese, della quale fanno parte oltre 100.000 persone, si avvicina al modello organizzativo formale, con elenchi di aderenti, distintivi e giornali. Invece, in Cosa nostra, costituita da circa 500 famiglie, con oltre 15.000 appartenenti, le relazioni di parentela conservano una notevole importanza. Vari studi hanno messo in luce infatti come della cosca, che è il nucleo fondamentale dell'organizzazione mafiosa, facciano spesso parte due o tre fratelli o cugini [Arlacchi 1983; Catanzaro 1988]. Sappiamo tuttavia che anche in Cosa nostra vi sono degli organi (la «commissione interprovinciale») la cui funzione è di coordinare l'attività delle diverse famiglie.

Il reclutamento dei membri dell'organizzazione è basato spesso su criteri molto selettivi e avviene attraverso un rito di iniziazione. In Giappone, ad esempio, il candidato ad essere ammesso nella Yakuza beve il tè dalla stessa tazza del capo che celebra la cerimonia e si impegna solennemente a «vivere con questa parentela per tutta la vita»: a lavorare per l'organizzazione anche quando sua moglie e i suoi figli «muoiono di fame». In Italia, alla mafia si aderisce con un rituale che, nelle sue forme essenziali, è rimasto immutato per almeno un secolo e che è stato efficacemente descritto dal pentito Antonio Calderone:

> La cerimonia del giuramento consiste nel chiedere, anzitutto, al singolo con quale mano spara e, quindi, nel pungere il dito indice della mano in questione in modo da farne sgorgare un po' di sangue con cui viene imbrattata una immagine sacra (generalmente si tratta dell'immagine sacra dell'Annunziata, che viene indicata come la patrona di Cosa Nostra e la cui ricorrenza cade il 25 marzo). Quindi, si dà fuoco all'immagine e l'iniziato, evitando di far spegnere la stessa e tenendola nelle mani a conca senza che la stessa si spenga, giura solennemente di non tradire i «comandamenti» di Cosa Nostra perché altrimenti brucerebbe come quella santina [...] Quando viene punto l'indice della mano del soggetto, il rappresentante lo avverte solennemente di stare attento a non tradire perché in Cosa Nostra si entra col sangue e si esce solo col sangue [Gambetta 1992, 371].

5. GLI AUTORI DEI REATI E LE LORO CARATTERISTICHE

Per capire perché ogni giorno, in tutti i paesi del mondo, vengono commessi dei reati, i sociologi hanno studiato le caratteristiche sociodemografiche di coloro che li compiono. Per lungo tempo hanno concentrato la loro attenzione sulla classe sociale di appartenenza. Più recentemente, il loro interesse si è spostato all'analisi dell'età e del genere.

5.1. La classe sociale

Per definizione, i reati dei colletti bianchi vengono commessi dalle persone delle classi medio-alte. Ma per quanto riguarda gli altri, i sociologi hanno a lungo sostenuto che essi vengono compiuti dagli appartenenti alle classi sociali svantaggiate. L'idea che vi sia una relazione inversa fra la **classe sociale** e la disponibilità a **commettere reati** è stata a lungo condivisa dai sostenitori di teorie diverse come quella della tensione, della subcultura o dell'etichettamento. Nell'ultimo trentennio, tuttavia, alcuni studiosi, basandosi sui risultati di molte ricerche condotte negli Stati Uniti, hanno sostenuto che fra classe sociale e criminalità non vi è alcuna relazione o ve ne è una assai debole.

In Italia, all'inizio del Novecento, analizzando i dati riguardanti i condannati dai tribunali, Vincenzo Manzini [1905, 233-304] è arrivato alla conclusione che «le classi dei lavoratori dove i salari sono più bassi e la disoccupazione è più frequente producono dovunque il maggior numero di ladri». Le informazioni statistiche riguardanti l'ultimo trentennio ci dicono d'altra parte che i condannati per furto e per rapina hanno un livello di istruzione assai basso, sono spesso disoccupati o svolgono dei lavori mal retribuiti e godono di scarso prestigio sociale. Inoltre, i risultati di alcune ricerche più approfondite sui giovani sottoposti a procedimento penale mostrano che coloro che provengono dalle classi sociali più basse hanno una maggiore disponibilità a rubare [Bandini e Gatti 1987, 42-44, 515-531].

A conclusioni diverse sono giunte le ricerche condotte con la **tecnica dell'autoconfessione**, intervistando cioè persone appartenenti a campioni possibilmente rappresentativi della popolazione (in genere di quella giovanile) e chiedendo loro se hanno commesso o meno dei reati. Secondo queste ricerche, infatti, la relazione fra classe sociale e tendenza a violare la legge o non esiste affatto o è meno chiara di quella che emerge dai dati sui condannati.

Contrariamente però a quanto può sembrare, i risultati di tutte queste ricerche non sono contraddittori. Esse infatti si riferiscono a violazioni delle norme assai diverse: assai più lievi nel primo caso (le indagini di autoconfessione) che nel secondo (i dati sui condannati). Tenendo conto di tutto questo si può dire che in Italia, come negli altri paesi occidentali, la relazione fra classe sociale e tendenza a violare una norma è tanto più forte quanto più grave è il reato. Così, mentre le rapine vengono commesse soprattutto dalle persone delle classi sociali più svantaggiate, i furti più lievi (come ad esempio il taccheggio) vengono compiuti quasi nella stessa misura dagli appartenenti a tutte le classi sociali.

5.2. Il genere

Il genere è una delle variabili più importanti per predire la criminalità. In tutti i paesi, infatti, è molto più probabile che sia un maschio piuttosto che una femmina a violare una norma penale. Vi sono tuttavia importanti differenze a seconda del tipo di reato. Quanto più questo è grave, tanto più è facile che a compierlo sia un uomo e dunque tanto maggiori sono le differenze di genere. In Italia, ad esempio, la quota delle donne sul totale delle persone condannate non raggiunge neppure il 10% nel caso delle rapine o degli omicidi, mentre aumenta nel caso dei reati meno seri: la frode nell'esercizio del commercio, l'emissione di assegni a vuoto, la truffa. Questa quota tocca una punta record – quasi il 50% – nel caso del taccheggio (o furto nei grandi magazzini).

Molti studiosi hanno sostenuto che, a partire dagli anni settanta, la **criminalità femminile** è aumentata molto di più di quella maschile. Ma due tesi assai diverse sono state sostenute in proposito. Secondo alcuni, questo è avvenuto solo nell'ambito dei reati contro il patrimonio ed è dovuto alle grandi trasformazioni che vi sono state nell'economia e nella società (e in particolare alla crescita del numero di donne entrate nel mercato del lavoro) che hanno creato nuove occasioni di illeciti penali. Secondo altri, invece, l'aumento dell'attività criminale femminile si è verificato anche nell'ambito dei reati violenti ed è riconducibile all'affermazione dei movimenti femministi. «Nel momento stesso in cui si battevano per l'eguaglianza delle opportunità nel campo delle attività legali – ha scritto una studiosa americana – le donne si facevano prepotentemente strada anche nel mondo della criminalità» [Adler 1975]. Tali movimenti avrebbero dunque fatto nascere un nuovo tipo di criminale donna, ribelle, duro, violento. È una tesi non molto diversa da quella presentata dal film *Thelma e Louise*.

I dati di cui disponiamo (tab. 8.4) mostrano che in **Italia**, come negli altri paesi occidentali, i mutamenti nell'ultimo trentennio sono stati assai diversi a

TAB. 8.4. Percentuale di donne sul totale delle persone condannate in Italia dal 1970 al 1999, per alcuni reati

	1970-1971	1980-1981	1990-1991	1999
Omicidio	9	8	5	3
Rapina	4	4	5	6
Furto	13	11	10	17
Emissione assegni a vuoto	11	15	17	24
Truffa	10	21	22	28
Appropriazione indebita	11	12	13	17
Frode nel commercio	27	30	26	26

Fonte: Istat.

seconda del tipo di reato. Così, ad esempio, la percentuale delle donne sui condannati è aumentata nel caso delle truffe e dell'appropriazione indebita. Quasi niente è invece cambiato nel campo dei reati più gravi. La quota delle donne sui condannati è rimasta costante in tutto il trentennio nel caso delle rapine, mentre è diminuita in quello degli omicidi. Delle due tesi che abbiamo ricordato quella che trova maggior conforto nei dati è dunque la prima.

5.3. L'età

Centosettant'anni fa, nel primo studio sistematico condotto in materia, il belga Adolphe Quételet (1796-1874) sostenne di essere riuscito a ricavare dai suoi dati una vera e propria «legge di sviluppo» della «tendenza al crimine», che valeva per tutti i paesi europei. A suo avviso, questa tendenza «cresce molto rapidamente verso l'età adulta, raggiunge un massimo e in seguito decresce, ma lentamente, fino agli ultimi anni di vita» [Quételet 1835, II, 367].

Per molti reati, la relazione individuata da Quételet non è molto diversa da quella esistente oggi in Italia e in altri paesi. Come si può vedere dalla figura 8.4, le curve dei tassi per età dei condannati per furto e per rapina sono assai simili. Entrambe salgono molto rapidamente durante la preadolescenza e l'adolescenza, raggiungono il punto più alto un po' prima o un po' dopo la maggiore età, scendono di nuovo bruscamente dopo di allora. Pochi numeri bastano a dare un'idea della rapidità con cui cambiano le cose nel corso degli anni. La quota delle persone condannate per furto a vent'anni è il doppio che a trenta, sette volte maggiore che a quaranta. Anche gli omicidi sono di solito compiuti da persone assai giovani. Diverso è l'andamento della curva dei condannati per

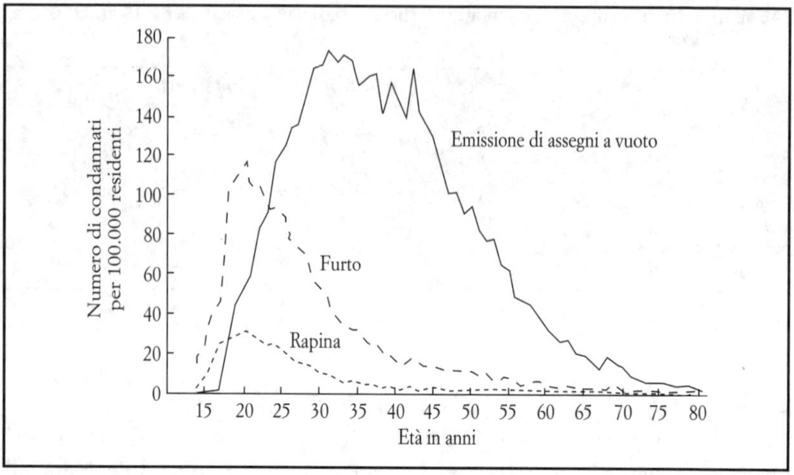

fig. 8.4. Tassi specifici (per 100.000 residenti) per età delle persone condannate per furto, rapina ed emissione di assegni a vuoto in Italia.

Fonte: Barbagli [1995].

emissione di assegni a vuoto. Innanzitutto perché essa raggiunge il picco molto più tardi. In secondo luogo perché, una volta raggiunto il punto più alto, essa non scende rapidamente. Più che a una montagna a picco (come le curve dei condannati per furto o per rapina), essa assomiglia a un altopiano o a un monte con più picchi.

La tendenza a violare le norme penali varia dunque molto a seconda della fase del ciclo di vita. Di solito si inizia a rubare molto presto. Secondo il codice penale italiano, non sono propriamente reati quelli commessi prima di avere raggiunto il quattordicesimo anno di età. A rubare si inizia però di fatto molto prima, persino a otto o a nove anni. Si continua a farlo per qualche anno. Poi, a poco a poco, una volta uscita dall'adolescenza, la grande maggioranza abbandona questa attività. Coloro che continuano passano, nel corso degli anni, ad altri tipi di reato contro il patrimonio: la truffa, l'emissione di assegni a vuoto, la ricettazione.

L'eccezionale aumento della quota dei maschi che rubano o rapinano durante l'adolescenza o le altre variazioni della tendenza a violare le norme che si verificano durante le varie fasi della vita non sono peculiarità dell'Italia di oggi. Tutte le ricerche mostrano che lo stesso avviene oggi negli altri paesi: negli Stati Uniti e in Gran Bretagna, in Francia e in Germania, in Argentina e in Israele

[Hirschi e Gottfredson 1983]. Queste stesse ricerche hanno messo anche in luce che, nell'ultimo secolo e mezzo, vi è stato un abbassamento di cinque o sei anni dell'età a cui più frequentemente si commettono questi reati. In Inghilterra, ad esempio, nel 1842 la classe di età a cui più spesso si era arrestati era quella da 20 a 24 anni, mentre oggi è da 14 a 17 anni [Greenberg 1985].

Per quanto scarsi e insoddisfacenti, i dati di cui disponiamo fanno pensare che nei paesi in via di sviluppo l'età a cui si ruba o si uccide sia un po' più elevata che in quelli industrializzati. In India, ad esempio, solo il 3% degli arrestati ha meno di 21 anni, nonostante circa la metà della popolazione sia al di sotto di quell'età. In Uganda, l'età modale a cui si compie un omicidio è 35 anni, mentre negli Stati Uniti è 19 anni [*ibidem*].

6. DEVIANZA E SANZIONI

Come abbiamo visto nel capitolo precedente, in ogni società, la conformità alle norme viene mantenuta attraverso l'uso o la minaccia di sanzioni. Oltre che negative o positive, queste possono essere anche formali o informali, severe o lievi. Vengono dette «formali» quelle comminate da gruppi o organi specializzati (ad esempio, la polizia, la magistratura) ai quali è stato affidato il compito di assicurare il rispetto delle norme. Sono invece dette «informali» quelle spontanee o poco organizzate provenienti dai familiari, gli amici, i colleghi di lavoro, i vicini, i conoscenti.

La severità delle sanzioni dipende fra l'altro dalla gravità dell'infrazione commessa. Se una persona viola una norma di uso (le buone maniere) e durante un pranzo ufficiale emette bruschi e forti rumori dalla bocca e/o dall'ano, i convitati reagiranno ridendo, prendendolo in giro o al massimo insultandolo. Ma se qualcuno infrange una norma di legge, la sanzione sarà più forte. Vi sono tuttavia leggi di vario tipo e a seconda di quella che viene violata, cambia anche la sanzione prevista e la forma di devianza.

Se una persona viola il diritto penale, si dice che commette un «reato». Se invece non rispetta le altre leggi, si parla di «illecito civile» o «amministrativo». La differenza fondamentale fra queste due forme di devianza risiede nella natura della sanzione. Per il reato è prevista una **pena**, cioè una sanzione che può limitare la libertà personale dell'individuo. Nel caso invece degli altri illeciti giuridici, la sanzione incide prevalentemente sul patrimonio di chi li ha commessi. Così, ad esempio, chi lascia l'auto in divieto di sosta è tenuto a pagare una multa, mentre chi procura un danno a qualcuno deve risarcire la vittima.

6.1. Sistemi di punizione

Grandi differenze vi sono state, fra le varie società, riguardo al **tipo di sanzioni** usate contro i trasgressori delle norme. In alcune comunità vigeva il sistema della faida, cioè della vendetta da parte della vittima del reato (o della sua famiglia) nei confronti del reo. Nel diritto romano si è a lungo seguito il principio del taglione, riassunto nell'espressione «occhio per occhio, dente per dente».

Per molto tempo, i trasgressori della legge sono stati puniti con sanzioni pecuniarie, l'espulsione dalla comunità, pene corporali o con la pena capitale. Venivano condannati a morte non solo gli omicidi, ma talvolta anche coloro che avevano commesso un furto. La varietà dei mezzi impegnati per sopprimere coloro che avevano infranto una legge era molto ampia. Questi potevano essere strangolati, soffocati, sventrati, crocifissi o mandati al rogo. Ma potevano anche essere decapitati con la scure o la mannaia o la spada o l'aratro oppure affogati in un fiume, in un lago, una botte o persino in una grande pentola.

L'esecuzione prescelta aveva spesso un forte significato simbolico. Così, ad esempio, nell'antica Roma, il parricida veniva condotto dopo la condanna in carcere con il capo coperto da una pelle di lupo e calzando zoccoli di legno. Dopo essere stato fustigato con speciali verghe «color del sangue», veniva messo in un sacco a tenuta stagna insieme ad un cane, un gallo, una vipera e una scimmia. Dentro questo sacco, il condannato veniva portato in un luogo da cui veniva gettato nelle acque del mare o di un fiume. Ma spesso i suoi compagni di viaggio non gli permettevano di giungere vivo in questo luogo. Nella cultura di allora, questi quattro animali avevano in comune la caratteristica di essere «mostruosi», esattamente come il parricida. Eliminandoli tutti insieme si pensava di allontanare il male che essi rappresentavano e di evitare il pericolo della contaminazione [Cantarella 1991].

L'esecuzione della **pena di morte** avveniva di solito in pubblico, con un cerimoniale preparato con grande sapienza, e richiamava enormi masse di popolazione. Scriveva ancora nel 1854 Flaubert:

> A Provins è stato giustiziato, in questi giorni, un giovane che aveva assassinato due borghesi, un uomo e una donna, violentato la serva sul posto e bevuto tutta la cantina. Ora, per veder ghigliottinare un tipo tanto stravagante, già alla vigilia erano arrivati a Provins più di diecimila campagnoli. Poiché gli alberghi non li potevano ospitare tutti, molti hanno passato la notte all'aperto, dormendo sulla neve. L'affluenza di folla era tale che è venuto a mancare il pane [cit. da Chesnais 1981, trad. it. 1982, 138].

TAB. 8.5. Numero di detenuti per 100.000 abitanti in alcuni paesi europei dal 1850 al 2002

	1850	1880	1920	1950	1960	1972	1988	1998-99	2002
Italia	*217*[a]	*147*	*123*	*74*	*71*	*51*	*55*	*90*	*100*
Svizzera	–	127	121	–	–	42	73	85	68
Francia	143	108	67	89	59	58	81	90	93
Inghilterra e Galles	94	81	29	46	59	75	97	125	141
Svezia	170	100	40	35	63	54	56	60	73
Norvegia	150	70	35	50	44	39	48	60	59
Danimarca	140	75	75	95	73	69	68	65	64
Finlandia	–	85	125	185	153	102	–	45	70
Paesi Bassi	–	140	110	70	45	21	40	90	100

[a] Il dato dell'Italia si riferisce al 1863.

Fonti: Barbagli [2000]; Walmsley [2002].

Grandi mutamenti sono avvenuti nel corso del tempo. Il numero dei mezzi impiegati per uccidere un condannato si è ridotto. Nel corso degli ultimi due secoli i più usati sono stati la ghigliottina, l'impiccagione, la fucilazione, la sedia elettrica, la camera a gas. Inoltre, in molti paesi la pena di morte è stata abrogata. Questo processo è iniziato oltre un secolo e mezzo fa nei paesi dell'Europa settentrionale. Già nel 1826 la Finlandia ha preso questa decisione e a distanza di molti decenni è stata seguita dalla Norvegia, la Danimarca, la Svezia, l'Olanda e il Belgio, il Portogallo e la Svizzera. In Germania questo si è verificato nel 1949. In Italia la pena di morte fu abrogata una prima volta nel 1889 dal codice Zanardelli. Reintrodotta durante il periodo fascista (1926) è stata di nuovo abolita e sostituita con l'ergastolo nel 1948, con la nascita della Repubblica. In Francia questo si è verificato ancora più tardi, nel 1981.

Oggi nel mondo vi sono ancora 103 paesi nei quali esiste la pena di morte. Due di questi – gli Stati Uniti e il Giappone – sono economicamente molto sviluppati. Altri due – l'India e la Cina – hanno un'enorme popolazione. In Cina l'esecuzione della pena di morte avviene ancor oggi in pubblico.

Di origine molto più recente è il **carcere**, come strumento per colpire i trasgressori, che è stato introdotto in Europa nella seconda metà del Settecento e che si è affermato pienamente nel XIX secolo. Prima di allora, esso non esisteva, se non come luogo che serviva a custodire i colpevoli in attesa del processo, e non a punirli. La privazione della libertà personale è diventata da allora, in tutto il mondo, la più importante pena contro i trasgressori delle leggi penali.

In molti paesi, nell'ultimo secolo e mezzo, vi sono stati grandi mutamenti anche riguardo alla popolazione detenuta. A metà dell'Ottocento la situazione dell'Europa era molto diversa da quella di oggi (tab. 8.5). Il paese con il tasso di detenzione più alto era l'Italia, seguito dai paesi nordici, mentre l'Inghilterra (che oggi è in testa alla classifica) aveva il tasso più basso. In tutti questi paesi, tuttavia, è iniziato allora un processo di diminuzione del tasso di detenzione che, con qualche oscillazione, è durato per più di un secolo. In Italia, ad esempio, questo tasso è sceso da 217 detenuti (per 100.000 abitanti) nel 1863 a 40 nel 1970 e a 45 nel 1990.

Nell'ultimo ventennio, l'andamento della popolazione detenuta è stato assai diverso a seconda dei paesi. In molti di questi il tasso di detenzione è nuovamente salito, ma in alcuni è sceso. Queste fortissime variazioni sono dovute a numerosi fattori: all'importanza della detenzione preventiva e al numero di persone in attesa di giudizio rispetto a tutta la popolazione; alle pene comminate e più in generale alla politica penale seguita; al numero di reati commessi; ai provvedimenti di clemenza emanati.

PER SAPERNE DI PIÙ

ARLACCHI P., *La mafia imprenditrice*, Bologna, Il Mulino, 1983; BANDINI T. *et al.*, *Criminologia*, Milano, Giuffrè, 1991; BARBAGLI M., COLOMBO A. e SAVONA E., *Sociologia della devianza*, Bologna, Il Mulino, 2003; BARBAGLI M. e GATTI U., *La criminalità in Italia*, Bologna, Il Mulino, 2002; CATANZARO R., *Il delitto come impresa*, Padova, Liviana, 1988; CHESNAIS J.-C., *Storia della violenza in Occidente dal 1800 a oggi*, Milano, Longanesi, 1982; CIACCI M. e GUALANDI V. (a cura di), *La costruzione sociale della devianza*, Bologna, Il Mulino, 1977; DAL LAGO A., *La produzione della devianza*, Milano, Feltrinelli, 1981; DE LEO G. e PATRIZI P., *La spiegazione del crimine*, Bologna, Il Mulino, 1999; DELLA PORTA D., *Lo scambio occulto*, Bologna, Il Mulino, 1992; GAMBETTA D., *La mafia siciliana*, Torino, Einaudi, 1992; PITCH T., *Responsabilità limitate*, Milano, Feltrinelli, 1989; RUGGIERO V., *Economie sporche*, Torino, Bollati Boringhieri, 1996; SEGRE S., *La devianza giovanile*, Milano, Angeli, 1996; WILLIAMS F.P. e MCSHANE M.D., *Devianza e criminalità*, Bologna, Il Mulino, 1999.

CAPITOLO 9

Scienza e tecnica

Dopo aver ripercorso la storia dello sviluppo di scienza e tecnica dall'antichità ai nostri giorni, in questo capitolo analizzeremo i maggiori approcci sociologici allo studio dei fenomeni scientifici, lo sviluppo dei rapporti tra ricerca scientifica e tecnologica, le sue implicazioni economiche e sociali e la sua immagine pubblica.

1. SCIENZA E TECNICA NELLE SOCIETÀ PREMODERNE

Le prime riflessioni alle quali noi oggi possiamo attribuire l'aggettivo di «scientifiche» sono le osservazioni sui movimenti delle stelle che sono alla base dello sviluppo delle conoscenze astronomiche e matematiche nelle **civiltà mesopotamiche ed egizie**. Se noi oggi dividiamo la giornata in 24 ore, l'ora in sessanta minuti e l'angolo giro in trecentosessanta gradi lo dobbiamo proprio ai sacerdoti-matematici babilonesi. Nei movimenti dei corpi celesti essi ritenevano di poter scorgere presagi sugli eventi terreni (ad esempio, prosperità e carestie), le stelle erano considerate delle divinità e non è un caso che ancor oggi molti dei nomi delle stelle siano quelli degli dei della mitologia antica.

Se gli scienziati mesopotamici ed egizi erano sacerdoti, gli scienziati greci erano invece filosofi. Anche la **scienza greca** si è sviluppata prevalentemente nel campo dell'astronomia e della matematica (i nomi di Pitagora ed Euclide ci sono familiari perché li abbiamo incontrati nei testi di algebra e di geometria delle scuole medie), ma pensatori come Aristotele e Platone si spinsero a formulare teorie non solo sull'universo, ma anche sulla costituzione della materia che sarebbero resistite per quasi duemila anni. Il **mondo romano** ereditò la tradizione della scienza greca senza apportarvi sostanziali contributi; l'orientamento degli intellettuali romani era assai più pratico che speculativo, i loro maggiori contributi si trovano nel campo delle «tecniche» (in particolare, dell'agricoltura e dell'architettura). Per tutto il mondo antico, scienza e tecnica restano due ambiti sostanzialmente separati.

Nel **Medioevo**, salvo alcuni importanti apporti della scienza araba (si pensi alla scuola medica salernitana), la scienza non conobbe sviluppi spettacolari. Il modello della conoscenza del mondo restava sostanzialmente quello aristotelico. Come scrive Rupert Hall, uno storico della scienza, «non è esagerato dire che il Medioevo studiò la scienza come se fosse teologia e la *Fisica* di Aristotele come se fosse la Bibbia» [Hall e Boas Hall 1964, trad. it. 1979, 97]. Il compito della filosofia, sosteneva Tommaso d'Aquino (1225-1274), consisteva nel fare convergere le due fonti fondamentali della verità, la fede (verità rivelata) e la ragione (verità acquisita dall'intelletto umano), ma quando tra le due dovesse nascere conflitto era la prima a dover prevalere.

Del resto, nelle **università medievali**, che avevano incominciato a sorgere e a moltiplicarsi a partire dal XII secolo, le scienze, salvo la matematica e l'astronomia, non avevano una collocazione precisa. L'insegnamento si fondava sulle sette arti liberali del trivio (grammatica, retorica, logica) e del quadrivio (aritmetica, geometria, musica, astronomia), alle quali si aggiungevano nelle «facoltà professionali» la teologia, il diritto e la medicina. Anche le tecniche, che pure qualche notevole perfezionamento lo avevano avuto nelle botteghe degli artigiani medievali, restarono per tutto questo tempo separate dal pensiero scientifico.

2. LE ORIGINI DELLA SCIENZA MODERNA

Per illustrare lo sviluppo della scienza moderna è stata proposta una periodizzazione in tre fasi: i secoli XVII e XVIII, il secolo XIX fino alla metà del XX, il periodo dalla seconda guerra mondiale ad oggi [Ben-David 1971]. In questo paragrafo ci soffermeremo in particolare sulla prima fase, tenendo conto, tuttavia, che ogni periodizzazione è convenzionale e fondamentalmente arbitraria. I mutamenti, nella scienza, e non solo nella scienza, non sono mai repentini; il «nuovo» ha sempre bisogno di essere anticipato da qualche fattore precorritore e il vecchio non scompare mai improvvisamente, ma sopravvive a lungo nelle condizioni mutate.

Vi è ampio consenso tra gli storici nel fissare la nascita delle **scienze moder-**

ne nell'Europa del XVII secolo. Il Rinascimento italiano nel XV secolo aveva già segnalato un nuovo interesse per l'osservazione diretta della natura senza gli occhiali della filosofia medievale e della dogmatica della chiesa. Nel XVI secolo le università italiane erano il centro della cultura europea, dell'arte e della letteratura, ma anche, sia pure solo inizialmente, della scienza e della tecnologia. Nicolò Copernico (1473-1543), il grande astronomo polacco, aveva studiato a Padova e a Bologna, Galileo Galilei (1564-1642) aveva insegnato a Padova dal 1592 al 1610. Anche altrove, sempre negli stessi anni, compaiono quelli che saranno considerati i protagonisti della fondazione della scienza moderna: a Praga Keplero (1571-1630), a Parigi René Descartes (1596-1650), a Londra Francis Bacon (1561-1626) e molti altri. Francis Bacon, in particolare, è considerato il «legislatore della scienza moderna»; egli riteneva infatti che il **metodo sperimentale** fosse il fondamento della spiegazione scientifica. La «verità» non viene più ricercata nelle Scritture, ma nell'osservazione attenta della realtà naturale e nella predisposizione di «esperimenti» attraverso i quali poter dimostrare in modo convincente per tutti l'operare delle leggi della natura, cioè di relazioni causali costanti tra fenomeni distinti.

Nell'arco di pochi decenni si assiste in tutta Europa ad uno straordinario fermento di esplorazione scientifica. E, tuttavia, in questa prima fase, l'attività di ricerca scientifica è ancora fondamentalmente dilettantistica e artigianale. Non si può ancora parlare di «scienziati di professione»; si tratta di studiosi che operano perlopiù isolati e che a loro spese (spesso esercitano un altro mestiere, non di rado nell'ambito del commercio), o a spese di qualche mecenate, si dedicano per passione e curiosità a esperimenti e ricerche in qualche locale della loro dimora adibito a laboratorio. Nonostante il carattere dilettantistico della loro attività, i primi «scienziati» sviluppano la prassi di incontrarsi regolarmente in circoli intellettuali dove si conducono discussioni ed esperimenti pubblici e dove a poco a poco si costruisce il consenso su quali siano le procedure più affidabili per compiere le osservazioni. Si può parlare di un vero e proprio «movimento scientifico». Il **movimento delle «accademie»** che si era sviluppato in Italia nel XVI secolo in aperta opposizione alla chiesa (ma spesso con il sostegno di qualche principe), si apre nel XVII secolo alla scienza sperimentale. L'Accademia dei Lincei, fondata a Roma nel 1603 (ad essa aderì lo stesso Galileo), fu probabilmente la prima istituzione scientifica di prestigio, ad essa seguirono l'Accademia fiorentina del Cimento (1651) e, soprattutto, la Royal Society a Londra (1662) e l'Académie des Sciences a Parigi (1666). Gli scienziati incominciano cioè a formare una comunità di «uguali» che, indipendentemente dalle autorità politiche e religiose, sottopongono i risultati delle loro ricerche al vaglio della critica reciproca. Si tratta del primo passo verso il **processo di «istituzionalizzazione della scienza»** che trova nell'Inghilterra dei secoli XVII e XVIII le condizioni più favorevoli per il suo sviluppo.

Possiamo dire che la scienza si istituzionalizza quando, da un lato, la società riconosce l'importanza della sua funzione sociale e, dall'altro lato, quando si sviluppano delle norme autonome che regolano l'attività degli scienziati e delle organizzazioni che presiedono al rispetto di tali norme e al mantenimento degli standard riconosciuti di scientificità.

Robert K. Merton [1938], il fondatore della «sociologia della scienza», in uno studio pionieristico sullo sviluppo della scienza nella società inglese del XVII secolo, ampliando la portata della tesi weberiana sulle origini del mondo moderno (alla quale abbiamo accennato nel cap. II), ha sostenuto che vi erano alcuni elementi dell'**etica protestante** diffusasi nell'Inghilterra in quel periodo che contribuirono a creare un ambiente favorevole allo sviluppo della scienza. Primo, per i protestanti, le azioni che risultano utili al prossimo e alla società sono anche il mezzo più idoneo per glorificare Dio; secondo, l'impegno e il successo nel proprio lavoro è un mezzo per confermare il proprio stato di grazia; terzo, il modo per servire meglio Dio consiste nel dominare le passioni ed usare la ragione. Lo studio empirico e scientifico della natura, se da un lato permette di apprezzare tutta la potenza del Creatore e di render gloria a Dio, dall'altro lato deve essere valutato in base alla sua utilità, deve cioè contribuire ad «ampliare il dominio dell'uomo sulla natura, poiché è buono agli occhi di Dio tutto ciò che tende ad alleviare la vita dei mortali e a facilitare il loro benessere». In conclusione, scrive Merton,

> i valori sociali propri dell'etica puritana erano tali da comportare un'accoglienza favorevole della scienza a causa di un orientamento fondamentalmente utilitaristico espresso in termini religiosi e favorito dall'autorità religiosa. La ricerca scientifica, esaminata dall'angolo visuale di un sistema di etica puritana razionalizzata appariva in possesso di quelle caratteristiche che costituiscono mezzi efficaci per il raggiungimento di fini [...] religiosi [*ibidem*, trad. it. 1975, cap. 4, 287].

Più in generale, possiamo dire che il pluralismo religioso e l'assenza di un'autorità religiosa indiscussa hanno contribuito a creare un ambiente favorevole allo sviluppo della scienza come attività professionale.

I fattori religiosi non sono tuttavia stati gli unici a promuovere la nascita e lo sviluppo della scienza moderna. In una prospettiva diversa, ma non necessariamente incompatibile con quella di Merton, uno studioso sovietico, Boris Hessen [1931], ha sostenuto che lo sviluppo della scienza nell'Inghilterra del Sei-Settecento deve essere ricondotta alle esigenze tecnologiche di un'emergente **borghesia industriale**. In particolare – secondo Hessen – i *Principi matematici della filosofia naturale* (1687) di Newton, l'opera senza dubbio più importante della scienza dell'epoca, ancorché formulati in termini matematici di grande astrattezza, non solo offrivano un fondamento teorico alla meccanica celeste e terrestre, ma davano risposte convincenti ai problemi tecnologici dell'artiglieria, dei trasporti per terra e per mare e dell'industria estrattiva, settori che proprio in quegli stessi anni vivevano un periodo di straordinaria espansione.

Che lo sviluppo della scienza moderna sia stato favorito da interessi religiosi, oppure dagli interessi materiali della borghesia (entrambe le ipotesi sono da ritenere valide), resta il fatto che nei secoli XVII e XVIII Inghilterra, Francia e Paesi Bassi sono i paesi nei quali le scienze naturali sperimentano lo sviluppo più rigoglioso e sono anche i paesi dove si affermano le prime forme di capitalismo.

3. GLI SVILUPPI SUCCESSIVI

Il processo di istituzionalizzazione è proseguito e si è approfondito nelle fasi successive. Nel periodo che va grosso modo dall'inizio del XIX secolo alla seconda guerra mondiale si assiste a due tendenze principali: 1) le scienze si istituzionalizzano in discipline specialistiche all'interno delle università; 2) si sviluppa in forma parzialmente autonoma il settore della ricerca applicata connesso all'industria. Come abbiamo visto, la scienza moderna si era sviluppata prevalentemente, salvo il settore della medicina, all'esterno delle università. Nell'**istituzionalizzazione universitaria** delle discipline scientifiche un ruolo particolare spetta a un paese, la Prussia, che, rispetto a Inghilterra e Francia, era da considerare allora, all'inizio del XIX secolo, un paese arretrato. La riforma humboldtiana (dal nome di Wilhelm von Humboldt, il personaggio che maggiormente contribuì alla sua formulazione) dell'Università di Berlino nel 1810 prevedeva la presenza consistente, accanto alle tradizionali facoltà professionali (teologia, diritto e medicina), di molti insegnamenti scientifici nell'ambito della facoltà di filosofia. Questa impostazione si diffuse rapidamente agli atenei degli altri stati tedeschi creando un sistema decentrato di competizione per accaparrarsi i migliori studenti e i migliori docenti, ma rafforzando anche in tal modo i legami tra i cultori di una stessa disciplina dislocati in sedi diverse. Ai docenti fu garantita una grande libertà di insegnamento e di ricerca (purché tale libertà non si estendesse alla sfera civile e politica) e quindi, nonostante la frammentazione politica, si crearono le condizioni per lo sviluppo di comunità scientifiche di ampiezza nazionale per ogni ambito disciplinare, scienze naturali comprese. L'idea originaria di von Humboldt, tuttavia, era che nell'università non si dovesse perseguire una ricerca orientata a fini pratici: la scienza doveva perseguire una conoscenza pura e disinteressata. Verso la seconda metà del secolo, però, si svilupparono, sia in alcune università, sia nelle appena istituite scuole tecniche superiori (i politecnici), con il sostengo dello stato e dell'industria, grandi laboratori di ricerca applicata che contribuirono non poco allo sviluppo accelerato dell'industria tedesca nei decenni a cavallo tra XIX e XX secolo.

Il modello humboldtiano di università, sia pure liberamente reinterpretato, esercitò una larga influenza sul continente europeo (anche in Italia), ma soprattutto nelle università del nuovo continente. Gli **Stati Uniti** assumono infatti dall'inizio del XX secolo la leadership nello sviluppo della scienza a livello mondiale. Non solo le scienze occupano fin dall'inizio una posizione importante nelle più prestigiose università americane, ma, soprattutto, ricerca fondamentale (scienza «pura») e ricerca applicata non percorrono strade separate, come era avvenuto e avveniva nella maggior parte delle università europee. Stato, industria e università contribuiscono in modo interdipendente al finanziamento e all'organizzazione del sistema della ricerca scientifica. Inoltre, il sistema dei «dipartimenti» ai quali fanno capo una pluralità di ricercatori favorisce, assai di più del sistema degli «istituti mono-cattedra», tipici della tradizione europea, lo sviluppo di rapporti di collaborazione/competizione all'interno di ogni singola istituzione. La ricerca incomincia ad assumere le caratteristiche della ricerca di gruppo dove, accanto alla creatività e alla competenza dei singoli ricercatori, contano molto le capacità organizzative e imprenditoriali.

La scienza, in tutto il mondo industrializzato, ma soprattutto negli Stati Uniti, cresce in dimensioni, sia per numero di ricercatori impiegati, sia per risorse investite. Secondo i calcoli di Derek de Solla Price [1961], alla fine dell'Ottocento vi erano nel mondo non più di 50.000 scienziati (dei quali solo 20.000 si dedicavano a tempo pieno alla ricerca), all'inizio degli anni sessanta erano già circa 1 milione. Attualmente si calcola che superino i 2 milioni. Ciò ha fatto dire a de Solla Price che l'80% di tutti gli scienziati di tutte le epoche è oggi vivente. Vi è stato quindi uno sviluppo esponenziale soprattutto nella seconda metà del XX secolo, come risulta anche dall'enorme crescita delle pubblicazioni scientifiche (oggi, ogni anno, più di 7 milioni di titoli, tra libri e articoli). Lo stesso si può dire delle risorse destinate alla ricerca scientifica: negli Stati Uniti erano nel 1929 lo 0,2% del Pil, nel 1941 lo 0,7%, nel 1956 hanno raggiunto l'1,9% e nel 1964 il 3%. Lo stesso vale per la Germania (dal 1962 al 1998 la quota del Pil investita nella ricerca scientifica è salita dall'1,3 al 2,3%). Negli ultimi 35 anni però la quota negli Stati Uniti sembra essersi stabilizzata poco sopra il 2,5%: si è probabilmente raggiunta una soglia di saturazione. Nell'insieme dei 25 paesi dell'Unione Europea gli investimenti in ricerca raggiungono l'1,9%, ma in Italia non superano l'1,2% del Pil. Il paese che attualmente investe la quota più elevata è il Giappone (3,15%).

La **seconda guerra mondiale** (come vedremo meglio nel par. 5) ha rappresentato una svolta nel processo di crescita delle dimensioni degli apparati scientifici. La figura dello scienziato che nel suo laboratorio, con l'aiuto di pochi strumenti e di qualche assistente, esplora qualche mistero insoluto del mondo che lo circonda, pensando soltanto di risolvere l'enigma che lo assilla senza curarsi delle eventuali applicazioni delle sue altrettanto eventuali scoperte, è definitivamente tramontata. La famosa lettera che Albert Einstein inviò nel 1939 al presidente americano Roosevelt per segnalare il pericolo che la Germania potesse dotarsi di un'arma micidiale sfruttando l'enorme energia che avrebbe potuto prodursi dalla fissione nucleare, può essere considerata simbolicamente il segno della svolta. Quella lettera convinse il presidente a lanciare il famoso *Manhattan State Project* al quale lavorarono nei laboratori di Los Alamos circa 2.000 tra fisici, matematici, chimici e tecnici in una corsa competitiva dalla quale sarebbe dipeso l'esito della guerra e, forse, il futuro corso della storia umana.

Si era compiuto il passaggio dalla *little science* alla *big science*. Dopo di allora numerosi sono stati i grandi progetti di ricerca che coinvolgono spesso centinaia di ricercatori su scala internazionale. I più importanti sono stati senza dubbio quelli legati all'esplorazione dello spazio extraterrestre che hanno visto una serrata competizione tra quelle che erano allora (anni sessanta e settanta) le due superpotenze, gli Stati Uniti e l'Unione Sovietica. Il primo volo umano nello spazio a bordo del satellite sovietico Sputnik, così come lo sbarco del primo uomo sulla luna il 24 giugno 1969 da parte di due astronauti americani, sono stati senz'altro eventi di grande valore scientifico, ma anche simbolico, nel senso che hanno contribuito ad alimentare l'orgoglio nazionale di russi e americani.

Venute meno le esigenze della competizione militare dopo il crollo dell'Unione Sovietica, i programmi di esplorazione dello spazio hanno subito un certo rallentamento. L'attenzione si è spostata verso altri settori, ad esempio la ricerca biologica e la ricerca sulle energie alternative. In particolare, merita di essere ricordato il progetto «genoma umano» volto alla mappatura dei caratteri genetici delle popolazioni umane, che ha visto la competizione tra agenzie pubbliche e private di ricerca. Queste ricerche avranno probabilmente importanti ricadute in vari campi e, soprattutto, in campo medico, da cui si deduce il grande interesse che l'industria farmaceutica e delle biotecnologie nutre per questo tipo di indagini.

Raramente tali grandi progetti hanno un puro scopo conoscitivo: l'impresa scientifica riesce a mobilitare ingenti risorse perché da essa ci si aspettano ricadute in altri settori di attività; la scienza diventa, più di quanto non lo sia stata nelle epoche precedenti, un decisivo fattore di potenza sia in campo militare, sia in campo economico.

4. LA SCIENZA COME OGGETTO DELLA SOCIOLOGIA

La scienza è diventata uno dei settori istituzionali più importanti delle società moderne e può quindi stupire che la sociologia se ne sia occupata relativamente poco. Forse i sociologi, come ultimi arrivati nelle cittadelle del sapere, hanno esitato ad affrontare un argomento che appariva monopolio consolidato della corporazione prestigiosa e potente degli scienziati. È innegabile che la scienza sia circondata da un'aura di mistero e che gli scienziati siano spesso considerati i depositari di un sapere al quale i comuni mortali non hanno facile accesso. La scienza ha assunto nelle società moderne alcuni tratti tipici della sua antica rivale, la religione, e ciò si riscontra anche nel linguaggio dove gli esclusi dalla scienza vengono designati come «profani» o «laici». Gli scienziati stessi usano spesso un linguaggio esoterico che esclude dalla comunicazione i non iniziati.

Questa immagine della scienza regge tuttavia sempre meno e non solo per la grande espansione e diffusione della pratica del lavoro scientifico, alla quale abbiamo appena accennato, e per il fatto che, bene o male, qualche nozione scientifica viene impartita nelle scuole, ma anche perché l'estrema specializzazione dei campi di ricerca fa sì che gli stessi scienziati siano dei «profani» appena escono dalla loro disciplina. La scienza è un'istituzione sociale integrata ad altre istituzioni sociali e gli scienziati sono normali esseri umani, sia pure dotati di particolari competenze e sottoposti a lunghi processi di formazione. Essi non sono i depositari di «verità assolute», ma procedono per tentativi ed errori, e le scoperte alle quali pervengono e le «verità» che accertano restano sempre provvisorie, sono spesso controverse e sono comunque destinate ad essere superate dagli sviluppi successivi. In quanto impresa umana, la scienza può quindi legittimamente diventare oggetto essa stessa di quella scienza – la sociologia – che studia istituzioni, gruppi e comportamenti umani.

4.1. I valori e le norme delle «comunità scientifiche»: il contributo di Robert K. Merton

Una prima domanda che si sono posti i sociologi riguarda il posto della scienza nella società moderna. Per Parsons le istituzioni scientifiche, e in primo luogo le università, incorporano i valori universalistici della razionalità scientifica che sono i valori dominanti della società moderna: «Il posto della scienza nella società occidentale fa parte dell'eredità di una tradizione culturale che comporta una valutazione elevata di certi tipi di razionalità della comprensione del mondo empirico, su basi distinte dalla promessa di applicabilità dei risultati di tale comprensione» [Parsons 1951, trad. it. 1966, 343]. L'idea che la scienza occupi un posto centrale e tuttavia goda di autonomia rispetto alle sue possibili applicazioni è ribadita anche da Merton che, come abbiamo già avuto modo di notare, ha dedicato alla scienza gran parte della sua opera di studioso. Scrive Merton [1949, trad. it. 2000, 884]:

> Il fatto che la scienza venga applicata non prova necessariamente che il bisogno abbia significativamente determinato il raggiungimento del risultato. Le funzioni iperboliche furono scoperte due secoli prima che esse avessero alcun significato pratico, e lo studio delle sezioni coniche ebbe un'irregolare storia di due millenni prima che esse fossero applicate nella scienza e nella tecnologia.

Per Merton quindi, come per Parsons, la scienza gode nella società moderna di un elevato grado di autonomia e si sviluppa per effetto di una dinamica essenzialmente endogena (interna), anche se non è mai del tutto «pura» e priva di condizionamenti esogeni.

Il **fine istituzionale della scienza**, sempre secondo Merton, è l'accrescimento della conoscenza verificata, e questo è un processo sostanzialmente cumulativo. I metodi per raggiungere questo fine sono da un lato il metodo induttivo, mediante il quale l'osservazione ripetuta di regolarità consente la formulazione di «leggi» generali sulla base delle quali formulare previsioni che vengono confermate empiricamente, e dall'altro lato il metodo deduttivo che consiste nel ricavare in modo logicamente coerente proposizioni determinate da premesse determinate (da qui l'importanza della matematica per la scienza). La cumulatività risulta dal fatto che ogni ipotesi empiricamente verificata porta il suo contributo, mattone dopo mattone, alla costruzione dell'edificio della conoscenza scientifica.

La garanzia dell'autonomia della scienza è per Merton l'esistenza di **«comunità scientifiche»** che formulano e garantiscono l'applicazione di principi normativi specifici al campo scientifico e alle quali i singoli scienziati rispondono della corretta applicazione delle procedure di ricerca. È utile esaminare in dettaglio i principi normativi che formano l'*ethos* di ogni comunità scientifica. Il primo principio è l'universalismo: ogni enunciato è soggetto al vaglio di criteri impersonali che prescindono dalle «qualità» specifiche di chi lo ha formulato. Nell'ambito della scienza, le appartenenze di genere, religione, razza, nazionalità – e quindi anche ogni forma di etnocentrismo – non devono avere diritto di cittadinanza. Il secondo principio è il comunitarismo: la scienza è patrimonio comune e quindi i risultati raggiunti da uno scienziato devono essere comunicati per poter essere condivisi da tutti gli altri. In questo senso l'*ethos* scientifico è incompatibile con la proprietà privata che può riguardare soltanto le specifiche applicazioni tecnologiche di una scoperta scientifica. Il terzo principio è il disinteresse personale: l'interesse primario dello scienziato deve essere il progresso della conoscenza, ogni altro interesse (economico, di prestigio, di potere) deve essere secondario e subordinato. Il quarto principio, infine, è il dubbio sistematico: è dovere di ogni scienziato esporre i propri risultati in modo tale che possano essere sottoposti al vaglio dei suoi pari e, a sua volta, ogni scienziato ha il dovere di sottoporre a critica i lavori degli altri. Gli esperimenti, ad esempio, devono essere potenzialmente replicabili da parte di altri ricercatori. Nella scienza non vi è nulla di sacro che non possa essere messo in discussione.

È evidente che questi principi appartengono alla sfera del dover essere, forniscono cioè un **codice deontologico** al quale gli scienziati «dovrebbero» attenersi, ma che non descrive in modo adeguato i loro comportamenti effettivi. Merton sostiene, forse con eccesso di ottimismo, che le violazioni di questo codice sono tutto sommato meno frequenti di quanto ci si potrebbe aspettare. Ci si può chiedere che cosa motivi gli scienziati ad attenersi a queste regole. Essi possono aver interiorizzato il valore della conoscenza e le norme della comunità scientifica attraverso il processo di socializzazione al quale sono stati sottoposti, ma ciò non sembra sufficiente a spiegare il grado, supposto elevato, di conformità al codice di deontologia professionale. Norman Storer [1966] e Warren Hagstrom [1965], due studiosi che si sono collocati nella scia di Merton, ritengono che le comunità scientifiche dispongono di un efficace meccanismo di motivazione e di controllo, vale a dire la distribuzione di una risorsa/ricompensa che gli scienziati sono interessati ad acquisire: il riconoscimento da parte di coloro che sono giudicati competenti a valutare la qualità dei risultati. Opera cioè un meccanismo simile a quello del «dono»: il ricercatore «dona» il risultato del proprio lavoro alla comunità scientifica e l'accettazione di questo dono (ad esempio, attraverso la pubblicazione di un articolo su una rivista scientifica accreditata) funziona come riconoscimento dello status di scienziato del donatore. Il meccanismo motivazionale sottostante è quindi il desiderio di riconoscimento che da un lato induce il ricercatore a rendere pubblici i propri risultati, ma dall'altro lato influenza anche la sua scelta di problemi e metodi, indirizzandolo verso quelli che egli ritiene saranno meglio apprezzati dalla comunità scientifica, con il rischio che in tal modo la conformità venga premiata a scapito dell'originalità e dell'innovazione. A ciò si aggiunge la situazione paradossale che nell'ambito delle comunità scientifiche coloro che distribuiscono riconoscimenti (e quindi attribuiscono autorità scientifica) sono allo stesso tempo in un rapporto di concorrenza/competizione con coloro che li ricevono e questo può quanto meno sollevare qualche dubbio che il loro giudizio sia sempre improntato a criteri puri di razionalità cognitiva.

L'impostazione mertoniana non è stata esente da critiche. Essa si fonda più su quello che gli scienziati dichiarano di fare, piuttosto che su quello che fanno realmente; si tratta, in altre parole, nient'altro che dell'ideologia di un particolare gruppo professionale. Di fatto gli scienziati talvolta infrangono le norme alle quali pretendono di orientarsi, i casi di plagio, di occultamento di risultati controversi o, addirittura, di falsificazione di dati non sono poi del tutto infrequenti. Gli scienziati sono pur sempre degli uomini (e non dei santi o degli eroi), spesso dominati da sentimenti di invidia, gelosia, risentimento e le comunità scientifiche non sono certo esenti da fenomeni di nepotismo, in cui gli interessi di scuola o di gruppo prevalgono sui criteri impersonali di razionalità. In una famosa conferenza del 1917 agli studenti di Monaco, tradotta col titolo *Il lavoro intellettuale come professione*, Max Weber [1917, trad. it. 1966, 9-12] ebbe così a esprimersi:

> Non conosco altre carriere al mondo dove esso (il caso) abbia una parte così grande [...] Quando dei giovani studiosi vengono a chieder consiglio per l'abilitazione, la responsabilità che ci si assume è quasi intollerabile. Se si tratta di un ebreo, gli si risponde, naturalmente: «lasciate ogni speranza». Ma anche a chiunque altro bisogna domandare: credete di

poter sopportare di vedervi passare avanti di anno in anno una mediocrità dietro l'altra, senza amareggiarvi e intristirvi l'animo?

Max Weber ben sapeva quanto fosse difficile affermare i criteri universalistici anche nell'ambito, quello scientifico, che dovrebbe essere di loro dominio e, tuttavia, non abbandonò mai la convinzione che la scienza fosse l'unico modo per accostarsi alla realtà in un modo il più possibile libero da pregiudizi.

La critica forse più consistente alla formulazione mertoniana dell'*ethos* della scienza indica che tale *ethos* riflette la condizione degli scienziati dediti alla ricerca fondamentale (la scienza «pura») nell'ambito delle istituzioni universitarie, mentre ormai la grande maggioranza degli scienziati opera all'interno di enti di ricerca di grandi dimensioni in stretto contatto con, se non proprio alle dipendenze di, apparati industriali e militari, dove la segretezza dei risultati e il perseguimento di interessi non scientifici sono i criteri fondamentali. Come lo stesso Merton riconosce, molto spesso gli scienziati si trovano ad operare in una situazione di **«ambivalenza strutturale»**, devono cioè far fronte ai valori e alle esigenze divergenti della comunità scientifica da un lato e della società, e in particolare dei committenti, dall'altro.

4.2. Le «rivoluzioni scientifiche»: il contributo di Thomas S. Kuhn

L'approccio mertoniano alla sociologia della scienza ha il merito incontestabile di aver sottolineato l'importanza fondamentale delle comunità scientifiche; sono infatti queste, in un ambito dove ciò che conta è la presenza di competenze qualificate altamente specifiche, le uniche istituzioni in grado di valutare la qualità del lavoro scientifico e di distribuire la ricompensa del riconoscimento. La visione mertoniana resta tuttavia sostanzialmente statica, o, meglio, lo sviluppo della conoscenza è visto come essenzialmente cumulativo e si svolge tutto interno alle singole discipline mediante un processo continuo di graduale accrescimento. L'assunto della cumulatività del progresso scientifico è messo invece radicalmente in discussione da Thomas S. Kuhn, storico e sociologo della scienza americano, la cui opera più importante, *La struttura delle rivoluzioni scientifiche* [1962], è diventata un punto di riferimento fondamentale degli studi in materia.

L'analisi kuhniana parte dall'assunto che nello sviluppo di ogni singola scienza vi siano delle fasi di continuità, dove le nuove conoscenze si aggiungono alle precedenti in un processo cumulativo, e fasi di rottura della continuità.

Nelle fasi di continuità (che Kuhn indica col termine di «scienza normale»), il lavoro di ogni scienziato si innesta sul tronco di una tradizione che egli riceve da coloro che lo hanno preceduto. Questa tradizione, alla quale Kuhn dà il nome di **«paradigma scientifico»**, è composta da una concezione del mondo (o della frazione di mondo) oggetto di una particolare disciplina, da un certo numero di assunti teorici di fondo che definiscono i criteri di rilevanza nella scelta degli oggetti da indagare, i problemi da risolvere e i metodi riconosciuti come validi per la loro soluzione. L'esistenza di un paradigma richiede che esso venga accettato da una comunità scientifica come fondamento sulla base del quale intraprendere il lavoro scientifico: esso è codificato nei trattati e testi fondamentali sui quali avviene la formazione delle nuove leve di ricercatori. Come per Merton, il concetto fondamentale per l'analisi sociologica dell'attività scientifica è quello di «comunità scientifica». Tuttavia, questo concetto risulta per Kuhn strettamente legato a quello di paradigma: non vi è comunità scientifica senza paradigma e non vi è paradigma senza che su di esso si manifesti il consenso di una comunità scientifica.

Un paradigma si afferma, sostiene Kuhn, perché riesce a risolvere meglio dei suoi competitori alcuni problemi che il gruppo degli specialisti ha riconosciuto come rilevanti. Nella fase del suo dominio, un paradigma fornisce i criteri in base ai quali viene stabilita la «scientificità» dei prodotti della ricerca. Tuttavia, nessun paradigma riesce mai a risolvere tutti i problemi ritenuti rilevanti. Non solo, sulla base di un paradigma si possono formulare previsioni che non trovano conferma nella realtà e si possono osservare fatti che non riescono ad essere spiegati in modo adeguato dalle teorie comprese nel paradigma. Si manifestano quindi anomalie e contraddizioni. I paradigmi hanno tuttavia una loro inerzia, essi contengono tutto ciò che in un dato momento una comunità assume come «certo», il loro abbandono comporta un costo elevato e non basta che si presentino anomalie e fatti che li contraddicono perché essi vengano abbandonati. Uno dei compiti della scienza normale è appunto quello di estendere e articolare meglio il paradigma, di introdurre delle modificazioni di dettaglio nelle teorie e di escogitare spiegazioni *ad hoc*, capaci di eliminare, o almeno di attenuare, le contraddizioni. Possono, inoltre, sorgere nuovi problemi all'esterno della comunità scientifica (ad esempio, dal settore delle applicazioni tecnologiche) che non sembrano trovare una soluzione adeguata nell'ambito del paradigma consolidato.

Tutto ciò però non basta per mettere in crisi un paradigma scientifico, la crisi appare soltanto quando è disponibile un paradigma alternativo: «una volta raggiunto lo status di paradigma – scrive Kuhn – una teoria scientifica è dichiarata invalida soltanto se esiste un'alternativa disponibile per prenderne il posto». La proposta di un nuovo paradigma dà luogo appunto ad una **«rivoluzione scientifica»**. La sostituzione di un vecchio paradigma con uno nuovo è sempre un momento di discontinuità, anche se spesso il vecchio paradigma non viene del tutto eliminato nel senso che la sua portata esplicativa viene soltanto ridimensionata. Una nuova teoria deve in primo luogo essere in grado di spiegare tutti i fenomeni che erano già adeguatamente spiegati dalle teorie precedenti (deve cioè «comprendere» le vecchie teorie), ma deve soprattutto dare una spiegazione delle anomalie di cui le teorie precedenti non riuscivano a dar conto. Il nuovo paradigma, una volta affermatosi, una volta cioè ottenuto il consenso della comunità scientifica, apre una nuova fase di scienza normale, fino a quando non sarà di nuovo messo in discussione e a sua volta sostituito. I manuali verranno riscritti alla luce del nuovo paradigma e in essi verrà persa la memoria dei momenti di rottura e discontinuità che hanno segnato la storia del suo emergere.

L'esempio più significativo di rivoluzione scientifica è senza dubbio la cosiddetta **«rivoluzione copernicana»** alla quale Kuhn aveva dedicato uno studio specifico [Kuhn 1957]. Il passaggio da una visione geocentrica (in cui il sole e le stelle ruotano attorno alla terra fissa posta al centro dell'universo) ad una visione eliocentrica (in cui non solo la terra, e gli altri pianeti, ruotano attorno al sole, ma il sole stesso è solo una stella di una delle tante galassie) ha senz'altro costituito una tappa decisiva nello sviluppo dell'astronomia e della fisica, ponendo le basi di quella che sarà poi la concezione meccanicistica dell'universo di Newton, ma ha infranto una lunga tradizione che aveva trovato il sostegno della chiesa, vale a dire della massima autorità intellettuale dell'epoca premoderna. L'opposizione della chiesa alla visione copernicana dell'universo ci è nota, se non altro, dalla condanna di Giordano Bruno (1600) e dal processo intentato contro Galileo Galilei (1633). In un campo diverso, quasi tre secoli più tardi, la teoria dell'evoluzione di Darwin incontrò l'opposizione di tutti coloro che prendevano alla lettera il racconto biblico della creazione e solo nel 1996 la chiesa ne ha riconosciuto la validità. Restano tuttavia ancor oggi alcune sette fondamentaliste cristiane che, ad esempio, si oppongono all'insegnamento nelle scuole della teoria dell'evoluzione.

È interessante notare come molte delle prospettive di indagine di storia della scienza aperte dall'opera di Kuhn fossero già state anticipate negli anni trenta da un medico-biologo polacco, Ludwik Fleck, in un libro, *Genesi e sviluppo di un fatto scientifico* [1935], che analizzava la lunga storia delle teorie avanzate dal XV al XX secolo per spiegare l'insorgere e il propagarsi della sifilide, una delle malattie veneree un tempo (prima dell'invenzione degli antibiotici) più diffuse. Questa storia è costellata da percorsi tortuosi, teorie che oggi appaiono ingenue o del tutto implausibili, osservazioni accurate ma indecifrabili, altre assai fantasiose, esperimenti sbagliati, scoperte fortunate e spesso casuali. Lo sviluppo della conoscenza appare quindi come un percorso pieno di strade sbagliate e di vicoli ciechi, tutt'altro che lineare e cumulativo. All'epoca in cui il libro di Fleck fu scritto i tempi non erano evidentemente ancora maturi (e il suo contributo sarebbe stato probabilmente dimenticato se non fosse stato ripreso da Kuhn) per sostenere la tesi della storicità dei criteri di scientificità e quindi della validità relativa delle teorie scientifiche.

▶ **Limiti della conoscenza scientifica.** Che la scienza non sia in grado di produrre «verità assolute» (questo è caso mai il terreno della fede e non della scienza), ma soltanto verità che valgono all'interno di convenzioni o paradigmi generati dal consenso che si produce nelle comunità scientifiche, era un'idea che era incominciata a maturare nei primi decenni del XX secolo anche nei campi delle scienze «esatte» per eccellenza, la matematica e la fisica. L'elaborazione di geometrie non euclidee nel campo della matematica, la formulazione (tra il 1905 e il 1915) della teoria della relatività di Einstein, l'enunciazione del principio di indeterminazione di Heisenberg nel 1927 e lo sviluppo della fisica quantistica, rappresentano altrettante svolte decisive nell'affermazione di un'idea rivoluzionaria sul piano epistemologico: la conoscenza scientifica è sempre (anche, al limite, nel caso della matematica e della fisica) una conoscenza relativa al punto di vista dell'osservatore e tale punto di vista è storicamente condizionato sia da fattori interni alla comunità scientifica, sia da fattori esterni. Le leggi di natura non appaiono più come leggi universali, valide in assoluto in ogni tempo e luogo, ma come leggi probabilistiche che non possono mai predire con assoluta certezza il verificarsi di un evento e lo stesso metodo sperimentale non risulta più assolutamente affidabile nel senso che non fornisce necessariamente risposte inconfutabili in merito alla validità o meno di una teoria. Il sapere, quindi, non è indipendente dal soggetto conoscente, ma è costruito in relazione a scelte compiute dal soggetto stesso, non è accertato e verificato una volta per tutte, ogni conoscenza è destinata prima o poi ad essere superata in un processo senza fine. La scienza quindi non è mai uno specchio fedele che riflette la realtà così come essa è, non vi può essere corrispondenza assoluta tra sapere e realtà, ogni sapere è una mappa costruita per potersi orientare in un territorio, non è possibile – come in un famoso racconto di Borges – costruire una mappa della realtà in scala 1:1. Il che non vuol dire evidentemente che le mappe, anche rudimentali, imprecise e provvisorie della realtà prodotte dagli scienziati non siano attendibili e, soprattutto, utili. I limiti della conoscenza scientifica non fanno venir meno il fatto che essa costituisce il fondamento della nostra civiltà e che se vogliamo agire in modo consapevole dobbiamo inevitabilmente fare affidamento sulle conoscenze della realtà che ci circonda prodotte dalla scienza. Nonostante il successo delle «medicine alternative», se siamo seriamente ammalati, ci conviene consultare un medico scientificamente ben preparato.

È opportuno, tuttavia, fare un'ulteriore considerazione. Ogni progresso della conoscenza scientifica, ogni rivoluzione scientifica, non riduce di per sé l'area dell'ignoto, ma, anzi, scopre invariabilmente nuovi ambiti di realtà ancora inesplorati. Paradossalmente, la conoscenza produce la consapevolezza di non sapere. Nei limiti della concezione geocentrica dell'universo non si aveva nessun sentore degli infiniti mondi che si collocano al di là del sistema solare. L'idea che la materia fosse costituita da atomi, intesi come particelle elementari, ultime e indivisibili, non lasciava presumere l'esistenza di una realtà sub-atomica. La scoperta del Dna ha aperto un campo prima neppure sospettato sulla struttura interna della materia vivente. A differenza degli uomini comuni, gli scienziati sono coloro che hanno un'acuta consapevolezza della vastità degli ambiti di realtà che ci sono ancora fondamentalmente sconosciuti.

4.3. La «nuova» sociologia della scienza

Nella filosofia della scienza contemporanea si contrappongono due tradizioni: l'**empirismo/razionalismo critico**, il cui esponente principale è Karl R. Popper, e il relativismo, i cui esponenti principali sono Paul K. Feyerabend e Imre Lakatos. Non è possibile in questa sede esporre, neppure molto sinteticamente, le argomentazioni principali di queste due tradizioni che esprimono un pensiero assai articolato e complesso. Ci basti dire che per Popper il metodo scientifico procede per tappe: in primo luogo incontriamo dei problemi dai quali nascono degli interrogativi, in secondo luogo proponiamo qualche teoria per risolvere i problemi e dare una risposta agli interrogativi (formuliamo cioè delle congetture), in terzo luogo sottoponiamo a critica i nostri tentativi di soluzione attraverso l'osservazione empirica della realtà (applicando cioè una logica di confutazione). La formulazione di congetture appartiene ad una logica della scoperta, la ricerca di confutazioni ad una logica della giustificazione. In questo modo il progresso della conoscenza avviene mediante un percorso di continue prove ed errori. Secondo il **relativismo**, invece, non è possibile identificare dei criteri che ci possano dire quando una conoscenza è vera (cioè, coerente con l'osservazione della realtà) e quando è invece falsa (cioè, smentita dall'osservazione della realtà empirica); ogni conoscenza è valida solo all'interno di una convenzione i cui contenuti sono sempre mutevoli e che è determinata sia da interessi extrascientifici sia dagli interessi professionali degli scienziati.

Il programma relativista e la prospettiva di Kuhn illustrata nel paragrafo precedente sono stati ripresi e sviluppati dalla sociologia della scienza contemporanea, in particolare dalla cosiddetta *scuola di Edimburgo* [Barnes 1974]. Il programma di ricerca di questa scuola si concentra su tre aspetti principali: 1) come vengono condotti gli esperimenti nei laboratori; 2) come all'interno di un gruppo di scienziati viene costruito il consenso intorno ad una determinata interpretazione dei risultati sperimentali; 3) come i rapporti con interessi politico-sociali esterni influenzino le modalità della ricerca. Sui primi due punti si è sviluppata una serie di ricerche che hanno considerato il laboratorio come una micro-organizzazione sociale. Sul terzo punto torneremo nel paragrafo 5.

Karin Knorr-Cetina ha passato in rassegna i numerosi studi sociologici che si sono accumulati sui laboratori nel campo delle scienze naturali intesi come vere e proprie officine dove gli addetti cooperano per la realizzazione di un prodotto particolare: il sapere scientifico specializzato [Knorr-Cetina e Mulkay 1983]. Il **laboratorio** è un luogo artificiale dove la natura viene riconfigurata per poterla meglio manipolare al fine di condurre osservazioni controllate. Nel laboratorio si possono innanzitutto controllare i fattori ambientali (ad esempio, nel caso delle biotecnologie agricole, si possono controllare la composizione del terreno, la temperatura, l'esposizione alle radiazioni solari, l'umidità e molti altri fattori assai più efficacemente che se l'esperimento fosse realizzato in condizioni «naturali» in un campo aperto). Il laboratorio consente quindi di «semplificare» la dinamica dei fenomeni per potere indagare i rapporti di causa-effetto mantenendo sotto controllo i fattori che potrebbero perturbare la dinamica stessa, consente cioè di avvicinarsi alla condizione *ceteris paribus* che, come è noto, non si verifica mai compiutamente nella realtà concreta. Numerosissimi, se non infiniti, sono i fattori che possono influenzare l'accadere di un evento; se non riuscissimo a ridurli ad un numero finito e a controllarli (ed è proprio ciò che si realizza in condizioni di laboratorio) non saremmo in grado di formulare nessuna generalizzazione. Possiamo dire che nel laboratorio la natura viene in un certo senso «addomesticata» per renderla più facilmente osservabile e misurabile, viene creata una sorta di «natura artificiale», appositamente ricostruita per essere studiata. Al limite, la natura viene addirittura sostituita con dei *modelli di* *simulazione* che riproducono al computer (ovviamente in modo semplificato) la dinamica dei processi oggetto di investigazione.

La sociologia del «laboratorio» adotta quindi un **approccio «costruttivista»** al problema della conoscenza; tale approccio non nega l'esistenza di una realtà esterna, ma ritiene che la scienza non possa accedervi se non attraverso pratiche di «costruzione» della realtà; la scienza non può quindi mai descrivere la realtà così come essa è, ma solo rappresentarla attraverso i propri linguaggi.

I ricercatori che operano in un laboratorio possono essere studiati come qualsiasi altro gruppo sociale, all'interno del quale avvengono costantemente negoziazioni in merito alle scelte da compiere per progettare un esperimento, realizzarlo e per interpretarne alla fine i risultati e comunicarli all'esterno. Il «fatto» scientifico (ad esempio, la produzione di una nuova molecola) viene «costruito» in laboratorio. In questo processo di costruzione sono rilevanti le transazioni all'interno del laboratorio (quali materiali, quali strumenti utilizzare, quali misure rilevare su quali indicatori, ecc.). In queste scelte non sono rilevanti solo fattori puramente scientifici, ma anche fattori sociali che hanno a che fare coi rapporti (gerarchici, di competizione, di collaborazione, di gelosia, ecc.) che si instaurano all'interno dell'équipe di ricerca.

Studiare, con metodi etnografici, antropologici e sociologici, il laboratorio come organizzazione sociale, i ricercatori che vi lavorano come gruppo sociale e i linguaggi che essi utilizzano (grafici, tabelle, diagrammi, ecc.) come particolari forme di retorica è coerente con una concezione della conoscenza in base alla quale conoscere non vuol dire riprodurre realisticamente la realtà, ma bensì rappresentarla. Se in tal modo la verità scientifica viene inevitabilmente relativizzata (perché dipende dai modi coi quali i risultati dell'attività scientifica sono stati prodotti), la scienza non perde tuttavia il suo significato e la sua importanza, anzi, può in tal modo diventare meglio consapevole insieme della sua portata e dei suoi limiti, favorendo tra gli scienziati stessi un processo di «autoriflessione» e di consapevolezza critica.

5. SCIENZA, TECNOLOGIA E SVILUPPO ECONOMICO

Nel paragrafo precedente abbiamo preso in esame prevalentemente i fattori interni allo sviluppo della scienza. Dobbiamo ora volgerci ai **fattori esterni** e riprendere il tema al quale abbiamo già accennato all'inizio del capitolo e nel paragrafo 3 quando abbiamo considerato la fase più recente, cioè successiva alla seconda guerra mondiale, dello sviluppo scientifico. In questa fase, il rapporto tra scienza e tecnologia assume un'importanza decisiva, più di quanto non lo fosse stato nelle epoche precedenti. Scienza e tecnologia sono sempre state collegate in modo ora più stretto ora più tenue: le prime società scientifiche si occupavano anche di applicazioni tecniche e uno dei compiti delle accademie scientifiche era originariamente anche quello di garantire il monopolio dei brevetti. Come abbiamo già notato, nei secoli XVIII e XIX incomincia a verificarsi una divaricazione tra ricerca fondamentale e ricerca applicata; la prima si istituzionalizza nelle università, mentre la seconda trova nei politecnici e nei laboratori di ricerca industriale il proprio luogo privilegiato. In seguito, nell'epoca a noi più vicina, si sviluppa a partire dagli Stati Uniti d'America un sistema di relazioni strutturali tra università, amministrazione pubblica e industria.

Si potrebbe pensare ad uno sviluppo lineare che da una scoperta scientifica conduca a un'invenzione tecnologica e quindi al suo eventuale sfruttamento economico. Le cose non sono però così semplici. Capita spesso che il percorso sia rovesciato e che il processo sia messo in moto da un'esigenza economica (o militare) che stimola un'**innovazione tecnologica** che solo a posteriori trova una sua fondazione nel sapere scientifico.

La credenza che l'innovazione tecnologica scaturisca da qualche geniale inventore e che essa produca effetti sociali necessari (determinismo tecnologico) non è certo più adeguata alla realtà dei rapporti attuali tra scienza, tecnologia, economia, cultura e società. In realtà il processo di innovazione tecnologica è tutt'altro che lineare e dipende da una serie di fattori di ordine sociale che hanno a che fare con le scelte degli operatori economici, con le dinamiche dei mercati, ma anche con la presenza di atteggiamenti sociali che possono essere favorevoli o sfavorevoli all'innovazione. In altre parole, non è solo la scienza che produce innovazione tecnologica; ogni innovazione per svilupparsi e diffondersi deve trovare un terreno favorevole, deve fare i conti con gli interessi organizzati siano essi economici, politici o militari.

Non sempre le linee di ricerca che gli scienziati ritengono scientificamente rilevanti coincidono con l'interesse di gruppi economici e politici, orientati piuttosto all'utilizzabilità e applicabilità a breve termine dei risultati conseguiti. Ma sono proprio tali gruppi che, per così dire, tengono i cordoni della borsa. Tra **ricerca pura** e **ricerca applicata** esiste quindi inevitabilmente una competizione per le risorse. La ricerca applicata all'innovazione tecnologica trae spesso vantaggio dalla ricerca fondamentale, tuttavia i rischi di insuccesso ad essa connessi e il rapporto assai indiretto con le future eventuali applicazioni fanno sì che le imprese in genere non abbiano interesse ad investire nella ricerca fondamentale. Per questa ragione, la ricerca fondamentale è quasi sempre appannaggio delle università e delle istituzioni pubbliche di ricerca. Ciò varia però da settore a settore; ad esempio, la ricerca fondamentale è indispensabile nel caso dell'industria farmaceutica dove i nuovi prodotti hanno sempre alle spalle un lungo periodo di ricerca (si calcola che tra la scoperta di una nuova molecola e la commercializzazione di un nuovo farmaco che ne utilizzi le proprietà terapeutiche passino in media sette anni). Vi sono inoltre prodotti/settori «maturi» per i quali il contributo dell'innovazione tecnologica è scarso e altri dove invece le innovazioni che derivano dalla ricerca sono continue (si pensi ad esempio al settore delle telecomunicazioni).

Nell'ambito del rapporto tra ricerca fondamentale e ricerca applicata un ruolo decisivo è stato assunto dagli apparati militari. Dalla seconda guerra mondiale in poi circa il 40% delle risorse mondiali destinate alla ricerca scientifica e tecnologica sono state assorbite dalla **ricerca militare**. L'arte della guerra è stata da sempre una delle ragioni fondamentali che hanno stimolato l'ingegno al fine di produrre un sapere utilizzabile per aumentare la potenza offensiva e difensiva degli eserciti. La fusione dei metalli si è sviluppata ed è stata affinata in epoche remote per produrre armi sempre più efficaci. Ad Archimede, Leonardo e Galileo risalgono importanti studi di balistica. È tuttavia nel XX secolo che la scienza si è messa sistematicamente al servizio della potenza militare nell'ambito di progetti di ricerca di dimensioni sconosciute nelle epoche precedenti. Abbiamo già ricordato il *Manhattan State Project* per la costruzione della prima bomba atomica. Un progetto ancora più ampio era destinato a diventare il programma Sdi (*Strategic Defence Initiative*) – comunemente chiamato delle «guerre stellari» – promosso dal presidente americano Reagan e poi sospeso dopo il crollo dell'Unione Sovietica. Con la caduta del muro di Berlino e la fine della guerra fredda i bilanci militari sono stati sensibilmente ridotti e quindi anche gli investimenti per la ricerca (in particolare per la ricerca spaziale).

Non c'è dubbio che la ricerca per fini militari possa produrre innovazioni che vengono poi utilizzate nella produzione «civile». Si parla in questo caso di **«ricaduta tecnologica»** (*technological fall-out*). I recenti sviluppi nel campo dell'informatica, della micro-elettronica e delle telecomunicazioni, che hanno generato un'infinità di nuovi prodotti di uso comune, devono molto alle originarie applicazioni in campo militare. Perché vi sia «ricaduta», tuttavia, è necessario che esista un rapporto stretto tra ricerca militare e ricerca industriale. Ciò è avvenuto certamente negli Stati Uniti, ma in misura assai minore nella ex Unione Sovietica dove i grandi progressi scientifici e tecnologici realizzati per fini militari (e coperti quindi da segreto militare) non si sono trasferiti in altri settori economici, in particolare nel settore della produzione di beni di largo consumo.

TAB. 9.1. La spesa per Ricerca e Sviluppo in rapporto al prodotto interno lordo in alcuni paesi dell'Ocse

	1970	1975	1980	1985	1986	1987	1988	1989	1990	1991	1993
Canada	1,4[a]	1,1	1,2	1,4	1,5	1,4	1,4	1,4	1,4	1,4	1,5
Francia	1,9	1,8	1,8	2,3	2,2	2,3	2,3	2,3	2,4	2,4	2,4
Germania	2,1[a]	2,2	2,5	2,7	2,7	2,9	2,9	2,9	2,8	2,6	2,5
Giappone	1,7	1,8	2,0	2,6	2,6	2,6	2,7	2,8	2,9	2,9	2,7
Italia	*0,8*	*0,8*	*0,8*	*1,1*	*1,1*	*1,2*	*1,2*	*1,2*	*1,3*	*1,4*	*1,3*
Regno Unito	2,3[b]	2,2	2,4	2,3	2,3	2,3	2,2	2,2	2,2	–	2,2
Stati Uniti	2,6	2,3	2,5	2,9	2,9	2,9	2,8	2,8	2,8	2,8	2,7

Note: [a] = 1971; [b] = 1969.

Fonte: Ocse.

È indubbio comunque che vi sia un rapporto positivo nel lungo periodo tra investimenti in Ricerca e Sviluppo (si usa generalmente la sigla R&D, cioè *Research and Development*) e crescita economica. Soprattutto in un'economia aperta alla concorrenza internazionale, risultano avvantaggiati quei paesi la cui struttura industriale si basa su prodotti ad alto contenuto scientifico e tecnologico (il cosiddetto settore *high-tech*). Un indicatore assai eloquente del grado di sviluppo della ricerca applicata di un paese è la cosiddetta **bilancia tecnologica** che contabilizza gli introiti e gli esborsi dovuti alla cessione o all'acquisto dell'utilizzazione di brevetti industriali. L'Italia presenta un consistente deficit della bilancia dei pagamenti tecnologici dovuto allo scarso sviluppo della ricerca industriale, oltre che alla carenza degli investimenti pubblici in R&D. Il deficit si è sostanzialmente stabilizzato negli anni novanta. Questa situazione ha indotto, purtroppo, molti scienziati di grande valore a lasciare il nostro paese per poter continuare le loro ricerche in un ambiente più favorevole.

Merita un cenno, infine, il problema della valutazione delle attività scientifiche. L'enorme costo della ricerca soprattutto in certi settori (si pensi alla ricerca spaziale e alla fisica delle alte energie) ha sollevato il problema del controllo esterno, soprattutto da parte degli enti finanziatori, sull'attività di ricerca. Posto che la ricerca deve contribuire al perseguimento di obiettivi sociali (la crescita economica, il miglioramento della qualità della vita, la salute, la sicurezza), si pone il problema di valutare l'entità di tale contributo al fine di determinare se le risorse investite dalla collettività hanno prodotto gli esiti attesi o almeno risultati soddisfacenti.

Per rispondere a queste esigenze si è sviluppata una disciplina che ha preso il nome di **scientometria**, cioè la misurazione dell'output e della qualità della

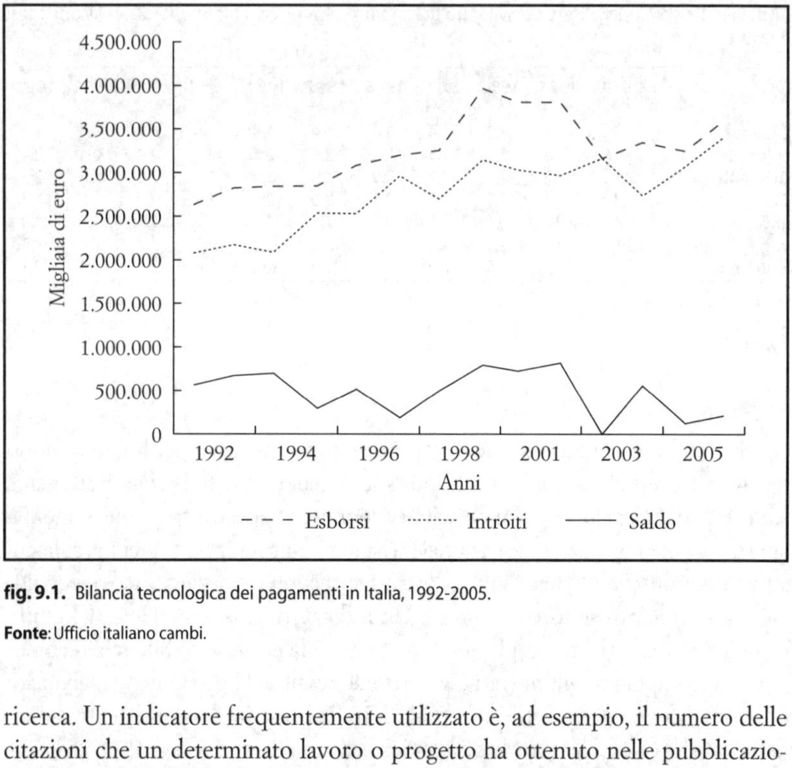

fig. 9.1. Bilancia tecnologica dei pagamenti in Italia, 1992-2005.

Fonte: Ufficio italiano cambi.

ricerca. Un indicatore frequentemente utilizzato è, ad esempio, il numero delle citazioni che un determinato lavoro o progetto ha ottenuto nelle pubblicazioni scientifiche di tutto il mondo (il *Science Citation Index* pubblicato dal 1963 dall'Institute for Scientific Information di Philadelphia, al quale si è aggiunto successivamente un analogo indice per le scienze sociali). A questi strumenti di tipo quantitativo sono stati affiancati anche strumenti di valutazione qualitativa, fondati prevalentemente sulla *peer review*, cioè sulla raccolta di pareri formulati da esperti del settore su nuovi progetti di ricerca, su stati di avanzamento di progetti in corso e sui risultati finali di progetti conclusi.

6. SCIENZE NATURALI E SCIENZE SOCIALI

Le considerazioni che abbiamo svolto finora in questo capitolo hanno avuto come oggetto quasi esclusivamente le scienze della natura. Del resto, l'immagine che l'uomo della strada ha dell'attività scientifica si riferisce quasi sempre alle scienze della natura e gli stessi scienziati naturali, il più delle volte, ritengono che le uniche vere scienze siano le loro. Tuttavia, negli ultimi due secoli, accanto alle scienze della natura, si sono sviluppate delle discipline che hanno per oggetto gli esseri umani e le loro relazioni e che possono rivendicare legittimamente lo statuto di scienze.

Si potrebbe fare la storia delle scienze sociali dal punto di vista delle influenze che sul loro sviluppo hanno esercitato le scienze della natura. Soprattutto nel XIX secolo, lo sviluppo spettacolare di queste ultime ha fatto sì che esse venissero prese come modello da imitare e che si cercasse di trasferire i loro apparati di analisi e i loro metodi di indagine nel campo dello studio dei fenomeni umani e sociali. Vari studiosi, tra i quali alcuni pionieri della statistica applicata alla realtà sociale come Quételet e Frédéric Le Play (1806-1882), pensavano che si potesse costruire una «fisica sociale» sulla base del modello della scienza di Newton.

A cavallo tra XIX e XX secolo si sviluppò invece, soprattutto nella cultura tedesca, una reazione al dominio delle scienze naturali e alla trasposizione dei loro metodi nel campo di quelle che allora venivano chiamate **«scienze dello spirito»**. Si riteneva che il fatto che l'oggetto di queste ultime fosse l'uomo, le sue azioni, i suoi prodotti, la sua cultura dovesse tradursi in una specificità dei metodi di ricerca rispetto a quelli che servivano per accostarsi alla natura inanimata. Se le scienze della natura cercavano di spiegare gli eventi naturali riconducendoli ad una qualche legge universale di natura, si riteneva che i fenomeni umani dovessero piuttosto essere «compresi» nel loro significato culturale. Il dibattito si sviluppò in particolare intorno allo statuto scientifico di una disciplina, la storia, nei confronti della quale il fine della conoscenza non sembrava essere la formulazione di leggi universali, bensì la **spiegazione/comprensione** di eventi individuali e irripetibili. In questo dibattito, una posizione importante, alla luce dell'influenza che avrebbe esercitato in seguito sulla definizione dei fondamenti del sapere sociologico, fu quella adottata da Max Weber [1922b]. Egli ha sostenuto la specificità delle scienze sociali sia pure nell'ambito di una concezione fondamentalmente unitaria del metodo scientifico: mentre i fenomeni della natura possono essere soltanto «spiegati» (imputandone le cause all'operare di «leggi»), i fenomeni sociali, accanto alla spiegazione, possono anche essere oggetto di «comprensione». I fatti sociali, sostiene Weber, sono in ultima istanza riconducibili ad azioni individuali. L'azione è l'unità minima di analisi delle scienze sociali; anche le istituzioni, i gruppi, le collettività di ogni genere (come abbiamo visto nel cap. III) sono «fatte» di azioni. La specificità dell'agire umano (rispetto, ad esempio, a quello degli animali) consiste nel fatto che gli esseri umani sono dotati della capacità di attribuire un senso alle loro azioni ed è proprio questo «senso» che è accessibile mediante la «comprensione». Ad esempio, siamo di fronte a due eventi diversi quando vediamo un albero che cade perché spezzato dalla forza del vento, oppure perché un uomo ne sta segando il tronco. Nel primo caso abbiamo a che fare con un evento puramente «naturale», nel secondo caso, invece, siamo di fronte a un'azione umana alla quale possiamo accedere interpretandone il significato: sappiamo che si avvicina l'inverno e che i contadini tagliano la legna per potersi riscaldare.

Il rapporto tra spiegazione e comprensione resta a tutt'oggi uno degli aspetti più dibattuti e controversi dell'epistemologia (cioè, della teoria della conoscenza) delle scienze sociali. Nel corso del XX secolo il pendolo ha più volte oscillato tra i due estremi di coloro che sostengono un fondamentale «**monismo metodologico**», cioè la sostanziale unità del metodo scientifico a prescindere dalla diversità dell'oggetto di ricerca, e coloro che, al contrario, sostengono l'irriducibile «differenza» tra le scienze dell'uomo e quelle della natura.

Non possiamo qui approfondire ulteriormente questo problema. Possiamo tuttavia indicare alcune dimensioni che servono per fissare linee di demarcazione e di continuità tra le scienze.

• La prima dimensione, lo abbiamo appena menzionato, riguarda la «natura» dell'oggetto: le scienze sociali trattano oggetti che hanno natura «soggettiva», sono esseri umani dotati cioè della capacità di agire intenzionalmente e di attribuire un senso alle loro azioni.

• La seconda dimensione riguarda la funzione dei paradigmi: nelle scienze sociali non vi è quasi mai un unico paradigma storicamente dominante, ma una pluralità di paradigmi in competizione tra loro. Tendenzialmente, nella storia delle scienze naturali i paradigmi si succedono diacronicamente, mentre nelle scienze sociali sono più spesso presenti sincronicamente.

• La terza dimensione riguarda invece la diversa centralità del metodo sperimentale: nelle scienze sociali è assai più difficile compiere dei veri e propri esperimenti controllati, sia per problemi di natura deontologica (vi sono ovviamente dei limiti a condurre esperimenti su esseri umani), sia di natura sostanziale (i fenomeni da studiare non possono essere riprodotti in laboratorio). Anche se, soprattutto in psicologia, non è escluso l'uso di metodi sperimentali, nelle scienze sociali tendono a prevalere metodi di elaborazione delle informazioni che non rispondono a criteri rigorosamente sperimentali.

• La quarta dimensione riguarda il tipo di linguaggio utilizzato nella comunicazione all'interno delle comunità scientifiche: nelle scienze naturali il linguaggio tende ad essere assai più consolidato e formalizzato che non nelle scienze sociali; in queste ultime è spesso necessario definire i termini che si usano dato che di essi non esiste il più delle volte un significato convenzionalmente accettato.

• La quinta dimensione, infine, riguarda il grado di istituzionalizzazione: le scienze sociali hanno visto riconosciuto il loro posto nelle istituzioni scientifiche e accademiche in epoca più recente rispetto alle scienze naturali.

Le varie discipline non si collocano, tuttavia, in campi rigidamente distinti, bensì lungo un *continuum* definito da queste dimensioni. Nella letteratura anglosassone è in uso a questo proposito una distinzione tra *hard sciences* e *soft sciences* (**scienze «dure»** e **scienze «molli»**): ad un estremo si colloca evidentemente la fisica, alla quale segue poi la chimica, poi ancora la biologia e quindi la psicologia sperimentale, l'economia, mentre all'estremo opposto si collocano la psicologia sociale, la scienza politica, la sociologia, l'antropologia culturale.

Tuttavia, il riconoscimento che anche nel campo delle scienze della natura i «fatti» sono costruiti (non sono cioè indipendenti dall'osservatore), cioè che la scienza, quale che sia il suo oggetto, raccoglie ed elabora «dati», vale a dire informazioni selezionate relative a «fatti», fa pensare che la distanza tra *hard* e *soft* non sia poi così invalicabile e, anzi, sia destinata tendenzialmente a ridursi. Alla fine degli anni cinquanta, in un libretto molto discusso dal titolo *Le due culture*, Charles Percy Snow [1959] sosteneva come nella cultura occidentale si fosse sviluppata un'irriducibile frattura tra cultura scientifica (orientata al futuro e al progresso) e cultura umanistica (orientata al passato e conservatrice). Alla fine del XX secolo, il clima sembra sostanzialmente mutato e un autore tedesco, Wolfgang Lepenies, in un libro che significativamente si intitola *Le tre culture* [1985], può sostenere che le scienze sociali svolgono una funzione di ponte tra cultura umanistica e cultura scientifica. La sociologia, in particolare, avrebbe due anime tra loro interdipendenti: una scientifica (che tende all'imitazione delle scienze naturali) e una ermeneutica (che la colloca in una posizione di contiguità con la letteratura e le arti).

È indubbio, comunque, che il maggiore ostacolo alla comunicazione tra ambiti disciplinari diversi è costituito dall'estrema specializzazione del lavoro scientifico non solo tra le discipline, ma all'interno della stessa disciplina. I problemi che gli specialisti devono affrontare sono molto spesso simili, ma ognuno lavora in una condizione di forte isolamento e quindi l'integrazione delle conoscenze acquisite risulta difficile e la frammentazione del sapere elevata.

L'esigenza della **ricerca interdisciplinare** è fortemente avvertita, soprattutto in settori orientati all'applicazione pratica delle conoscenze, ma la sua realizzazione incontra grandi difficoltà. Uno studioso americano ha detto: «society has problems, universities have departments». Tra la formulazione di un problema da parte di chi è responsabile della sua soluzione (ad esempio, un decisore pubblico) e la sua traduzione in un progetto da parte di un gruppo di specialisti in un'istituzione di ricerca il cammino è spesso molto lungo. Tra decisori e ricercatori, ovvero tra «politici» ed «esperti», la comunicazione è quasi sempre difficile, perché i primi richiedono una visione sintetica che tenga conto globalmente dei vari aspetti del problema in oggetto, mentre gli esperti tendono ad affrontarlo, a seconda delle loro rispettive specializzazioni, tenendo analiticamente separati i vari aspetti. Una possibile prospettiva di parziale superamento della frattura tra specializzazioni diverse consiste nella formazione di sottodiscipline a cavallo tra campi contigui nei quali gli specialisti devono essere in grado di disporre di competenze plurime e di padroneggiare una molteplicità di linguaggi: si pensi alla biofisica, alla biochimica, alla sociobiologia, ma anche, all'estremo opposto, alla sociologia dell'arte e della letteratura.

7. L'IMMAGINE PUBBLICA DELLA SCIENZA E DELLA TECNOLOGIA

Abbiamo visto che lo sviluppo della scienza e della tecnologia richiede la presenza di un ambiente sociale favorevole e di questo fanno parte certamente gli atteggiamenti del pubblico. Ci si chiede però come possano formarsi atteggiamenti favorevoli in una condizione nella quale la barriera tra scienziati/esperti e laici diventa sempre più netta. Nell'**opinione pubblica** si sono diffuse immagini della scienza come mondo a parte, misterioso e anche in parte minaccioso, con il quale è sempre più difficile per l'uomo qualunque entrare in contatto. A ciò hanno contribuito la forte istituzionalizzazione dell'attività scientifica, l'estrema specializzazione e, soprattutto, lo sviluppo di linguaggi la cui traducibilità nel linguaggio comune diventa sempre più ardua. L'opinione pubblica quindi si interroga sia sulla sostenibilità dei costi della ricerca (che si ripercuotono ovviamente sull'imposizione fiscale), sia sulla sua effettiva utilità, visti, soprattutto, gli effetti disastrosi degli usi sociali di certe scoperte (vedi, bomba atomica), i rischi ambientali (vedi, centrali nucleari, buco dell'ozono, inquinamento dell'aria, dell'acqua e del suolo, ecc.) e i rischi per la salute (vedi, la nocività di vari prodotti dell'industria alimentare e farmaceutica).

Inoltre, il fatto che di fronte a questi problemi gli esperti esprimano assai spesso opinioni e valutazioni divergenti e che tra gli stessi esperti si sviluppino frequentemente aspre controversie, contribuisce a mettere la scienza agli occhi dell'opinione pubblica in una luce ambivalente.

Gli atteggiamenti del pubblico dipendono da due componenti tra loro interdipendenti, l'uno di natura cognitiva e l'altro di tipo valutativo. Entrambi fanno parte di quella che si può chiamare «cultura scientifica diffusa», le cui fonti sono da un lato gli insegnamenti scolastici, dall'altro le attività di divulgazione scientifica e i messaggi dei mass media. I lettori potranno essi stessi valutare qual è stata l'influenza dell'insegnamento scolastico nella formazione della loro cultura scientifica. Per quanto riguarda l'Italia è noto che gli effetti sono assai spesso deludenti, ma le cose non devono andar bene neppure in altri paesi: da un'indagine campionaria condotta in Gran Bretagna si rileva che solo il 34% degli intervistati ha risposto correttamente alla domanda su quanto tempo impiega la terra a ruotare intorno al sole (la risposta giusta era, ovviamente, «un anno»).

Le attività di **divulgazione scientifica** svolgono probabilmente un'azione più efficace di quella della scuola. I musei di scienze naturali e i musei della tecnica, ma anche i musei etnografici, sono spesso luoghi assai importanti di diffusione della cultura scientifica. Pubblicazioni come «Scientific American» (o la versione italiana «Le Scienze») sono il prodotto di una professionalità di alto livello, tuttavia, la loro lettura richiede un grado di alfabetizzazione scientifica spesso non presente nel largo pubblico. Inoltre, se divulgazione vuol dire dare per certe conoscenze che gli scienziati stessi esprimono con la massima cautela, allora il processo di traduzione del sapere scientifico per un pubblico di non specialisti si trasforma in un processo di deformazione del sapere stesso. Come abbiamo visto, alle scienze non si possono chiedere, nella maggior parte dei casi, certezze assolute, mentre il pubblico chiede agli esperti di risolvere i dubbi e non di creare nuove incertezze.

I mass media, infine, privilegiano il più delle volte gli aspetti più sensazionalistici delle scoperte scientifiche che possono attirare la curiosità e l'interesse dell'opinione pubblica (tipica, alcuni anni fa, la notizia, poi smentita, della scoperta della fusione fredda che avrebbe liberato l'umanità dallo spettro della crisi energetica). Talvolta i resoconti dei media producono speranze infondate in particolari categorie della popolazione (ad esempio, i malati di cancro o di Aids), in altri casi possono scatenare il panico accentuando la percezione del rischio tecnologico, oppure, al contrario, ridurre lo stato di «allerta», minimizzando la percezione del rischio.

Ciò che viene trasmesso attraverso questi canali non sono quindi solo conoscenze, ma anche «immagini» e «stereotipi». Da un'indagine sulle riviste di divulgazione scientifica pubblicate negli Stati Uniti tra il 1910 e il 1955 [Felt, Nowotny e Taschwer 1995, 257] emergono quattro stereotipi dello scienziato:

1) il mago che ha un potere sulla natura (questo stereotipo riflette una concezione prerazionale o arazionale della scienza); 2) l'esperto, cioè colui che affronta e risolve i problemi in modo razionale ed efficiente; 3) il creatore/distruttore, figura ambigua di apprendista-stregone, irresponsabile di fronte alle conseguenze delle sue scoperte; 4) l'eroe, dalla cui creatività discende il progresso in generale.

Gli atteggiamenti che si esprimono attraverso questi stereotipi oscillano quindi tra due estremi: da un lato una fiducia incondizionata nella scienza come dispensatrice di «progresso», dall'altro lato un oscuro sentimento che vede nella scienza e nelle sue ricadute tecnologiche una minaccia misteriosa.

Nella fase attuale, soprattutto per effetto delle iniziative dei movimenti ecologisti, la percezione del **rischio tecnologico** e delle minacce alla vivibilità dell'ambiente sono fattori importanti nel plasmare gli atteggiamenti della popolazione nei confronti della scienza e della tecnologia e nel ridurre il livello di credibilità nei loro confronti. Il ricordo dei disastri di Bhopal (India), Seveso (Italia), Three Mile Island (Usa) e Chernobyl (Urss) è un monito per tutti. Anche la vicenda della cosiddetta «mucca pazza» (ovvero, della *encefalopatia spongiforme*) ha toccato da vicino la sensibilità pubblica poiché riguarda l'alimentazione, vale a dire una delle funzioni elementari legate alla sopravvivenza.

Il concetto stesso di «rischio» non è certo lo stesso per gli esperti e per il pubblico: mentre per i primi si tratta della probabilità calcolabile del verificarsi di un determinato evento e della probabilità che tale evento provochi determinate conseguenze, tale concetto evoca nella gente comune il sentimento di un evento minaccioso dalle conseguenze dannose incalcolabili. Se a ciò si aggiunge il fatto che spesso l'opinione degli esperti non è unanime, che i media possono accentuare o minimizzare la percezione del rischio, ci si rende conto come questo sia un terreno estremamente delicato nella formazione degli atteggiamenti sociali nei confronti della scienza. Del resto, la scienza stessa può contribuire sensibilmente ad attenuare i rischi che le sue applicazioni hanno generato. L'accresciuta sensibilità verso i problemi ambientali, ad esempio, ha fortemente stimolato la ricerca di nuove fonti di energia, di nuovi materiali degradabili, di nuovi metodi di produzione e di nuovi prodotti che riducono l'«impatto ambientale». Nel mondo moderno la scienza è un'attività fortemente orientata alla soluzione razionale di problemi pratici e i suoi effetti dipendono dal tipo di problemi verso i quali è indirizzata la ricerca, dalle domande che vengono poste agli scienziati. La responsabilità degli effetti non ricade quindi tanto sugli scienziati, ma su coloro che pongono i problemi da risolvere e formulano le domande alle quali trovare risposta.

Come abbiamo visto, la riflessione sociologica sulla scienza parte dall'assunto che la conoscenza scientifica è socialmente costruita e che l'attività scientifica è inestricabilmente intrecciata con fattori interpersonali, organizzativi e culturali che contribuiscono alla produzione e all'uso del sapere scientifico. È incontestabile che la scienza sia strettamente legata a interessi politici, militari ed economici che ne condizionano lo sviluppo e che non necessariamente coincidono con l'interesse collettivo dell'umanità intera. Tutto dipende quindi da quali interessi prevalgono nel formulare gli indirizzi della politica della ricerca scientifica.

La ricerca sociologica sui condizionamenti, sui modi di operare e sugli effetti sociali della scienza, può forse contribuire a radicare, nell'opinione pubblica e tra gli stessi scienziati, un'immagine realistica della scienza che sia libera dagli stereotipi sia della scienza come potenza demoniaca, sia della scienza come portatrice naturale di progresso.

PER SAPERNE DI PIÙ

BEN-DAVID J., *Scienza e società*, Bologna, Il Mulino, 1975; BUCCHI M., *Scienza e società*, Bologna, Il Mulino, 2002; BUTTERFIELD H., *Le origini della scienza moderna*, Bologna, Il Mulino, 1971^2; CANNAVÒ L. (a cura di), *Professione scienziato. Organizzazione della ricerca e professionalità scientifica in Italia*, Milano, Angeli, 1988; GALLINO L., *L'incerta alleanza. Modelli di relazione tra scienze umane e scienze della natura*, Torino, Einaudi, 1992; KUHN T.S., *La struttura delle rivoluzioni scientifiche*, Torino, Einaudi, 1969; MERTON R.K., *Teoria e struttura sociale*, vol. III, Bologna, Il Mulino, 2000; POPPER K., *Scienza e filosofia*, Torino, Einaudi, 1969.

CAPITOLO 10

La religione

La religione, in quanto sistema di credenze e istituzioni che agisce in un determinato contesto sociale, è un fenomeno pressoché universale. In questo capitolo studieremo i diversi tipi di religione e il loro indissolubile legame con le strutture sociali, passando in rassegna le principali interpretazioni sociologiche sull'origine delle religioni e sul loro rapporto con la società.

1. UNA PREMESSA DI METODO

L'argomento affrontato in questo capitolo, forse più di altri, richiede una premessa di metodo. Ci occuperemo infatti di religione, anzi di religioni, e il lettore potrà chiedersi, e la domanda è senza dubbio legittima, che differenza c'è tra il punto di vista del sociologo e altri punti di vista, ad esempio il punto di vista del credente o del teologo, nel considerare il fenomeno religioso.

Le religioni, come vedremo, riguardano credenze, cioè idee che gli uomini si fanno intorno alla natura della realtà terrena e ultraterrena. Il sociologo prende queste credenze come dati di fatto che è necessario spiegare nella loro genesi. Egli non si chiede se queste credenze siano vere o false; la sociologia non può dire nulla in merito alla verità o falsità delle credenze religiose, perché queste credenze hanno a che fare con una realtà non empirica che sfugge agli strumenti della conoscenza scientifica.

L'unico dato di fatto empirico è che uomini reali, organizzati in società reali, sviluppano credenze e istituzioni e mettono in atto comportamenti che chiamiamo «religiosi». Vere o false, nella misura in cui questi criteri si applicano al lavoro scientifico, possono essere solo le asserzioni che riguardano le credenze religiose e non le credenze stesse. Ciò non vuol dire che il sociologo che studia le religioni non possa a sua volta avere delle credenze religiose. L'esercizio dell'attività scientifica richiede la capacità di mantenere distinti i vari ruoli: il sociologo può essere un uomo animato da una profonda fede religiosa, ma quando opera sul piano scientifico deve evitare che il suo ruolo di credente interferisca con il suo ruolo di studioso. Una separazione assoluta, tuttavia, non solo non è possibile, ma forse non è neppure auspicabile. Se la religione non «fa problema» per lo studioso come uomo e non in quanto studioso, non potrebbe neppure suscitare il suo interesse. D'altra parte, il predicatore fanatico di una fede religiosa difficilmente potrebbe diventare un buon sociologo delle religioni. Peraltro, se si guarda alla storia degli studi sociologici sulle religioni, non si può non riconoscere che la posizione dello studioso nei confronti della religione in generale o di una religione in particolare ha lasciato tracce riconoscibili negli studi compiuti. La prospettiva nella quale si colloca lo studioso condiziona la scelta degli aspetti che vengono messi in primo piano oppure che vengono lasciati sullo sfondo e influenza la direzione nella quale si spinge l'indagine.

Questo problema non riguarda evidentemente soltanto lo studio delle religioni, anche se in questo caso si presenta in modo particolarmente evidente. Si tratta, in ogni caso, di mantenere una certa distanza dall'oggetto di studio: una distanza troppo grande fa scomparire l'oggetto dall'orizzonte delle cose che sono per noi rilevanti, una distanza troppo ridotta rischia di deformare l'immagine che ci costruiamo della realtà. Del resto, vi è un settore della sociologia, chiamato appunto «sociologia della conoscenza», che studia proprio come l'attività conoscitiva sia influenzata dalle credenze e dagli interessi dello studioso che si collocano al di là e al di fuori della sfera conoscitiva, nel caso dello scienziato, al di fuori della scienza in senso stretto. Fatta questa premessa, possiamo ora affrontare l'argomento del presente capitolo.

2. SACRO E PROFANO

È difficile trovare al mondo un aggregato umano che non dedichi una parte del tempo e dello spazio che ha a disposizione a pratiche religiose: tutte le società umane riservano alcuni giorni alla festa e un luogo dove i membri si riuniscono per celebrare riti e cerimonie religiose. Anche nelle società attuali, dove la religione occupa per molti senza dubbio un posto meno importante rispetto alle società del passato, è raro che un individuo nell'arco della sua vita non venga a contatto con situazioni che coinvolgono comportamenti e istituzioni religiose. Nel nostro paese, ad esempio, battesimi, cresime, prime comunioni, matrimoni, funerali sono cerimonie religiose che costellano la biografia di un gran numero di persone, credenti e non. Sono veri e propri fatti sociali al di là del significato soggettivo che può essere loro attribuito.

La religione, in forme elementari o complesse, è un fenomeno pressoché universale nelle società umane. È quindi anzitutto necessario riflettere sul perché dell'**universalità del fenomeno religioso**. Non tutti gli uomini e le donne sono religiosi, ma non esistono società umane che non abbiano sviluppato qualche forma di religione. La religione deve quindi rispondere ad un'esigenza specifica delle società umane.

Per affrontare questo argomento partiamo da una nozione di senso comune; chiediamoci: a che cosa pensa la gente comune quando parla di «religione»? Incominciamo con una definizione molto generale che poi potremo arricchire e specificare. La religione, possiamo dire, è una credenza, o un insieme di credenze, relativa all'esistenza di una realtà ultrasensibile, ultraterrena e sovrannaturale. Chiariamo i termini di questa definizione.

La religione è una **credenza** o un insieme di credenze. Che cosa è una credenza? È un giudizio sulla realtà (su una qualsiasi realtà) che si fonda su un atto di fede. La nozione di credenza presuppone una distinzione cruciale tra «credenza» e «conoscenza»: è diverso dire che una cosa è così perché *credo* che sia così, oppure che è così perché *so* che è così. Il confine tra credenze e conoscenze è certamente sfumato nel senso che le due categorie presentano indubbiamente zone di sovrapposizione; credenze e conoscenze sono due modi mediante i quali gli esseri umani raggiungono un relativo grado di certezza sulla realtà che li circonda; sia le credenze che le conoscenze possono lasciare, e in genere lasciano, dei margini di dubbio: nessuna conoscenza è perfetta, come nessuna credenza è assoluta. Eppure, nonostante i teologi si siano affannati per fornire delle prove empiriche o razionali dell'esistenza di Dio, la certezza dell'esistenza di Dio è raggiunta essenzialmente mediante un atto di fede e non mediante un'operazione conoscitiva. In altre parole, per dirla con un'espressione coniata da Karl Popper, la proposizione: «dio (o il diavolo) esiste», non è falsificabile poiché non è né logica (come due più due uguale quattro), né empirica, cioè riferita a qualche dato di osservazione.

Veniamo ora alla seconda parte della definizione proposta: le credenze religiose riguardano l'esistenza di una realtà al di là di ciò che è percepibile con i sensi e accumulabile come conoscenza empirica. L'uomo riconosce che al di là del mondo che gli è familiare e accessibile, con gli strumenti di cui è dotato, vi è un mondo misterioso e normalmente inaccessibile. Per l'uomo delle società cosiddette «primitive», che non hanno ancora sviluppato la conoscenza scientifica, dietro i fenomeni ai quali assiste (in primo luogo i fenomeni naturali) devono pur esserci delle forze oscure, dei motori originari, delle cause ultime che spiegano sia l'ordine sia l'apparente disordine, sia il regolare ciclo del sole e l'alternanza delle stagioni, sia la furia dei terremoti, i periodi di siccità e le inondazioni. In altre parole, le credenze religiose postulano l'esistenza di una sfera della **realtà trascendente** rispetto alla sfera della realtà percepibile. L'essere umano è intrinsecamente dotato della capacità di trascendere l'esperienza immediata (qui e ora): nel ricordo e nell'aspettativa egli è in grado di raffigurarsi ciò che non c'è più (il passato) e ciò che non c'è ancora (il futuro). La stessa idea che egli ha di se stesso, la sua identità soggettiva, è il prodotto di questa capacità di trascendere il presente, di riconoscere sé e gli altri come entità che vanno oltre ciò che è immediatamente percepibile. Questa capacità consente all'uomo di concepire l'esistenza di una realtà trascendente, invisibile, che sta dietro le cose percepite dai sensi e che si estende anche al di là della vita terrena dopo la morte. In molte forme di religione primitiva o arcaica troviamo che questa sfera trascendente è occupata da divinità che rappresentano fenomeni o elementi naturali (il sole, l'acqua, il fuoco, ecc.), oppure dalle anime dei defunti (il culto degli antenati). Questa sfera costituisce la sfera del sacro: il cosmo viene appunto distinto in una **sfera del sacro** e in una **sfera del profano**.

Ancorché separate, queste sfere non sono tuttavia prive di rapporti. Si può dire che le varie forme di religione si differenziano tra loro a seconda del modo con cui è articolato il rapporto tra sacro e profano.

Nella **magia**, che possiamo considerare come una forma primitiva di religione, il mondo ultrasensibile è popolato da spiriti che spesso vengono rappresentati con sembianze umane e la cui volontà, benevola o malevola, può essere influenzata dagli uomini mediante pratiche rituali propiziatorie. Ad esempio, la danza della pioggia è una pratica rituale che si riscontra in molte società la cui sopravvivenza dipende appunto dall'andamento delle precipitazioni e che in tal modo credono di poter in qualche modo controllare le potenze misteriose che governano l'abbondanza o la carenza di cibo.

La stessa funzione hanno i doni o i sacrifici offerti alle divinità per accattivarsi la loro benevolenza o placare la loro ira. Alla sfera degli esseri che popolano il mondo ultraterreno e ultrasensibile vengono attribuiti gli stessi moventi, capacità e sentimenti tipici degli esseri umani, solo ad una potenza più elevata. Dalle offese arrecate a questi spiriti ci si può attendere collera e vendetta, così come la loro assistenza e protezione può sorreggere nel raggiungimento di fini terreni (siano questi un buon raccolto, l'abbattimento di una preda, o la vittoria in una guerra).

La magia si differenzia dalla religione proprio per il diverso rapporto che si instaura tra sacro e profano, tra terreno e ultraterreno. Mentre nella magia le pratiche rituali, messe in atto da specialisti chiamati appunto «maghi», servono per influenzare gli spiriti e le forze occulte, che si ritiene stiano dietro le cose e i fenomeni, al fine di produrre effetti pratici nella vita terrena, nella religione il fine appare piuttosto quello di consentire agli uomini di elevarsi al di sopra e al di là della loro esistenza terrena e di accedere, per così dire, alla sfera del sacro, attraverso pratiche ascetiche e mistiche, o attraverso una condotta esemplare che verrà ricompensata nella vita ultraterrena.

Il grado di trascendenza, di accessibilità o inaccessibilità da parte dell'uomo, come pure l'articolazione interna della sfera del sacro, variano moltissimo da religione a religione, ma su questo torneremo più tardi parlando dei tipi di religione.

3. L'ESPERIENZA RELIGIOSA

Dobbiamo ora approfondire e arricchire la nostra definizione; non è infatti sufficiente sapere che la religione riguarda le credenze intorno al sacro, la distinzione tra «sacro» e «profano» e i rapporti tra queste due sfere. Dobbiamo anche chiederci quali sono i tratti fondamentali dell'esperienza religiosa, cioè come e perché gli esseri umani (almeno molti, se non tutti) sviluppano la credenza nell'esistenza del sacro. Il discorso deve partire un po' da lontano, da due esperienze che sono tipiche della condizione umana: l'esperienza del limite e l'esperienza del caso.

L'**esperienza del limite** riguarda la stessa vita umana. Gli esseri umani sono dotati di una consapevolezza che sembra specifica della loro specie: sanno di dover morire; essi vivono nella certezza che la loro vita ha avuto un inizio e avrà una fine, un limite. L'idea stessa di limite è tuttavia inconcepibile senza l'idea opposta di assenza di limite; se da un lato vi è il mondo delle cose mortali, tra le quali gli stessi esseri umani, deve esistere dall'altro lato un mondo delle cose immortali al quale appartengono le anime, gli spiriti e gli dei. Probabilmente tutti gli uomini almeno in qualche momento della loro esistenza si pongono una serie di perché: perché sono venuti al mondo, in un mondo che preesisteva alla loro nascita e che esisterà anche dopo la loro morte, perché devono soffrire, perché le sofferenze e i piaceri della vita sono distribuiti in modo così ineguale, perché devono morire, perché alcuni muoiono giovani e altri vecchi, perché spesso i «buoni» sono puniti mentre i «cattivi» sono premiati, che senso ha la loro vita al di là delle esperienze immediate di tutti i giorni? Le religioni in genere aiutano a dare una risposta a questi interrogativi e quindi a mantenere l'angoscia che da essi deriva entro limiti tollerabili per il semplice fatto che, di fronte alle imperfezioni del mondo, all'ingiustizia e alla sofferenza, postulano l'esistenza di un mondo-altro che non conosce questi limiti.

Inoltre, gli esseri umani vivono nella consapevolezza di essere in balìa di forze più grandi di loro e che sfuggono in larga misura al loro controllo; per quanto si sforzino di mettere tali forze al loro servizio e per quanto tali sforzi possano essere coronati da successo, anche l'uomo più potente deve riconoscere che esistono dei limiti alla sua potenza, che vi sono dei confini alla sua volontà e che esiste un divario incolmabile tra ciò che vuole e ciò che può fare. Non solo l'uomo primitivo, che viveva in balìa di forze naturali soverchianti che minacciavano in ogni momento la sua esistenza, ma anche l'uomo moderno vive costantemente nella consapevolezza che la realtà oppone ostacoli invalicabili alla realizzazione della sua volontà e che quindi deve tenere conto di tali ostacoli nel definire i limiti delle proprie mete. Il mondo degli dei è invece popolato da esseri onnipotenti o comunque da esseri che non sono soggetti alle stesse limitazioni della specie umana. L'idea di limite è indissolubilmente legata all'idea di assenza di limite.

Infine, e con ciò tocchiamo il secondo aspetto della condizione umana – cioè l'**esperienza del caso** – che evoca un'esperienza di tipo religioso, l'uomo si confronta costantemente con il limite della sua capacità di dare una spiegazione agli eventi naturali, sociali e individuali che interferiscono con la sua esistenza. Anche l'enorme sviluppo della conoscenza scientifica non ha modificato sostanzialmente questo tratto della condizione umana. È vero che noi moderni sappiamo infinitamente di più del mondo che ci circonda di quanto non sapessero i nostri predecessori, ed è anche vero che nella vita pratica di tutti i giorni possiamo fare tranquillamente affidamento sul sapere accumulato dall'umanità nel corso dei millenni; le nostre spiegazioni rimangono tuttavia sempre parziali e provvisorie, non siamo in grado di risalire alle cause ultime del divenire e di ricondurre l'infinita varietà dei fenomeni a una spiegazione unitaria ed esaustiva. Il mondo è sempre pieno di misteri che non siamo in grado di spiegare e il divenire ci riserva continuamente sorprese, eventi rispetto ai quali la nostra capacità di previsione si dimostra irrimediabilmente limitata. Poiché l'ordine al quale siamo in grado di ricondurre gli eventi che osserviamo risulta sempre parziale e provvisorio, ci rendiamo conto che il caso e il disordine dominano comunque una parte grandissima della realtà nella quale si svolge la nostra esistenza e penetrano all'interno della coscienza che abbiamo del mondo e di noi stessi.

La consapevolezza del limite posto alla capacità di conoscere di ogni singolo individuo e della specie umana nel suo complesso rende possibile concepire l'idea di un ente che non sia sottoposto a tali limitazioni, appunto di un ente onnisciente al quale ricondurre in modo unitario l'ordine delle cose naturali e umane. Così, anche le esperienze che sembrano più inspiegabili e prive di significato, come la morte, il dolore, le catastrofi, la fortuna e la sfortuna, il disordine e il caso, trovano una loro collocazione e giustificazione in un ordine, in un disegno, che rimane misterioso, ma di cui la mente umana è in grado di postulare l'esistenza. Tale ordine consente di ricondurre i molteplici, variabili e contrastanti significati delle esperienze e delle azioni umane ad una gerarchia di significati e quindi a dei significati «ultimi», alla volontà imperscrutabile di qualche divinità.

Vi è inoltre un altro aspetto che è intrinsecamente, anche se non necessariamente, legato all'esperienza religiosa: il problema dell'**ordine morale**. Sia nella vita di tutti i giorni, sia in momenti cruciali della loro esistenza, gli esseri umani sono posti di fronte alla necessità di scegliere tra corsi alternativi di azione. Se non ci fosse la possibilità di scegliere, non ci sarebbe neppure un problema morale. In base a quali criteri però scegliere quale azione intraprendere o non intraprendere? Molte scelte vengono effettuate in base a criteri puramente utilitaristici: se devo seminare un campo di grano e ho a disposizione sementi di qualità diversa, sceglierò di utilizzare, a parità di altre condizioni, le sementi migliori. Ma in molti casi le scelte non coinvolgono, o non coinvolgono soltanto, la dimensione dell'utile, ma anche la dimensione del bene e del male. In questi casi i criteri di scelta sono dei codici morali che consentono di distinguere ciò che è bene e ciò che è male. Succede assai spesso che azioni che risulterebbero assai utili al raggiungimento dei nostri fini non ci sono consentite perché violerebbero il nostro codice morale. Perché devo affaticarmi per coltivare il mio campo, se posso impunemente raccogliere i frutti del campo coltivato dal mio vicino?

Anche se è possibile concepire, come vedremo in seguito, una morale «laica», di fatto nella storia dell'umanità i codici morali hanno quasi sempre trovato nella religione il loro fondamento, come se fossero gli dei, appartenenti al cosmo sacro, a prescrivere agli uomini come comportarsi nelle varie circostanze della loro vita. Nella tradizione ebraico-cristiana, che è poi quella che ha improntato la civiltà nella quale viviamo, è stato Dio stesso a dettare a Mosè sul Monte Sinai le tavole della legge morale fondamentale (il «decalogo»). Ogni religione comporta quindi la presenza di un elemento prescrittivo/normativo: ogni comandamento diventa tanto più vincolante se colui al quale è destinato è animato dalla credenza che non sia qualche autorità terrena, ma un potere sovrannaturale, a prescrivergli come deve comportarsi.

Vi sono quindi ragioni sufficienti per spiegare l'universalità della religione nelle società umane. Possiamo dire che le religioni soddisfano sia bisogni degli individui che bisogni delle collettività. I modi, tuttavia, attraverso i quali ciò avviene sono i più diversi: le società umane presentano una variabilità enorme di forme, o tipi, di religione.

4. TIPI DI RELIGIONE

Vi sono molti criteri in base ai quali è possibile classificare le religioni da un punto di vista sociologico.

Un primo criterio riguarda la natura delle credenze fondamentali intorno al mondo e all'aldilà. Vi sono religioni che postulano semplicemente l'esistenza di forze sovrannaturali impersonali che influenzano positivamente o negativamente le vicende umane, come la credenza nel **mana** delle isole della Melanesia, studiate dal grande antropologo inglese Bronislaw Malinowski [1948], oppure il **totemismo**, studiato da Durkheim [1912], nel quale i credenti riconoscono in un oggetto, in genere un animale o una pianta, l'antenato comune che ha dato origine al loro *clan*. Altre religioni, chiamate **animistiche**, credono che dietro gli uomini, le cose, i fenomeni vi siano degli spiriti che intervengono attivamente influenzandone il comportamento. Altre ancora credono nella presenza delle anime dei morti, alle quali sono dedicati culti particolari. Tutte queste religioni contengono forti elementi di magia e riguardano in genere società semplici, vale a dire scarsamente differenziate, con un numero limitato di membri. L'estrema variabilità di queste credenze dipende proprio dal fatto che si tratta di piccole società che vivono spesso piuttosto isolate le une dalle altre e che sviluppano quindi dei culti «locali».

Molto diverse sono invece le grandi **religioni «universali»**, cioè quelle religioni che unificano mediante credenze comuni masse enormi di uomini, spesso appartenenti a una pluralità di società. Tra queste si collocano le religioni che credono nell'esistenza di una (monoteismo) o di più divinità (politeismo). La divinità è oggetto di adorazione da parte dei fedeli, i quali riconoscono in essa tutti quegli attributi di cui essi sono privi (perfezione, onnipotenza, onniscienza). La divinità è un'entità superiore alla realtà naturale ed umana; tra il mondo degli dei e il mondo degli uomini e delle cose esiste una eterogeneità di principio e un ordinamento gerarchico di superiorità/inferiorità.

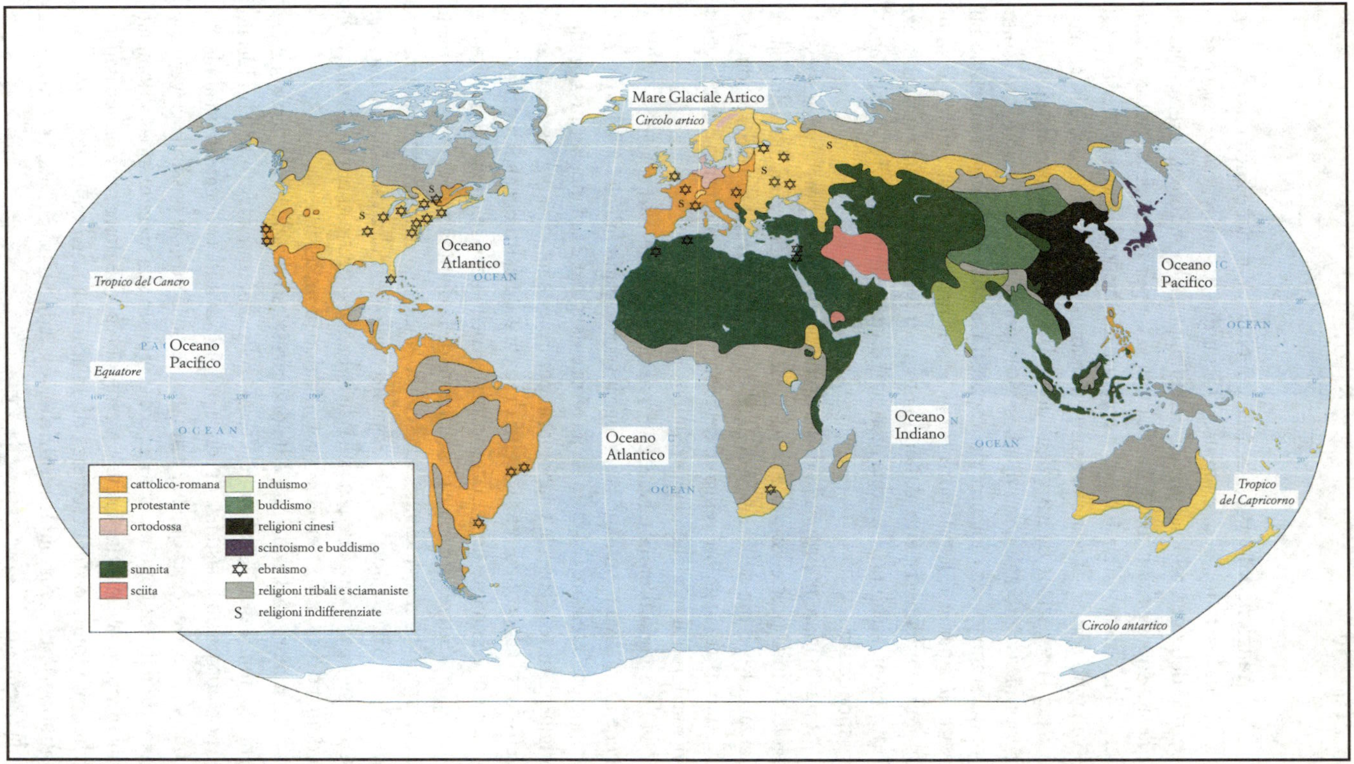

fig. 10.1. Le religioni del mondo.

Fonte: Ferraro [1995, 298-299].

Nelle **religioni politeiste**, tuttavia, il mondo degli dei è anch'esso differenziato e, quasi sempre, gerarchizzato. Vi è un dio superiore, come Giove che è al vertice della gerarchia degli dei dell'Olimpo nella mitologia greca classica, ma la sua superiorità non è garantita una volta per tutte: deve, per così dire, essere continuamente riaffermata e confermata. Nelle religioni politeistiche gli dei vengono concepiti come potenze eternamente in lotta tra loro e in concorrenza per la devozione da parte degli uomini. Nonostante la loro inconfondibile superiorità rispetto agli uomini, ad essi vengono attribuiti sentimenti e aspirazioni quasi umane: la dinamica dei rapporti tra gli dei riflette su un piano più elevato la dinamica dei rapporti tra gli esseri umani. Essi si collocano su un piano trascendente rispetto al mondo umano, ma si tratta di una trascendenza relativa e non assoluta. Tra i due mondi, il divino e l'umano, vi sono analogie e corrispondenze.

Si può parlare in proposito di «divinità di funzione», poiché assai spesso le singole divinità presiedono alle varie attività umane: vi è così il dio della semina e del raccolto, il dio della navigazione, il dio della guerra, il dio della fecondità e altri ancora. Tra le grandi religioni del mondo attuale, l'induismo è quella che si avvicina di più al modello di una religione politeistica.

Nelle **religioni monoteistiche** (ebraismo, cristianesimo e islamismo) l'eterogeneità tra divino e umano raggiunge invece il grado più elevato: Dio è unico, onnipotente, creatore del cielo, della terra e del genere umano, la causa prima e l'origine di tutte le cose, la sua potenza (per il credente) non può essere messa in discussione dalla concorrenza di altri dei e chi adora altri dei al di fuori dell'unico vero dio commette un atto di idolatria. Anche nelle religioni monoteistiche, tuttavia, il carattere unitario e trascendente della divinità può essere più o meno accentuato. Nel cristianesimo, ad esempio, il dogma della Trinità afferma che dio è uno e trino (Padre, Figlio e Spirito Santo) e, nella variante cattolica del cristianesimo, accanto al culto della divinità, sono praticati anche il culto della Madonna e dei santi, attenuando così il rigido monoteismo.

La credenza nella divinità e il concetto stesso di «divinità» non sono elementi comuni a tutte le religioni. Vi sono religioni, prima fra tutte il buddismo, che non postulano l'esistenza di vere e proprie divinità collocate in un aldilà, ma di una sfera dove regna quiete e armonia, verso la quale è possibile elevarsi mediante pratiche di contemplazione, contrapposta alla sfera mondana dominata dalla turbolenza e dal disordine. Queste sono anche dette **religioni cosmocentriche**, cioè fondate sulla credenza di un'armonia universale ultraterrena, per contrapporle alle **religioni teocentriche**, vale a dire fondate sulla credenza in un aldilà dominato dalla presenza della divinità.

Vi sono anche altri criteri in base ai quali classificare le religioni da un punto di vista sociologico. Se seguiamo Max Weber [1920], che tra i classici della sociologia è stato senza dubbio il maggiore studioso delle grandi religioni mondiali, almeno altri due criteri risultano di grande rilevanza: il tipo di *promessa* e di *premio* che viene riservato ai fedeli e il tipo di metodica di comportamento che garantisce la salvezza. In base al primo di questi criteri, abbiamo religioni la cui promessa consiste nella possibilità di raggiungere uno stato di beatitudine e di pienezza durante la vita o, come nell'induismo, mediante successive reincarnazioni, oppure, al contrario, religioni che promettono il riscatto e la redenzione dalle pene terrene soltanto nell'aldilà. Queste ultime si chiamano appunto **«religioni della redenzione»**.

Dal punto di vista delle metodiche di comportamento, abbiamo religioni che prescrivono pratiche mistiche e contemplative di distacco dal mondo, mentre altre al contrario prescrivono una condotta ascetica di vita al di fuori, oppure all'interno del mondo. Per quanto riguarda le prime, l'ideale religioso è rappresentato da un atteggiamento di rifiuto del mondo, poiché soltanto staccandosi dalla corruttibilità e caducità delle cose terrene, l'uomo può essere in grado di ricevere la grazia, di mettersi in sintonia con l'armonia divina del cosmo, di farsi contenitore della rivelazione divina. L'ascesi, al contrario, comporta un atteggiamento attivo in cui l'uomo si fa strumento, e non semplicemente contenitore, della volontà divina.

In molte religioni questi vari modi di atteggiarsi e comportarsi nei confronti del mondo e dell'aldilà sono presenti in combinazioni diverse, ma uno di essi tende a prevalere a seconda del particolare contesto storico e sociale. Così, il monaco buddista che vive in meditazione, isolato dal mondo, è un tipico esempio di orientamento mistico extramondano, mentre il monaco benedettino che coltiva con metodi razionali le terre del convento è tipico di una forma di ascesi extramondana. Il «letterato» confuciano che amministra saggiamente, seguendo le prescrizioni rituali tradizionali, gli affari del mondo è un esempio tipico di mistica mondana, mentre l'imprenditore puritano che gestisce la sua impresa in vista di un profitto astratto con la convinzione di realizzare la volontà di dio è il tipico rappresentante di un orientamento ascetico-mondano.

Molte religioni contengono una «promessa di redenzione» in questo mondo o nell'aldilà, vale a dire una promessa di liberazione dalla sofferenza e dall'ingiustizia. In particolare, le religioni profetiche e le religioni del salvatore (caso tipico il cristianesimo) sono vissute – come dice Max Weber – in un rapporto di tensione nei confronti del mondo e dei suoi ordinamenti. La sfera religiosa tende in questo caso a contrapporsi alle altre sfere «secolari»: alla famiglia, all'economia, alla politica, all'arte, all'eros e alla scienza.

5. MOVIMENTI E ISTITUZIONI RELIGIOSE

Finora abbiamo visto le religioni soprattutto come sistemi di idee, cioè di credenze relative al sacro e al profano, dalle quali derivano principi di condotta rivolti ai fedeli. Le religioni, tuttavia, non sono soltanto sistemi di idee; le idee, per diventare socialmente operanti, devono essere sostenute da uomini in carne ed ossa che agiscono nell'ambito di gruppi più o meno organizzati, più o meno istituzionalizzati.

Anche nelle religioni delle società più semplici compare quasi sempre una figura (mago, stregone, sacerdote) che si pone su un piano diverso da quello del resto dei credenti e alla quale è affidato professionalmente il compito di fare da intermediario tra gli uomini e le potenze sovrannaturali. La celebrazione di riti e culti, vale a dire la cura degli atti liturgici che segnano il passaggio e la mediazione tra sacro e profano, diventa una funzione sociale specializzata affidata a personale specializzato. È una prima forma di divisione del lavoro; data l'importanza sociale della funzione svolta, il **ministro del culto** è infatti esentato dal provvedere direttamente ai suoi bisogni materiali e vive perlopiù delle offerte dei fedeli. Si forma così un **ceto sacerdotale** (il clero) che opera nell'ambito di organizzazioni molto variabili nella loro forma. La storia delle religioni può essere scritta come storia delle **organizzazioni religiose** e di queste esiste una casistica pressoché infinita. Noi ci soffermeremo soltanto su alcune forme tipiche che sono più rilevanti nell'ambito della tradizione ebraico-cristiana: i movimenti religiosi, le chiese, gli ordini monastici, le sette e le denominazioni.

Il movimento religioso è la forma più fluida di organizzazione religiosa. Esso nasce quando in una società maturano le condizioni per una rottura delle credenze religiose tradizionali. All'origine di un movimento religioso vi è infatti quasi sempre una **profezia** e un profeta che «rivela» agli uomini, che sono diventati sordi, la parola e la volontà di dio; il profeta è quindi uno strumento mediante il quale dio fa sentire la sua voce agli uomini. La fede tradizionale impedisce agli uomini di raggiungere la verità, di ascoltare la voce di dio, li fa persistere nell'errore e adorare false divinità; ogni profezia inizia idealmente con le parole «sta scritto, ma io vi dico», cioè con la rottura di un'ortodossia. Intorno al profeta si raccoglie un seguito, una comunità di fedeli che crede nelle virtù eccezionali del proprio capo, nella sua facoltà straordinaria di ricevere direttamente la volontà di dio. Essi abbandonano la loro famiglia, i loro averi, sfidano i poteri religiosi e politici costituiti, vivono collettivamente la testimonianza della loro fede e fronteggiano insieme l'ostilità o l'indifferenza degli infedeli.

Un movimento religioso nasce e si diffonde perché i suoi membri passano attraverso un'esperienza fondamentale, l'**esperienza della conversione**. La conversione rappresenta una cesura, una svolta, nella vita di un individuo; egli vive una grande trasformazione che fa sì che egli non sia più quello che era prima. Dalla conversione nasce un uomo nuovo, che ha tagliato i ponti con il proprio passato e abbandonato le credenze che gli erano state trasmesse, come se improvvisamente si fosse accesa una luce che gli permette di vedere quello che prima gli sembrava oscuro, opaco o indifferente. Questa esperienza straordinaria non è tuttavia puramente individuale, ma collettiva. In epoca moderna il movimento religioso più importante nell'ambito del cristianesimo è stato senza dubbio la Riforma protestante che ha dato luogo alla formazione di varie sette e denominazioni. Su questo punto torneremo in seguito parlando appunto di queste forme di organizzazione religiosa.

Abbiamo detto che il movimento religioso è una forma fluida di organizzazione; si tratta infatti di un'organizzazione allo stato nascente, tutta incentrata sul **rapporto carismatico** tra il capo e i suoi seguaci, sulla solidarietà e sulla fratellanza che si viene a creare tra i membri del gruppo. Come ha magistralmente illustrato Max Weber [1920], si tratta di una forma sociale molto instabile, legata alla natura squisitamente personale del vincolo che unisce il capo religioso ai seguaci e i seguaci tra di loro. Per poter sopravvivere alle persone che gli hanno dato vita un movimento religioso deve affrontare una serie di problemi: la successione del capo, la diffusione della fede, la definizione di regole di organizzazione slegate dalle persone dei primi seguaci, la trasmissione del credo alle nuove generazioni.

Il **problema della successione** è forse il più difficile da affrontare: la fedeltà e la fiducia del tutto personali che i seguaci riponevano nel capo deve ora essere trasferita al o ai suoi successori, ma perché ciò possa verificarsi il rapporto stesso deve trasformarsi in una direzione di maggiore impersonalità. Non è più la persona del capo che deve generare fedeltà e fiducia, ma le sue idee e la sua dottrina, delle quali i successori devono diventare interpreti fedeli. Il gruppo, inoltre, deve essere in grado di allargarsi al di là della cerchia ristretta dei primi seguaci; questi devono disperdersi, allontanarsi l'uno dall'altro senza perdere il vincolo di solidarietà che li unisce, e diventare predicatori per provocare in altri la stessa esperienza di conversione che ha segnato la loro biografia. Per mantenere l'unità in condizioni di dispersione spaziale, è necessario che si formi un'organizzazione permanente, che si fissino occasioni di incontri periodici, che si stabilisca una gerarchia capace di tenere le fila di un gruppo più ampio e disperso. Infine, il gruppo deve essere in grado di riprodursi non più soltanto provocando nuove conversioni, ma trasmettendo alle nuove generazioni, ai figli e alle figlie dei convertiti, i fondamenti della propria fede.

In breve, il movimento deve trasformarsi in **chiesa** attraverso un processo di istituzionalizzazione delle credenze e delle pratiche religiose. Prima di tutto, le credenze devono venire sistematizzate, consolidate in un corpo organico di dottrina e codificate in un testo scritto che valga come legge fondamentale del gruppo dei credenti e come strumento di trasmissione della fede. In quasi tutte le religioni vi sono dei testi «sacri» nei quali sono fissate le credenze e le prescrizioni di condotta fondamentali e la cui interpretazione «autentica» è demandata ad un gruppo di specialisti (i teologi) particolarmente addestrato e qualificato. Ma anche le pratiche religiose vengono sistematizzate, spersonalizzate, sottratte il più possibile all'arbitrio individuale e alla specificità dei tempi e dei luoghi. Le pratiche rituali assumono così un carattere di universalità, stabilità e astrattezza e nel loro insieme vengono a costituire una liturgia alla quale presiede un corpo di specialisti (il clero) organizzato in un ordine rigorosamente gerarchico. Quando la religione assume la forma organizzativa della chiesa, si genera inevitabilmente una differenziazione interna tra un **ceto sacerdotale** e la massa dei credenti, tra chi dispensa e chi riceve beni di salvezza. Da un punto di vista sociologico assumono quindi grande rilevanza le modalità mediante le quali il ceto sacerdotale viene reclutato dalla massa dei credenti, i meccanismi di selezione iniziale e di accesso ai vari livelli gerarchici, le regole che vengono messe in atto per assicurare continuità all'organizzazione e per garantire la «fedeltà» al messaggio originario.

Mentre un movimento religioso si sviluppa sempre in un rapporto di tensione, se non di conflitto, con le idee e i poteri dominanti del mondo esterno, una chiesa, per poter sussistere, deve trovare qualche forma di accomodamento con il contesto economico, sociale e politico in cui opera. Una chiesa, infatti, per poter svolgere la sua funzione principale, che è quella di dispensare beni di salvezza ai propri membri, diventa immancabilmente soggetto di interessi secolari: deve reperire e amministrare risorse economiche, deve assicurarsi che i propri ministri e fedeli possano celebrare liberamente i culti, deve proteggere e rafforzare la propria organizzazione in concorrenza con altre potenze secolari, in particolare con lo stato. Chiesa e stato sono due istituzioni che avanzano pretese di fedeltà da parte della stessa massa di persone, che in un caso si presentano come fedeli e nell'altro caso come sudditi o cittadini. Il **rapporto tra chiesa e stato** può quindi svilupparsi in termini di aperto conflitto (in questo caso, ma non necessariamente, è la chiesa ad essere «perseguitata» dallo stato), oppure, più frequentemente, di sostegno reciproco, attraverso una sorta di alleanza tra poteri secolari e poteri religiosi. Quale delle due polarità, o delle infinite soluzioni intermedie, tenda a prevalere, può essere accertato soltanto da un'analisi delle singole situazioni storicamente determinate. È comunque nella tradizione specifica dell'Occidente un elevato grado di separazione tra istituzioni religiose e istituzioni politiche.

Non è infrequente che nell'ambito di una chiesa, più spesso ai margini della sua organizzazione, si sviluppino movimenti religiosi che si oppongono, in modo latente o manifesto, per ragioni dottrinarie o politiche, all'ordinamento religioso rappresentato dalla gerarchia ecclesiastica. Tali movimenti possono condurre a vere e proprie fratture scismatiche che portano alla separazione dalla chiesa di intere regioni con le loro popolazioni e alla creazione di nuove chiese separate (ad esempio, lo scisma della chiesa orientale e della chiesa anglicana dalla chiesa di Roma). In altri casi, tali movimenti possono rivendicare un ritorno alle origini. Agli occhi dei loro sostenitori, la chiesa, nel tentativo di adattarsi al mondo e di venire a patti coi poteri secolari, ha tradito l'insegnamento originario e abbandonato i principi di condotta dei padri fondatori. Oppure, ancora, la chiesa non sembra più capace di rispondere ai bisogni religiosi delle masse, o di gruppi, ceti e classi sociali emergenti, la cui esperienza religiosa stenta a riconoscersi nelle pratiche consolidate dell'ortodossia ufficiale. In genere sorgono dispute dottrinarie sull'interpretazione autentica del messaggio divino (quindi sull'interpretazione dei testi sacri), si denuncia la corruzione dei costumi da parte dei ministri della chiesa e la perdita di autentico significato religioso delle pratiche liturgiche.

La storia della chiesa cattolica è costellata dalla comparsa di movimenti religiosi che sono stati dichiarati **eretici** e quindi duramente combattuti e repressi, spesso efficacemente, con ogni possibile mezzo, dottrinario, giuridico-politico (ad esempio, attraverso l'istituzione dei tribunali dell'Inquisizione) ed anche militare.

Non sempre tuttavia la risposta della chiesa alla comparsa di movimenti religiosi è stata una risposta repressiva. Gli **ordini monastici**, ad esempio, hanno spesso avuto origine da movimenti religiosi di tipo carismatico che contenevano potenzialmente una forte carica critica nei confronti dell'ortodossia ufficiale. Essi, tuttavia, non sono stati posti al di fuori dell'ortodossia, e quindi combattuti come eretici, ma è stata riconosciuta la loro legittimità nell'ambito di una struttura ecclesiastica più differenziata e flessibile che consente ad essi un grado anche elevato di autonomia dalla gerarchia ecclesiastica. Gli ordini monastici rappresentano un tipo di comunità religiosa separata dalla massa dei fedeli di una chiesa, ad essi si appartiene per scelta attraverso un atto di, almeno parziale, rifiuto del mondo (da cui, ad esempio, i voti di castità, povertà e obbedienza) e di dedizione a un ideale di perfezione di vita religiosa. Max Weber parla in proposito di una «religiosità di virtuosi», cioè di un ideale di condotta di vita non accessibile alla massa dei credenti laici. Da questo punto di vista vi sono senz'altro analogie tra il monachesimo della tradizione cristiana e quello delle religioni orientali, in particolare del buddismo.

L'esito di un movimento religioso, sia esso ereticale oppure no, è però assai spesso la formazione di una setta. Una **setta** si differenzia da una chiesa soprattutto per il fatto che, mentre ad una chiesa si appartiene in genere per nascita, l'appartenenza ad una setta presuppone un atto di adesione individuale. La setta è una comunità religiosa tendenzialmente ristretta, se non chiusa, tra i cui membri si stabiliscono legami assai forti di fratellanza e di fiducia e che vive in un contesto sociale formato da appartenenti ad altre religioni o confessioni. I seguaci di una setta non tendono generalmente a fare proseliti, se non in misura limitata; per essi conta di più la qualità e la forza della convinzione che non l'espansione quantitativa del gruppo. I nuovi adepti, infatti, devono soprattutto dar prova dell'autenticità della loro fede prima di essere accolti a pieno titolo come membri della comunità.

Anche le sette passano attraverso un processo di istituzionalizzazione e si trasformano quindi in **denominazioni** alle quali di nuovo, come per le chiese, si appartiene più per nascita che per un atto di adesione individuale. Tra chiese e denominazioni vi è un'affinità di fondo, con la differenza, peraltro decisiva, che mentre le chiese tendono ad essere le organizzazioni religiose dominanti nell'ambito di singole società, le denominazioni rispecchiano invece una situazione di pluralismo religioso. Il caso più tipico di organizzazione religiosa per denominazioni è quello degli Stati Uniti d'America, dove un numero assai elevato di chiese e di denominazioni convivono le une accanto alle altre in un rapporto di moderata concorrenza e in un clima di generale tolleranza.

Tra diverse religioni, movimenti, chiese, sette o denominazioni, la storia ci presenta tuttavia più frequentemente un quadro di lotte, piuttosto che un quadro di tolleranza e di pacifica convivenza. La storia delle guerre di religione si intreccia con la storia del mondo, e soprattutto dell'Europa, nell'arco dell'ultimo millennio, fino ai casi recenti dell'Irlanda, del Libano, di Israele e dei paesi della «rivoluzione» islamica. Bisogna dire però che mai una guerra è esclusivamente una **guerra di religione**: interessi politici (economici, sociali e militari) si intrecciano e, spesso, si nascondono dietro gli interessi squisitamente religiosi, cosicché quella che appare come guerra di religione risulta frequentemente essere un conflitto tra gruppi sociali (nazioni, ceti, classi, oligarchie) in lotta per il potere. Sappiamo bene, ad esempio, che le spedizioni militari dei signori feudali che vanno sotto il nome di Crociate non avevano soltanto lo scopo di liberare il sepolcro di Cristo dalle armi degli infedeli, ma anche – o forse soprattutto – quello di avviare importanti correnti di traffici mercantili con l'Oriente e di dirigere verso l'esterno le tensioni e i conflitti che si erano sviluppati sia all'interno della nobiltà, sia tra nobili e contadini nelle regioni centrali dell'Europa feudale. Del resto, nell'Europa della Riforma e della Controriforma si affermò il principio *cuius regio, eius religio*, vale a dire che un popolo assumeva la religione del signore del quale era suddito, in modo tale che i confini delle varie confessioni religiose finivano per coincidere con i confini degli stati territoriali. I moventi e gli interessi religiosi risultano quindi inestricabilmente connessi, e spesso subordinati, a motivi e interessi secolari di tutt'altra natura.

Anche le guerre dell'espansione coloniale europea furono quasi sempre intraprese dichiarando lo scopo di portare la «vera» fede alle popolazioni degli altri continenti che adoravano «false» divinità. L'esercito dei conquistatori veniva immancabilmente accompagnato da un esercito di missionari vogliosi di convertire, con ogni possibile mezzo, non esclusa la forza, i pagani e gli infedeli. Non sempre, però, l'espansione di una fede religiosa avveniva al seguito della conquista coloniale. Se questo era vero in passato, non lo è certo più man mano che ci avviciniamo ai tempi moderni, dove la diffusione di una fede avviene al seguito di missioni umanitarie che portano sollievo alle sofferenze di popolazioni oppresse dalla miseria, dalla malattia e dall'ignoranza.

6. RELIGIONE E STRUTTURA SOCIALE

Le vicende delle religioni e delle organizzazioni religiose sono indissolubilmente intrecciate alle vicende e alle strutture delle società entro le quali si trovano ad operare. La religione è parte della società, ne riflette le caratteristiche, viene influenzata dalle sue dinamiche e, a sua volta, le influenza. Nel paragrafo conclusivo di questo capitolo affronteremo in termini generali il contributo che le diverse teorie sociologiche hanno dato all'analisi del rapporto religione-società. Anche al fine di avviare quella riflessione conclusiva, affronteremo qui un argomento più circoscritto: quale nesso esiste tra la struttura della **disuguaglianza sociale e la religione**, intesa come complesso di credenze, di organizzazioni e di comportamenti? Per rispondere a questa domanda bisognerebbe dar conto dell'enorme variabilità del rapporto: nella storia vi sono state tante religioni e tante società e per ognuna di esse il rapporto si configura in modo specifico. A noi basterà tuttavia individuare alcune linee di fondo.

Abbiamo visto che l'esperienza religiosa nasce dal bisogno di dare un senso al mondo e alla propria esistenza; ora è chiaro che questo bisogno è diverso a seconda della posizione che un individuo o gruppo occupa nella società. I potenti, i ricchi, coloro che comandano avvertiranno il bisogno di dare un senso al mondo e alla loro esistenza che giustifichi, ai loro occhi e agli occhi degli altri, la loro posizione di dominio, di superiorità o di ricchezza. Non a caso i faraoni dell'antico Egitto e i re della Mesopotamia venivano considerati delle divinità e, in generale, i monarchi di tutti i tempi si ritenevano, e soprattutto lasciavano credere, di essere di origine divina o perlomeno investiti del loro potere direttamente da dio. È innegabile che i poteri costituiti, di qualsiasi natura, ricevano un formidabile sostegno quando la loro posizione viene sanzionata dall'autorità religiosa; non solo i sudditi sono più disposti ad obbedire ad un potere che emana da una fonte divina, ma gli stessi detentori del potere risultano assai più sicuri e consapevoli della propria dignità e legittimità: «Il fortunato – scrive Weber [1920, trad. it. 1982, I, 231] – raramente si accontenta del fatto di possedere la fortuna. Egli prova inoltre il bisogno di averne anche il diritto». Le religioni, soprattutto quando diventano religioni ufficiali di uno stato o di un regime politico, hanno senza dubbio assai spesso svolto la funzione di fonti di legittimazione del potere, sia questo il potere personale di un uomo, di un'oligarchia, di un ceto, di una classe o di un ordinamento istituzionale.

Sarebbe riduttivo, tuttavia, pensare alla religione soltanto come *instrumentum regni*. I bisogni religiosi dei detentori di potere non sono gli stessi di quelli di altri gruppi e classi. Il cristianesimo delle origini fu una religione di apprendisti artigiani ambulanti che popolavano le città dell'impero romano. Le religioni profetiche, e senz'altro il cristianesimo fu una di queste, annunciano in genere il riscatto degli umili e degli oppressi; una religione che predica che «gli ultimi saranno i primi» (sia pure soltanto nell'aldilà) contiene un evidente messaggio sovversivo che difficilmente può essere ben accolto dai potenti della terra.

Credenze, pratiche e organizzazioni religiose sono senz'altro connesse alla struttura dei rapporti tra classi, ceti e gruppi sociali, il nesso tuttavia non è di puro rispecchiamento e si configura in modo diverso a seconda dei contesti. Se prendiamo ad esempio una società come quella nordamericana, caratterizzata da un forte pluralismo religioso, vediamo come molto spesso alle varie chiese e denominazioni corrispondano gruppi sociali ben definiti a seconda della loro collocazione sociale e origine etnica; in questo caso la confessione religiosa diventa uno degli aspetti mediante i quali si definisce l'identità sociale e la coesione del gruppo. In una società come quella italiana, invece, dove esiste una sola religione dominante rappresentata dalla chiesa cattolica, le differenze sociali si esprimono in varianti della stessa pratica religiosa.

La **chiesa cattolica** è un buon esempio di organizzazione differenziata e, per certi versi, flessibile. Le sue organizzazioni periferiche (parrocchie, diocesi, vescovadi) sono prossime alle realtà sociali del quartiere o del paese in cui operano e riflettono quindi la cultura locale della popolazione dei fedeli. Inoltre, vi è spesso omogeneità sociale tra i rappresentanti del clero (i preti) e i fedeli di una parrocchia; la chiesa ha infatti reclutato il proprio personale da vari strati sociali, anche se i meccanismi di reclutamento e di socializzazione variano molto da un'epoca storica all'altra. Nella chiesa medievale le alte gerarchie ecclesiastiche erano quasi sempre di origine aristocratica, tra vescovi e nobili vi era una stretta continuità di ceto, mentre il basso clero era assai vicino ai ceti proletari urbani o contadini. Eppure, la chiesa è sempre stata, sia pure in misura variabile da epoca a epoca, un canale di mobilità sociale. In poche organizzazioni sociali è possibile pensare che il figlio di un contadino possa raggiungere i vertici della gerarchia, ma, come tutti si ricordano, questo è stato proprio il caso di papa Giovanni XXIII.

Talvolta, come nel caso del movimento dei «preti operai» negli anni cinquanta, il luogo dell'attività pastorale è stato spostato al di fuori della chiesa in senso stretto nelle fabbriche e nei luoghi di lavoro: per poter essere vicini agli operai, i preti dovevano dimostrare di essere come loro, di condividere la loro esistenza e le loro sofferenze. Nell'ambito della stessa chiesa si esprimono quindi varie forme di religiosità, tra loro spesso anche molto diverse, dai «voti» fatti alla Madonna e ai santi per ottenere benefici o protezione, alle feste del Santo patrono, agli «esercizi» e ai «ritiri» spirituali che costituiscono pratiche religiose ad elevato contenuto intellettualistico.

L'organizzazione della chiesa, inoltre, non è solo territoriale ma anche «funzionale»: vi sono università, scuole, associazioni professionali, associazioni caritatevoli e assistenziali di volontariato, associazioni ricreative, associazioni culturali, ecc. che rientrano tutte nel panorama assai differenziato del «mondo cattolico» nel quale si esprimono forme e gradi diversi di religiosità che coinvolgono, oltre al clero, fasce consistenti di fedeli «laici». L'organizzazione religiosa si intreccia quindi nel tessuto dell'organizzazione sociale, combinando interessi religiosi e interessi secolari, in un rapporto che è sia di concorrenza, sia di complementarità, sia di sussidiarità rispetto ai servizi pubblici, come avviene, ad esempio, nel campo delle istituzioni educative e assistenziali. Ciò non si verifica soltanto in Italia e nei paesi di religione cattolica. Anche in molte regioni della Germania, ad esempio, l'educazione dell'infanzia (scuole materne) e vari servizi assistenziali sono di fatto delegati dallo stato alle organizzazioni religiose, sia cattoliche che protestanti.

7. IL PROCESSO DI SECOLARIZZAZIONE

Il fatto che, anche nelle società contemporanee, si riscontri un notevole, anche se variabile, grado di compenetrazione tra religione e struttura sociale e tra organizzazione religiosa e organizzazione sociale non deve tuttavia trarre in inganno. Il posto della religione risulta nelle società moderne tutto sommato ridotto rispetto alle società del passato. Esse si collocano infatti ad uno stadio avanzato di un processo che ha radici assai remote e che viene comunemente indicato col termine di **processo di secolarizzazione**.

Alle origini di questo processo vi sono le stesse religioni che, come il cristianesimo, collocano il sacro e il divino su un piano trascendente, in una sfera nettamente «altra» rispetto al mondo e alle cose terrene. Questa assoluta trascendenza del sacro ha conseguenze molto importanti perché libera tendenzialmente la religione da ogni contaminazione con la magia e consente di sviluppare un orientamento laico, pragmatico e potenzialmente razionale nei confronti della realtà terrena: il mondo risulta composto da uomini e cose concrete e tangibili e non più da spiriti benevoli o vendicativi.

Una religione di questo tipo è però soltanto una premessa, una precondizione, perché possa avviarsi il processo di secolarizzazione. Per secoli e secoli la vita sociale e politica, così come l'esistenza quotidiana degli individui è rimasta intrisa di elementi religiosi. Non solo monaci e sacerdoti, ma anche uomini e donne comuni scandivano le attività della giornata con momenti di preghiera e di devozione e quasi ogni evento o azione assumeva significati religiosi. Non solo gli eventi salienti della vita, come nascite, matrimoni e morti, erano segnati invariabilmente da cerimonie religiose, ma anche quando ci si metteva a tavola si rivolgeva una preghiera di ringraziamento a Dio per il pane quotidiano, oppure quando ci si coricava si recitavano, in gruppo o singolarmente, le preghiere della sera. Tutto ciò non è evidentemente scomparso anche ai giorni nostri, ma queste pratiche sono tuttavia diventate meno frequenti, anche se, come si vede dai dati riportati nella tabella 10.1 tratti da un'indagine di Garelli e Offi [1996], vi è una grande variabilità da paese a paese.

Anche se la grande maggioranza della popolazione (in Italia, circa il 90%) dichiara di credere in Dio, di avere cioè una fede religiosa, coloro che frequentano regolarmente i riti religiosi sono molto meno numerosi (sempre in Italia, la

TAB. 10.1. Frequenza di partecipazione ai riti religiosi in alcuni paesi

	Gran Bretagna	Stati Uniti	Olanda	Italia	Germania occidentale	Polonia
Mai	36,3	13,5	54,1	12,5	21,3	3,1
1-2 volte all'anno o meno	34,0	23,1	–	21,3	32,8	8,3
Ogni tanto	12,9	19,9	24,6	17,2	31,2	21,3
2-3 volte al mese	6,7	14,9	5,6	16,9	–	29,0
Ogni settimana	10,1	28,6	15,7	32,1	14,7	38,3

Fonte: Garelli e Offi [1996, 255].

frequenza alla messa domenicale oscilla tra il 30 e il 40% della popolazione). Le stesse festività religiose tendono ad assumere sempre più connotati mondani, si trasformano in occasioni per viaggi e vacanze, per fare e ricevere regali.

Un esempio molto illuminante dell'operare del processo di secolarizzazione lo si riscontra nel significato del lavoro. Nella tradizione religiosa ebraico-cristiana la **concezione del lavoro** contiene elementi tra loro anche fortemente contrastanti: si va dalla dannazione biblica del lavoro come pena e fatica, punizione del peccato originale («lavorerai col sudore della fronte»), alla valorizzazione del lavoro nell'etica protestante come strumento di realizzazione della volontà divina, che assegna ad ogni uomo un compito specifico. Come abbiamo visto nel capitolo II, Max Weber ha messo bene in luce come la concezione del lavoro come «vocazione» (*Beruf*, cioè «chiamata» divina) sia risultata un fattore fondamentale nell'orientare gli individui verso un'attività operosa e sistematica, indispensabile alla nascita di un'economia capitalistica. Al giorno d'oggi, tuttavia, sembra che questi motivi religiosi abbiano perso largamente la loro efficacia: gli uomini e le donne lavorano per guadagnarsi da vivere o per autorealizzarsi, senza nella maggior parte dei casi attribuire al loro agire nella sfera lavorativa un significato religioso.

Anche la sfera delle attività e delle **istituzioni politiche** si è col tempo resa consistentemente autonoma dalla religione. È passato molto tempo da quando i re venivano incoronati dal papa e da quando la nomina dei vescovi doveva ottenere il consenso del potere politico. È vero che in molti paesi vi sono partiti e movimenti che si ispirano a principi e valori religiosi e che sono appoggiati da organizzazioni ecclesiastiche e che vi sono molteplici interferenze tra potere politico e poteri ecclesiastici, ma il rapporto è comunque problematico. Il principio «date a Cesare ciò che è di Cesare e a Dio ciò che è di Dio», oppure il principio più moderno «libera chiesa in libero stato» sono comunque largamente adottati come linee guida per definire i rapporti tra sfera religiosa e sfera politica. Soprattutto, ma non solo, nei paesi dove domina il pluralismo religioso, la religiosità tende sempre più a diventare una questione privata dei credenti che certo influenza i loro comportamenti, e quindi anche i loro comportamenti politici, ma che tuttavia rimane confinata in una sfera privato/pubblica perlopiù separata dalla sfera politica. In quest'ultima dominano i rapporti di forza e di interesse tra gruppi, ceti e classi in un ambito relativamente autonomo e separato rispetto alle credenze religiose.

Nel processo di secolarizzazione lo sviluppo della scienza moderna ha senza dubbio svolto un ruolo decisivo. **Scienza e religione** si sono spesso trovate a combattere su fronti opposti; la scienza, e gli scienziati, hanno spesso eroso credenze tradizionali che erano diventate oggetto di tutela da parte di qualche religione e organizzazione ecclesiastica. Emblematico del conflitto tra fede e scienza resta il processo intentato dal Santo Uffizio (una sorta di tribunale istituito per combattere le idee eretiche) contro Galileo Galilei, reo di sostenere, contraddicendo l'interpretazione canonica delle sacre scritture, la «rivoluzionaria» tesi copernicana che la terra è una sfera che ruota intorno al sole.

I prodigiosi sviluppi della scienza nei secoli XVII e XVIII hanno alimentato l'**idea illuministica** che la ragione e la scienza avrebbero alla fine svelato tutti i misteri dell'universo e relegato la religione nell'ambito della pura superstizione. Oggi, anche se la scienza continua a produrre continue scoperte in tutti i campi del sapere, non vi è più una fiducia così sicura nei suoi illimitati poteri. È pur sempre vero che tra gli scienziati (rispetto ad altri gruppi sociali) troviamo la percentuale più elevata di persone che si dichiarano atee, ma vi sono anche molti scienziati che credono in Dio e che non ritengono che la scienza sia in grado di rispondere adeguatamente a tutti gli interrogativi che gli uomini si pongono sul significato del mondo, della vita e della morte, del bene e del male. Scienza e religione sembrano quindi convivere in un rapporto di non belligeranza anche se storicamente si sono poste talvolta in antitesi.

In certe fasi storiche, inoltre, sembra quasi che le religioni vengano – per così dire – sostituite da altre fedi, da altri credi, di tipo secolare e politico che, come le religioni, svolgono la funzione di fornire nello stesso tempo delle visioni unitarie del mondo e delle mete chiare e semplici verso le quali orientare l'azione individuale e collettiva. I secoli XIX e XX hanno visto il sorgere di grandi ideologie – prima fra tutte il marxismo – le quali hanno dato luogo alla formazione di «sette», di movimenti, di partiti, di istituzioni e di schiere di specialisti della «corretta» interpretazione dei «testi fondamentali».

Non è da escludere che il declino di queste «**religioni secolari**» lasci il campo alla formazione di nuove religioni, di nuovi culti e di nuove sette. A cavallo tra secondo e terzo millennio, ad esempio, si è sviluppato in tutto il mondo occidentale un insieme variegato di credenze e di culti che sono stati raggruppati sotto la denominazione di **New Age**. È incerto se tali pratiche possano considerarsi effettivamente forme religiose; esse combinano tendenze spiritualiste con pratiche di meditazione ricavate più o meno direttamente da tradizioni orientali, dove la cura dell'anima si unisce con la cura del corpo. Non sembra infatti che il processo di secolarizzazione sia un processo unilineare e irreversibile che procede parallelamente al processo di modernizzazione. La società nordamericana, che per certi versi appare la più moderna del mondo attuale, è senz'altro meno secolarizzata rispetto alle società del continente europeo. Il gran numero di denominazioni, chiese e sette e la notevole diffusione delle pratiche religiose nella società americana costituisce un enigma difficile da spiegare per tutti coloro che sostengono l'inarrestabile declino della religiosità nel mondo moderno. Non sembra comunque che il processo di secolarizzazione conduca tendenzialmente alla graduale estinzione della religione e della religiosità. Conduce piuttosto ad una crescente specializzazione della religione che si costituisce come sfera relativamente autonoma accanto ad altre sfere, anch'esse relativamente autonome. Vi saranno sempre individui più religiosi ed altri meno o affatto religiosi, ma, soprattutto, la religione occuperà nell'insieme composito che costituisce l'identità di ogni singola persona una parte, più o meno grande, ma comunque limitata.

8. LE INTERPRETAZIONI SOCIOLOGICHE DELLA RELIGIONE

La sociologia, lo abbiamo visto analizzando i vari aspetti del fenomeno religioso, tratta la religione come un fenomeno sociale ma non può dire nulla sulla «verità» delle credenze religiose: il problema della «verità» delle credenze religiose non è un problema che possa essere affrontato con gli strumenti della ricerca scientifica. Questo approccio «terreno» appare evidente nelle principali interpretazioni sociologiche della religione che possiamo raggruppare in cinque tipi.

▶ *Le interpretazioni in chiave evoluzionista della sociologia positivista dell'Ottocento*. Nell'ambito di questo filone interpretativo, le cui origini risalgono al pensiero degli illuministi, la religione occupa uno stadio primitivo nell'evoluzione delle società umane. Nella sua opera maggiore, il *Corso di filosofia positiva*, Comte [1830-42] individua tre stadi nello sviluppo delle società umane le quali progrediscono da uno stadio teologico ad uno metafisico per giungere infine allo stadio positivo dell'epoca moderna. La religione domina quindi nel primo stadio, dove gli uomini sono ancora preda di una concezione antropomorfica che vede le divinità come entità dalle caratteristiche simili a quelle umane, ma potenziate al massimo grado. Anche per Herbert Spencer la religione è un fenomeno che compare nelle società più arcaiche che egli chiama «società militari» in quanto in esse vige un rigido principio gerarchico al quale la religione offre un fondamento di legittimazione. Nella società industriale, che nel processo di evoluzione sociale succede alla società militare, vige invece un principio democratico fondato sulle capacità e le prestazioni individuali e quindi viene meno, o almeno si riduce di molto, l'esigenza di credenze e norme religiose che impongano il rispetto dell'autorità. Molti altri studiosi rientrano in questa corrente interpretativa; ad essi è comune l'idea che la religione è sostanzialmente destinata ad essere sostituita dalla scienza come criterio fondamentale di orientamento delle azioni e delle società umane. Non c'è dubbio che questa corrente di pensiero riaffiori ancor oggi in coloro che sottolineano come inarrestabile il processo di secolarizzazione che abbiamo visto poco sopra.

▶ *La religione come ideologia delle classi dominanti.* Anche questa corrente interpretativa risale al pensiero degli illuministi, per i quali la religione è un fenomeno che oscura le menti e impedisce di vedere la luce della ragione. Per Voltaire, la religione da un lato inganna i poveri, facendo loro accettare supinamente la loro condizione di subordinazione, ma inganna anche i ricchi ai quali la chiesa estorce elemosine promettendo impunità per i loro peccati. È tuttavia soprattutto con il materialismo dialettico di Marx e dei marxisti che questa interpretazione assume una formulazione teorica consistente. Per Marx, la storia è storia di lotta di classe e la religione, spostando nell'aldilà il momento del riscatto dalle sofferenze terrene, ostacola il processo mediante il quale gli oppressi prendono coscienza dei rapporti sociali di dominio dei quali sono vittime. La religione diventa, con l'espressione icastica di Marx, «l'oppio dei popoli» [Marx e Engels 1848], un'ideologia, o «falsa coscienza», che impedisce di cogliere la natura irrimediabilmente antagonistica dei rapporti tra le classi, una «sovrastruttura» ideologica, quindi, la cui funzione sarebbe esclusivamente quella di occultare i rapporti di dominio. In questa prospettiva, il processo di secolarizzazione non sarebbe altro che il progressivo logoramento di questa sovrastruttura ideologica, l'impossibilità nel lungo periodo di mantenere nascosta la «vera» natura dell'oppressione. È difficile contestare il fatto che le religioni (soprattutto nella forma istituzionalizzata delle chiese) siano state storicamente dei potenti alleati delle classi dominanti al fine di garantire l'ordine sociale e la stabilità dei rapporti di potere e autorità. È legittimo chiedersi, tuttavia, se questa funzione sia la sola capace di spiegare la presenza, e la persistenza, del fenomeno religioso nelle società umane.

▶ *L'interpretazione funzionalistica.* Se per i marxisti la religione sarebbe definitivamente declinata una volta superato lo stadio del dominio e raggiunta una condizione di uguaglianza, sarebbe cioè venuta meno la sua ragion d'essere, per i funzionalisti la religione, pur mutando grandemente nelle forme, svolge una funzione sociale fondamentale in ogni tipo di società. Non è possibile pensare alla società se non a qualcosa di integrato, in cui le varie parti siano tenute insieme da qualche credenza comune, da un vincolo che continuamente si rinnova, soprattutto quando sono minacciate da conflitti interni o esterni. La religione svolge questa fondamentale funzione di integrazione. E se nelle società moderne la religione sembra in declino, è perché altre forme, pur sempre di natura religiosa, hanno preso il suo posto, come il culto della patria, la sacralità delle istituzioni, con il loro apparato rituale e simbolico (la bandiera, la tomba del milite ignoto, il *pantheon* degli illustri figli della patria che rappresentano il genio della nazione). Se la religione è un'istituzione universale delle società umane, la sua presenza deve poter essere riscontrata sia nelle società più semplici, sia nelle società più complesse. Durkheim studiando i culti degli aborigeni australiani ha voluto dimostrare come nella religione i membri di una società vogliano rappresentare, su un piano trascendente, il vincolo che li unisce, cioè la società stessa. Ogni atto di culto, ogni cerimonia rituale, diventa così occasione per ribadire, e rafforzare, l'identità collettiva e il sentimento di appartenenza, quella che Durkheim chiama, come abbiamo visto nel capitolo II, «solidarietà meccanica». È vero che con la crescente divisione del lavoro e la conseguente più estesa e profonda interdipendenza tra uomini e gruppi sociali, la solidarietà meccanica cede il passo a una diversa forma di solidarietà (la «solidarietà organica»), tuttavia, l'esigenza di integrazione resta e con essa restano forme simboliche di tipo religioso che garantiscono questa integrazione.

▶ *La religione come fattore di mutamento.* Questa interpretazione, lo abbiamo già ripetutamente notato, risale prevalentemente a Max Weber. A differenza di Marx, e anche di Durkheim, Weber non vede la religione come un fenomeno esclusivamente dipendente dai rapporti di dominio (Marx) o dalle esigenze di integrazione della società (Durkheim), ma come un fenomeno dotato di una sua autonomia specifica. È innegabile che molte religioni siano state un fattore di conservazione dell'ordine sociale costituito, ma ciò non vale per tutte le religioni e per tutte le fasi del loro sviluppo storico. In particolare, le religioni «profetiche» (come l'ebraismo antico, il cristianesimo e l'islamismo delle origini, il calvinismo) si sono sviluppate in forte tensione con il mondo circostante, sono state cioè un fattore di rottura della tradizione e di mutamento sociale e di esse si sono fatti portatori ceti e classi emergenti che hanno dovuto lottare per la propria affermazione. In questo senso, le idee religiose, che Weber talvolta designa col termine di «interessi ideali» (in contrapposizione agli «interessi materiali»), sono state storicamente delle potenze rivoluzionarie, capaci di indurre profonde trasformazioni negli assetti sociali e culturali.

▶ *La concezione fenomenologica*. Per la concezione fenomenologica l'elemento costitutivo e universale della religione è l'esperienza del sacro; essa pone quindi l'accento sulla relazione tra il soggetto credente e l'oggetto di venerazione che si colloca su un piano trascendente rispetto alla realtà terrena. Diversi sono i tratti che definiscono l'esperienza religiosa. In primo luogo, come scrive R. Otto [1917], tipico di ogni esperienza religiosa è «il sentimento di essere creatura, il sentimento della creatura che s'affonda nella propria nullità, che scompare al cospetto di ciò che sovrasta ogni creatura». Quando Abramo (Genesi 18,27) osa rivolgere a Dio la sua parola, dice: «Mi sono fatto forza di parlare con te, io, che sono terra e cenere». Un ulteriore tratto è l'esperienza del mistero; il sacro (compresi gli oggetti e i luoghi di culto) è circondato da un'aura di mistero e di inaccessibilità che produce un'emozione profonda in cui si combinano timore e riverenza, paura e attrazione. In ogni esperienza religiosa, anche nelle forme più intellettualizzate, è sempre presente una componente emozionale attraverso la quale all'individuo è concesso di trascendere se stesso e i propri limiti per accostarsi alla «comunione» con ciò che si colloca su un piano radicalmente altro da quello della realtà terrena.

PER SAPERNE DI PIÙ

ALDRIDGE A., *La religione nel mondo contemporaneo*, Bologna, Il Mulino, 2005; ARDIGÒ A. e GARELLI F., *Valori, scienza e trascendenza*, Torino, Edizioni della Fondazione G. Agnelli, 1989; BERGER P.L., *Questioni di fede*, Bologna, Il Mulino, 2004; DAWSON L.L., *I nuovi movimenti religiosi*, Bologna, Il Mulino, 2005; EVANS-PRITCHARD E., *Teorie sulla religione primitiva*, Firenze, Sansoni, 1971; GARELLI F. e OFFI M., *Fedi di fine secolo*, Milano, Angeli, 1996; HERVIEU-LÉGER D., *Il pellegrino e il convertito. La religione in movimento*, Bologna, Il Mulino, 2004; KURTZ L.R., *Le religioni nell'era della globalizzazione*, Bologna, Il Mulino, 2000; LUCKMANN T., *La religione invisibile*, Bologna, Il Mulino, 1991; PACE E., *Le sette*, Bologna, Il Mulino, 1997; WILLAIME J.-P., *Sociologia delle religioni*, Bologna, Il Mulino, 1996.

Riferimenti bibliografici

Riferimenti bibliografici

ABRAMS P. [1982], *Historical Sociology*, West Compton House, Cornell University Press, trad. it. *Sociologia storica*, Bologna, Il Mulino, 1983.

ADLER F. [1975], *Sisters in Crime: The Rise of the New Female Criminal*, New York, McGraw-Hill.

AINSWORTH M.D. [1969], *Attachment and Exploratory Behaviour*, in *Determinants of Infant Behaviour*, a cura di B.M. Foss, London, Methuen.

ALBERONI F. [1977], *Movimento e istituzione*, Bologna, Il Mulino.

ALEXANDER J.C., GIESEN B., MÜNCH R. e SMELSER N.J. [1987] (a cura di), *The Micro-Macro Link*, Berkeley, University of California Press.

ARCHER D. e GARTNER R. [1984], *Violence & Crime in Cross-national Perspective*, New Haven, Yale University Press.

ARLACCHI P. [1983], *La mafia imprenditrice*, Bologna, Il Mulino.

— [1992], *Criminalità organizzata*, in *Enciclopedia delle scienze sociali*, Roma, Istituto della Enciclopedia italiana, vol. II.

BANDINI T. *et al.* [1985], *I comportamenti violenti in ambiente urbano. Ricerca sugli autori e sulle vittime di 202 casi di omicidio e di tentato omicidio nella città di Genova (1961-1975)*, in *Fenomenologia dell'omicidio*, a cura di G. Canepa, Milano, Giuffrè, pp. 21-119.

— [1991], *Criminologia*, Milano, Giuffrè.

BANDINI T. e GATTI U. [1987], *Delinquenza giovanile*, Milano, Giuffrè.

BANFIELD E.C. [1958], *The Moral Basis of a Backward Society*, Glencoe, The Free Press, trad. it. *Le basi morali di una comunità arretrata*, Bologna, Il Mulino, 1961.

BARBAGLI M. [1995], *L'occasione e l'uomo ladro. Furti e rapine in Italia*, Bologna, Il Mulino.

— [2000], *La popolazione detenuta. Mutamenti nel tempo e differenze fra paesi*, in «Le due città», dicembre, pp. 28-31.

BARNES B. [1974], *Scientific Knowledge and Sociological Theory*, London, Routledge.

BEN-DAVID J. [1971], *The Scientist's Role in Society. A Comparative Study*, Englewood Cliffs, Prentice Hall, trad. it. *Scienza e società*, Bologna, Il Mulino, 1975.

BERNSTEIN B. [1971], *Class, Codes and Control*, London, Routledge, vol. I.

— [1987], *Social Class, Codes and Communication*, in *Sociolinguistics, International Handbook of the Science of Language and Society*, Berlin, de Gruyter, vol. I.

BLUMER H. [1969], *Collective Behavior*, in *New Outline of the Principles of Sociology*, a cura di G. Lindzey, New York, Barnes & Noble.

BONAZZI G. [1989], *Storia del pensiero organizzativo*, Milano, Angeli.

BONOMO G. [1959], *Caccia alle streghe*, Palermo, Palumbo.

BOUDON R. [1973], *L'inégalité des chances*, Paris, Colin, trad. it. *Istruzione e mobilità sociale*, Bologna, Zanichelli, 1979.

BOWLBY J. [1969], *Attachment and Loss*, London, Institute of Psychoanalysis, trad. it. *Attaccamento e distacco*, 2 voll., Torino, Boringhieri, 1972-1975.

CANTARELLA E. [1991], *I supplizi capitali in Grecia e a Roma*, Milano, Rizzoli.

CARDONA R.G. [1987], *Introduzione alla sociolinguistica*, Torino, Loescher.

CATANZARO R. [1988], *Il delitto come impresa*, Padova, Liviana.

— [1996], *Geni, popoli, lingue*, Milano, Adelphi.

CHESNAIS J.-C. [1981], *Histoire de la violence en Occident de 1800 à nos jours*, Paris, R. Laffont, trad. it. *Storia della violenza in Occidente dal 1800 a oggi*, Milano, Longanesi, 1982.

CHOMSKY N. [1968], *Language and Mind*, New York, Harcourt, Brace, and World, trad. it. *Mente e linguaggio*, in *Saggi linguistici*, Torino, Einaudi, 1969, vol. III.

COHEN S. [1992], *Devianza*, in *Enciclopedia delle scienze sociali*, Roma, Istituto della Enciclopedia italiana, vol. II.

COLEMAN J. [1990], *Foundations of Social Theory*, Cambridge, Mass., Harvard University Press, trad. it. *Fondamenti di teoria sociale*, Bologna, Il Mulino, 2005.

COMTE A. [1830-42], *Cours de philosophie positive*, 6 voll. Paris, Bachelier, trad. it. *Corso di filosofia positiva*, Torino, Utet, 1967.

COSER L.A. [1956], *The Functions of Social Conflict*, Glencoe, The Free Press, trad. it. *Le funzioni del conflitto sociale*, Milano, Feltrinelli, 1967.

CRESSEY P.G. [1932], *The Taxi-Dance Hall*, Chicago, University of Chicago Press, trad. it. parziale in *Società e metropoli. La scuola sociologica di Chicago*, a cura di R. Rauty, Roma, Donzelli, 1995.

CROZIER M. [1963], *Le phénomène bureaucratique*, Paris, Seuil, trad. it. *Il fenomeno burocratico*, Milano, Etas, 1969.

CROZIER M. e FRIEDBERG E. [1977], *L'acteur et le système*, Paris, Seuil, trad. it. *Attore sociale e sistema. Sociologia dell'azione organizzata*, Milano, Etas, 1978.

CYERT R.M. e MARCH J.G. [1963], *A Behavioral Theory of the Firm*, Englewood Cliffs, Prentice Hall, trad. it. *Teoria del comportamento d'impresa*, Milano, Angeli, 1970.

DE MAURO T. [1970], *Storia linguistica dell'Italia unita*, Bari, Laterza.

DE SOLLA PRICE D. [1961], *Science since Babylon*, New Haven, Yale University Press.

DONATI P.P. [1992], *Associazione*, in *Enciclopedia delle scienze sociali*, Roma, Istituto della Enciclopedia Italiana, vol. I.

DRUCKER P. [1964], *The Practice of Management*, New York, Harper, trad. it. *Il potere dei dirigenti*, Milano, Etas Kompass.

DURKHEIM É. [1893], *De la division du travail social*, Paris, Alcan, trad. it. *La divisione del lavoro sociale*, Milano, Comunità, 1962.

— [1897], *Le suicide*, Paris, Alcan, trad. it. *Il suicidio*, Torino, Utet, 1969.

— [1912], *Les formes élementaires de la vie religieuse*, Paris, Alcan, trad. it. *Le forme elementari della vita religiosa*, Milano, Comunità, 1963.

— [1950], *Leçons de sociologie*, Paris, Presses Universitaires de France, trad. it. *Lezioni di sociologia*, Milano, Etas, 1973.

DUVERGER M.[1951], *Les partis politiques*, Paris, Colin, trad. it. *I partiti politici*, Milano, Comunità, 1961.

EISNER M. [2001], *Modernization, Self-control and Lethal Violence*, in «British Journal of Criminology», pp. 618-38.

ELIAS N. [1936-39], *Über den Prozeß der Zivilization*, 2 voll., Basel, Haus zum Falken, trad. it. *La civiltà delle buone maniere* e *Potere e civiltà*, Bologna, Il Mulino, 1982 e 1983, ora in *Il processo di civilizzazione*, Bologna, Il Mulino, 1988.

— [1969], *Die höfische Gesellschaft*, Darmstadt, Leichterhand, trad. it. *La società di corte*, Bologna, Il Mulino, 1980.

ELSTER J. [1979], *Ulysses and the Sirens*, Cambridge, Cambridge University Press, trad. it. *Ulisse e le sirene*, Bologna, Il Mulino, 1983.

— [1989], *The Cement of Society*, Cambridge, Cambridge University Press, trad. it. *Il cemento della società*, Bologna, Il Mulino, 1995.

ERIKSON E.H. [1950], *Childhood and Society*, New York, Norton, trad. it. *Infanzia e società*, Roma, Armando, 1972.

ETZIONI A. [1961], *Complex Organizations. A Sociological Reader*, New York, Rinehart and Wilson.

— [1964], *Modern Organizations*, Englewood Cliffs, Prentice Hall, trad. it. *Sociologia dell'organizzazione*, Bologna, Il Mulino, 1967.

FALCONE G. [1991], *Cose di cosa nostra*, Milano, Rizzoli.

FATTAH E.A. [1993], *The Rational Choice/Opportunity Perspectives as a Vehicle for Integrating Criminological and Victimological Theories*, in *Routine Activity and Rational Choice*, a cura di R.V. Clarke e M. Felson, New Brunswick, Transaction, pp. 229 ss.

FELT U., NOWOTNY H. e TASCHWER K. [1995], *Wissenschaftsforschung*, Frankfurt, Campus.

FERRARO G. [1995], *Cultural Anthropology. An Applied Perspective*, St. Paul, West Publishing.

FINLEY MOSES I. [1973], *The Ancient Economy*, Berkeley-Los Angeles, University of California Press, trad. it. *L'economia degli antichi e dei moderni*, Roma-Bari, Laterza, 1974.

FLECK L. [1935], *Entstehung und Entwicklung einer wissenschaftlichen Tatsache*, Basel, nuova ed. Frankfurt, Suhrkamp, 1980, trad. it. *Genesi e sviluppo di un fatto scientifico*, Bologna, Il Mulino, 1983.

FOUCAULT M. [1975], *Surveiller et punir*, Paris, Gallimard, trad. it. *Sorvegliare e punire*, Torino, Einaudi, 1976.

GALBRAITH J.K. [1975], *Money: Whence it Came, Where it Went*, London, Penguin, trad. it. *La moneta*, Milano, Mondadori, 1976.

GALLINO L. [1978], *Associazione*, in *Dizionario di sociologia*, Torino, Utet.

GAMBETTA D. [1992], *La mafia siciliana*, Torino, Einaudi.

GARELLI F. e OFFI M. [1996], *Fedi di fine secolo*, Milano, Angeli.

GIDDENS A. [1984], *The Constitution of Society. Outline of the Theory of Structuration*, Cambridge, Polity Press, trad. it. *La costituzione della società. Lineamenti di teoria della strutturazione*, Milano, Comunità, 1990.

GOFFMAN E. [1961], *Asylums*, New York, Doubleday, trad. it. *Asylums*, Torino, Einaudi, 1968.

— [1963], *Behaviour in Public Places: Notes on the Social Organisation of Gatherings*, Glencoe, The Free Press, trad. it. *Il comportamento in pubblico*, Torino, Einaudi, 1971.

— [1967], *Interaction Ritual. Essays on Face-to-Face Behaviour*, New York, Doubleday, trad. it. *Il rituale dell'interazione*, Bologna, Il Mulino, 1971.

GOTTFREDSON M.R. e HIRSCHI T. [1990], *A General Theory of Crime*, Stanford, Stanford University Press.

GRAMSCI A. [1949], *Gli intellettuali e l'organizzazione della cultura*, Torino, Einaudi.

GREENBERG D.F. [1985], *Age, Crime and Social Explanation*, in «American Journal of Sociology», vol. 91, pp. 1-21.

HAGSTROM W. [1965], *The Scientific Community*, New York, Southern Illinois University Press, trad. it. parziale in *Sociologia della scienza*, a cura di G. Statera, Napoli, Liguori, 1978.

HALL R.A. e BOAS HALL M. [1964], *A Brief History of Science*, New York, The New American Library, trad. it. *Storia della scienza*, Bologna, Il Mulino, 1979, 1991.

HANNERZ U. [1980], *Exploring the City. Inquiries Toward an Urban Anthropology*, New York, trad. it. *Esplorare la città. Antropologia della vita urbana*, Bologna, Il Mulino, 1992.

HARE A.P. [1964], *Interpersonal Relations in the Small Group*, in R.E.L. Faris, *Handbook of Modern Sociology*, Chicago, Rand McNally.

HESSEN B. [1931], *The Social and Economic Roots of Newton's «Principia»*, in AA.VV., *Science at the Crossroads*, London, Kniga, trad. it. *Scienza al bivio*, Bari, Laterza, 1977.

HIRSCHI T. e GOTTFREDSON M. [1983], *Age and the Explanation of Crime*, in «American Journal of Sociology», vol. 89, pp. 553-584.

HOEBEL E.A. [1967], *The Law of Primitive Man. A Study in Comparative Legal Dynamics*, Cambridge, Harvard University Press, trad. it. *Il diritto nelle società primitive. Uno studio comparato sulla dinamica dei fenomeni giuridici*, Bologna, Il Mulino, 1973.

HORKHEIMER M. (a cura di) [1930], *Anfänge der bürgerlichen Geschichtsphilosophie*, Stuttgart, trad. it. *Gli inizi della filosofia borghese della storia*, Torino, Einaudi, 1978.

— [1936], *Studien über Autorität und Familie*, Paris, Alcan.

HORKHEIMER M. e ADORNO T.W. [1947], *Dialektik der Aufklärung*, Amsterdam, Querido, trad. it. *Dialettica dell'illuminismo*, Torino, Einaudi, 1966.

ISTAT [1993], *L'uso del tempo in Italia. Indagine multiscopo sulle famiglie: 1987-1991*, Roma.

— [1994], *Compendio statistico italiano*, Roma.

— [1999], *La sicurezza dei cittadini. Reati, vittime, percezione della sicurezza e sistemi di protezione. Indagine multiscopo sulle famiglie, «Sicurezza dei cittadini». Anno 1997-1998*, Roma.

KANDINSKIJ V. [1926], *Punkt und Linie zu Fläche*, München, Bern, Benteli, 1969[4], trad. it. *Punto, linea, superficie*, Milano, Adelphi, 1968.

KATZ E. e LAZARSFELD P. [1955], *Personal Influence*, Glencoe, The Free Press, trad. it. *L'influenza interpersonale nelle comunicazioni di massa*, Torino, Edizioni Rai, 1968.

KATZ R. e MAIR P. (a cura di) [1992], *How Parties Organize: Change and Adaptation in Party Organization in Western Democracies 1960-1990*, London, Sage.

KIRCHHEIMER O. [1966], *The Transformation of the Western European Party System*, in *Political Parties and Political Development*, Princeton, N.J., Princeton University Press, pp. 177-200.

KNORR-CETINA K. e MULKAY M.J. [1983] (a cura di), *Science Observed: Perspectives on the Social Study of Science*, London, Sage.

KOHLBERG L. [1981], *The Philosophy of Moral Development*, San Francisco, Transaction.

KUHN T.S. [1957], *The Copernican Revolution*, Cambridge, Harvard University Press, trad. it. *La rivoluzione copernicana*, Torino, Einaudi, 1972.

— [1962], *The Structure of Scientific Revolutions*, Chicago, University of Chicago Press, trad. it. *La struttura delle rivoluzioni scientifiche*, Torino, Einaudi, 1969.

LABOV W. [1966], *The Social Stratification of English in New York City*, Washington.

LASSWELL H.D. [1948], *The Structure and Function of Communication in Society*, in *The Communication of Ideas*, a cura di L. Bryson, New York, Harper.

LA VALLE D. [2006], *La partecipazione alle associazioni in Italia. Tenden-*

ze generali e differenze regionali, in «Stato e mercato», 2, pp. 277-304.

LAZARSFELD P. *et al.* [1944], *The People's Choice: How the Voters Makes up in a Presidential Campaign*, New York, Duell, Sloan & Pearce.

LE BON G. [1895], *Psychologie des foules*, Paris, Alcan, trad. it. *Psicologia delle folle*, Milano, Longanesi, 1980.

LEE R.B. e DE VORE I. [1968], *Man the Hunter*, Chicago, Aldine.

LEPENIES W. [1985], *Die drei Kulturen. Soziologie zwischen Literatur und Wissenschaft*, München, Hanser Verlag, trad. it. *Le tre culture. Sociologia tra letteratura e scienza*, Bologna, Il Mulino, 1987.

LIEBERMAN P. [1984], *The Biology and Evolution of Language*, Cambridge, Mass., Harvard University Press.

LINDBLOM CH. [1977], *Politics and Markets. The World's Political-Economic Systems*, New York, Basic Books, trad. it. *Politica e mercato. I sistemi politico-economici mondiali*, Milano, Etas, 1979.

LUHMANN N. [1984], *Soziale Systeme. Grundriß einer allgemeinen Theorie*, Frankfurt, Suhrkamp, trad. it. *Sistemi sociali. Fondamenti di una teoria generale*, Bologna, Il Mulino, 1990.

MAINE H.J. SUMNER [1861], *Ancient Law*, London, Murray, 1905[2].

MALINOWSKI B. [1931], *Culture*, in *Encyclopedia of the Social Sciences*, New York, Macmillan, vol. IV, trad. it. *Il concetto di cultura*, a cura di P. Rossi, Torino, Einaudi, 1970.

— [1948], *Magic, Science and Religion and Other Essays*, Glencoe, The Free Press.

MANDEVILLE B. DE [1714], *The Fable of the Bees*, Oxford, trad. it. *La favola delle api*, Bari, Laterza, 1987.

MANN M. [1986], *The Sources of Social Power*, London, Routledge, vol. I.

MANNHEIM K. [1935-40], *Mensch und Gesellschaft in Zeitalter des Umbaus*, Leyden, A.W. Sijthoff, trad. it. *L'uomo e la società in una età di ricostruzione sociale*, Milano, Comunità, 1959.

MANZINI V. [1905], *Trattato del furto e delle sue varie specie*, Torino, Utet, p. II, vol. I.

MARCUSE H. [1964], *One Dimensional Man*, Boston, Beacon Press, trad. it. *L'uomo a una dimensione*, Torino, Einaudi, 1967.

MARX K. [1867-94], *Das Kapital*, Hamburg, trad. it. *Il Capitale*, Roma, Editori Riuniti, 1964[5].

MARX K. e ENGELS F. [1845-46], *Die Deutsche Ideologie*, trad. it. *L'ideologia tedesca*, Roma, Editori Riuniti, 1967.

— [1848], *Manifest der kommunistischen Partei*, London, trad. it. *Manifesto del Partito Comunista*, Torino, Einaudi, 1962.

MCQUAIL D. [1992], *Media Performance. Mass Communication and the Public Interest*, London, Sage, trad. it. *I media in democrazia*, Bologna, Il Mulino, 1995.

MEAD G.H. [1934], *Mind, Self and Society*, Chicago, University of Chicago Press, trad. it. *Mente, sé e società*, Firenze, Barbera, 1966.

MERTON R.K. [1938], *Science, Technology and Society in XVII Century England*, New York, Harper & Row,

1970², trad. it. *Scienza, tecnologia e società nell'Inghilterra del XVII secolo*, Milano, Angeli, 1975.

— [1949], *Social Theory and Social Structure*, Glencoe, The Free Press, trad. it. *Teoria e struttura sociale*, 3 voll., Bologna, Il Mulino, 2000.

— [1976], *Sociological Ambivalence and Other Essays*, New York, The Free Press.

MILGRAM S. [1969], *Interdisciplinary Thinking and the Small World Problem*, in *Interdisciplinary Relationships in the Social Sciences*, a cura di M. Sherif e C.W. Scherif, Chicago, Aldine.

MINTZBERG H. [1983], *Structure in Fives. Designing Effective Organizations*, Englewood Cliffs, Prentice Hall, trad. it. *La progettazione dell'organizzazione aziendale*, Bologna, Il Mulino, 1985.

MORTARA A. [1985] (a cura di), *Le associazioni italiane*, Milano, Angeli.

MOUZELIS G. [1967], *Organisation and Bureaucracy. An Analysis of Modern Theories*, London, Routledge & Kegan Paul.

MURDOCK G. [1945], *Social Structure*, New York, Macmillan, trad. it. *La struttura sociale*, Milano, Il Saggiatore, 1967.

NIETZSCHE F. [1886], *Jenseits von Gut und Böse*, Leipzig, Kröner, trad. it. *Al di là del bene e del male*, in *Opere di Friedrich Nietzsche*, Milano, Adelphi, 1964, vol. VI, t. II.

OTTO R. [1917], *Das Heilige. Über das Irrationale in der Idee des Göttlichen und sein Verhältnis zum Rationalen*, Gotha, 1929, trad. it. *Il sacro. L'irrazionale nell'idea del divino e la sua relazione al razionale*, Bologna, Zanichelli, 1926.

PANEBIANCO A. [1982], *Modelli di partito*, Bologna, Il Mulino.

PARETO V. [1916], *Trattato di sociologia generale*, Firenze, Barbera.

PARSONS T. [1937], *The Structure of Social Action*, New York, McGraw-Hill, trad. it. *La struttura dell'azione sociale*, Bologna, Il Mulino, 1968².

— [1951], *The Social System*, Glencoe, The Free Press, trad. it. *Il sistema sociale*, Milano, Comunità, 1966.

— [1954], *Essay in Sociological Theory*, New York, The Free Press.

PASCAL B. [1669], *Pensées*, Paris, 1960, trad. it. *Pensieri*, Torino, Einaudi, 1962.

PETRARCA F., *Familiarum rerum libri*, in *Opere. Canzoniere, Trionfi, Familiarum rerum Libri*, Firenze, Sansoni, 1992².

PINKER S. [1994], *The Language Instinct*, Morrow, New York.

PIRENNE H. [1963], *Histoire économique et social du Moyen Age*, Paris, Presses Universitaires de France, trad. it. *Storia economica e sociale del Medioevo*, Milano, Garzanti, 1967.

PISELLI F. [1995], *Reti. L'analisi di network nelle scienze sociali*, Roma, Donzelli.

POGGI G. [1978], *La vicenda dello stato moderno*, Bologna, Il Mulino.

PRESTHUS R. [1962], *The Organizational Society*, New York, Knopf.

QUÉTELET A. [1835], *Physique sociale*.

RAWLS J. [1967], *Two Concepts of Rules*, in *Theories of Ethics*, a cura di Ph. Foot, Oxford, Oxford University Press.

ROKKAN S. [1970], *Citizens, Elections and Parties*, Oslo, Universitetsforlaget, trad. it. *Cittadini, elezioni, partiti*, Bologna, Il Mulino, 1982.

— [1975], *Formazione degli stati e differenze in Europa*, in *The Formation of National States in Western Europe*, a cura di C. Tilly, Princeton, Princeton University Press, trad. it. *La formazione degli stati nazionali nell'Europa occidentale*, Bologna, Il Mulino, 1984.

RUNCIMAN W.G. [1970], *Sociology in its Place*, Cambridge, Cambridge University Press.

RUSSO G. [1992], *La devianza autorilevata. Indagine condotta tra i giovani messinesi*, in «Rassegna italiana di criminologia», pp. 515-587.

SAUSSURE DE F. [1916], *Cours de linguistique générale*, Paris, Payot, trad. it. *Corso di linguistica generale*, Bari, Laterza, 1967.

SCOTT R.W. [1981], *Organizations. Rational, Natural and Open Systems*, Englewood Cliffs, Prentice Hall, trad. it. *Le organizzazioni*, Bologna, Il Mulino, 1994².

SEBEOK T.A. [1976], *Contributions to the Doctrine of Signs*, New York, University of Toronto Press, trad. it. *Contributi alla dottrina dei segni*, Milano, Feltrinelli, 1979.

SILLS D. [1968], *Voluntary Associations: Sociological Aspects*, in *International Encyclopedia of the Social Sciences*, New York, Macmillan.

SIMMEL G. [1908], *Soziologie. Untersuchungen über die Formen der Vergesellschaftung*, Berlin, Duncker und Humblot, trad. it. *Sociologia*, Milano, Comunità, 1989.

SIMON H.A. [1957], *Administrative Behavior*, New York, Macmillan, trad. it. *Il comportamento amministrativo*, Bologna, Il Mulino, 2001².

SMELSER N.J. [1962], *Theory of Collective Behavior*, London, Routledge, trad. it. *Il comportamento collettivo*, Firenze, Vallecchi, 1969.

SMITH A. [1776], *An Inquiry into the Nature and Causes of the Wealth of Nations*, Edinburgh, trad. it. *Indagine sulla natura e le cause della ricchezza delle nazioni*, Milano, Isedi, 1973.

SNOW C.P. [1959], *The Two Cultures and the Scientific Revolution*, Cambridge, Cambridge University Press, trad. it. *Le due culture*, Milano, Feltrinelli, 1977.

SOMBART W. [1902], *Der moderne Kapitalismus*, Berlin, Dunker & Humblot, trad. it. parziale, *Il capitalismo moderno*, Torino, Utet, 1967.

SPENCER H. [1882-85], *Principles of Sociology*, London, Williams a. Norgate, trad. it. *Principi di sociologia*, Torino, Utet, 1967.

STORER N. [1966], *The Social System of Science*, New York, Addison-Wesley.

STREECK W. [1993], *Social Institutions and Economic Performance*, New York, Sage.

SUMNER W.G. [1906], *Folkways*, New York, New American Library, trad. it. *Costumi di gruppo*, Milano, Comunità, 1962.

SUTHERLAND E.H. [1949], *White Collar Crime*, New York, Rinehart & Winston.

TOCQUEVILLE A. DE [1835-40], *De la démocratie en Amérique*, Paris, trad. it. *La democrazia in America*, in *Scritti politici*, vol. II, Torino, Utet, 1968.

TÖNNIES F. [1887], *Gemeinschaft und Gesellschaft*, Leipzig, Reislad, trad. it. *Comunità e società*, Milano, Comunità, 1963.

TRABANT J. [1994], *Neue Wissenschaft von alten Zeiten: Vicos Sematologie*, Frankfurt, Suhrkamp, trad. it. *La scienza nuova dei segni antichi. La sematologia di Vico*, Roma-Bari, Laterza, 1996.

TURNER R.H. [1964], *Collective Behavior*, in *Handbook of Modern Sociology*, a cura di R.E.L. Faris, Chicago, Rand McNally.

VAN KESTEREN J., MAYHEW P. e NIEUWBEERTA P. [2001], *Criminal Victimization in Seventeen Industrialized Countries. Key Findings from the 2000 International Crime Victims Survey*, scaricabile dal sito: www.minjust.nl:8080/b_organ/wode/reports/ob187i.htm.

VICO G. [1725], *Principi di scienza nuova d'intorno alla comune natura delle nazioni*, Bari, Battistini.

WALMSLEY R. [2002], *World Prison Population List*, in *Findings n. 166*, London, Home Office.

WEBER M. [1904-05], *Die protestantische Ethik und der Geist des Kapitalismus*, Tübingen, Mohr, trad. it. *L'etica protestante e lo spirito del capitalismo*, in *Sociologia della religione*, Milano, Comunità, 1982.

— [1917], *Wissenschaft als Beruf*, conferenza tenuta il 7 novembre 1917, trad. it. *Il lavoro intellettuale come professione*, Torino, Einaudi, 1966.

— [1920], *Gesammelte Aufsätze zur Religionssoziologie*, Tübingen, Mohr, trad. it. *Sociologia della religione*, Milano, Comunità, 1982.

— [1922a], *Wirtschaft und Gesellschaft*, Tübingen, Mohr, trad. it. *Economia e società*, Milano, Comunità, 1961.

— [1922b], *Gesammelte Aufsätze zur Wissenschaftslehre*, Tübingen, Mohr, trad. it. parziale *Il metodo delle scienze storico-sociali*, Torino, Einaudi, 1958.

— [1924], *Gesammelte Aufsätze zur Sozial- und Wirtschaftsgeschichte*, Tübingen, Mohr, trad. it. *Storia economica e sociale dell'antichità*, Roma, Editori Riuniti, 1981.

WILSON J.Q. e HERRNSTEIN R.J. [1985], *Crime and Human Nature*, New York, Simon & Schuster.

WITTVOGEL K. [1957], *Oriental Despotism. A Comparative Study of Social Power*, New Haven, Yale University Press, trad. it. *Il dispotismo orientale*, 2 voll., Firenze, Vallecchi, 1968.

Indice analitico

Indice analitico

abitudini, 160
adhocrazia, 129
Agil, modello, 171
agricoltura, 50, 66, 67
  feudale, 66
altro generalizzato, 186
anomia, 166
apprendimento, 181
artigianato, 69, 70
aspettative, 159
associazioni, 127-132
  associazionismo, 131
  associazionismo nel Mezzogiorno, 132
  definizione di, 127-129
attaccamento, 183
attore collettivo, 129
audience, 220
autorità
  potere legittimo, 110
azione
  effetti di composizione, 27, 172
  effetti emergenti, 27, 172
  effetti perversi, 27
  razionale e tradizionale, 100
  sociale, 99
  tipologia dell', 100

banda, 39
buone maniere, 164
burocrazia, 132-135
  professionale, 139

capitale, 64
  sociale, 123-125
capitalismo, 64, 65, 70-73
  mercantile, 68
capro espiatorio, 113
carcere, 228, 258-260
carisma, 169, 303
carriere morali, 119-120
categorie residue, 106
ceto, 70, 78, 211
  sacerdotale, 302, 304
chiesa, 304-306
  cattolica, 81, 309
  e movimenti eretici, 174
  e stato, 304
città
  antica, 53, 54
  città-stato, 53-55
  medievale, 59-61
cittadinanza, 78-79
clan, 40
clero, 302, 304
clientelismo, 131
codice
  comunicativo, 210-212
  deontologico, 166, 270
  d'onore, 164
coltivatori-orticoltori, 42
commercio, 68
competizione, 193
comportamento collettivo, 113-116

comunicazioni di massa, 219-225
comunità e società, 88
conflitto, 19-21, 102, 111-113
conformismo, 145-146, 160
contadini, 47-53, 58, 66-67, 212
contratto sociale, 82
controllo sociale, 167, 236-237
corporazioni, 60, 69
corruzione, 250
costruttivismo, 278
credenza, 293
criminalità, 227-261
    appropriazione indebita, 250, 255
    attività criminale femminile, 254
    concussione, 250
    costi di attaccamento della, 241
    costi esterni pubblici, privati e interni della, 241
    e anomia, 235
    e classe sociale, 253-254
    e controllo sociale, 236-237
    e costituzione fisica, 234-235
    ed età, 255-257
    e genere, 254-255
    e modernizzazione, 245
    e sanzione, 228
    e subcultura, 238-239, 241
    furto, 232-233, 242-243, 253-256
    indagini di autoconfessione, 253
    indagini di vittimizzazione, 242
    omicidio, 243, 245
    organizzata, 251-252
    rapina, 242-243, 245, 255-256
    tasso di delinquenza, 238
    tasso di furto, 243
    tasso di omicidio, 245-247
cultura, 37, 151-152

debolezza della volontà, 162
definizione della situazione (teorema di Thomas), 101
densità sociale, 108
devianza, 228-260
    concezione relativistica della, 229
    mala in se, 229
    mala quia prohibita, 229
    primaria, 240
    secondaria, 240
    spiegazioni biologiche della, 233-235
differenziazione
    linguistica, 201
    sociale, 86, 211
differimento delle gratificazioni, 157
dilemma etico, 156
diritto naturale, 82
dispotismo orientale, 49
divisione del lavoro, 18, 43
    sessuale, 39
domesticazione, 45

economia curtense, 59
efficacia, 134
efficienza, 134
egemonia, 133
enclosures, 67
esercito, 75
etica protestante, 264
etichettamento, 239-240
etologia, 180
evoluzione
    genetica, 35-36
    socioculturale, 37
evoluzionismo sociale, 86

famiglia nucleare, 39
feudalesimo, 57-58
filogenesi, 179
filosofia della storia, 157
fiscale, prelievo, 76
folla, 114
formazione sociale, 65
funzionalismo, 171
    interpretazione funzionalistica, 315

giustizia, amministrazione della, 77, 167
gruppi
    formali e informali, 105
    piccoli, 104
    primari e secondari, 109
    totalitari, 108, 112, 113
gruppo sociale
    completezza del, 105
    confini del, 105
    definizione di, 102
    dei pari, 193
    diadi, 104, 112

di riferimento, 106
triadi, 104
guerra, 43, 46, 53, 74, 154

homo sapiens, 36

ideal-tipo, 132
identificazione, 188-189
identità personale, 187
ideologia, 153
incesto, tabù dell', 44, 167, 170
individualismo, 23, 80-82
individuazione, 188-189
innovazione, 46, 279-280
insider trading, 250
interazione, 184-185
circolare e interpretativa, 115
diretta e indiretta, 103
disattenzione civile, 122
faccia a faccia, 103
giochi di faccia, 122
sociale, 102
sociale e ruoli, 109
interiorizzazione, 161, 186
istinto, 180
istituzionalizzazione, 264-265, 285
processo di, 168-169
istituzioni
ciclo di vita delle, 171-173
definizione di, 167
mutamento delle, 173-175
totali, 169

laboratorio, 277
lavoro salariato, 65
leggi di Mendel, 203
legittimità, 77
linguaggio, 199-225
analisi conversazionale, 216-218
base biologica del, 201-203
competenze linguistiche, 206
contaminazione linguistica, 208
differenziazione linguistica, 201
e interazione sociale, 215-218
e stratificazione sociale, 210
funzione cognitiva del, 204
funzione comunicativa del, 205
gestuale, 214
orale e scritto, 213
origini del, 199
privato e pubblico, 213
specialistico, 212
variabilità del, 206

mafia
«Cosa nostra», 251
Yakuza, 252
manifattura, 69
massa, 219
materialismo, 64
matrimonio
come istituzione, 168, 172
endogamia, 44
esogamia, 39
mediatore, 104
mercato, 173
locale, 60
metodo sperimentale, 263, 284
modernità, 80
concettualizzazione della, 85-92
modi di produzione, 64-66
moneta, 76
monismo metodologico, 284
movimenti sociali, 169
eretici, 305
religiosi, 302
mutamento sociale, 63, 85

nomadismo, 37, 38, 46
norme, 107, 158
giuridiche, 163
implicite ed esplicite, 163
tecniche, 160

obbligo politico, 79
ontogenesi, 179
ordini monastici, 305
organizzazione, 167
coalizioni nelle, 121
definizione di, 128
direzione per obiettivi, 138
imperiale, 56
incentivi a partecipare all', 144
militare, 51
obiettivi delle, 141
one best way, 140

organigramma, 137
religiosa, 302
struttura divisionale, 138-139

panico, 114
paradigma
del conflitto, 19-21
della struttura, 21-23, 26
dell'azione, 23, 26
dell'ordine, 17-19
scientifico, 16, 273
particolarismo, 90-91
partiti, 129, 131
pastori, 41
patrimonio genetico, 180
pattern variables, 90
pena, 258-260
di morte, 258
potere, 110
legale-razionale, 79
nelle organizzazioni, 136
separazione dei, 79
premi e punizioni, 186
processo di civilizzazione, 247-248
proprietà formali, 97-98
pubblico, 115

razionalismo, 83-85
critico, 276
razionalità, 83-84
individuale e collettiva, 144
limitata, 142-144
scelta razionale, 241
sinottica e incrementale, 143
sostanziale e funzionale, 145
razionalizzazione, 83
reati
dei colletti bianchi, 249
di organizzazione, 250
senza vittima, 232
ufficiali e reali, 231
regole
costitutive, 162
regolative, 162
relativismo, 276
relazione sociale, 101
religione,
animismo, 298
ascetismo, 301
concezione fenomenologica della, 316
conversione, 303
divinità di funzione, 300
e disuguaglianza sociale, 307
e magia, 294-295, 298
e morale, 297
e mutamento, 315
esperienza del limite, 295
esperienza religiosa, 295-298
guerre di, 306
misticismo, 301
monoteismo, 298, 300
pluralismo religioso, 264, 306
politeismo, 300
profezia, 302
redenzione, 301
religiosità di virtuosi, 306
totemismo, 298
trascendenza, 294
religioni
cosmocentriche, 300
della redenzione, 301
denominazioni religiose, 306
movimenti eretici, 305
movimenti religiosi, 303-306
secolari, 312
sette, 306
teocentriche, 300
universali, 298
rendita fondiaria, 58
reti sociali, 117-119
network analysis, 117
ribalta e retroscena, 121
ricerca
applicata, 265, 266, 279
empirica, 27-31
e sviluppo, 278-282
fondamentale, 266
militare, 280
ricaduta tecnologica, 280
teorica, 27-31
riproduzione sociale, 189
rischio ambientale, 286
rito
di passaggio, 194
magico, 294

rivoluzione
francese, 13, 15, 129
industriale, 13-15, 225, 245
neolitica, 15, 42, 225
scientifica, 14, 274, 276
ruolo, 92, 107, 189
familiare, 189
incongruente, 121
materno, 187
paterno, 187
role set, 189
specifici e diffusi, 108

sacro e profano, 292-295
sanzioni, 160
esterne, 160
informali, 241
interne, 161
repressive, 88
restitutive, 88
schiavitù, 51, 53
sciamano, 40
scienza, 261-289
accademie scientifiche, 263
ambivalenza strutturale, 272
big science, 267
comunità scientifica, 269-272
cultura scientifica, 285
cumulatività, 269-270
definizione di, 261-262
divulgazione scientifica, 287
e religione, 312
ethos scientifico, 272
interdisciplinarità, 285
istituzionalizzazione della, 264
little science, 267
normale, 273
peer review, 282
politecnici, 266, 279
rivoluzione copernicana, 274
rivoluzioni scientifiche, 16, 272
scientometria, 281
valutazione delle attività scientifiche, 281
scrittura, 49
scuola, 108, 171, 192
secolarizzazione, 310-314
serendipity, 30
sindacati, 129, 131
sistema sociale, 20, 170, 196
socializzazione, 177-197
conflitti di, 195-197
e mezzi di comunicazione di massa, 194
primaria, 178
secondaria, 178
società
agrarie dell'antichità, 51-56
civile, 130
di cacciatori-raccoglitori, 37-41
di coltivatori e pastori, 41-46
di massa, 219
feudale, 56-61
premoderne, 35-61
sociologia della conoscenza, 292
solidarietà, 193
meccanica, 19, 88
organica, 19, 88
sovranità, 77
spiegazione/comprensione, 283
stato
assoluto, 77, 78
basato sui ceti, 78
di diritto, 79
feudale, 73-74
moderno, 73-79
status
acquisito, 81
ascritto, 81
strutturalismo, 207
suicidio, 230
tasso di, 230-231
surplus, 47

tecnologia, 279
bilancia tecnologica, 281
telematica, 224
teocrazia, 48
tradizionalismo, 84
tribù, 39

universali
culturali, 170
linguistici, 207
universalismo, 91, 270
università, 265

medievali, 262
uomo marginale, 106

valori
definizione dei, 151
mutamento dei, 157-158
pluralismo dei, 155
sistema di, 156
universali, 154
vendetta, 77, 165, 258

Finito di stampare nel mese di ottobre 2010
presso Litosei, via Rossini 10, Rastignano, Bologna
DTP: Centro Immagine - Capannori (Lu)